U0661088

第四版

Public Relations

公共关系学

主　编　李付庆
参　编　王巧红
　　　　陈素玲

南京大学出版社

图书在版编目(CIP)数据

公共关系学 / 李付庆主编. — 4 版. — 南京：南京大学出版社，2017.2(2023.8 重印)

ISBN 978 - 7 - 305 - 18274 - 7

Ⅰ．①公… Ⅱ．①李… Ⅲ．①公共关系学 Ⅳ．① C912.3

中国版本图书馆 CIP 数据核字(2017)第 019479 号

出版发行　南京大学出版社

社　　址　南京市汉口路 22 号　　　　邮　编　210093

出 版 人　王文军

书　　名　**公共关系学(第四版)**

主　　编　李付庆

责任编辑　唐甜甜　　　　　　　　编辑热线　025 - 83594087

照　　排　南京南琳图文制作有限公司

印　　刷　广东虎彩云印刷有限公司

开　　本　787×1092　1/16　印张 18.25　字数 443 千

版　　次　2017 年 2 月第 4 版　2023 年 8 月第 9 次印刷

ISBN 978 - 7 - 305 - 18274 - 7

定　　价　55.80 元

网址：http://www.njupco.com

官方微博：http://weibo.com/njupco

官方微信号：njupress

销售咨询热线：(025) 83594756

* 版权所有，侵权必究

* 凡购买南大版图书，如有印装质量问题，请与所购图书销售部门联系调换

第 4 版第 2 次重印修改说明

随着社会经济的快速发展,公共关系在促进社会和谐发展中的影响力与日俱增,公共关系学作为一门学科其重要性也日益凸显。本教材在使用过程中屡获好评,销售量连年快速增加。为了满足高校教学工作的需要,体现教材内容的前沿性、可读性,不断臻于完善。第 4 版第 2 次重印,我们组织《公共关系学》编写组的老师对教材第四章、第五章进行了全面改写,同时对书中案例做了大量的更新。真诚欢迎兄弟高校和读者订阅!

李付庆

2019 年 8 月

前　言

　　社会科学研究以人为本，以研究关系为主题；经济学研究的实质依然是劳动生产活动中人与人所结成的关系——生产关系（经济关系）；管理学把研究重点转入到以人为中心，这是对管理本质认识的深化，是管理科学发展的必然。人们普遍认为，系统论、信息论、控制论的诞生对人类的发展具有划时代的意义，而系统论研究的对象依然是关系。它研究系统与环境、系统与系统、系统与元素、元素与元素的关系；系统的等级秩序；系统的结构与功能；系统间的同一与差异；封闭系统与开放系统等问题。人类社会、物质世界无处不涉及关系，足见关系的研究对社会中的每一个人或组织而言是何等的重要。

　　公共关系学是一门运用社会学、心理学、传播学、经济学、管理学、广告学等现代科学知识，总结现代经营管理和行政管理的经验和技巧而形成的高度综合的现代管理学科。这门学科20世纪初产生于美国，至今已有百年时间，在中国大陆已走过20多年的风风雨雨，其发展之迅速、传播之广泛，是其他学科所不可比拟的。这里有多方面原因，其中最重要的一点是，由于它适应了我国社会主义市场经济发展的需要，因此获得了长足的进展。社会中的每一个人、每一个组织都应该正视这一事实，注重各种关系的研究。其中应特别注意人与组织、组织与组织、人与人之间关系的研究。

　　公共关系学的研究重点是组织与公众关系。当今社会中的每一个人都存在于一定的社会组织之中，不可能离群索居。既然如此，组织的发展与否必然影响到个人的奋斗目标及其人生价值的实现，而公共关系理论的建立在一定程度上是有助于个人关系的处理和个人形象的塑造的。因此，也可以说是帮助组织处理好了公共关系。

　　美国著名企业家戴尔·卡奈基认为："一个成功的企业家只有15％是靠他的专业知识，而85％是靠他的人际关系和处世技巧。"

　　斯坦福研究中心也提出："你赚的钱12.5％来自知识，87.5％来自关系。"

　　约翰·洛克菲勒在他全盛时期曾说："处理人际关系的能力就像日常生活中的糖和咖啡一样必不可少，我愿出高薪来聘任这类人才。"

　　公共关系领域已发展出一门专门化的新学科，一个整体的、专门的行业；更重要的是，它代表着进步、文明和现代化的一面。因此，研究和掌握公共关系学已成为时代的要求，社会、经济发展的客观要求。在世界文化、科技先进的国家，公共关系已是耳熟能详的东西。组织、企业、个人的发展和参与社会竞争，务必拿起"公共关系"这一新型武器已成为共识。正因如此，我们有必要去了解和认识什么是公共关系？公共关系对组织、对企业为什么具有神奇的功效？公共关系是怎样运作的？它怎样服务于我们的组织目标、企业战略？我们该如何运用好这一武器？

　　公共关系学是一门实践性很强的学科，其中很多问题没有永恒的答案，没有终极的答案。如果在实践中生搬硬套，肯定要出问题。这就是为什么它看上去很浅显简单，却难倒了那么多出色的企业家、政治家。

公共关系学作为一门新学科，其发展历史至今只有几十年。北美和欧洲的学者们对此学科研究较早，有很多著述。其中，有些著作（比如美国学者卡特得普、森特的《有效公共关系》，英国学者杰弗金斯的《实用公共关系》等）对公共关系学界影响较大。20世纪90年代末，中国公共关系理论研究有了较为深入的进展，产生了很多新的学术观点，总结、提炼出了许多实际操作方法。回顾以前的出版物，感到存在一些不足，有很多发展、完善的工作可做。作者秉持继承和创新相结合的态度，融社会学、传播学、管理学、人才学、组织行为学、社会心理学、人际关系学等相关学科的理论知识于公共关系学之中，以求能更广泛、更全面、更深层次、更多视角地去反映和探索公共关系的运作规律。

随着中国经济的快速发展，全球经济一体化的加快实施，现代社会市场竞争已经使企业从单纯的产品竞争、质量竞争、价格竞争，扩展为全方位的信誉竞争、形象竞争，从而使企业不得不在总体上注意自身形象的建设，它们离不开公共关系方面的积极活动。因此，公共关系已经成为现代企业不可或缺的高级管理技术，也是高级管理人才知识结构中必不可少的组成部分。

如今，在我国普及公关知识、倡导全员公关、提高公关层次、增强企业和行政组织的管理人员的公关意识，已经十分迫切。在这种形势下，公关教育必须跟上时代的步伐。工商管理学院的学生未来的职业取向绝大多数是企业的中高级管理人员，如何适应并胜任未来的职业角色，在学习公关理论、实务与技巧这门课程时，如何掌握方法，得其重点，以达事半功倍之效，正是本教材为工商管理学院学生的特殊定位所在。

本书既以各种理论为指导，又以有说服力的实例为依据，更以"可操作性"的需求为出发点，力求比较全面系统地阐述公共关系的基本理论、方法、手段、艺术与技巧。纵观全书，观点新颖、信息量大、例证丰富、资料翔实，操作性和应用性均很强。

作为主编，我在本书的构思、章节的确定、全书的统稿上尽了一些力，但本书是全体编写小组集体智慧的结晶。本书各章具体执笔的是：第一章、第二章、第三章、第六章、第七章、第八章、第十三章、第十四章李付庆（郑州轻工业大学），第四章、第五章、第九章、第十章王巧红（郑州轻工业大学），第十章、第十一章陈素玲（洛阳理工学院）。

在本书写作过程中，参考和引用了目前已有的教科书和公关专著的研究成果，我们未能一一注明，只是在书后列举了主要参考文献，对此表示歉意，并向有关作者表示真诚的感谢。同时，我们借此机会向南京大学出版社关心本书并为本书出版付出艰辛劳动的同志表示感谢，经过他们的努力辛勤的劳动，本书得以顺利出版。

尽管我们竭尽全力精心撰写，但由于种种主客观原因，书中难免有疏漏和差错，我们诚恳地希望有关专家和广大读者予以批评指正。

李付庆
2017年1月

目　　录

第一篇　公共关系原理

第二篇　公共关系实务

第三篇　公共关系理论创新

第一篇　公共关系原理

第一章 公共关系的概述

【学习目标】

1. 了解公共关系的概念、构成要素和特征
2. 理解公共关系的本质属性及科学性
3. 把握公共关系的研究对象及其学科的特殊性

【引导案例】

香格里拉的成功之道

香格里拉是国际著名的大型旅游企业连锁集团,它的经营策略很好地体现了顾客关系管理对组织形象的重要性。

香格里拉饭店是从 1971 年新加坡豪华香格里拉饭店的开业开始起步,很快便以其标准化的管理及个性化的服务赢得国际社会的认同,在亚洲的主要城市得以迅速发展。其总部设在香港,是亚洲最大的豪华旅游企业集团,并被许多权威机构评为世界最好的旅游企业集团之一,它所拥有的豪华旅游企业和度假村已成为最受人们欢迎的休闲度假场所。香格里拉始终如一地把游客满意当成旅游企业经营思想的核心,并围绕它把其经营哲学浓缩于一句话——"由体贴入微的员工提供的亚洲式接待"。

香格里拉有八项指导原则:

(1) 我们将在所有关系中表现真诚与体贴;

(2) 我们将在每次与游客接触中尽可能为其提供更多的服务;

(3) 我们将保持服务的一致性,客人只需打一个电话就可以解决所有问题;

(4) 我们确保我们的服务过程能使游客感到友好,员工感到轻松;

(5) 我们希望每一位高层管理人员都尽可能地多与游客接触;

(6) 我们确保决策点就在与游客接触的现场;

(7) 我们将为我们的员工创造一个能使他们的个人事业、目标均得以实现的环境;

(8) 客人的满意是我们事业的动力。

与航空旅游公司联合促销是香格里拉旅游企业互惠合作的手段之一。香格里拉与众多的航空旅游公司推行"频繁飞行旅游者计划"。入住香格里拉饭店时,客人只要出示"频繁飞行旅游者计划"的会员卡和付门市价,就可得到众多旅游公司给予的免费公里数或累计点数,如:每晚住宿便可得到德国汉莎航空公司、美国西北航空旅游公司、联合航空旅游公司提供的 500 英里的优惠。

其他航空旅游公司有加拿大航空旅游公司、新加坡航空旅游公司、瑞士航空旅游公司、澳大利亚航空旅游公司、马来西亚航空旅游公司,以及泰国航空旅游公司等。另外香

格里拉还单独给予客人额外机会来领取奖金和优惠。

游客服务与住房承诺方面,则体现了旅游企业在承诺、信任原则上的坚持。

香格里拉饭店回头客很多。饭店鼓励员工同客人交朋友,员工可自由地同客人进行私人的交流。饭店建立的"游客服务中心",与原来各件事要查询不同的部门不同,客人只需打一个电话到游客服务中心,一切问题均可解决,饭店因此也可更好地掌握游客信息,协调部门工作,及时满足游客。在对待客人投诉时,绝不说"不",全体员工达成共识,即"我们不必分清谁对谁错,只需分清什么是对,什么是错"。让客人在心理上感觉他"赢"了,而"我们"事实上做对了,这是最圆满的结局。每个员工时刻提醒自己多为客人着想,不仅在服务的具体功能上,而且在服务的心理效果上满足游客。

香格里拉饭店重视来自世界不同地区、不同国家客人的生活习惯和文化传统的差异,有针对性地提供不同的服务。

如对日本客人提供"背对背"服务,客房服务员必须等客人离开客房后再打扫整理客房,避免与客人直接碰面。饭店为客人设立个人档案,长期保存,作为为客人提供个性化服务的依据。

公共关系是市场经济的产物,起源于美国,并在全球得到迅速的发展和广泛的认可。实践证明,公共关系能够顺应现代社会经济发展的需要,帮助组织在竞争环境中运用有效的传播手段,实现与目标公众的信息沟通,营造组织生存与发展的和谐环境。在中国政治经济快速发展的今天,公共关系理论获得了广泛的传播和应用,组织形象得到了很好的塑造,公众关系得到了有效的协调,组织开展的公共关系活动已成为社会和谐发展不可或缺的重要内容与形式。

第一节　公共关系的基本内涵

"公共关系"一词源自英文 public relations,其中文表述可称为"公共关系",也可称为"公众关系"。简称"PR"或"公关"。

一、公共关系

(一) 公共关系的概念

有代表性的概念包括如下几种。

1. 管理说

"管理说"这类概念突出公共关系的管理性。比如,美国著名公共关系学者雷克斯·哈罗博士所提出的概念:公共关系是一种独特的管理职能,它帮助一个组织建立并维持与公众之间双向的交流、理解、认可与合作;它参与处理各种问题与事件;它帮助管理者及时了解公众舆论,并对之做出反映;它明确并强调管理部门为公众利益服务的责任;它作为社会变化趋势的监视系统,帮助管理者及时掌握并有效地利用社会变化,保持与社会变动同步;它运用健全的、正当的传播技能和研究方法作为主要的工具。

2. 传播说

"传播说"这类定义侧重于公共关系的传播属性。比如,英国著名公共关系学者弗兰克·杰夫金斯认为,公共关系就是一个组织为了达到与它的公众之间相互了解的目标,而有计划地采用一切向内和向外的传播方式的总和。

3. 传播管理说

"传播管理说"这类定义将管理说和传播说结合起来,强调公共关系是组织一种特定的传播管理行为和职能。当代美国公共关系学术权威、马里兰大学的詹姆斯·格鲁尼格教授认为,公共关系是一个组织与其相关公众之间的传播管理。

4. 形象说

这类定义从塑造形象的角度揭示公共关系的本质属性,强调公共关系的宗旨是为组织塑造良好的形象。这类定义认为,公共关系是社会组织为了塑造组织形象,通过传播、沟通手段来影响公众的科学与艺术。

5. 关系说

"关系说"这类定义强调公共关系是一种公众性、社会性的关系或活动。比如,美国普林斯顿大学的资深公共关系教授蔡尔兹认为,公共关系是我们从事的各种活动、发生的各种关系的通称,这些活动与关系都是公众性的,并且都有其社会意义。

6. 协调说

"协调说"(或"平衡说")是对"关系说"的深化,认为公共关系主要是协调组织与公众之间的社会关系,即公共关系是"维持企业的营利性和社会性之平衡"。

上述公共关系定义说各有侧重。归纳起来,我们基本上可以从中看出公共关系的本质、任务、职能、目标、基本精神,从而得出一个理想的公共关系全貌。

第一,公共关系在本质上是一个组织借助传播手段开展的一种管理活动。

第二,公共关系的任务是协调一个组织和它的各类公众之间的关系。

第三,公共关系的职能是在收集信息的基础上,评估一个组织实施的政策和行为在公众中产生的影响,进而提出公共关系活动的具体目标和计划,通过传播沟通的实践活动将其目标和计划付诸实施,最后通过收集反馈信息,对下一步新的行动进行设计。

第四,公共关系的目标是为组织树立良好形象,获得内外公众的信任与支持,创造最佳的社会环境。

第五,公共关系的基本精神是诚实、开放、互惠互利。

据此,概括出公共关系的概念:公共关系是社会组织为了有效塑造自身形象,运用传播手段实现组织与公众双向沟通的管理科学与艺术。

(二) 公共关系的基本特征

1. 视公众为"上帝"

卡特利普认为,各类公众的关系状态是决定组织发展成败的关键。公共关系是社会组织与相关公众的关系,组织的生存与发展、成功与失败取决于公众对组织的认可与支持程度。组织必须真诚地为公众着想,充分地尊重公众的认知能力,必须做到一视同仁,善待每一位顾客,以期得到公众对其真正的厚爱。公众是组织的"上帝","上帝"是组织赖以生存和发展的"沃土",是组织的生命所在。

2. 以塑造组织形象为目标

在公众心目中树立组织的良好形象(诚实、守信、富有爱心、对社会负责等)是公共关系的根本目的,组织形象的塑造是公共关系的核心问题,提高组织的美誉度是问题的关键,良好的组织形象是组织的无形资产。

3. 以传播沟通为手段

公共关系的活动过程实质上就是组织与公众之间实现信息双向交流的过程,组织必须关注公众的现实需求,并及时、准确、真实地向有关公众传播组织的行为和政策,让公众了解和理解组织的动机和目的,才能在活动中达成共识,获得公众的支持与合作。

4. 以真诚合作、互惠互利为基本原则

"利益"是一个敏感的话题,也是各种组织进行合作的"出发点"。公共关系要求组织开展社会活动时必须兼顾公众利益,只有公众"有利可图",才能吸引公众的参与与合作,也只有实现了公众的需求和利益,才能实现组织的利益。因此,组织的任何欺诈行为、暴利行为都只能是"杀鸡取卵"的短期行为,都是对组织形象的最大损害。

5. 以诚实守信为信条

公共关系要求组织在发展过程中取信于民,在公众心目中为自己树立一个诚实守信的形象。因为组织作为社会团体,行使一定的职能,必须实事求是、客观公正地传播自己的真实信息,知错必改,遵守各种行为规则,才能获得公众的支持与合作,因此,诚实守信是组织生存的生命线和基本信条。

二、公共关系的本质属性

科学的定义应该反映事物的本质属性。公共关系的定义则应该反映公共关系现象和活动的本质。

(一) 确定公共关系本质的依据和方法

首先,需要分析构成公共关系活动的基本要素。将复杂的公共关系过程简化以后可以发现,公共关系活动过程的三个基本要素是:"组织"、"传播"和"公众"。任何公共关系活动都是由这三个要素构成的。

其次,分析公共关系的基本要素之间的相互作用及其本质联系。在公共关系的这三个要素中,"组织"和"公众"是公共关系的承担者,分别是公共关系的"主体"和"客体",这两者之间的相互作用方式是"传播"(communication,也译作沟通);而现代"公共关系传播"的本质即组织与公众之间信息的双向交流,组织与公众沟通交流的"双向性"是现代公共关系传播的本质特征,如图 1-1 所示。

图 1-1 现代公共关系传播三要素联系图

可见,三个要素之间的联系就是组织与公众之间通过传播沟通活动所形成的信息的双向交流。而现代公共关系是组织的一种管理职能,这种管理职能的本质属性就是"组织与公众之间的传播管理"。

最后,还要考虑这一本质属性在公共关系原理中的渗透性以及在公共关系实务中的指导性。总之,"传播沟通"是贯穿整个公共关系的一条基线,是现代公共关系理论的精髓,是公共关系的本质属性。

(二) 理解公共关系本质属性的三个角度

抓住公共关系的本质属性,就能够将它与同类事物中的其他不同属性的东西区别开来。我们可以进一步从三个角度来加以说明。

(1) 公共关系的"关系"性质。公共关系作为一种社会关系,特指组织与公众之间的传播沟通关系,即组织与公众环境之间的信息交流关系。

(2) 公共关系的"职能"性质。公共关系作为一种管理职能,是对组织与社会公众之间传播沟通的目标、资源、对象、手段、过程和效果等基本要素的管理,即传播管理(the management of communication,也可称为沟通管理)。这种管理是以优化公众环境、树立组织形象为宗旨的。这个管理领域反映了现代信息社会中管理学发展的一个趋势:日益重视信息资源、关系资源、形象资源和传播资源。因此,公共关系与资金、技术和人才并列,被称为现代组织经营管理的"四大支柱"。

(3) 公共关系的"学科"性质。公共关系作为一门综合性的应用学科,是一门以传播学和管理学为主要依托的传播管理学或组织传播学。它既是现代传播学发展的一个应用分支,也是现代管理学的一个构成部分。它是现代传播学在组织行政管理和经营管理中的应用和发展。

从以上三个方面可以了解,公共关系是一种组织的"传播沟通关系",一种组织的"传播沟通职能",一门组织的"传播管理学科","组织与公众之间的传播沟通"是公共关系的本质属性。

第二节 公共关系构成的三大要素

一、社会组织——公共关系的主体

社会组织作为公共关系的主体,决定了一切公共关系的状态和活动,所以没有社会组织,也就没有公共关系的存在。公共关系非常注重对社会组织的研究。当然,不同的学者从不同的角度来研究社会组织,在此我们只讨论社会组织与公共关系相关的内容。因为公共关系部门总是隶属于某个社会组织,并为该组织的利益而工作,如果我们了解了组织的含义、特征以及组织的环境特点,就会对公共关系部门的地位和作用加深理解。

(一) 社会组织的含义

1. 社会组织

社会组织是指执行一定的社会职能,完成特定的社会目标,构成一个独立单位的社会群体。

社会组织是由社会分工的需要而逐步产生和发展起来的,原始社会不存在社会分工。社会的基本组织只有以血缘关系结合起来的家庭和氏族。原始社会后期发生了畜牧业与农业的分离;原始社会末期形成了手工业与农业的分离;奴隶社会形成时出现了商业与其他行业的分离。由于上述人类社会的三次社会大分工,便逐步形成了农业、畜牧业、手工业和商业等进行生产和交换的社会组织。随着生产和分工的发展,这种按业缘关系形成的社会组织迅速增多。同时,由于生产和交换的需要,发生了大规模的社会流动,并形成了新的聚集区,于是按地缘关系又形成了各类社会组织,为保护各自经济利益和政治利益的政治性组织,如各类政党组织也相继产生。各种各样社会组织的总汇,便构成了有序的社会生活,现代社会中的每一个成员都隶属于某一个社会组织,并在其中生产和生活。

虽然社会组织的形式众多,有大有小,有简单,也有复杂。但要成为一个社会组织必须具备一些起码的条件。

2. 社会组织形成的四个条件

(1)组织目标。国外学者戴维·R·汉普顿在其所著的《当代管理学》中如是说:"每当人们联合起来去实现某一目标时,他们就创造了一个组织,或者说一个社会机器,它有潜力完成任何个人独立所不能完成的工作。"由此可见,是先有组织目标,然后才建立了实现这一目标的社会组织,组织目标对社会组织的全部活动起着指导和制约作用。所以,确定组织目标是建立社会组织的首要条件。

(2)组织成员。组织目标的实现只有依赖组织成员的共同努力,每一个社会组织都有其相对固定的组织成员,组织成员的数量不得少于实现组织目标的最低限额,否则,该组织便会趋于瓦解或名存实亡。另外,不同的组织对其成员往往有特定的具体要求,如速记协会组织的成员必须会速记;教育组织的一部分成员必须能进行教学活动等,否则,就无法保证组织目标的实现。

(3)组织的物质基础。作为一个社会组织,必须具备一定的物质和技术基础,如一家工厂组织必须有厂房、设备作为其从事生产的物质基础;一所学校,必须有校舍、教学设备等;社会组织必须有属于自身的固定资产,否则就成了皮包组织。

(4)组织职能。即组织所担负的社会职责和所发挥的社会功能。因为每一个组织都是社会的成员,是社会发展的一个工具,所以必然要负担社会分工所需要的社会职能。任何社会组织都具有特定的社会职能,如生产组织具有物质生产职能,教育组织具有教育职能。

(二)社会组织的类型

社会组织的类型多种多样,非常复杂,对社会组织的分类可以采取各种不同的划分标准。最通常的划分方法是按照组织的社会职能分类,这样可以把组织分为以下几类。

(1)经济组织。经济组织的特点是具有经济职能,凡是具有经济领域中的生产、交换、流通、分配等职能的社会组织就称作经济组织。目前,我国经济组织的类型包括国有经济、集体经济、私营经济、个体经济、联营经济、股份制经济、外商投资经济、港澳台投资经济等。

(2)政治组织。政治组织集中体现了人民大众某阶层的利益,具有政治职能和权力职能,包括政党组织、国家政权组织(中央及省市的政府机构)、司法组织及各种军事组织。

(3)教科文组织。教科文组织是满足人们文化生活方面的精神需要的社会组织,其基本职能是文体活动和教育科研活动。既包括文学、戏剧、影视、音乐、舞蹈、美术、书法、曲艺等文化艺术组织,也包括教育组织、体育组织、卫生组织、科研组织及各种学术和科研团体、协会等。

(4)群众组织。群众组织具有广泛的群众性职能。包括工会组织、青年组织、妇女组织、公益性组织(福利会、基金会等)、群众性协会和团体(如中国文学艺术联合会、民间团体等)。

（5）宗教组织。宗教组织具有宗教职能，由具有共同信仰的人所组成，如中国佛教协会、中国天主教爱国会等。

（6）社区组织。社区组织具有地区性职能，如各种地区性组织、城市或乡村的居民组织等。

各类社会组织互相联系，彼此影响，形成了社会组织的关系网络。公共关系的功能之一就是协调不同社会组织之间、同一社会组织内部的相互关系，以提高社会组织的效率，帮助社会组织实现其目标。另外，公众的分类是建立在组织分类的基础上的，只有弄清楚了社会组织的分类，才有可能分清不同社会组织所面对的不同的公众对象，以便采取适当的公共关系行为方式开展工作。

对公共关系主体的研究是为了充分发挥组织在公共关系方面的作用。所谓主体，即是公共关系的操作者。公共关系活动是由组织来开展的，是为了实现组织目标而实施的。社会组织的目标是社会组织得以生存的首要条件和根本原因。所以，社会组织内部的所有分工部门及每一个成员的一切工作都是围绕着社会组织的目标而进行的，谁离开或偏离了社会组织的目标，谁就脱离了社会组织。要想发挥公共关系主体的作用，需要每一个组织的最高决策者头脑中有正确的公共关系意识，需要有在数量、质量上与公共关系工作相适应的公共关系人员，需要根据组织的目标制订出切实可行的公共关系工作计划，需要组织内全体员工的支持与配合。否则，公共关系的主体作用就无从谈起。

任何一个组织都有自己的目标。目标的制定和实现有赖于组织面临的内部环境和外部环境的变化。国外学者把这三者之间的相互联系和影响作用称之为"战略三角"。三者之间要保持动态的平衡，否则就会影响目标的最终实现。比如作为企业，在一定的时期内，不可能只有一个目标，而是形成一个复合目标体系，既有促使企业不断发展壮大的经济利益目标，又有为承担生态平衡的社会目标，这些目标在方向上、本质上是一致的，但有时也产生矛盾。公共关系作为经营管理的职能之一，正是为协调组织目标内容，有效地防止目标冲突提供了积极的手段和有效的途径。

二、公众——公共关系的客体

公共关系的全部工作都是针对公众而进行的，公众是公共关系的工作对象，所以说公众是公共关系的客体。虽然公众在公共关系活动中处于被影响、被作用的地位，但公众并不是盲目被动地接受一切影响，他们会根据自身的利益做出判断和反应，同时采取相应的行动。因此要想与自己的工作对象保持良好的关系，争取他们的理解和支持，首先就要了解他们的所思所想。常言道：因材施教，对症下药。无论做什么，必须先摸清对象，因此，了解和研究对象公众是开展公共关系活动的前提。

（一）公众的含义

公共关系中的公众有其特有的含义，与我们传统意义上的公众概念不尽相同。《现代汉语词典》把"公众"释义为"社会上大多数的人"。

公共关系中的公众是指与某个组织直接或间接相关的个人、群体和组织，他们对该组织的目标和发展具有实际或潜在的利益关系和影响力。

公众是公共关系学的基本概念之一，在日常生活中，常常容易与群众、人民等概念发生混淆。人民指一切推动社会历史前进的人们,在不同的历史时期,有着不同的内容,但人民中的主体部分始终是从事物质资料和精神资料生产的劳动者,这部分人就是群众。人民和群众是通用和泛指的;作为公共关系学概念之一的公众则是具体的、特指的,特指与社会组织有相关利益关系的社会群体。公众定义中的个人指的是群体或组织的代言人,是群体或组织的代表。群体就是社会群体,组织则是高度有序的群体的组合。

(二) 公众的特征

1. 公众的同质性

公众的形成是因为公众面对同一个组织,遇到了共同的问题,从而产生了共同的意向、共同的利益、共同的需求、共同的目的。正因为这些共同点使表面上看来没有内在联系的人群,都有可能成为组织的对象公众。比如一幢大楼的居民,也许互不相识,但楼房倾斜、楼层渗水时,面对这一共同的建筑质量问题,他们有了相同的态度和利益,于是他们联合起来,构成一个社会群体,要求承担该大楼施工的建筑公司予以解决。因此他们便成为建筑公司的特定公众。所以公众的同质性就是"面临共同的问题",而这些"共同的问题"又对他们产生了共同的影响,一般的社会大众则不具备这一特点。

2. 公众的相关性

所谓相关性,就是公众总是相对公共关系的主体即社会组织而存在的,并且与该组织存在着一定的利益关系。一方面该组织的决策和行为对公众具有实际或潜在的影响力,制约着他们问题的解决、需求的满足、利益的实现;另一方面公众的态度和行为也对该组织的目标和发展具有实际或潜在的影响力。公众与社会组织之间的这种相关性成为寻找和确定公众的关键,一旦这种相关性被揭示出来,组织就很容易确定和选定开展公共关系工作的具体对象公众。

3. 公众的层次性

公众的存在形式不是整齐划一的,而是具有不同的层次。一方面公众的具体形式可以是个人、群体,也可以是组织,正如公众的定义所述;另一方面公众可以由不同的划分标准分出不同的层次,各种层次上的公众对组织有不同的意义,同时决定了组织行为和目标的层次性。即便是同一类公众,也可以不同的层次与组织发生关系,如同消费者公众,既可以是松散的个体,可以是特殊的利益团体(如消费者协会),也可以是一个严密的组织(如使用消费品的公司或政府机关)。公众的层次性决定公共关系是一种多维的立体化的社会关系。

4. 公众的可变性

任何组织所面对的工作对象公众都不是固定不变的,公众会随着组织目标和行为的变化而变化。一方面表现为数量上的增减,另一方面表现为公众成员构成上的变化。随着"共同问题"的出现而产生一批公众,随着问题的解决,这部分公众自行消失。每一个组织永远都拥有自己的公众,但此时的公众不一定是彼时的公众。针对公众可变性的特点,公共关系工作必须深入细致地了解公众,及时发现公众的变化并借以调整组织的方针。

三、传播——公共关系的媒介

公共关系工作的中心就是运用传播媒介使公共关系的主体(组织)与公共关系的客体(公众)相互理解、相互合作。所以传播是联结主客体的"桥梁"。传播是公共关系的媒介,没有传播,便没有公共关系,此所谓"皮之不存,毛将焉附"。因此,作为公共关系工作人员,必须了解传播的基本原理,各种传播媒介及其特点并熟练地运用它们。

(一)传播的含义

传播界有句名言"你不得不传播"。可以说人的一举一动、一言一行,无论自觉与否,都在传播着某种信息,传播无处不在。传播一词译自英文 communication,所谓传播是指人与人之间的信息传递、交换与分享。传播的含义主要有三方面的内容:信息的传递、信息的交换和信息的共享,如图 1-2 所示。

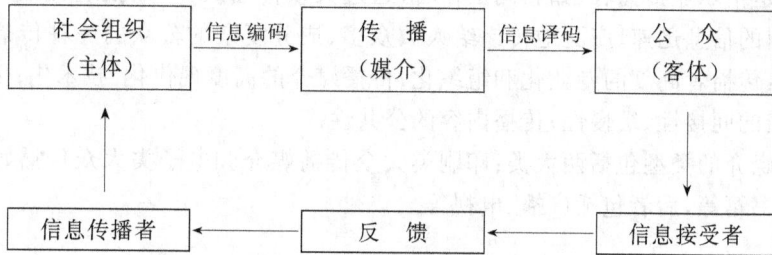

图 1-2　公共关系的传播模式图

图 1-2 表明:公共关系的传播模式是由四个要素构成的,其中:反馈指的是传播者获知接收者是否和如何接收了信息的过程,反馈的过程也是检验传播效果的过程。可见,公共关系的传播体现了信息的双向沟通。

(二)传播的类型

传播的具体方式多种多样,有语言或非语言传播,有公开的或私下的传播,有借助媒介或不借助媒介的传播。人们通过不同的方式,从不同的角度,以不同的规模在传递着信息,所以我们要开展公共关系的传播活动,就不得不对传播的类型作个大致的了解。一般将传播的类型划分如下。

1. 个体自身传播

个体自身传播是人类传播最基本、最原始的形式,是人类一切传播的基础。在这一传播过程中,传播信息的主体和接收信息的客体是同一个体。我们每个人几乎每时每刻都在进行自身传播,如自我反省、独自思考、自我安慰、自言自语等,都是人们为了平衡自我而进行的自身传播和自我交流,每一个正常的人都善于运用自身传播获得心理平衡。在此基础上才能导致成功、和谐的对外沟通和交流。

2. 人际传播

人际传播指个体与个体之间的直接传播,包括面对面和非面对面两种形式,这是最常见、最广泛的传播方式。面对面的传播一般通过语言媒介和表情、动作等身体媒介进行交流;非面对面的传播则通过电话、电报、录音机、录像机等电子媒介和书信、图片等文字媒介进行交流。

3. 组织传播

组织传播指组织与其成员,以及与其他组织之间的信息交流。组织与其成员之间的传播主要有正式沟通和非正式沟通两种形式。所谓正式沟通是指通过组织规定的正式渠道进行信息沟通,主要采用自上而下的下行沟通和自下而上的上行沟通的垂直方式进行传播;非正式沟通则是在正式沟通渠道之外进行的信息交流,如员工与员工之间私下交换意见,领导与员工之间融洽和谐的感情交流,这种沟通的具体方式主要是平行的横向传播。组织与其成员之间的传播除了面对面的传播,其他形式的传播一般依靠组织的自控媒介进行传播,如文件、简报、板报、告示牌、机关报、广播、闭路电视等。

组织与其他组织之间的传播,即组织与其外部环境的传播比较复杂,传播的主体是组织,传播的对象则十分广泛,传播以组织为中心,具有明确的目的性和可控性。这种传播常借助大众传播来进行。

4. 大众传播

大众传播是指职业传播者(如新闻工作者)通过大众传播媒介(如报纸、杂志、广播和电视等)将大量复制的信息迅速、广泛地传递给人数众多、成分复杂的公众的一种传播活动。这种传播的特点是:传播者高度的专业化和组织化;传播媒介的高度现代化、技术化;传播对象的大众化;信息反馈的间接性、缓慢性;传播内容的公共性。

大众传播媒介的类型包括两大类:印刷类大众传播媒介和电子类大众传播媒介。前者包括报纸、杂志、书籍等,后者包括广播、电视等。

第三节　公共关系的学科界定

一、公共关系与庸俗关系

庸俗关系是指日常生活和社会交往中,利用金钱和职权为个人谋取好处或不正当、不文明的人际交往活动,如"走后门"、"套私情"等。从表面上看,庸俗关系的沟通协调和公共关系是一致的,目的都是为解决问题或获取利益。因此,社会上常常把庸俗关系和公共关系混为一体,这是对公共关系的极大误解。公共关系与庸俗关系有着本质上的区别。

(一) 两者产生的基础不同

公共关系是商品经济高度发达、现代民主制度不断发展、信息手段十分先进的产物;庸俗关系则是在封闭落后的经济条件下,生产力不发达、市场经济发育不完善、物质供应不充足的产物,带有浓厚的血缘、地缘色彩。

(二) 两者的理论依据不同

公共关系以现代科学理论为指导,按照正确的目标、科学的方式、规范的组织形式、严格的工作程序和道德准则来进行;庸俗关系则建立在市侩经验的基础上,其方式是险恶的权术,奉行的是"人不为己,天诛地灭"的信条。

(三) 两者活动的方式不同

公共关系是社会组织与公众之间的正当联系,主要通过正式渠道,采用大众传播和人际传播等手段公开地进行社会活动,其活动是正大光明的。公共关系对其公众及时、有效地传播信息,向决策者提供公众的反馈信息,建立双向信息沟通网络,提高管理的有效性。庸俗关系是个人与个人之间的不正当联系,是私人之间互相利用的一种不正当活动。其参与者尽量掩饰其所作所为,进行幕后交易。如内外勾结、营私舞弊、行贿受贿等牟取私利的活动。

（四）两者所要达到的目的不同

公共关系以建立良好的组织形象、提高知名度和美誉度、维护组织与公众的合理利益为目标，恪守公正诚实、信誉至上的原则，从而使组织获得较好的经济效益和社会效益；庸俗关系则是通过各种卑劣手段来达到个人私利的目的，如损人利己、损公肥私等投机钻营的行为。

（五）两者产生的效果不同

公共关系通过一系列有计划的活动，使组织在与社会整体利益一致的前提下不断发展，其结果是社会、组织和公众都受益。为社会创造一种以诚相见、讲求信用、提高声望的良好风气，有利于形成和谐、友善、正常、健康的人际关系；庸俗关系则将人际关系商品化，使人们变得唯利是图，目光短浅，使社会变得充满市侩气，个人中饱私囊，而国家和公众的利益都受到损害。因此庸俗关系严重污染了社会风气，毒化人们的心灵，破坏正常的人际关系，降低社会的文明程度，阻碍了和谐社会的建设与发展，为世人所唾弃。

二、公共关系与广告

广告即广而告之，是向社会公众传递信息的手段和行为。一般情况下，人们提到的广告多指商业广告，即广告主为了扩大商品或服务的销售并获取利润，以付钱的方式，利用公众传播手段向目标市场传播信息的经济活动。控制公共关系活动无疑要运用广告传播活动，但广告不等于公共关系，两者之间既有联系又有区别。

（一）广告与公共关系的联系

两者都具有依靠传播媒介传播信息的特征，开展公共关系活动常常借助广告宣传来提高传播效果。

（二）广告与公共关系的区别

1. 传播的目标不同

公共关系的目标是赢得公众的信赖、好感、合作与支持，树立良好的整体形象，"让别人喜欢我"；广告的目标是提醒消费者关注商品或服务信息，激发公众的购买欲望，对其产生关注，进而"让别人买我"。

2. 传播的原则不同

广告传播的原则是引人注目，只有引人注目的广告，才能使企业的产品或服务广为人知，激发公众的购买欲望，最终达到扩大销售和服务的目的。公共关系传播的首要原则是真实可信，传播内容都是真实的，绝不能有任何虚假。当然，公共关系传播也力求引人入胜，其前提是真实可信，否则只能自取其辱，一败涂地。

3. 传播方式不同

广告为了引人注目，可以采用各种传播方式，包括新闻的、文学的和艺术的传播方式，可以采用虚构的、夸张的表现手法，以激起人们的购买欲望。如一只金鸡给喜剧大师卓别林擦皮鞋，擦得油光铮亮，这是"金鸡"鞋油广告的一个镜头。只要产品的质量有保证，在广告中允许采用多种表现手法塑造产品的新鲜感、形象感，从而加深人们的印象。但是，公共关系的传播方式，最重要的是用事实说话。其信息传播的手段主要是新闻传播的手段，如新闻稿、新闻发布会、报纸等。这些传播手段的特点是：靠信息的真实性、客观性及其内在的价值说话，不在于当事人运用哗众取宠、耸人听闻的表现手法,而在于善于选择适当的时机,采用合理的形式,通过适当的媒体,把适当的信息及时、准确地传递给目标公众。

4. 传播周期不同

通常来说,广告的传播周期不会很长,短则十天半月,长则数月一年。而且一般是一个时期集中宣传一种产品或服务,并有明显的季节性、阶段性。相对来说,公共关系传播的周期则较长,其任务主要是树立整个企业的信誉和形象,这绝非急功近利的方式所能奏效。一个企业良好信誉的建立和完美信息的树立,并不是一件容易的事,它需要公共关系通过有计划、有步骤、长期不断地努力,实事求是地、有效地向外界开展传播活动,只是不同时期内传播的具体内容和重点不同而已。

5. 所处地位不同

一般来说,广告在经营管理的全局中所处的地位是局部的,其成败好坏,对全局没有决定性的影响。因此,一项产品广告的成功与失败,通常并不决定整个企业的命运。但是,公共关系工作却不同,它在经营管理中处于全局性的地位,贯穿于经营管理的全过程。公共关系工作的好坏,决定着整个企业的信誉、形象,决定着整个企业的生死存亡。在激烈竞争的环境中,如果一个企业或组织声名狼藉、信誉扫地,这个企业必定难以生存。

6. 效果不同

一般来说,广告的效果是直接的、可测的,其经济效果是显而易见的,且某项广告的效果又往往是局部的,只影响到某个产品或某项服务的销路,因此,广告的效果又是局部性的、战术性的。而公共关系的效果则是战略性的、全局性的。一个企业一旦确立了正确的公共关系思想,并开展了成功的公共关系工作,不仅能使企业对外界建立良好的信誉和形象,企业自身受益无穷,而且社会各界也会因此受益匪浅。尤其是成功的公共关系所取得的效益,应该是包括政治、经济、社会等各方面效益的社会整体效益。一般来说,这样的整体效益是难以通过利润的尺度来直接衡量的。

三、公共关系与宣传

宣传是组织有意识地把某种观念、意见、态度和情绪,以及风俗、信仰传播于社会,是一种有意控制社会心理的活动。公共关系与宣传既有区别也有联系。

(一) 公共关系与宣传的联系

首先,两者都必须以一定的传播对象(受众)为活动的指向;都需要借助各种新闻媒介作为工具;都必须了解受众的需求和希望。

其次,两者的工作内容有时也是相同的,如每个组织都有团结内部成员,增强群体凝聚力、向心力、荣誉感等方面的任务,这既是组织内部宣传工作的内容,也是组织内部公共关系工作的目标。

(二) 公共关系与宣传的区别

1. 工作的性质不同

传统的宣传属于思想政治工作范畴,是思想政治工作的手段和工具。宣传的目的主要是为了改变和强化人们的心理状态和精神状态,获取人们对某种主张或信仰的支持,宣传的主要内容是国家的方针、政策、社会道德、伦理、法制等方面的教育。公共关系作为一种特殊的管理职能，目的是塑造组织形象，建立组织与公众的良好关系，除了宣传鼓动之外，其工作的主要内容是信息交流、协调沟通、决策咨询、危机处理等。

2. 工作的方式不同

宣传是单向传播过程，带有灌输性和强制性；其目的有时是隐秘的，并不为公众所知晓的；工作重点往往是以组织既定的目标来控制公众的心理；有时为了获取目标公众的支持，容易出现夸张渲染的片面效应。公共关系工作是一种双向传播过程；公共关系必须尊重事实，及时、准确、有效地向公众传递组织信息，以真诚换取公众对组织的理解和信任；公共关系除了向公众解释、说服公众外，很重要的职能在于向组织的决策层提供信息和咨询；其目的、动机是公开的，努力让公众了解、知晓组织的经营状况；公共关系活动是做和说的统一，不仅要求组织自身做得好，而且还要把做得好的事情告诉公众，进而扩大组织的社会影响力。

四、公共关系与市场营销

市场营销是指企业在市场上的经营活动的总称。它包括市场调查、新产品开发、制定价格、选择销售渠道、选择促销手段以及开展售后服务等一系列活动。公共关系与市场营销既有联系又有区别，两者的关系是密切的。

（一）公共关系与市场营销的联系

1. 共同的产生条件——商品市场的高度发展

市场营销的产生，是由于资本主义高度发展使企业外部环境发生了很大变化。一方面，买方市场的形成，消费者对产品的需求变化很大，条件越来越苛刻；另一方面、同行之间的竞争也日趋激烈，企业更加重视"市场"、重视"营销"、重视外部的公众关系。公共关系的产生，是由于在商品经济高度发展的情况下，企业争取消费者，不仅要在产品质量、品种技术、价格等方面竞争，更重要的是企业整体形象的竞争。企业为了赢得良好的社会舆论，就必须与各方面的公众建立良好的关系，即开展公共关系活动。

2. 共同的指导思想——用户第一，社会效益第一

新的市场营销观念要求把顾客的利益放在第一位，把社会效益放在第一位。市场营销的这种指导思想和公共关系的基本原则与要求是相互吻合的。

3. 相似的传播媒介——大众传播媒介

在市场营销和公共关系的业务活动中，组织与目标对象的沟通往往要借助于大众传播媒介来实现。现代大众传播媒介可以使社会交往摆脱时空限制，使市场摆脱国家、地区的限制。因此，一个组织无论是扩大影响，还是扩大产品销路，都离不开大众传播媒介。

4. 市场营销把公共关系作为组成部分

市场营销在应用非价格竞争的促销策略时，把公共关系作为主要的促销手段之一，并吸收、运用公共关系的手段和方法来实现其销售目的。当代美国著名营销大师菲利普·科特勒提出的"大市场营销观"，在原有产品、价格、渠道和促销手段四个策略基础上，新增了公共关系和政治权利两个策略，这充分说明了公共关系与市场营销的密切联系。

（二）公共关系与市场营销的区别

1. 两者的应用范围不同

市场营销仅限于企业的生产、流通领域，最多不过是经济领域内；公共关系所涉及的是社会上任何组织与公众的关系，政府机构、学校、医院等。公共关系比市场营销有更广泛的社会意义，学科应用范围更广阔。

2. 两者活动的目的不同

市场营销的直接目的是为了销售产品，从而进一步扩大利润额；公共关系的目的是为了树立组织形象，产生良好的公众信誉，从而使组织得到长足的发展。

3. 运用的手段不同

市场营销所采用的手段是价格、广告、包装、商标、产品设计等，都紧紧围绕着企业产品的销售目的。公共关系所采用的手段是发放宣传资料、举办各种专题活动，如记者招待会、社会赞助、典礼仪式等活动。当然，市场营销也可以运用公共关系的手段开展促销活动，但两者的性质是不同的。

第四节　学习公共关系理论的目的和方法

一、学习公共关系理论的目的

公共关系学在我国虽然处于发育阶段，但已显示出蓬勃的生命力。借鉴发达国家的成功经验，结合我们的实际情况，我们学习公共关系理论的目的主要有以下几方面。

（一）创建并发展具有中国特色的公共关系理论

公共关系学虽产生于西方，由我国港、澳地区传入，但它反映了现代市场经济高度发展的要求，具有科学性、实用性，在学习和借鉴中要防止照搬照套，脱离国情。所以，我们要紧密结合我国政治、经济、文化、体育、科学、技术等方面的实际，结合现代化建设的实际，结合改革开放的实际，运用马克思主义的科学观去高度、系统地总结、开发、概括具有我国特色的公共关系学的概念、理论、规律、方法，使之在引进和创建之初便与时俱进，以我为主，博采众长，自成一家。

（二）指导公共关系实践，促进现代化建设

通过研究、宣传、教育及实践，引导公共关系学健康发展，使之普及化和社会化，让人们进一步认识它的现实意义，建立公共关系学理念，将公共关系学应用于工作实践中，服务于经济建设，服务于党的十七大提出的全面建设小康社会的战略目标。

（三）尽快造就一大批公共关系学人才

建立一支宏大的公共关系专业队伍，推进社会产业结构的优化。这是一项十分紧迫的任务，我国第三产业发展缓慢，难以适应现代化经济建设之需，已到了必须引起我们重视的时候。

二、公共关系学的研究与学习方法

每一学科都有自己的研究对象与相应的学习方法。对公共关系学的研究与学习特别强调以下几点：

（1）坚持从实际出发，以辩证唯物主义和历史唯物主义的研究方法，克服形而上学、机械、静止、孤立的研究方法。

（2）理论联系实际，强调其社会的实践性，向实践学习，把理论研究和调查研究结合起来。

（3）实事求是，择善而从，博采众长，为我所用。

（4）注重多学科的借鉴与综合，注意从其他学科的角度考察公共关系的问题。

三、学习公共关系理论的现实意义

学习公共关系理论的目的和意义在于运用和发展，结合社会环境和社会发展，其意义具体体现在以下几个方面。

（一）公共关系学有助于现代价值观的形成

在现代社会中生活需要有现代价值观念。5 000 年传统文化的积淀和长时间的闭关锁国使人们在思想上形成了许多与现代社会不相适应的价值观念。在社会生产力不发达、生活水平不高、对外交流不开放的情况下，人们进取心弱、求稳怕变、固守己见和安于现状。当市场经济向我们走来时，传统的价值观念就呈现出它的不适应性。市场经济迫切地呼唤与之相适应的价值观念。这些新的价值观念的形成依赖于社会经济体制的变革、新的社会规范的生成、优秀文化的弘扬以及对先进的外来文化的吸纳等。与现代社会相适应的公共关系学的普及与宣传，将极大地有利于现代价值观念的形成。公共关系学的一些基本观念完全可以成为现代价值观念的一部分，去适应改革、开放、发展之需要，并体现在以下三个方面：

（1）改革促进了横向联系，扩大了市场范围，无论何人、何组织，其社会联系都正在日益复杂化。

（2）改革使组织行为方式和关系状态变革，需要人们强化公共关系，以之广泛地与外界加强联系与协作，以求能从社会分工中获得好处。

（3）对外开放使人们有可能在市场之大舞台上参与竞争，寻求合作伙伴。

对外活动需按国际惯例办事，因此加强信息交流，增强公共关系意识，利用公共关系手段，提高自身的知名度，塑造自我形象，加强对各国的了解和友谊，势在必行。文化搭台，经济唱戏，此乃当今之时尚！

研究公共关系学，可以增强人们在现代社会生活中所需要的诸如变革、互补、适应、协调等观念。公共关系学的理论认为，商品经济、市场经济是以社会分工为前提的经济体制，市场经济的发展带来了更大范围的分工、协作关系，市场竞争关系。各社会组织、成员，若能有效地运用公共关系，可以拓展合作关系，加强竞争能力。现代社会发展突飞猛进，需要人们转变观念，一个组织或一个部门不能墨守成规，而要不断地研究公众的需求和心理变化趋势，不断改进组织和部门的形象，赢得公众的理解和支持，固步自封则必然会落伍。公共关系学在阐述个人（或组织）之间的关系时，摒弃对立的观念，而强调互补观念。认为市场中的竞争并不一定要采取你死我活的战争形式，利益互补与共享是可能的。因此，通过运用公共关系学，可以达到共同发展,共赢和多赢。现代社会关系错综复杂,个人(或组织)对社会的理解并不完善和全面,因此有一个主体与社会的适应或调适的问题。公共关系学在这方面建立了一些基本观念和技巧。此外公共关系学在理解个人(或组织)之间关系时认为现存的一致性状况是极少的,矛盾和冲突的存在是不可避免的,努力地去协调各种关系是公关人员的长期使命。

(二) 公共关系学有助于人的素质的提高

公共关系学教育与学校学历教育不同,从某种意义上来说它是一种终身教育。一个组织从创建之日起,只要这个组织打算持续不断地完善和发展,它就必须在组织内部和外部经常持久地展开公共关系学教育,不断地研究新问题,取得新理解,塑造新形象。这种源源不断的投入,对于现代人素质的提高无疑具有重要意义。国外许多著名的企业,尤其是一些旅游业定期在职工中间组织公共关系学课程的培训,收到了良好的效果。

现代人完成了学历教育之后便进入职业社会。职业本身的需要和从业过程中遇到的种种困难促使人们不断地提高其自身的素质。公共关系学对于人的心理健康、精神气质和处理社会关系技能等方面素质的提高具有独到的作用。现代社会节奏快、效率高、关系复杂,它要求人们有一个良好的心理状态。过度的封闭和压抑会危害人的心理健康,进而危及生理健康。公共关系学强调人对工作环境、工作对象的深入了解,强调人对环境和工作对象的相互适应性,反对用对立的观点来解释两种具有相互依赖性的事物和关系。因此,长期受公共关系学的熏陶,可以避免对事物形成过于偏激和偏窄的心理反应,充分认识事物的复杂性,形成从容对待各种复杂情况的健康心理。现代公共关系学还特别注重提高人在精神气质和形象方面的素质。公共关系学强调人与人之间的关系。在这种人际关系中,一个人如何以良好的形象和精神气质来影响他人具有重要的意义。尤其在现代社会,一个组织的形象往往通过它的员工的精神、气质和形象反映出来。公共关系学在训练人如何改进自身的形象(包括内在气质和外部形象)方面已积累了相当的经验,具有一套行之有效的方法。

(三) 公共关系学有助于社会组织的快速发展

组织是社会的基本单位,组织的现代化是社会现代化的一个标志。在现代市场经济体系里,组织的创立、成长和消亡等活动异常地活跃。这与传统经济体系形成明显的差异。组织的活跃和发展,在组织内部和组织与环境的关系方面产生了许多矛盾和冲突,公共关系学在帮助组织调整其自身的行为方面做出了一定的贡献。从公共关系学创立的早期历史看,这门学科的兴起与早期资本主义在企业内部和外部的关系处理方面陷于困境有直接的关系。公共关系学通过调整劳资关系和企业与外界的关系使得企业组织更为适应社会和更趋于完善。

公共关系学在促进现代社会组织的发展方面一直在作持续不断的努力。在国外,政府部门和公司企业以及社会团体一般都设有公共关系部门或有专人处理公共关系事务。在企业,随着市场经济的迅猛发展和生产领域的技术进步,销售服务体系在整个企业行为系统中所占的分量越来越重,而销售服务人员的公共关系基本知识训练也成为一项持续性的工作。这就是说,公共关系学在现代社会组织中不是一项可有可无的工作,而是现代社会组织完善的一个重要组成部分。从组织学的角度看,公共关系学对于实现组织目标、完善组织结构和协调组织环境等方面有着不可替代的功能。在组织目标方面,公共关系学把组织的各种目标统一到组织形象上来,避免了组织目标分散导致的组织效率降低的现象。过去,许多企业把生产的产值、产量作为企业的主要目标,严重忽视企业与消费者的关系,最后造成产品产量高而产品销路差的不正常状况。公共关系学就要扭转这种局面,把企业利益和公众利益统一到企业的目标上来。在组织结构方面,公共关系学把组织内部各部门之间的沟通和协作作为基本原则,旨在克服组织内部机构设置上出现的相互推诿、相互封闭的状况。在西方的一些企业中,公共关系部门和公共关系负责人有权在企业的机构设置方面提出建议,有权协调各部门之间的工作,当因部门之间的内耗而影响企业对外整体形象时有责任向企业负责人如实报告情况,以提高企业的工作效率和改进企业的形象。在组织环境方面,公共关系学强调环境对组织发展的重要影响,反对把环境投资当做企业负担的片面看法,公共关系学认为,企业要长久地发展下去,就要把环境因素考虑到企业的整体工作中。环境的改善既为企业发展创造了一个良好的外部条件,也为企业树立了一个良好的形象。

(四) 公共关系学有助于社会经济的增长

公共关系学作为一门艺术和社会科学,似乎并不追求经济目标。实际上公共关系活动从不游离于现代社会经济之外。公共关系学的兴起,为现代社会经济的发展创造了良好的条件。我们知道,现代社会经济的发展不仅仅是一个经济问题,经济被置身于一个复杂的社会系统之中。社会经济若要飞速发展,没有其他社会因素的协调配合似乎难以实现。公共关系学诞生之初,就与社会经济发展结下了不解之缘。正因为公共关系学推动了企业经济的增长,它才会受到如此广泛的关注和普及。

当然,公共关系学并不直接产生经济效益,但是它通过一系列中介活动,最终在产生了社会效益的同时也产生了经济效益。首先,公共关系学通过形象塑造,积累了大量的无形资产,有助于现代社会经济的增长。现代经济的发展,不但要有人力、资金和设备的投入,而且还要有信誉和声望等无形资产的介入。没有人才可以招聘,没有资金可以借贷,没有设备可以购买,而无形资产的形成却要靠企业长期的努力才能够实现。如1992年,国外有关评估机构认为,国际著名商标万宝路的价值是395亿美元,百事可乐的价值是96亿美元。其次,公共关系学通过信息传播,培育出许多潜在需求,有助于现代社会经济的增长。公共关系学在市场调查、信息收集方面形成了一套常规做法。公共关系人员经过长期的收集、整理和归纳各种信息,逐步捕捉到一些有利于企业开发的产品信息,进而为企业的发展开拓了新的市场。1986年,麦氏咖啡公司产品在打入中国市场前,曾委托广州市场研究公司作市场调查,发现中国人喝咖啡的习惯与美国人根本不同:美国人喜欢慢慢烹煮,中国人喜欢一冲即饮。于是麦氏公司研制了一种专售中国市场的产品:麦氏三合一速溶咖啡,抢在外国同类产品前一炮打响。第三,公共关系学通过加强社交来增进经济往来,有助于现代社会经济的增长。在现代市场经济体制下,不像过去那样有大量的国家指令性计划,市场要靠自己去寻找。企业不能再只守着狭小的圈子等米下锅。公共关系人员通过大量的经济和非经济交往活动来寻找合作伙伴。大量事实证明,企业往往在参与一些有益于社会效益的活动中发现许多有经济效益的信息。

(五) 公共关系学有助于现代生活质量的提高

现代社会,人们不满足于传统的生活方式,而需要精神上的满足,需要了解自己生活周围的信息。各种信息技术的发展为之提供了可能,社会组织要充分利用各种传播工具为组织服务,以引导舆论,影响公众观念,从而达到改善组织生存、发展的社会环境。现代生活质量指标是综合性的,它包括收入、居住、教育、交通、医疗、社会福利和环境条件等。我们国家正通过大力发展经济逐步提高人民生活质量,在注重提高这些硬指标的同时,还应提高一些软指标,例如,人际关系的和谐程度、文明教化的修养程度和服务体系的完善程度等。这些指标看似无形,实际上对人们的现代生活质量有很大的影响。有时候人们对这些软指标的要求甚至超过硬指标。目前,有大量的国外资本进入中国进行投资开发,大批外国人在中国工作和生活,他们经常提出的问题中许多就是属于现代生活质量中的软指标。因此,改进和提高这些软指标成为我们社会的当务之急。

大力宣传和普及公共关系学,确实有助于人们去关心和提高现代生活质量中的软指标。从人际关系的和谐程度看,目前中国无论是企业内部的员工关系还是企业外部的公众关系都不太理想。

在企业内部,劳动人事制度、分配奖励制度等都带有计划经济时代大锅饭的痕迹,人际关系规范性不够,内部调整十分困难。传统管理乃至科学管理更多的是注重管理中的物的要素,把人视为只追求经济收益、高利润的经济人。这种漠视甚至敌视劳动者精神活动的"以物为中心"的管理,已成为影响生产力发展的重要方面。人们对此进行长期而又深刻的反思后认识到:管理中,必须高度重视人这一主体;充分调动人的能量、积极性,充分发挥人的潜能,不仅要用科学的、经济的手段,更重要的是要运用文化手段,这种立意更高、角度更新、视野更宽、包容量更丰富的管理理论,就是倡导管理应以人为本、以人为中心;公共关系就是处理组织与职工关系的一种有效手段,此处的以人为本,有别于行为科学的以"利用人"为目的的"一人为中心"。这里指的是:为了人、理解人、关心人、尊重人、爱护人、塑造人,以造就一个相互理解、信任,充满友善与合作,形成和谐、稳步发展的组织内外环境的"一人为中心"的管理。

在企业外部,企业与社会公众的关系没有理顺。虽说年年月月天天喊"消费者是上帝",但一旦购销行为完成,便不顾消费者的权益是否真正得到了保证。由此造成的领导与职工、营业员与顾客的紧张关系比比皆是。公共关系学的教育是要从观念到具体行为彻底改变原有的状况,重新确立企业内部和外部的各种关系,消除隔阂,增进和谐。从文明教化的修养程度看,人际交往中往往会遇到一些修养程度低、职业道德差的人和事,阻碍了人们之间进一步交往,恶化了企业人际环境。每当构成一个消费行为时,便有粗俗、不尊重人的言行夹入其中,使消费者败兴沮丧,消费者也以其人之道还治其人之身,于是整个社会陷入恶性循环。公共关系学十分强调职工的职业道德和职业礼仪的修养,绝不容许出现伤害公众的言行。长此以往,便可走出恶性循环,提高全社会的文明程度。从服务体系的完善程度看,我国差距还很大,出门难、行路难、办事难等老大难问题不少。有些困难,需要在经济发展和基础设施建设上去之后才能彻底解决。但有更多的问题,完全可以通过经营体制的转换、关系的调整甚至举手之劳的改动得到解决。因此用公共关系学的观念进行指导,从本组织利益和公众利益统一的角度来重新审视各种服务设施和服务工作、提高服务质量是完全有可能的。

【案例分析】

诚招天下客　情满美食家

一双筷子上写着这样两行字:"假如我的菜好吃,请告诉您的朋友;假如我的菜不好吃,请告诉我。"这两句富有浓厚情感的公关语言同"美食家"的名字一起传遍了整个杭州。

这家普通的餐厅所处的地理位置并不十分理想,既不是车站、码头,又不是风景区、闹市区。7年前,在餐厅刚刚开业时,这里生意清淡,门庭冷落。没有顾客的惠顾,就谈不上餐厅的生存,更谈不上餐厅的盈利。要受顾客青睐,餐厅就要有自身的吸引力。这个吸引力在哪里呢?"美食家"餐厅深深懂得:只有在顾客心目中树立起"美食家"的良好形象,才能招徕顾客的光顾。"美食家"的吸引力应放在一个令人亲切的"情"字上,依靠情感的传导来沟通顾客关系。只有把情感输入顾客心里,才能塑造"美食家"的形象。只有把诚心贴在顾客心里,才能建立"美食家"的信誉,从而产生一种"情感效应",使企业获得良好的经济效益。

　　问题与思考

　　1. 饭店业开展公关活动的任务有哪些?

　　2. 分析"假如我的菜好吃,请告诉您的朋友;假如我的菜不好吃,请告诉我"这句话中所包含的公关思想。

【本章小结】

　　本章主要提出了公共关系的定义、概念和范畴,揭示公共关系的本质属性及完整含义,分析比较若干与公共关系概念相关的学科概念,并突出了公共关系的特殊性及其构成要素,使读者全面、正确地理解公共关系与庸俗关系、广告、宣传、市场营销的区别。

【引导案思考与练习】

　　1. 如何理解公共关系的本质?

　　2. 如何对组织所面临的公众进行分类?

　　3. 如何理解公共关系三要素?

　　4. 说明公共关系和庸俗关系的区别。

第二章 公共关系的产生与发展

【学习目标】

1. 了解公共关系的起源及其产生的历史条件
2. 了解公共关系在不同发展时期的特点
3. 了解公共关系在国内外的发展现状和趋势

【引导案例】

本田的眼光

在现代社会中,影响企业发展的各种因素越来越多,能否及时发现和识别与组织发展相关的公众对象,意义十分重大。按照传统观念,美国的环保运动与日本的工业是没有什么关系的,因此,1975 年有几个美国环保主义者到日本去谈论汽车废气问题时,就受到了日产丰田这些大汽车公司的冷落。但是,直到 1963 年才开始生产第一批汽车的本田公司,其总裁却独具慧眼,他从这些人的活动中发现了有用的信息。为此,该公司派人把这批人请到公司,热情款待,奉为上宾,并请他们给设计人员讲解环保主义者的要求以及美国国会 1970 年通过的净化空气法案的内容。在这一基础上,本田公司开始了新型汽车的设计,确定的设计目标要突出"减少排废"和"节省汽油"这样两个优势。在本田的新产品——主汽缸旁有一辅助汽缸的"复合可控旋涡式燃烧"汽车面世一个月后,就遇上了第一次石油危机。本田汽车凭借排废少、省汽油的优势,一举打进美国市场,公司总裁因此赢得了日本福特的声誉。

第一节 公共关系产生的社会条件

公共关系产生于 20 世纪的资本主义国家绝不是偶然的,而是与当时的政治、经济文化和技术等方面的社会条件相联系的。

一、文化心理——由"理性"转向"人性"

美国是一个文化根基很浅、由移民组成的新大陆。美国文化体系中有三个突出的特性:个人主义、英雄主义、理性主义。个人主义使美国人富于自由浪漫的色彩;英雄主义使美国人崇拜巨头伟人和他们富于竞争的精神;理性主义使他们注重严密的法规,崇尚教条、数据和实效。

二、社会政治——民主政治取代专制政治

在商品经济之前的自然经济社会,广大民众自然分散,进行自给自足的生产。由于社会化程度低,社会联系松散,缺乏统一组织,公众的力量分散,共同意识薄弱,民众的政治参与程度很低。加上严厉的封建专制和独裁统治,使民众百姓成了"百依百顺,逆来顺受"的"顺民",官民之间、上下级之间只有绝对服从的关系,社会政治生活的特征表现为"民怕官"。在这种统治者依靠高压政策、愚民政策来实施统治的专制政治条件下,民众既无须关心政治运作,亦无法干预政治运作,舆论不可能对社会进程产生重要影响,在这样的社会环境中毫无公共关系可言。

与专制独裁的封建政治不同,大工业社会的政治生活的核心是民主政治。在民主政治条件下,市民的社会化、公众化程度日益提高,社会联系日益紧密,共同意识不断增强;社会民众的公民意识、民主意识日益膨胀,有统一组织的社会公众越来越强烈地要求了解和参与政治生活,舆论对政治运作的影响力也越来越大。民主政治必须体现大多数人的意愿,满足大多数人的要求。这就需要相应的民主制度来保证。这主要是通过代议制、纳税制及选举制来实现的。

代议制是由各种利益集团推选出自己的代表来进行公共事务的决策与管理,这是民主政治的基本体现与保证。而促使民众关注与参与公共政治的动力,则主要来自经济上的"纳税制"和政治上的"选举制"这两种民主化制度。在这种民主政治的社会氛围中,其政治生活的特征表现为"官怕民"。

三、经济发展——市场经济取代小农经济

在封建社会里,其经济模式是自给自足的小农经济,生产组织方式是以一家一户为基本单位,一村一乡为界限。其社会联系也就脱离不了这种以家庭、村落为支点的血缘、地缘、姻缘等人缘关系。这种关系一是非常狭隘,二是相当固定,三是极端封闭。直至资本主义社会前期,大工业尚不十分发达,受经济水平的限制,人们的社会联系仍然是相当狭隘的。

20世纪初,美国的社会环境、政治环境已趋于安定,经济发展速度迅速提高,大工业的商品经济方式突破了时空与血亲的局限,重新形成了以市场为轴心的极广泛的社会分工协作,它反过来又促进了商业经济的快速发展。商品经济社会以社会化生产、社会化交换为其重要特征。任何社会组织,均须得到社会广泛承认,获得社会整体的支持,方能生存和发展起来。故商品经济社会势必需要公共关系,商品经济的主要支点是市场交易,故高度发展的商品经济又称市场经济。在商品经济的发展过程中,市场形式经历了由"卖方市场"向"买方市场"的逐步转变。在这种卖方市场的状态下,卖方可以根本不考虑公众的需要,可以根本无视公共关系。但随着生产力的提高,产品供给日益充分,市场上供求关系发生了根本变化。消费者具有更多的优势,可以根据销售者的产品质量、价格、服务以及人情关系等条件,灵活地决定向哪一个"卖家"购买所需商品。而销售者则需竭力在以上这些方面讨好或优惠消费者,努力同消费者发展交换之外的信息关系、感情关系,从而形成了以消费者为重心的"买方市场",在买方市场条件下,企业和商家必须通过与买方发展良好的感情关系方能更有效地维护交换关系,维持市场发展。

此外,随着商品经济的发展,消费者的消费水平也随着商品的不断丰富而不断提高,从初始的满足温饱、安全等千人一律的"基本需要",而逐步转向满足消费者的挑选商品的个性、情感等各不相同的"选择需要"。由于人们的选择需要是人人相异、多种多样并又不断发展的,为满足公众这一选择需要,产销的直接见面就日益重要。这些社会现实,都十分迫切地需要公共关系。在市场经济的背景下,能否争取市场、争取顾客、争取公众支持,成了企业生死攸关的关键,这就直接促成了公共关系的兴起。

四、物质技术——大众传播超越个体传播

在自然经济社会中,经济水平不发达,科技水平落后。落后的经济生活与科技水平,只能产生落后的沟通传播工具。而由于受落后的沟通传播手段的限制,社会公众交往的广度和深度是极其有限的。哪怕是位极人臣的帝王,要传播谕令与信息,充其量也不过是"烽火报讯"和"快马加鞭"而已。这种极为简陋落后的传播方式不仅传播速度极慢,传播范围相当狭小,而且信息失真率极高。

而在资本主义大工业时代,日益精细的社会化大分工,使人们之间、组织之间的纵横关系与相互沟通依赖日趋重要并日趋加强,成为社会组织生存发展的基本条件。各种形式的传播沟通技术与理论也就在这样的社会背景下迅速发展起来了。印刷技术日益普及与提高,报刊媒介遍及千家万户;电子技术不断进步,更带来广播、电视、电影、电话等电子传播媒介的普及;在微电脑、人造通讯卫星、互联网全球普及的现代信息社会,具有极高的传播广度、速度、深度和高保真度,并且有费用低廉且崭新的发展,世界日益成为"天涯若比邻"的"地球村"。瞬息万变的信息同时也就"瞬息可悉"。各种大众传媒的迅速而广泛的发展,"地球村"的出现,为人们进行大规模的交往提供了可能性,并为公共关系的产生提供了必要的技术与方法。

回顾20世纪人类的重大突破和贡献,我们可以看到20世纪人类已进入空间时代、核时代、智能化时代、生命科学时代、信息时代、知识经济时代。在世纪之交的世界经济发展中,必须关注"领先"的概念、"加速创新"概念、"核心专业"概念、"快速反应,提高服务"概念以及"走动管理"概念。现在国际公共关系的趋势是:为适应新形势,求得公共关系自身的生存和发展,要充分利用现代信息技术改造和处理传统的公共关系问题;全球经济一体化要求公共关系首先要注意传播的国际化、一体化、多元化,追求"有效传播";新世纪的公共关系运作需要改革,提高档次,重视信誉形象,树立高效、公正、专业化、优质服务的全球形象。

第二节　公共关系的产生过程

一、古代时期——公共关系思想的萌芽

公共关系学的许多理论都是现代传播学、舆论学、管理学发展的直接产物,所以,公共关系学的历史实际上只有几十年,但公共关系思想及类似于公共关系的活动,在各个国家、各个民

族的古代社会都可以找到影子。可以说,古代时期是公共关系思想的萌芽时期。

考古学家在伊拉克发现了远在公元前 1 800 年的一种农业公告,很有点像现代社会某些农业组织公共关系部的宣传资料。

在古希腊,社会对于沟通技术非常重视,并对从事这门技术的人给予很高的评价和奖酬,有些深谙沟通学问的第一流演说家常常被推为首领。

在我国古代的政治活动、外交活动和军事活动中,亦有许多类似于公共关系活动的成功范例。合纵家苏秦,奔波于山东六国,运用游说手段来影响公众和社会舆论,以对付秦国的吞并;连横家张仪,四处交游,离间各国,以社会手段来实现自己的政治理想;战国时期的君子、士大夫手下常常有许多幕僚策士,善于四处游说,帮助统治者争取民心或动摇敌心。

二、近代公共关系发展的不同阶段

(一)单向吹嘘式的公共关系阶段

单向吹嘘式的公共关系是"职业公共关系的前奏",以"报刊宣传活动"为代表。19 世纪上半叶的美国,随着政治民主化的推进、公众地位的提高,大众传播事业得到了迅速的发展。"报刊宣传活动"就是在这时开始风行起来的。它是指一些公司或企业为了自己的利益,雇佣专人在报刊上进行宣传的活动。在 19 世纪 30 年代,美国《纽约时报》率先发起了一个"便士报运动",即以一便士就可以买到一份报纸。该报以其低廉的价格和关切大众的内容获得全社会的认可和接受,并使政府部门及各类巨头们竞相争取,成了具有重要影响力的社会舆论工具。然而发行量大、成本高,广告费也猛涨,一些大公司和巨头们为了节省这笔昂贵的广告费,便纷纷花钱雇一些记者或宣传员来编造关于自身与组织的新闻甚至"神话"来吸引读者的注意力,达到宣传本组织形象的目的,于是便兴起一场声势浩大的"报刊宣传活动"。

这一时期最有代表性的是费尼斯·泰勒·巴纳姆(Phineas Taylor Barnum)。

> 巴纳姆最典型的宣传是制造了这样一个神话:马戏团有一名叫海斯的黑人女奴,在100 年前曾经抚养过美国第一任总统乔治·华盛顿。这一消息发表后引起了轰动。巴纳姆乘机以各种笔名向报社寄去表明不同看法的"读者来信",引起一场争论。于是很多人抱着好奇心纷纷到马戏团要看个究竟,使马戏团票房收入猛增。海斯死后,尸体解剖表明,她才活了 80 多岁,根本不像巴纳姆宣传的那样活了 160 多岁,也根本不可能抚养过华盛顿总统。可巴纳姆却宣称,他本人也是受骗者。实际上巴纳姆早已从这场他策划的争论中得到了好处。

(二)单向传播式的公共关系阶段

单向传播式的公共关系是职业公共关系开创的时期,其主导思想是:组织对公众必须坦率和公开。艾维·李是这一时期的代表人物。

19 世纪末,美国已进入垄断资本主义时代,少数企业寡头几乎掌握着全美大半的经济命脉,他们不择手段地榨取剩余价值,在经营上实行封闭保密政策,被称为"象牙塔"。人们对他们的行为十分反感,称之为"强盗大王"。他们的残酷压榨引起了工人强烈的不满,劳资关系日趋紧张,阶级矛盾日益激化,各个阶层和集团之间的利益冲突尖锐,整个社会都充满了对企业寡头的敌意。

从 1902 开始,第一个正面发起进攻的是《麦克卢尔》杂志。其从 1902 年至 1904 年连续刊出了《美孚石油公司发迹史》,以大量事实揭露当时显赫一时的石油大王如何通过不正当的手段挤垮竞争对手的真面目,使洛克菲勒多年来一直处于挨批的地位。一批年轻正直的记者,勇敢地充当了"揭丑斗士",他们的锋芒指向那些不法巨头及政府的腐败行为,将其丑行暴露在光天化日之下。在近 10 年的时间里,各种报刊上发表的此类文章达 2 000 多篇,甚至有人创办专门揭丑的杂志,从而使许多大企业和资本家声名狼藉。

"揭丑运动"与罢工运动的打击,使美国的经济界开始正视新闻界与公众对企业发展的重要影响,他们开始转变思维方式以图摆脱危机。杜邦公司是最早觉悟的一家。

杜邦公司是一家从事炸药生产的化学公司,由于技术尚不很先进,难免发生一些爆炸事故。起初公司采取保密政策,一律不准记者采访。社会公众对此猜测纷纷,久而久之,杜邦公司在公众心中留下一个"杜邦——流血——杀人"的可怕形象,对其市场营销和企业发展造成极为不利的影响。杜邦找来报界朋友咨询,报界的朋友建议他实行"门户开放"政策,把"象牙塔"变成"玻璃屋"。杜邦采纳了这一建议,并请这位朋友出任公司新闻局局长。公司改变了以往的做法,坚持向公众公开公司的事故和内幕,同时精心设计出一个宣传口号:"化学工业能使你生活得更美好!"此外,他们还积极赞助社会的公益事业,组织员工街头义务服务,一举改变了过去留给公众的"杜邦——杀人"的形象。

于是,许多公司也都纷纷聘请新闻代言人,实行厂区开放、参观介绍等公关措施,利用大众传播手段来修建自己的"玻璃屋",实行开明经营。在这场为企业塑造新形象的热潮中,一个新的职业诞生了,开这一职业先河的是艾维·李(Ivy Lee)。

艾维·李毕业于普林斯顿大学,曾是《纽约时报》和《纽约世界报》的记者。他认为单纯地把阴暗面揭露出来是一种消极的做法,对于问题的解决只是做到了一半,还有一半应是用积极合作的态度,想办法消除误会、改变现状,而消除误会最好的办法是把事实真相告诉新闻界,采取信息公开的政策,这样不仅可以消除误会,还可促进、监督企业行为的完善。他为了实现自己的理想,于 1903 年与派克合资成立了"派克·李氏公司",成为第一位通过向客户提供劳务而收取佣金的职业公关专家。这标志着公共关系职业和公共关系事业的诞生。

艾维·李的公共关系思想是:"公众必须迅速被告知"——对公众要"讲真话"。他经常为报社免费提供新闻公报,公开提供客观的新闻材料,放弃一直是神圣不可侵犯的行业秘密。因此,我们亦称其为"单向信息发布式"的公共关系。

艾维·李还为洛克菲勒财团与宾夕法尼亚铁路公司处理了危机,重塑了形象,从此他成为蜚声社会的公关专家,被誉为"公共关系之父"。

(三) 双向沟通式的公共关系阶段

双向沟通式的公共关系产生于公共关系从艺术走向科学的时期,这一时期的主导思想是"投公众之所好",其代表人物是公共关系发展史上的一个集大成者——爱德华·伯纳斯(Edward Bernays)。

在艾维·李首创公共关系事业之后,美国的公共关系事业迅速崛起,主要表现在以下几个方面:

1. 企业界开始逐步推广公共关系制度

美国的贝尔公司、福特汽车公司、通用汽车公司、巴尔的摩铁路公司、爱迪生电力公司、约翰和劳森钢铁公司都在 1908 至 1913 年期间成立了公共关系部或请人专门负责公共关系工作。到 1937 年，全美最大的数百家企业中已有 20％设立了公关部。

2. 公共关系咨询业迅速发展

在派克·李氏公司创办时，美国只有 3 家类似的公司。到 1937 年，全美已有 250 家左右的公关公司，5 000 多名公关从业人员。1939 年，在著名的公关学者哈罗博士的主持下，美国公共关系理事会（ACPR）宣告成立。此外，政府公共关系也进一步发展。

3. 公共关系研究和公共关系教育正式诞生

在这方面做出杰出贡献的是美国的爱德华·伯纳斯。

> 伯纳斯 1912 年从康乃尔大学毕业后即从事新闻工作，1913 年受聘为福特汽车公司公关部经理，被誉为"开企业承担社会责任之先河"。第一次世界大战期间，伯纳斯参加了威尔逊总统组织的、由乔治·克里尔（George Greel）领导的公众信息委员会。这一委员会将报道民意、动员民意的能力提到前所未有的高度。战争结束后，伯纳斯与夫人开办了公共关系公司，开始为社会提供全面的公共关系咨询服务。1923 年，他出版了第一本公共关系专著——《舆论明鉴》，书中明确论述了"公关咨询"的含义，提出了公关工作的原则、程序和职业道德等，该书被称为公共关系理论发展史上的一个里程碑。同年，伯纳斯开始在纽约大学讲授"公共关系"，成为在大学教授公共关系的第一人。1947 年，波士顿大学成立了第一所公共关系学院，培养公共关系人才。公关教育在美国逐步展开。

伯纳斯把公关活动发展成为一种更有意识的、自觉的、有组织的活动。他特别强调了在公关活动中首先应了解公众的要求，在确定公众价值观念和态度的基础上，再进行有计划、有组织的宣传，宣传应"投公众之所好"。这就比艾维·李时期单向地站在企业的角度去宣传、去告知要大大进了一步。

（四）双向对称式的公共关系阶段

双向对称式的公共关系是当代公共关系发展的高级阶段，它强调"双向沟通、双向平衡、公众参与"。这时期的代表人物是斯科特·卡特李普和阿伦·森特。1952 年，卡特李普和森特出版了权威性公共关系专著——《有效公共关系》，书中论述了"双向对称"模式，在公共关系的目标上将组织和公众的利益放在同等重要的位置上，这是目的上的"对称"；在方法上坚持组织与公众之间的双向传播与沟通，这是传播手段上的"对称"。此书出版后多次再版，被誉为"公共关系的《圣经》"。

双向对称模式提出的理论前提有两个：一是把公共关系看作封闭系统还是开放系统；二是把公共关系看作一种"工作"还是一种"职能"。

将公共关系看作封闭系统和一种"工作"的做法是将公关人员放在沟通技术实施者的位置上，定期进行新闻发布，去保持和推进公众对组织的良好印象，而忽视将有关环境的信息传递给组织。

将公共关系看作开放系统和一种"职能"的做法是将组织与公众关系的维持和改变建立在产出——反馈——调整诸环节相互作用的基础之上，公众意见可以吸收到决策中，公共关系不仅能在决策中发挥参谋与顾问的作用，而且有预警作用，可以阻止潜在危机的发生。

双向对称模式体现了中国墨家的理想："兼爱"与"交相利"，也反映了现代竞争提倡的"双赢制"，以及"双方发展"的现代公共关系意识。

表 2－1　现代公共关系发展过程

类型	时期	代表人物	主导思想
单向吹嘘式公关	职业公关的前奏	费尼斯·泰勒·巴纳姆	公众要被愚弄，凡是宣传皆是好事
单向传播式公关	职业公关的开创	艾维·李	公众要被告知
双向沟通式公关	公关从艺术走向科学	爱德华·伯纳斯	投公众之所好
双向对称式公关	公关发展的高级阶段	斯科特·卡特李普、阿伦·森特	公众愿意可参与到决策中来

三、不同发展阶段的公共关系的比较

现代公共关系从无到有，经历了一系列变化。了解这段历史可以使我们更好地领悟公共关系发展的客观规律，更好地开展公共关系工作。下面我们将现代公共关系的不同阶段作一比较：

（一）各种公共关系对公众的态度不同

在没有公共关系的时代，垄断寡头们只顾一己私利，公众是他们宰割的对象。单向吹嘘式的公共关系特点是"公众要被愚弄"；单向传播式的公共关系特点是"公众要被告知"；双向沟通式的公共关系发展为"要投公众之所好"；双向对称式的公共关系进而提出"公众意愿可以参与到决策中来"。

（二）各种公共关系的原则不同

垄断寡头们信奉"我行我素"、"向公众封锁信息"；单向吹嘘式的公共关系坚持"凡是宣传皆好事"，根本不顾公众的利益；单向传播式的公共关系坚持"事实公开"、"讲真话"的原则，增加公众对组织的信任感；双向沟通式的公共关系坚持让组织了解公众，也让公众了解组织，"增加双方的透明度"；双向对称式的公共关系坚持组织与公众双方在目的、利益和传播上要双向对称、双向平衡。

（三）各种公共关系所采取的方法不同

垄断寡头们对新闻界采取的是封锁、恫吓、收买控制舆论的做法；单向吹嘘式的公共关系采用的方法是编造"神话"、制造新闻；单向传播式的公共关系采取的是向公众提供准确而有价值的信息的方法；双向沟通式的公共关系采取的是调查研究、双向传播的方法；双向对称式的公共关系采取的是监测——发布——反馈——调适——双向平衡的方法。

（四）各种公共关系所要达到的目的不同

垄断寡头们的目的是独享天下；单向吹嘘式的公共关系目的是为了扩大自身影响而玩弄公众；单向传播式的公共关系目的是寻求公众的理解、认同与接纳；双向沟通式的公共关系是为了赢得公众的支持而取悦公众；双向对称式的公共关系是为了双方的利益，和谐拓展。

双向对称式的公共关系的口号似乎不如双向沟通式的公共关系的口号"投公众之所好"与

"一切为了公众"听起来动人,感觉公众地位更高,但是双向对称式的公共关系却更加理性、更加客观、更加真实。因为在现实社会中,特别是在商品经济条件下,人们奋斗的一切都同他们的利益有关。因此人们会把"一切为了公众"当做一句动人的口号而不是行动准则。由此看来,双向对称模式显得更加客观、真实,因而也更有生命力。

第三节　公共关系在国内外的发展

一、公共关系在美国的发展

20世纪20年代以后,公共关系首先在美国,继而在国际范围内得到迅速发展,成为一种既普遍又十分重要的热门职业,公共关系学也发展成为一门新兴学科。这绝不是偶然的,而是有其深刻的政治、社会、经济、文化等多方面的原因。

1920年至第二次世界大战期间,随着世界科技进步、商品经济的发展,发达国家"市场中心论"取代"生产中心论","卖方市场"转向"买方市场",以消费者为导向的市场观念日益为企业的经营管理者所重视。在这种情况下,公共关系作为一种现代经营思想迅速传播开来。

1924年,美国《芝加哥论坛报》社论强调:"公共关系已经成为一种专门职业,一种艺术和一门科学。"公共关系事业得到了蓬勃的发展。日本金融证券界的一位巨子指出:"公共关系的学问,发源于美国。回顾当初的美国,所谓公共关系还只是企业家手上的小玩意儿,后来却发展为企业家所必须采用的政策,乃至变成企业家的重要哲学。"

1929年至1933年,世界资本主义经济危机使美国大部分企业都受到了严重创伤。而那些"大难不死"的企业,往往不在于资金、设备方面的优势,而是因为有着较好的内部和外部的公共关系,有着较好的形象。

第二次世界大战以后,公共关系随着商品经济的高度发展,社会分工和专业化的推进,日益成为一种现代管理方法和专门职业公共关系的活动领域,迅速从工商企业界扩展到政府机构、社会团体、科教文部门,并向全世界发展。

美国是世界公共关系事业最发达的国家之一,在企业界、政界、文化教育界、宗教界、军界和各种社团组织内,都有大量的公共关系从业人员。所有的大企业和大公司都设有公共关系部门,还有数千家各种新型的公共关系公司,业务遍及政治、经济、金融、传播、调查、咨询等各方面。随着公共关系在社会各界的广泛应用和蓬勃发展,公共关系的理论教育也有了长足进展。

1947年波士顿大学开设了第一所公共关系学院,并设立了公共关系硕士和博士学位。20世纪50年代后,"公共关系、设备、资金、人才"成为美国现代企业的"四大支柱",公共关系迅速职业化。20世纪60年代,美国市场学专家伊·杰·麦卡锡把影响企业市场营销的可控因素归结为产品(product)、价格(price)、渠道(place)、促销(promotion),称之为"4P"组合。20世纪80年代,美国著名的市场营销专家菲利浦·科特勒的大市场营销理论将"4P"组合扩展为"6P"组合,补充加入了"公共关系"(public relations)、"政府

权力"(political power)，可见公共关系对企业、社会发展的重要性。

1977年进行的一项调查表明，在全美的公共关系从业人员中，54％的人具有学士学位，29％的人具有硕士学位。进入20世纪80年代以来，美国的公共关系教育已开始按不同的行业分门别类地进行，各有一套不同的大纲要求，逐步向更细、更深入的领域健步发展。

公共关系在第二次世界大战后走向国际舞台，是战后国际社会生活中的新鲜事物。美国的一位公共关系专家曾这样写道："国际公共关系就像十几岁的小孩一样，突然以活泼的脚步前进。"

二、公共关系在中国

公共关系作为一种经营管理方法和一门学科步入中国大地，并在理论上被认可，在实践中被加以系统运用，迄今不到20年的历史。随着我国改革开放的不断深入，特别是社会主义市场经济的不断发展，公共关系就像一股清新的空气涌动在中国大地，并在短短的几年间掀起了一股学习公共关系、研究公共关系和从事公共关系的热潮。公共关系在中国一开始就出现了生机勃勃、旺盛发展的好势头，受到人们的普遍关注和重视。

（一）公共关系在我国兴起的历史必然性

1. 实行改革开放政策的需要

党的十一届三中全会以后，改革开放成为党的基本路线的重要组成部分，为公共关系的传播提供了可能。

首先，在经济体制改革方面，企业要转变经营机制，改善管理，增强活力，提高效益，需要公共关系的协调。

其次，在政治体制改革方面，需要引进公共关系帮助正确处理和协调各种不同的社会关系，化解矛盾，促进合作，加强监督，减少失误，改善党群关系，促进安定团结。

2. 发展社会主义市场经济的需要

改革开放使企业有了更大的自主权，也丧失了原有的生存条件，面临着巨大的挑战。它们必须协调好与内部公众、消费者、供应商、股东、协作者、政府部门、宣传媒介、社会环境、竞争对手等一系列前所未有的复杂关系，这就需要公共关系的帮助。

同时，企业还必须面对全方位的竞争。不仅产品的质量要好、价格要合适，而且还要面临售后服务、企业与产品的知名度、美誉度、品牌、形象、CIS战略等一系列无形资产的较量和一系列的"软竞争"。没有公共关系，这场竞争就输在了起跑线上。

3. 建设社会主义精神文明的需要

首先，要通过公共关系调整心态，优化社会环境，扭转社会风气，推动社会组织，尊重社会整体利益，做到经济效益与社会效益一致，处理好组织内部与外部的关系、组织发展与生态平衡的关系，赞助社会上有关的文化、教育、福利事业，倡导新型的人际关系，遵纪守法，尊重公德。

其次，公共关系还有一个重要的作用，就是要参与遏制腐败的斗争。党和政府正在加强党风建设和廉政建设，反腐倡廉，应通过公共关系功能，加强舆论监督，揭丑曝光，惩恶扬善，净化灵魂，净化社会，维护社会发展的正常秩序。

4. 进行国际交流与合作的需要

改革开放使我国结束了长期闭关锁国的状态，可以借助公共关系加强国际间的交往，了解国际上的信息,改善我国的投资环境,增强竞争实力,促进我国的发展与繁荣。

所以说,公共关系在中国的兴起与发展是历史的必然。

(二) 公共关系在中国发展的历程

公共关系在中国是沿着公关实务、公关传播与教育、公关理论研究、公关组织的建设几条途径逐步发展起来的。

1. 中国公关实务的引进与发展

1980 年,我国在广东省设立了深圳、珠海、汕头三个经济特区。不久,深圳、珠海的一些三资企业中的宾馆、酒店按照国外的一些管理模式设立了公共关系部,引进了公共关系的职能。之后,北京长城饭店公关部成功地策划了请美国总统里根在饭店举办答谢会的公关活动,一夜之间名扬四海,向国人展示了公关的魅力,使人们对公关刮目相看。

1984 年,广州白云山制药总厂率先成立了公共关系部,开我国内地公共关系之先河。1985 年,美国最大的国际公关公司之一——伟达公司在北京设立了办事处。1986 年 7 月,中国环球公共关系公司成立,这是中国内地最早的专业化公关公司。此后越来越多的组织认识到了公共关系的重要性,纷纷成立公共关系部或设立专职公关人员。20 年来的公共关系运作,为中国树立了一大批名牌企业,公共关系也创造了一系列的奇迹,积累了一批有中国特色的经典案例。

随着市场经济的深入发展,不仅旅游饭店及民用日常用品的生产企业引进了公共关系,而且各行各业也先后引进了公共关系。一些城市和地区也将公共关系应用到城市形象战略上,我国的党政部门也开始重视研究和利用公共关系。

1999 年 5 月,国家劳动和社会保障部正式出版发行了部颁《国家职业分类大典》(简称《职业大典》),公共关系正式列入《职业大典》之中。这标志着国家已正式承认公共关系这一行业。

1999 年 1 月 4 日,劳动和社会保障部正式批文决定成立国家职业资格工作委员会公关专业委员会。委员会制定了公关职业标准,编制了《公关员职业培训与鉴定教材》,并于 1999 年 9 月正式出版,2000 年开展公关员的培训与考核工作。人事部将公关人员列入"高级经济师电脑测评系统",与决策人员、管理人员、营销人员并列为四个子系统。

2. 公关教育为中国培养了大批公关人才

1985 年,深圳大学传播系创办了中国内地第一个公共关系专业。1985 年,在广东省和北京市也举办了各种公关培训班、报告会。一批大专院校相继开设公共关系课程与公共关系专业。1994 年,国家教委批准广东中山大学正式试办四年制本科公关专业。

目前,中国的公关教育已经走向正规化、系统化、多层次化。有高层次的"公关"学士和研究公共关系方向的硕士、博士、博士后,也有培养公关专业人员的自学考试、夜大、电大培训等形式;有公关专职人员培训、资格证书培训,也有内部厂长、经理、党政干部的公关知识培训。目前中国已有 1 000 多所高校开设公共关系课,几十所高校开设公共关系专业。

1989 年 12 月,全国高等院校公共关系教学研讨会在深圳举行,会上推出了经过研究讨论的教学大纲、教学计划。随后,先后在杭州、兰州、北京、武汉召开了二至五届全国公关教学理论研讨会,对中国的公关教育起到了积极的推动作用。各种层次的研讨和公关教育为中国培养了大批公关人才,为中国公关事业的发展准备了人力资源。

3. 公关理论研究推动了公关实践的深入开展

早在 1984 年 2 月,《经济日报》在报道广州白云山制药总厂的公关经验时,就发表了《研究社会主义公共关系》的社论,启发人们研究创建中国社会主义条件下的公共关系。1987 年中国公共关系协会成立之后,又为此做了不懈的努力。

1990 年,中国公共关系协会在河北新城召开了全国第一届公共关系理论研讨会,议题是“公共关系与社会发展”。1991 年 5 月,中国公共关系协会在北京召开全国公共关系工作会议,对公共关系事业的发展进行总结并交流经验。党和国家领导人李瑞环、薄一波同志在贺词中充分肯定了我国公共关系事业取得的成绩,明确指出了公共关系事业的发展方向和根本任务。这在当时是对公关事业的一个巨大推动。同时,由中国公关协会、北京公关协会、深圳大学大众传播系、《公共关系》(杂志)、《公共关系导报》、《北京公关报》、《公共关系报》联合举办“中国十大杰出企业公关评优活动”,树立了一些成功的典型,总结出一批行之有效的经验。

新城会议之后,中国公共关系协会每年组织一次全国性公关理论研讨会,这些会议紧扣中国的国情,对公共关系的基础理论、应用理论和前沿科学进行了有益的探讨,有力地促进了中国公共关系理论的深入研究。

1992 年 7 月,中国公共关系协会学术委员会在山东召开了“中国公共关系特色初探”研讨会,1993 年又在北京怀柔召开了“中国公共关系特色再探”研讨会,并继而推出具有中国特色的《中国公共关系教程》。

1997 年,第一届中国海峡两岸公共关系理论暨实务研讨会在台湾召开,两岸公关学者和业内人士共同研讨公关理论与实践问题,开创海峡两岸公共关系合作之先河,对推动两岸公关理论与实务的发展起到了里程碑的作用。

据不完全统计,中国目前出版公关方面的图书五六百种,此外还有涉及公共关系方面的大量论文、调研报告。中国公关事业的发展速度是非常快的。

4. 公共关系的组织建设

1986 年 11 月,中国第一家公共关系协会——上海公共关系协会成立。1987 年 5 月,全国性的公关团体——中国公共关系协会在北京成立。此后,全国各省、市、自治区陆续成立了公共关系协会。1991 年 4 月,中国国际公共关系协会成立,促进了中国公共关系事业的国际化。到目前为止,全国除了 1 个省以外都成立了公共关系协会。

中国企业中的公共关系部在引进和借鉴国外公共关系部的经验的前提下,逐步探索出一些适合中国国情的组织结构形式,社会上还出现了一批各种类型的公共关系公司、事务所等,还有一些企事业单位采取聘任公共关系顾问或公共关系专家、策划团等形式推动本单位的公共关系事业。

中国的公共关系 20 年来可以说是发展迅速、成绩斐然,无论是理论研究、公关实务,还是公关教育,都令世界刮目相看,概括地讲,近 20 年来我国内地公共关系事业的发展成就主要表现在如下几个方面。

(1)我国的公共关系实务得到了较快的发展。由于东南沿海地区经济比较发达,加之它又是我国对外开放的窗口和门户,所以公共关系在我国的传播与发展也就呈现出由南向北和由东向西的发展格局。我国当代的公共关系最初发端于沿海地区的宾馆、饭店和旅游业,最早在深圳和广州,一些中外合资企业,特别是合资的宾馆、饭店,出于工作的需要,率先依照国外现代企业的模式设立了公共关系机构,开展企业的公共关系业务。继深圳、广州之后,北京、上海等地的一些中外合资或独资的宾馆、饭店,也都相继建立了公共关系部。

广州白云山制药厂于1984年率先在国有工业企业中设立公共关系部。该厂在开展公共关系实务方面进行了有效而大胆的尝试,为我国企业公共关系实务活动积累了宝贵的经验,做出了突出的成绩。这是我国公共关系事业发展过程中的一个重要突破。

20世纪80年代中期以后,不仅一大批大型企业先后设立了公共关系部,而且一些较先进的中小企业也设立了自己的公共关系机构,开展了卓有成效的公共关系工作。还有许多企业,虽然没有设立专门的公共关系机构,但却增强了公共关系意识,采取了切实可行的公共关系措施,开展各种富有特色的公共关系活动,为寻求中国公共关系实务活动的最佳途径和方法积累了宝贵的经验。从此,我国的公共关系事业进入了一个蓬勃发展的新时期。

与此同时,中国的公共关系市场逐渐形成,各种专业的公共关系公司相继发展起来。

从20世纪80年代开始,在国际上影响很大的美国博雅公共关系公司、希尔-诺顿公共关系公司、爱德曼公共关系公司都相继在中国设立分公司或办事机构。

1986年,我国第一家专业公共关系公司——中国环球公共关系公司在北京注册成立。

随后各种公共关系专业公司像雨后春笋一般发展起来。许多广告公司也纷纷开拓公共关系业务。

(2)我国公共关系人员的教育培训已初具规模,并逐渐向规范化和系统化的正规职业教育和学历教育过渡。这是因为公共关系实务在我国有了进一步发展,客观上要求提高公共关系的专业化水平。要做到这一点,就必须提高公共关系工作人员的素质和水平,因而就必须重视公共关系的教育和培训工作。

1985年以来,全国各地分别采取不同的形式,开展了丰富多彩的公共关系教育培训工作,培养出不同层次和多种类型的公共关系人才,为我国公共关系事业的健康顺利发展做出了重大贡献。具体来说,我国公共关系教育培训具有如下特点和发展趋势:

第一,在公共关系传入的初期,主要采取短期培训的方式,使很多工作人员了解和把握了公共关系的基本知识。

第二,对广大的在职人员进行系统的公共关系专业教育,使广大在职人员既能较系统全面地掌握公共关系的基本理论和知识,又能紧密结合各自的工作实际学以致用。

第三,我国公共关系高级专门人才的培养已开始起步并有所发展。

第四,我国公共关系的科学研究也进入一个繁荣发展的新时期。

第五,随着公共关系的研究、教学和实务工作的广泛开展,各种公共关系学术团体和行业协会也纷纷成立。

第六,新世纪,越来越多的管理者认为公共关系是现代企业的经营管理手段。

总之,随着改革开放的不断深入,我国的公共关系事业无论在实践活动方面、理论研究方面或者培训教育方面,都取得了重大进展,公共关系在我国社会生活中发挥着越来越大的作用,成为推动我国各行各业发展的动力。

【案例分析】

丑陋玩具风靡全美

美国艾士隆公司董事长布希耐有一次在郊外散步,偶然看到几个儿童对一只肮脏并且外形丑陋的昆虫爱不释手。布希耐突发异想:市面上销售的玩具一般都是形象优美的,假若生产一些丑陋玩具,又将如何? 于是,他让自己的公司研制一套"丑陋玩具",并迅速推向市场。结果一炮打响,"丑陋玩具"给艾士隆公司带来了巨大收益,并使同行们也受到了启发,于是"丑陋玩具"接踵而来。如"疯球"就是一串小球上面,印上许多丑陋不堪的面孔。又如橡皮做的"粗鲁陋夫",长着枯黄的头发、绿色的皮肤和一双鼓胀且带血丝的眼睛,眨眼时发出非常难听的声音。这些丑陋玩具的售价虽然超过正常玩具,却一直畅销不衰,而且在美国掀起了一场行销"丑陋玩具"的热潮。

问题与思考

"丑陋玩具风靡全美"带给我们哪些启示?

【本章小结】

本章首先阐述了公共关系起源时所经历的几个时期;其次剖析了公共关系形成和发展的社会历史条件,揭示出公共关系的社会历史必然性;最后论述公共关系的发展情况及公共关系在国内的发展,以利于读者把握国内外公共关系的现状。

【思考与练习】

1. 为什么艾维·李被称为"现代公共关系之父"?
2. 现代公共关系产生的社会条件是什么?
3. 我国公共关系的发展趋势及走向如何?

第三章　公共关系的职能

【学习目标】

　　1. 理解采集信息的内容与方法
　　2. 掌握组织形象的特征及塑造形象的途径
　　3. 了解决策咨询的重要性
　　4. 理解传播推广的内容
　　5. 了解教育引导的内容
　　6. 掌握组织协调沟通有效途径

【引导案例】

假如我是广州市长

　　广州市委、市政府先后举办过直接为市长作参谋的"假如我是广州市长"征文活动（后定名为"市长参谋活动"），为政府职能部门出谋献策的"房改方案千家谈"、"菜篮子工程千家谈"等"千家谈系列活动"，讨论广州市风和广州人精神的"羊城新风传万家"和"羊城居委新形象"等大型公众活动等等，运用报纸、杂志、广播、电视等媒介，动员了成千上万的市民参政议政，各抒己见，都收到了良好的社会效果，增强了政府对市民的凝聚力。

　　公共关系在组织的行政管理和经营管理中具有明确的职责范围，并发挥着特定的作用，能够帮助组织适应并影响内外部公众环境，为组织的生存和发展创造良好的社会条件。它不再是一种盲目的、随意性的活动，而是有意识的、有计划的行为，是一项集管理性、科学性、技术性、艺术性、社会性于一体的新型事业。伴随着公共关系事业的发展和人们公共关系意识的增强，公共关系所发挥的作用和影响日益增大。但是，公共关系的职能也是有限的，公共关系作用的发挥受到各种环境因素，如政治、经济、技术条件的制约和影响。公共关系不是包治百病的灵丹妙药，它是市场经济高度发达、市场竞争日趋激烈的产物。如果某一组织内部管理不善，生产的是假冒伪劣产品，那么，公共关系对其是无能为力的。

　　本章重点介绍公共关系对组织的作用和影响，即公共关系的主要职能。

第一节　采集信息

　　公共关系的根本目标是建塑良好的组织形象，这就必须采用双向沟通这一基本手段。在双向沟通过程中不仅需要信息导向，也产生着信息。在现代信息社会中，信息就是财富、就是资源。在日益激烈的市场竞争中,信息已经成为竞争力的重要构成要素。因此,可以说采集信息是监测组织环境、建塑组织良好形象的第一步工作,是公共关系的首要职能。

信息是客观存在的各种事物特征和变化的反映,是信号和消息的统一体。

公共关系的信息具有一些特性:

一是综合性。公共关系的信息最大的特点是综合性,它综合了社会生活的各个方面,如经济趋势、政治动态、外交格局、战场风云、气候变化、流行时尚、公众心理等等,从而形成了公共关系的信息系统。二是零散性。公共关系信息通常并不集中,而且没有固定载体。报刊、社论、广播新闻、电视采访、专题报道、会议发言、顾客投诉、以至街谈巷议都可能包含有对组织有用的信息,都要纳入公共关系的信息系统之中。这就要求我们善于发现,从平凡的事项中、零散的文字中去收集信息。三是隐蔽性。公共关系信息一般不能像对财务信息、工程信息那样可以用精确的数字或图表来表示,而只能是曲折隐蔽地表现出来。

由于公共关系信息的特殊,在信息收集时,必须准确地确定收集信息的内容。

一、收集信息的内容

公共关系对组织环境的把握是从收集信息开始的。信息是现代组织赖以生存和发展的基础。公共关系作为组织的信息情报中心,所面对的信息不仅包括与组织形象直接相关的信息,还包括组织环境中各种社会信息。

(一) 与组织形象有关的信息

1. 产品形象信息

包括消费公众对产品的价格、性能、质量和用途等主要指标的反映,同时也包括对产品的优点和缺点两个方面的反映和建议。其中产品质量是影响组织形象的关键因素,产品形象与组织生存命运直接相关,因此,公共关系必须优先注意收集产品信息。

2. 组织形象信息

组织的整体形象反映在公众对其要素的评价上。公众对组织在运行中所显示的行为特征和精神面貌的反映就是组织的形象信息。组织的形象信息一般包括:其一,公众对组织机构的评价。其二,公众对组织管理水平的评价。其三,公众对组织人员的评价。其四,公众对组织服务素质的评价。其中很重要的是对客户的服务承诺及承诺的兑现。

(二) 组织环境中信息

组织环境是由影响组织生存和发展的社会政治、经济、文化等因素组成的。组织环境是不断变化的,组织要适应这种环境,就必须严密地观察环境,对环境的变化做出科学的预测。公共关系担负着这种任务。它向组织提供环境的信息,并对组织所处环境进行分析和研究,以充分利用环境中的各种因素,避免不利因素,使组织与社会环境的变化保持动态平衡。

二、采集信息的方法

(一) 社会调查法

社会调查是公共关系人员运用科学的手段和方法,对有关社会现象进行有目的、系统的考察,以此来收集大量资料,并对这些资料进行定性、定量分析。公共关系的大量信息是根据社会调查获得的,社会调查也是公共关系工作的起点。

(二) 传媒调查法

大众传播媒介,具有信息量大、覆盖面广、传播速度快等特点,因此,它是公共关系获取信息的一条捷径。大众传播媒介是社会大众意愿和要求的最主要的反映渠道,它们是触及社会各个阶层的反映器;同时又是党和国家领导人的传声器,传达着政府的方针政策。从大众传播媒介中获取的信息,往往带有全面性和方向性,它能帮助组织决策者把握发展趋势。

(三) 专家预测法

每一个行业都有自己的专家,他们与政府部门联系密切,甚至直接参与制定和论证即将出台的政策,他们掌握的信息多且具有权威性,组织通过听取专家对经济趋势分析、市场动态预测、组织形象评估的意见,能获取大量信息。

(四) 参与活动法

组织可通过参与各种活动来收集信息,如其他组织举办的新闻发布会、产品展览会、订货会、重大庆典、学术交流会、宴会等都是采集信息的好机会,这些活动可以吸引大量公众,所以采集的信息面广量大。此外,参加外单位组织的会议和活动,成本较低,可以和组织的业务活动相结合。

三、信息处理

信息处理是公共关系人员重要的日常业务之一。所谓信息处理是指公共关系人员根据本组织公共关系的目的和要求对采集的初始信息进行加工的过程。其目的在于:把原始信息变换成便于观察、传输、分析和处理的形式;对原始信息进行去粗取精的筛选并加以分类整理、编辑、浓缩、提炼、分析以及做必要的统计计算;把某些信息集中并存储起来,作为事后的分析参考资料。

(一) 信息处理的要求

信息处理要求及时、准确、适用和经济。及时,就是传递信息要快、适时。准确,就是信息反映的情况要真实可靠。适用,就是信息要适合实际需要。经济,就是要符合经济效益的要求。

(二) 信息处理的程序

(1) 收集,即收集原始信息。原始信息是零星分散的,将其及时地集中起来,是信息处理过程中一项十分关键的基础工作。全面可靠的原始信息,有助于信息处理质量的提高。

(2) 加工,即整理信息的过程。加工的依据是根据某项任务的需要或组织长远发展的需要,对信息进行选择、比较、分类、排序、计算等方面的工作。

(3) 传输,即利用相应的装置和设备实现信息的流动。需要考虑时间、距离、费用和效果等因素,还应注意信息传输的方向、顺序和路线。

(4) 存储,即保存必要的信息。经过加工处理的信息,有的马上就用,有的待用,有的则可供日后参考。因此,将有关信息放在相应的存储器中,妥善保存起来是十分必要的。

（5）检索，即查找信息。检索分手工检索和机器检索两种。手工检索主要是指在有关的文献和工具书中查找信息；机器检索则指在电子计算机（或其他存储器）中查找信息。迅速而准确地检索出信息，就会充分发挥信息的作用。

（6）输出，即将用户所需的信息及时传输、提供的过程。输出的信息要根据要求将其编制成各种形式。

第二节　协调沟通

组织环境具有不确定性、可变性、复杂性等特点。社会组织时常与各种环境因素发生摩擦和矛盾，作为公共关系部门，其中一个重要职能就是要协调组织与公众之间的关系，解决各种矛盾和冲突，广结善缘、广交朋友、传播信息、双向沟通。这是公共关系的重要职能，社会组织的良好形象就是在协调沟通中建立起来的。

一、协调沟通的内容

公共关系协调沟通的内容包括两个方面：其一是组织内部的协调沟通；其二是组织外部的协调沟通。

（一）组织内部的协调沟通

在组织内部，公共关系部门需要协调沟通三种关系：领导者与员工之间的关系、部门之间的关系、员工与员工之间的关系。公共关系在其中起着承上启下、传播信息、沟通反馈等作用。一方面，公共关系部门或人员应下情上呈，积极主动地向领导反映员工的意见、建议和要求，并提出合理化建议，从而使领导及时把握员工的心态、要求，协调领导与员工之间的关系，化解矛盾。另一方面，公共关系部门或人员应上情下达，积极主动地向员工宣传组织的方针、政策、价值观念、目标方向，传达领导的目标、意见等，使员工有方向感，及时了解组织的现状、目标、发展方向，从而使员工能积极配合领导工作。

组织是一个系统，要使这个系统由无序走向有序，各子系统就必须密切配合。要保持组织系统和谐有序地相互作用、共同发展，其调节机制就是公共关系部门的协调沟通。员工之间产生矛盾后，也将影响到内部的团结稳定，影响组织的凝聚力、向心力和战斗力。因此，协调沟通员工间的关系也是公共关系的职能之一。

组织内部的协调沟通，就是要建立协调机制，畅通传播沟通渠道，实行双向信息交流，统一思想，提高认识，增强组织的凝聚力和向心力。否则，组织内部信息不畅，员工没有方向感，必然产生麻木不仁、无所事事或焦虑烦闷、人心涣散等消极情绪和现象，产生这种现象是公共关系部门的失职和失误。

（二）组织外部的协调沟通

公共关系部门是组织的"外交部"，在对外交往方面它具有独特的功能。公共关系应在内求团结、外求和谐发展的基础上，广结善缘，为组织的生存和发展扫清障碍，减少阻力。

社会组织在其运行中，要与许多外部因素发生关系，并与各种公众发生联系，其中包括政府关系、新闻界关系、社区关系、竞争对手关系、消费者关系等。而公共关系的外部沟通工作要把与组织目标直接相关的公众作为协调沟通的重点。因为这类公众为组织产品的消费者、生产的协作者、资金的供给者、原材料的供应者。公关人员要经常把组织的决策、计划执行情况告诉这部分公众,并向组织反馈公众的反响,使组织及时根据反馈信息来调整自己的行为,使组织与外部公众之间建立起一种互相了解、互相信赖、利益一致的公共关系。

日本的本田汽车公司由于过去只重视自身利益,采取"自己城堡自己守"的态度,引起社会对"丰田门罗主义"的批评和指责。面对频繁闪烁的"红绿灯",丰田人该怎么办? 丰田人意识到自身的发展、利益与社区的发展、利益不协调时,丰田人明智了。为消除"丰田门罗主义"形象,提出了"打开隔扇门,世界大无边"的口号。由丰田汽车工业公司和汽车销售公司组成"丰田交通环境保护委员会",开展调查研究。在东京车站和品川车站前,首次修建人行道桥;丰田还发明大区域交通控制系统;还在以东京银座为中心的五万平方公里交通岔路口上,同时设立了120处电子计算机控制系统,缓解了拥挤现象;并捐献交通巡逻车等。

丰田正是利用公关这条感情色彩的纽带,来进行双向沟通,以自身的实际行动与社区建立了良好的关系,求得社会公众的理解、赞赏与合作。由此可知,通过外部的协调沟通建立公共关系网络,广交朋友,妥善解决组织与公众间出现的矛盾和纠纷,化解冲突,建立起相互信任、相互合作的友好融洽的关系,才能使企业获得更广阔的发展前景。

二、协调沟通的方式

(一) 直接对话

组织就公众关心的问题邀请公众代表直接对话,协调解决组织与公众间的误解及矛盾,寻求共识。目前,这种方式已成为公众喜闻乐见的一种方式,有的组织与新闻媒体合作,采取现场直接对话活动,获得了令人满意的协调沟通效果。

(二) 设立热线电话

有的组织成立民主管理委员会或其他专门机构,设立热线电话,由专人负责管理公众提出的任何问题,赢得了公众的信任与支持。

(三) 领导接待日制度

一些组织建立领导接待日制度,每周一天,由各主要领导轮流值班,接待所有对组织有意见或建议的公众。这种方式满足了公众希望与组织领导直接见面的愿望,也缩短了领导与公众间的距离,密切了领导与公众间的关系。

(四) 开展咨询服务

组织针对公众对国家政策、法律、法规及组织的有关规定缺乏认识、理解不深刻等情况,专门组织开展咨询服务,通过讲解、发放有关资料等方式协调沟通。

(五) 谈判

组织与有共同利益的对方就有关问题举行谈判,协商解决,使双方互相谅解,达成共识,加强合作,共同发展。

(六) 人际关系

组织利用人际关系的特殊作用,通过专访、游说、会谈等方式,利用组织公共关系人员或其他工作人员与交际对象间的私人关系,或利用业缘关系、地缘关系等进行人际协调沟通,为组织化解矛盾,结良缘、交朋友。

公共关系协调沟通的方式还有很多,比如,利用新闻媒体进行宣传解释、举办开放日活动、会议交流、建立信访制度、礼节性互访等。采用何种协调沟通方式取决于组织所面临的环境因素、公众关系的复杂程度和实际需要。

另外,在网络公关中,还要注意与网络公众的协调、沟通。在传统公关中,对公众的刻画是粗线条的、群体式的,而网络使得组织有能力获得更详尽的资料,根据所得的较为详尽的个性化资料进行分类化的服务。需要注意的是,组织对公众的问题应该尽量快速、详尽地予以答复。国外著名的 Cisco 公司的经验是:利用客户数据库,使一部分用户获得密码,允许他们接近公司某些重要的信息;而对另一部分用户则保密。这样,公司能灵活地按照不同类型的顾客创建不同的内容和服务。同时,将用户的问题分层、分类,安排回答各类问题的优先顺序,并公布各层问题的时间限制。如果出现的问题涉及某人的根本利益,公司就建议此人打电话。北京市政府创建的首都之窗网站,从 2001 年 8 月起日均访问达 4 000 次以上。这种电子政务的方式也可以认为是一种个性化的公关手段,通过政务公开,办公便民,使北京市民对市政府的印象有了很大的改观。

总之,组织通过公共关系的协调沟通工作,可以使组织与相关公众产生耦合,化解矛盾和冲突,达成共识,保持正常的联系,建立友好和谐关系。

第三节　决策咨询

当今组织,面对瞬息万变的经营环境,要想争取主动,那种单靠领导者"拍脑袋"、"冥思苦想"或是所谓"秀才不出门,能知天下事"来做决断,难免不出偏差。"智者千虑,必有一失",一贯正确的人是不存在的。这就要求作为组织决策参谋和智囊的组织的公共关系部门,根据组织的具体情况,运用公共关系专业知识和方法,向决策者和各部门提供解决纷繁复杂问题的有关信息资料和咨询建议,为决策提供科学的依据,参与组织决策的全过程,这是公共关系部门的重要职能,组织的公共关系工作假如不能渗透到经营决策中去,就不会显示出它的生命力和存在价值。正因为如此,有人称公共关系专家为"20 世纪的军师",称公共关系部门为组织的"思想库"或"智囊团"。

公共关系的决策咨询职能

浙江企赢能源化工有限公司是以煤炭贸易、海运为主,兼营化工原料批发的综合性商贸企业。随着公司自身的逐步发展壮大,近年来取得了不错的业绩,但也面临许多问题的困扰,企赢能源迫切需要通过正确分析判断产业环境与市场发展趋势,制定和实施 5 年发展战略规划,确定企业发展目标,设计企业未来的商业模式。

公司公共关系人员向长城战略咨询公司进行决策咨询。首先,长城战略咨询公司对企赢能源进行系统的诊断,找出其在战略与发展上存在的问题。这将帮助企赢能源进行自我认识,也是有针对地开展咨询工作的基础。其次,基于对企赢能源发展现状的诊断,对行业进行分析,并对行业内优秀公司进行基准分析,进而明确企赢能源模式及发展战略,特别是业务的发展定位问题;制订了企赢能源 2011~2015 年发展战略与规划,为企赢能源未来发展提出了战略远景与使命;同时提出一系列举措以支持战略的最终实现。最后,设计了符合企赢能源发展需求的组织岗位体系及绩效考核体系,为企赢的发展提供组织保障。

通过咨询获取信息是现代企业经营的重要手段,也是公共关系的重要职能。上述案例说明,公共关系部门进行咨询建议,能够为组织求得解决问题的方法,搞清矛盾,争取经济效益。

一、提供咨询

公共关系人员在收集大量信息的基础上,要向组织的决策层和各管理部门提供有关公共关系的情况和意见,这就是提供咨询。它主要有以下几方面内容。

(一) 关于组织形象的咨询

由于组织和公众各自的立场、观点和利益的不同,组织在公众心目中的形象和组织期望的形象或自己心目中的形象往往是不一致的。同时,一个组织的形象在不同的公众中反映和评价也是存在差异的。而且,由于组织自身的变化和社会公众评价标准的变化,一个组织的形象随着时间的变化也发生变化,因此,公共关系人员要全面收集公众对组织形象的信息,加以慎重分析,及时向组织决策层提供改善和提高组织形象方面的建议和咨询。

上海锦江饭店是一家闻名中外的高级宾馆,接待对象是"三高",即级别高、层次高、规格高。但在一般公众心目中,"锦江"的形象是庄重有余,亲切不足,这对在新形势下扩大业务,提高经济效益不利。饭店公共关系部门在调查研究的基础上,确定了"全方位公共关系"的方针,在发挥锦江饭店原有的高贵豪华的形象优势的同时,再赋予它亲切、宜人的情调色彩,树立起"锦江是属于公众的"这一形象,他们请决策层采取措施,打破森严壁垒,开门迎客,使锦江饭店内许多过去曾令市民望而却步的地方,成为门庭兴旺的场所。现在"锦江"已发展成为各种组织进行公共关系活动的平台,甚至成了社会公共关系的枢纽,其形象日趋完美。如果没有公共关系部门的精心分析、论证,及时提供参谋决策意见,"锦江是属于公众的"这一声誉就难以成立。

(二) 关于产品形象的咨询

产品形象是组织形象的核心和关键因素,组织是通过产品与广大顾客发生联系的。只有产品被接受、受欢迎,组织存在价值才能得到社会认可。因此,公共关系人员要利用自己与公众之间的广泛联系,从不同渠道收集有关产品的评价,进行综合分析,提供给组织有关部门参考。

中国台湾的洗衣粉市场自 1968 年以后从引进介绍期进入成长期,销售量日增,整个市场呈现出一派蓬勃景象。其中最畅销的牌子是"汰渍"、"非肥皂"与"蓝宝"。台湾如意洗衣粉厂几经努力,但其产品的销售并不如意。该厂公共关系售货员经过调查,并请教了有关专家,总结了三条教训:一是包装不当,特大盒的"如意"与中盒的"汰渍"在外观上相差不多;二是价格难辨,特大盒的"如意"是28元,中盒的"汰渍"是16元,按百克计算,"如意"比"汰渍"少4元,但因缺乏明显标志,消费者反倒认为"如意"售价高;三是行销途径不当,洗衣粉是日用小商品,应放在消费者附近能买到的零售商店里,放在大百货店反而束之高阁了。公共关系人员据此提出咨询建议,使"如意"洗衣粉厂对症下药,不久,"如意"东山再起。

(三) 关于公众心理的咨询

公众的行为是由公众的心理活动来决定的。在复杂的社会条件下,人们的心理活动也是千变万化的。因此,正确地分析公众心理,抓住其实质性的需要和动机,对于正确决策十分重要。首先,要对公众的心理需要进行咨询。公共关系人员必须对公众,尤其是消费者的习惯心理需要、从众心理需要、新奇心理需要、求异心理需要、偏好心理需要等方面进行了解,并在不断变化的客观环境中,研究和预测这些心理需要。对于这些心理特征的研究和咨询,可以导致组织针对不同的消费者公众制定出分类市场营销的策略。其次,要分析和预测消费者公众的心理变化。由于社会环境不断变化,人们的心理状态、结构、趋向也在不断地变化。因此,公共关系部门不能以静止的观点去看待人们的需要和兴趣,而要时刻观察其动向,掌握其变化趋势。决策部门只有在掌握这类信息的基础上才能做出适应时代潮流和领导时代潮流的战略决策,这就要求公共关系部门提供这方面的咨询和建议。

此外,公共关系部门还要向组织提供组织的方针、政策及其实施结果的评议和咨询。

二、参与决策

所谓决策,简单地说,就是对于组织未来行动的选择和决定。具体说来,它包括确立目标、收集资料、拟订方案及评估选择等不同环节。在这些环节中,每一个具体步骤都包含着公共关系的内容,离不开公共关系部门的参与和协助。

(一) 帮助组织确定决策目标

所谓决策目标,就是组织通过努力所要达到的目的以及衡量成功与否的具体指标。由于现代组织决策的专门化,整体决策目标往往被分解为各个职能部门的专门决策目标,如生产决策目标、技术开发决策目标、财务决策目标、市场营销决策目标等。各职能部门的专家和管理人员往往将决策的焦点高度凝结于本部门的职能目标,难以从社会和全局的角度去考虑整体决策目标。因此,急需公共关系部门充分发挥自己与公众联系密切的优势,站在社会和公众的立场上,通过对组织公众态度的调查、舆论的分析、民意的测验,综合评价职能部门的决策目标可能引起的社会问题,从公众利益的角度去观察组织的不足,敦促有关部门或决策当局依据公众需要和社会价值及时修正可能导致不良社会效果的决策目标,使组织决策目标既反映组织发展的要求,也反映社会公众的利益,使公共关系目标成为整体决策目标系统的重要因素。

(二) 帮助组织获取决策信息

帮助组织决策收集和整理信息既是公共关系的主要职能,也是公共关系部门参与组织经营决策活动的重要形式。

信息是决策的依据,组织的决策在确定目标后,就要尽可能全方位地收集和整理影响决策目标实现的各种限定因素和数据资料,并在此基础上运用各种有效的科学分析方法,对其进行综合分析,制定出达到决策目标的各种决策方案,以供选择。只有获得大量的信息,才能制定达到目标的可靠方案。公共关系对决策信息的获得具有不可忽视的作用。

　　从公共关系角度而言,组织决策方案制定的信息主要来自两个方面:一方面,公共关系部门利用它与外部各界的广泛联系,为决策开辟广泛的外源信息渠道,提供第一手的准确信息。如公共关系人员和消费者打交道,就能直接了解市场动态;参加类似"厂长联谊会"这样的活动,就能够了解竞争对手的某些情况;在与政府有关部门、投资部门、原料供应部门、新闻单位交往的过程中,决策者都能够得到各种有益的信息。这些信息往往对决策有重大影响。另一方面,公共关系部门利用它在组织内部的沟通渠道,为决策提供内源信息,促进决策科学化、民主化。如公共关系部门组织员工对本组织的实力和弱点进行综合性评价,发动员工参与决策的活动及健全合理化建议制度都是获取决策信息的有效途径。

(三) 帮助组织拟定决策方案

　　决策方案是保证决策目标得以实现的各种措施的总和。决策方案的拟定包括两个环节:设计方案环节和选择方案环节。

　　设计方案环节是指公共关系部门根据影响决策目标实现的各种限定因素和数据资料,运用科学的方法和手段,寻找可供选择的各种实现决策目标的行动方案的环节。在设计方案这一环节中,公共关系部门要力求把公共关系目标在方案中得到落实,决策方案应包括能够实现公共关系目标的措施。不但在决策目标系统中要包含建立信誉、塑造形象等公共关系目标,并且要相应地提出实施这些公共关系目标的具体措施,如建立信誉、塑造形象的具体步骤或方式等。同时,公共关系部门还应提醒设计者考虑各类公众情况的变化,制定灵活的应变措施,使决策者充分注意这种变化,把握变化的趋势,真正做到为明天而决策,为发展而决策。

　　选择方案环节是指组织决策者在有关组织未来发展战略的众多备选方案中,通过对各种方案进行比较和评估,选择一种最终决策方案的环节。在选择方案这一环节中,公共关系部门应力求把公共关系原则放进方案选择的标准中,衡量所选方案是否符合社会的整体利益,是否满足公众需求,是否会给公众造成危害等。如果能自觉遵守这一方面的原则,就可以使组织圆满地达到目标,反之则可能导致失败。同时公共关系部门还必须把公众当做决策方案最权威的评议者,这样才能使决策目标与公众更好地联系起来,对涉及公众利益和态度的因素做出客观的判断。

(四) 帮助组织实施决策方案

　　决策实施是决策过程的终极阶段。在这个阶段,组织公共关系人员一方面协助决策者向各执行部门传达和解释组织决策方案的目标、意义和内容,以及实施决策方案的基本步骤与要求;另一方面要注意收集执行部门对决策方案的意见和态度,并对实施效果进行观察、分析、评价,发现新情况、新问题,并及时反馈给决策部门,以便决策者不断地调整和改变决策目标,使决策方案日臻完善,并为新的决策活动提供信息。

　　总之,公共关系部门也有一个在决策层中正确、有效地发挥自己的作用,从而树立自己的形象,提高自己的信誉的问题。

第四节 传播推广

公共关系在组织经营管理中要履行传播推广的职责,即通过各种传播媒介,将组织的有关信息及时、准确、有效地传播出去,争取公众对组织的了解和理解,提高组织及其产品、人员的知名度与美誉度,为组织创造良好的社会舆论,树立良好的社会形象。

一、公共关系传播的内容

传播的内容是信息。传播的内容要为行为主体的目的服务,因此不可以漫无边际。作为公共关系工作其传播的内容可从两个方面去考虑。必须经常传播的基本内容有:组织的经营观,经营政策、宗旨、思想;组织的社会责任观(意识);组织的作风,团队精神,组织文化;组织的成就、成果;组织的产品及其性能。传播的内容并非一成不变,公共关系人员必须针对不同时期、不同环境、不同对象,确定其传播内容。

社会舆论就是公众的意见。公众对组织的评价和意见,既是组织在公众心目中的形象,亦是组织所面临的舆论环境。公共关系工作不仅要向组织提供和解释公众对组织的评价和意见,而且还要通过传播推广,影响或引导公众舆论的工作。从这个意义上说,传播推广的工作就是分析和影响公众舆论的工作。

(一) 创造舆论,告知公众

公共关系的传播推广职责首先在于"告知公众",即向公众说明和解释组织的有关政策、行为和产品,争取公众的了解和理解,促进公众的认同和接受。这是一种为组织创造和形成公众舆论的工作。一般来说,当一个组织刚刚创建时,或推出某种新产品、新服务时,公共关系部门要负责为其大力宣传,制造舆论,从零开始建立这个组织或新产品、新服务的良好声誉。

让公众知道并正确地了解本组织,是建立良好形象的基本前提,所有关系都是从了解开始的,不了解就谈不上理解、好感、信任和合作。因此,"告知公众"形成舆论,是公关传播的最基本功能。

(二) 强化舆论,扩大影响

当一个组织顺利发展时期,即指组织运转正常、信誉已经建立的时期,公共关系部门就应致力于保持和维持对组织有利的舆论,同时又不断寻找传播的契机,进一步强化组织的影响。如果忽视了传播工作,公众对组织的印象会逐步淡漠,良好的形象也会因为传播失误而损失。公关传播不能只造一时的舆论轰动,而应通过长期不断、潜移默化地传播渗透,不断加深公众对组织形象及其产品、政策、人员的良好印象,使之不断积累、巩固和强化。

因此,运用种种现代媒介加强公众对组织的印象,深化公众对组织的了解,提高组织的社会知名度和美誉度,为组织及其产品推广形象,扩大影响,是公共关系传播的重要任务。

(三) 引导舆论,控制形象

当一个组织处于逆境时,公共关系部门就应促进或强化有利舆论,争取独立舆论,扭转或反击不利舆论。比如,当公众对组织的评价毁誉参半时,公关传播需要小心谨慎地发挥"观念向导"的作用,缩小不利的影响,引导有利舆论的发展。当组织的知名度与美誉度不能同步发展时,或知名度过高时,公关传播要以低姿态介入舆论,适当降低组织的知名度和公众对组织的注意力。当组织形象不佳时,公关传播应根据具体原因,或者诚恳地向公众道歉和解释,争取公众的谅解;或者澄清事实真相,纠正舆论误解,扭转被动局面,恢复组织的声誉。

从上可知,公共关系传播的职责还在于调节组织的信息流量和流向,引导公众舆论向积极、有利的方向发展,并根据舆论反馈适当调整组织的行为,控制组织形象。

传播推广是公共关系活动的关键环节。只有借助这一环节,才能在组织与公众之间形成双向的沟通交流。而要做好这一工作,得到舆论领袖的支持很重要。舆论领袖亦称"意见领袖",指那些能左右群体意见,在公众中有相当大的影响力的人。如果能使他们与你的观点一致的话,那么再去影响其他更多的公众就会相当容易了。

二、组织初创时期传播的重点内容

第一,组织外部形象方面的传播。它主要包括产品名称、商标、广告、代表色、建筑与装饰风格。此举之目的在于给公众留下美好的第一印象,吸引更多的投资者加盟;

第二,传播组织的目标、规划、优势,以激发士气,振奋人心;

第三,对外传播组织的宗旨、经营思想,以争取公众的理解与支持;

第四,传播组织的实际困难和干群的决心、信心,以发扬艰苦创业之精神、团结进取之作风。

三、组织发展时期传播的重点内容

对外传播目的在于:进一步扩大影响,巩固组织在公众中的信誉,争取得到更多方面的支持和投资。它主要包括以下几个方面的内容:传播组织的成就;传播发展时期的策略;传播产品的质量水平;传播技术进步,技术改造成果。

对内之目的在于:巩固成果,激发热情,不断奋进。它主要包含以下内容:传播组织对员工切身利益的关心;传播组织近期、远期目标和措施;宣传先进单位、积极个人,增强主人翁责任感。

四、传播的要求

第一,内容客观、准确、真实。失真的信息传播,无异于自毁。

第二,传播要及时。信息的价值在于其时效性,唯信息新颖才具吸引力,过时的信息,有如昔日黄花。

第三,传播方式要选择得体。

第四,传播要强调针对性。怎样方能做到有的放矢呢?关键在于知己知彼,检测环境,洞察其变。

第五节　塑造形象

良好的组织形象,对于一个组织来说是一笔无形的财富。它可以为组织的产品和服务创造出一种消费信心;可以为组织吸引人才、集中人才创造优越的条件;同时,还有助于组织寻求可靠的合作者和原料、能源供应者,增加投资者信心,求得稳定而优惠的经销渠道,并增进周围社区对自己的了解,得到公众的赞美和支持。所以,塑造组织形象是公共关系的一项重要职能,组织公共关系的一个重要工作就是树立、维护和发展组织形象,从这个角度看,公共关系部门是组织形象的"设计师"。

一、组织形象的含义

"形象",为客观事物的形状相貌之义,又指能够引起人们的思想或感情活动的具体形状或姿态。从一般意义上说,形象这个词有三层意思:第一,形象是客观事物所有外部状态的反映,并且这种形象不是虚幻的、抽象的,而是直观的、具体的、可图像化的。一件物品的大小、宽窄、方圆等形状,都可以用语言描述出来。第二,形象是客观事物在人们头脑中的再现。由于人是形象的感受者,任何一种具体事物都可通过人们的感知反映出来,因而形象就成为人们对某种事物的总体印象。第三,形象对人们的思想和感情会产生深刻影响。尽管形象的本源是客观的,但人们感受它之后,就会对人们的思想和感情发生作用,成为其选择、采取这种或那种行为的依据。总的来说,形象是人们的主观世界对客观事物的认知和反映,是人们在获取客观事物的大量信息后所形成的综合印象。

所谓"组织形象",就是社会公众对组织综合评价后所形成的总体印象。其内涵:第一,组织是塑造自身形象的主体。如果企业的自身状况是令人满意的,那么它的形象就会获得人们的较好评价,经得起实践和时间的检验,获得较好的总体形象。企业自身状况不佳,是无法获得社会公众良好评价的。第二,社会公众是组织形象感受主体。离开社会公众这一感受对象,组织形象就无从得到反映。第三,组织形象是社会公众的总体印象。组织形象并不是某个人对组织一时一事的认识结果,而是社会公众经过对组织的长期观察、认识、了解之后所形成的综合印象。因此,塑造组织美好形象绝非一日之功,而要经过长期、全面、艰苦的努力。

二、组织形象的特征

(一) 整体性

组织形象是一个有机的整体。一方面,组织形象构成因素具有整体性。组织形象是由企业内部的诸多因素组成的,如经济效益、社会贡献、服务的态度、经营特色、技术设施等。企业的某一具体形象只是构成企业整体形象的基础,而完整的组织形象才是对企业具有决定意义的宝贵财富。另一方面,组织形象在表现上要有整体性。在组织形象表现上,往往是某一具体形象比较突出,可能掩盖其他因素所形成的形象。就社会公众来说,他们不可能对企业的各种因素以及各个方面的情况都进行评价,总是根据其所了解的状况来认识和评价企业。所有这些都可能造成对组织形象认识的不完整性。因此,要避免组织形象表现上的片面性或不完整性,使广大公众真实地感受组织形象,从而在公众心目中形成总体印象。

(二) 客观性

组织形象既然是人们在获取组织的大量信息后所形成的综合印象,因而组织形象所赖以形成的物质载体即企业原型是客观的。组织形象作为现实企业各方面活动和所有外表等客观事物的映象,是不以人们的意志为转移的。虽然人们可以运用一定的手段策划一个企业的形象,但不能在虚幻的基础上构筑组织形象;组织形象受一定社会环境的影响和制约,不可能脱离赖以存在和发展的社会和自然条件而独立存在;组织形象的评价标准,即社会效益、公众信赖等标准,是不以企业经营者或策划者个人的主观意愿为转移的。因此,塑造或改善组织形象,最关键的在于努力改善企业实际状态。

(三) 主观性

组织形象虽然是在企业实际状态的基础上形成,具有客观的现实基础,但是作为评价主体即社会公众来说,它是认识主体对企业客体的反映,因而社会公众对企业的认识、评价带有主观性。社会公众本身具有差异性,即他们的社会地位、价值观念、思维方式、审美标准等各不相同,同时他们观察企业的时空条件、审视评价企业的角度和标准也有区别,社会公众对同一企业及其行为的认识和评价就必然有所不同。此外,在组织形象的塑造和传播活动过程中,必然要发挥企业员工的主观能动性,渗透着企业主体的思想、观念和心理色彩。这种组织形象的主观性离不开企业的实际状态。

(四) 相对稳定性

当社会公众对企业产生一定的认识和看法以后,即组织形象一旦形成,无论其好与坏、美与丑,一般不会轻易地改变或消失,而具有相对的稳定性。这是因为企业及其形象因素会因条件限制而不会瞬息万变,即使企业性状及其行为可能发生这样或那样的变化,这种变化也不会马上改变企业已存在的形象模式;社会公众在经过反复获取企业信息和进行过滤分析后,由表象的感性认识深入到内在的理性认识,从而对企业产生比较固定的看法,即对企业的认识总是倾向于原有对企业的印象,并不会因企业性状及其行为的某些变化而改变对企业的评价。这种现象会产生两方面的结果:一方面,具有良好形象的企业,可利用其形象稳定的特点,开展有成效的生产经营活动,保持独立风格,提高知名度和美誉度,激发强大的名厂、名店和名牌效应。另一方面,形象不良的企业,由于形象相对稳定而难以摆脱不良形象的阴影,势必会影响企业生产经营活动,甚至生存和发展。对此,公关人员就要保持清醒的头脑,敢于和善于揭露自身的问题,经过不懈努力,消除负面影响,挽回声誉,重塑形象。

(五) 创新性

创新是企业的生命。组织形象形成的过程也是企业不断创新的过程。这不仅在于企业以其独特的个性展示自己的面貌,而且还在于社会公众特别是消费者的需求不断更新、市场环境不断变化,因而对组织形象塑造会提出新的要求。尤其是在激烈的市场竞争中,各个企业除了在"硬件"方面展开竞争外,还在"软件"方面即组织形象上展开竞争。后者是一种更高层次的竞争。一个企业要想在竞争中制胜,就必须不断创新自己的形象,以其良好的新形象去赢得顾客、赢得市场。

三、塑造组织形象的方法

(一) 完善管理形象

企业管理形象是企业形象的重要组成部分。超一流的企业无不得益于卓越的企业管理。卓越的企业管理不但能提高企业的产品和服务的质量、工作效率等,而且能使人产生良好印象,从而消除危机隐患。

北京"肯德基"快餐,为了避免与顾客发生矛盾和纠纷,他们严格执行三条铁的纪律:一是餐厅制作炸鸡严格按"七、十、七操作法"进行。即将一袋鸡放到鸡蛋液中浸七下,再放粉里滚十下,最后再按七下。二是鸡块炸出后超过一个半小时就不能再卖,不管剩下多少都要扔掉,不准作廉价处理,不准给员工吃。三是运用科学手段保证炸鸡分量。在制作过程中,餐厅运用电脑控制机能选用肉鸡体重均达 1.13~1.23 千克,保证分量。这些做法无疑使"肯德基"强化了管理形象。

(二) 塑造企业家形象

1. 良好的外在形象

企业家的良好外在形象是从仪容仪表和言谈举止两方面集中体现出来的。日本松下公司的创始人松下幸之助,在日本被誉为"经营之神",为了事业的缘故,他曾经整天忙碌,不修边幅,并且对此未感到有什么不妥。一次,在他理发的时候,理发师毫不客气地批评他,"你是公司的代表,却这样不重视衣冠,别人会怎么想,连人都这样邋遢,公司会好吗?"松下幸之助觉得这话很有道理,从此就开始重视起自己的仪表了。

2. 优秀的内在素质

人的形象、内涵是极其丰富的,一个人的知识、修养、志向、心灵都是形象的组成部分,从某种意义上说,后一方面是更重要的,对于企业家的形象而言,培养优秀的内在素质尤其重要,它比外在形象具有更长久、更深刻的影响力。企业家优秀的内在素质主要体现在如下几个方面:一是学识,二是决策,三是用人,四是廉洁。

(三) 优秀的员工形象

优秀的企业员工形象对于每一个现代企业来讲是必不可少的。如果其员工衣着整洁、待人热情周到,那么,每一位光临该公司的人都会有一种心情愉快的感觉,有利于业务活动的开展。相反,如果公司员工精神萎靡、衣冠不整、态度冷淡,就会给公众留下很差的印象。实践证明,员工形象好的企业与顾客发生纠纷少,一旦发生也极易解决,使企业远离危机。

(四) 文明的网络形象

公关的职能就是塑造组织形象,提高组织的知名度和美誉度。网络公关在这方面发挥着越来越重要的作用。因此,企业可以进行多种形式的网络公关,广泛宣传,塑造本企业的服务宗旨、理念、企业文化等,以得到社会的广泛认可。

为了让全世界了解2008年中国奥运会的"人文奥运"精神,中国申奥委员会开设了"人文奥运"网站,把一个悠久而又现代化、世界化的北京城,通过网络展现给全世界的人民,也将世界各地富有地域和民族特色的文化展现给世界人民,促使奥林匹克真正成为跨文化、跨民族、跨国际的体育大盛会和文化大盛会。这是奥林匹克"重在参与"精神的体现,也是人文奥运理念所追求的目标。网络公关让世界上每一个角落的人都了解到"人文奥运"这个口号,为宣传北京、宣传奥运做出巨大贡献。

【案例分析】

"The Voice of China——中国好声音"的公关之道

一、背景

2012年夏,浙江卫视"中国好声音"以风卷云涌之势,横扫了中国电视银屏,掀起了全国上下的好声音热,它成为了继2005年湖南卫视"超级女声"后又一个中国电视史上里程碑式的节目。一时间,"中国好声音"成为了网络搜索的热词,带动了不同行业内对"好声音"现象的持续热捧和不断思考,它为中国电视业带来一股创新力量,具有标榜意义,值得同业者去追问和探索。"中国好声音"是由浙江卫视和曾经打造"中国达人秀"的民营制作公司灿星传媒共同合作的。在合作双方看来,"中国好声音"并非一般的综艺节目,而是综艺节目大片时代的重要品牌项目,是浙江卫视大片战略的传承者,也是灿星音乐产业链打造的战略选择。从高度、深度、广度上,该节目都具有重要的意义。

浙江卫视在过去的几年当中,经过不断的努力,已经后来居上地发展为卫视大军"领跑阵营"中的一员。2012年,在浙江广电集团"以精英实力创造大众文化"的媒体经营理念指导下,"中国第一梦想频道"横空出世。以梦想立台,"中国蓝"的品牌概念最终找到了着力点,为中国蓝整体品牌的未来运营树立了标杆方向。在成功打造了"中国梦想秀"之后,浙江卫视就开始继续寻找可以替代的节目模式,以延伸其品牌价值。在其他卫视对"中国好声音"的节目版权不置可否之时,浙江卫视果断决定购买"The Voice"的荷兰版权,因为他们看中了"中国好声音"和"中国梦想秀"在品牌气质上的一致性。

"中国好声音"在制作之初就有长远的眼光:其一,"中国好声音"的运作成功,源于引进国外成熟的节目模式。节目引进了来自荷兰的国外电视节目制作版权"The Voice",而"The Voice"包括节目创意、运营模式和制作,并早已经过了市场的考验,十分成熟。荷兰版权方还派了荷兰、美国和英国的专家在节目录制现场指导,及时纠正错误,可以说,节目具有国际化的特征。其二,播出平台广泛,以浙江卫视为主要播出平台,"中国好声音"通过学员推介会、视频网络、微博、电信彩铃等多个渠道,把内容延伸开来,不断扩大节目观众源,使其成为社会热议的话题。其三,营利模式广。它把一台比赛,延伸到了其他各个方面,节目延伸到演唱会、个人专辑、广告代言、影视等,造就了传媒的长线盈利模式。最后,成功的节目也造成了广泛的社会影响。

二、策略与执行

(一)节目层面

在新媒体层出不穷,传统媒体面临巨大挑战的时候,电视已经进入大规模、大投入、大制作的大片战略时代,凭借精良的制作强大的内容,电视节目才能把握主流,占据制高点,进而引领观众,与新媒体的分众化、碎片化、新鲜灵动进行抗衡。"中国好声音"很大程度上符合了传播学"内容为王"的传播学理念,不论科技怎样发展,传播手段如何更新,"内容为王"的实质不会变。如何吸引受众,如何满足受众的个性化需求,如何让他们保持持续性的参与热度,是决定内容品质的关键因素。

1. 高标准

成功引进荷兰"The Voice"的经验,为节目的成功奠定了基础。而浙江卫视和灿星制作在"中国好声音"的本土化运营和幕后阵容上的投入,则全部采取了高标准,双方拿出了最优质的资源:灿星方面的团队几乎是"中国达人秀"的原班人马,三个导演组、一个地面推介组、一个宣传组,再加上学员管理组、制片组和后期组,共100多人的核心团队加入到"中国好声音"。和所有成熟节目模式一样,"中国好声音"带来了高标准的生产规范,比如根据版权方提供的图纸和数据,从演出场地的材质到舞台的尺寸都严格按照要求执行,四把转椅直接高价从英国空运而来。另外,按照版权模式,节目需配置27台摄像机,场内19台,场外8台,浙江卫视还开来2台高清转播车。到了节目后期,一期90分钟的节目需要从1 200分钟的素材中剪辑。从录音棚试音、选歌、调试,到乐队、音响的配合等,一连串功夫,为了出效果,工作量成倍增长。可以说,魔鬼都藏在细节里,好声音节目对细节的考究是下足功夫的。

2. 纯净声音

从内容上说,"好声音"是"中国好声音"最大的核心竞争力,也是选手们唯一的通行证。"中国好声音"和其他选秀节目不同的是,它不是采用一般的海选模式,而是通过全国各地的寻找,或者到当地的学校、酒吧,通过音乐人、电视人等介绍来的,选的时候也是盲听模式,避免因貌识人,影响对声音的判断,4个节目组在全国各地找了4个多月,才找到2 000多名好声音。因此,节目本身的起点就比其他节目要高。这些找来的"好声音"不但有一定音乐基础,甚至他们本身有的就已经在业内小有名气,所以,我们才看到后来一场场动人的音乐盛典。在"中国好声音"的舞台上,我们看到了回归音乐本真的质朴表现,没有华丽的包装,没有炫技的表演,只有真实好声音的天籁般表达。选手们就像身边的你我他一样,普通又平凡,他们画着淡妆,自然简单的表演,甚至还有光脚就站上台唱歌的。虽然在外貌上毫不惊人,但他们却拥有至上美妙的嗓音,天籁般的音乐让节目回归了音乐本真,让其他华丽包装的音乐节目相形见绌,这种纯净、纯粹、纯洁的质朴情怀,让人耳目一新,仿佛在浮躁的社会中吹来的一股清新之风,让人无法抗拒。

3. 名人效应

那英、刘欢、庾澄庆、杨坤,四大导师无疑是"中国好声音"第二大核心竞争力。从引进原版"The Voice",节目组就定了标准,一定要做世界级的东西,所以就必须请中国最好的,没有选择;如果没请到,那么从一开始就不成功了。对评委来说,权威性和多元化是节目品质和公信力的保证。刘欢是引领一代流行音乐的代表性人物,他的作品和影响力都少有人能及;那英是曾经的流行歌坛天后级人物,嗓音独特、演唱颇具风格;庾澄庆是台湾的音乐顽童,他的音乐个性并极具感染力;杨坤的嗓音也非常有个性,具有很高的辨识度。几位评委以各自多元的风格和在领域内的影响力而闻名。几个导师中,那英和刘欢是最先确定的,节目组再跟他们开会商量其他两位导师的人选。因为除了必须是一线音乐人外,还必须是跟他们关系比较好的,这样在台上才能顺利互动。而事实上,导师之间的相互调侃和为争抢学员而发生的争执等,都充分证明了在导师的选择上,"中国好声音"取得了相当大的成功。

（二）全方位缔造整合传播公式——起于公关,超越公关

媒体经营的好坏不仅取决于内容,还取决于整合资源的能力以及产业互动的具体形式。2012年"中国好声音"的成功不仅是内容的成功,更是公关的成功,"内容为王"的理念不能脱离市场而独立存在。从经营的角度来说,"内容为王"观念真正的意义在于:媒体的竞争与公关最终是通过内容来实现而非一切从内容出发。所以,公关的作用对内容来说是无比重要的。

1. 微博营销

2005年超女的成功,是"电视＋手机短信"的成功;而2012年的"中国好声音",则是"电视＋微博"的成功。好声音抓住了时下最流行的社会化营销方式——微博,通过微博造势,形成舆论热点并成功地将很多不看电视的观众重新拉回到电视机旁。首期节目播出后,微博上的各路明星如姚晨、冯小刚、王菲等大牌明星纷纷发表看法,引起粉丝的争相转发讨论,经过一周的微博发酵,第二期节目收视大涨,并在微博上形成讨论场,持续发酵。"中国好声音"还开设了官方微博,以微博作为营销平台,充分利用网上庞大粉丝团的互动,将粉丝作为潜在营销对象,推动好声音成为微博话题王,而微博上的明星们发表的高度正面评价,也为后来的微博营销奠定了良好基调,从而实现了浙江卫视品牌节目的有效传播。"中国好声音"在微博上的营销凸显了微博营销高速便捷、低成本、多媒体、受众面广泛的特点,为微博营销树立了典范。

2. 广告营销

"中国好凉茶,中国好声音",随着节目的走红,节目赞助商加多宝也成为了最大的赢家。从原来广发英雄帖,到后来的门庭若市,好声音的广告营销也有它的契机和方法。从最初的冠名几经易主到最后敲定,"中国好声音"利用加多宝和王老吉的商标纷争,抓住契机,最终实现了双方的共赢。随着节目的走红,广告价格一路提升,广告商络绎不绝,广告费从最初的每15秒15万飙升到每15秒50万,占满90分钟节目时长中的22分钟广告时间。广告在首播市场有一定控制,节目就设置重播,分别在周五周六非黄金时段,做了打包的套播价格销售,当套播达到饱和状态,还有客户要跟进,就做植入资源。所谓植入就是除了冠名之外,还有互动支持,手机独家支持这类的,对有限资源进一步开发。另外是打造衍生节目带,利用一些衍生子栏目,比如节目后的"酷我真声音""舞动好声音"等子栏目,满足广告业主对节目的跟进需求,弥补节目因时间有限而带来的广告损失,提升核心节目的边际价值。

3. 节目内容营销

利用节目推介会、故事营销、话题营销等手段,不断扩大节目品牌知名度。"注重推介会,挖掘好故事","中国好声音"在节目开播时在全国十多个城市开展不同形式的推介会,邀请不同的明星参与助阵,与现场的观众、歌迷交流,为节目宣传造势。除节目推介会外,浙江卫视还联手爱奇艺独家打造了"中国好声音学员推介会",旨在更大范围扩大节目的社会影响力,寻找更多优质的"中国好声音"。此外,节目组也对节目进行本土化改造,充

分考虑到中国观众喜欢故事的收视习惯,在展现"好声音"的同时,更注重了对声音背后故事的挖掘。正是通过这种故事营销,观众不仅记住了一个个好声音,更深深地记住了每个具体的人,人的形象和价值被不断放大。还有就是利用话题炒作,不同时间、不同阶段,节目组不断地制造具有营销价值的新闻和事件,以多种媒体渠道,海量式投递的推广方式,让节目一直处于话题讨论的漩涡中心,以达到品牌影响力渗透和知名度扩展的营销目的。多种营销手段让节目的品牌度和知名度不断扩展,成为舆论热点。

三、结语

正因为"中国好声音"全方位、多角度、立体化的节目思维模式,涵盖了制作、节目和营销几个方面,从最初战略定位的高屋建瓴到制作水平的高标准和制作方式的考究,再经历对节目内容的独特定位和准确把握,最后通过从内容出发的多种营销手段,大力推广了节目的品牌效应,不断催生了好声音热的舆论场,达到了前所未有的高度。在这样一个选秀节目层出不穷的时代,虽然类似好声音这样的歌唱真人秀节目很多,像2012年就有青海卫视"花儿朵朵"、东方卫视"声动亚洲"、山东卫视"天籁之声"、辽宁卫视"激情唱响"和江西卫视"中国红歌会"等多个同类节目,但是浙江卫视的"中国好声音"在众多节目中脱颖而出,占据了同类市场半壁江山,甚至连制作团队都没料到它会这样火。这不是偶然的,分析其原因,除了它表现的纯净声音和励志故事让观众深受感动外,更是因为"中国好声音"节目制作者在制作节目之初对节目各个层面的深入理解,使节目契合了观众需求,符合了主流价值观,满足了公众对精神产品的审美需求,反映了电视发展规律,甚至预示了电视未来的发展方向。

问题与思考

运用本章所学知识,从公关工作的职能角度,对此案例进行分析。

【本章小结】

本章主要阐述了公共关系的六大职能。首先介绍了采集信息的内容和方法,对信息进行分析的途径;其次说明了什么是组织形象及塑造组织形象的方法;接着指出企业在做经营决策前应该进行决策咨询;最后阐明了对信息的传播推广和引导的必要及内容,以利于读者理解这些职能的作用和运用中应注意的一些关键问题。

【思考与练习】

1. 公共关系有哪些职能?

2. 公共关系塑造组织形象的基本手段是什么?

3. 如何进行信息的传播推广,注意事项有哪些?

4. 组织如何与外部进行有效的沟通?

5. 假如你是某五星级宾馆的公关部经理,该宾馆落成即将开张营业,你觉得在营业前应该如何塑造宾馆的形象。

第四章　公共关系的组织机构和人员

【学习目标】

1. 了解公共关系组织机构的含义与分类。
2. 掌握公共关系部、公共关系公司和公共关系社团的基本概念及其相关知识。
3. 了解公共关系人员应具备的素质与能力。

【引导案例】

难伺候的"上帝"

某家宾馆，一次来了几位美国客人，或许是不了解中国，或许是抱有偏见，他们对宾馆的客房设备和饭菜质量，都过于挑剔。在5天的住宿时间内，他们几乎每天都打电话给宾馆的公关部反映问题。开始该公关部的某接待人员还能够心平气和地聆听他们的意见，并给以回答和解释，可在后来接二连三的电话和毫不客气的指责下，她终于耐不住性子了。当几位客人要离开宾馆回国时，他们又拿起了电话打给公关部，说："我们这几天要求您解决的问题，您一件也没能解决，真是太遗憾了！"听了这话，这位接待人员反唇相讥说："倘若你们以后再来中国，请到别的宾馆试一试！"于是一场激烈的舌战在电话里爆发了。当美国客人离开宾馆后，客房服务员在他们住过的房间写字台上发现了一张纸条，上面用英文写着："世界第一差。"

第一节　公共关系的主体

公共关系的主体是社会组织，它是构成公共关系的要素之一，是公共关系活动的实施者。

一、社会组织的含义

从公共关系角度来看，社会组织是人们为实现共同目标，有计划、有组织地建立起来的一种社会机构。例如，工商企业、学校、医院、各级政府、军队、文艺团体、新闻出版部门、公检法机关等。可以说，整个社会就是由各种各样的组织所构成的。

人们加入社会组织，并从事社会组织活动，目的是通过社会组织各成员的共同努力，更好地在某些共同利益和私人利益等方面得到满足。

社会组织本身又是因社会分工的需要而建立起来的,社会组织所要完成的社会分工的任务就构成了社会组织的工作目标。

作为公共关系的主体,社会组织是主动开展公共关系活动,向公共关系的客体——公众施加影响的社会机构。公共关系是一种组织的活动与职能,处理的是社会组织的社会关系和社会舆论,追求整体的公共关系效应和组织的社会形象。尽管有些个人为了某种特殊利益也举办公共关系活动,如在竞选中的候选人、社会名流等,他们往往不是以自然人的身份从事公共关系活动,而是以法人代表的面目出现。

作为公共关系的主体,社会组织需要把自身的公共关系行为和公共关系机制通过一定的、可控的职能系统体现出来,使公共关系按照组织的总体目标和需要发挥作用。

二、社会组织的特征

(一) 有明确的工作目标

社会组织本身都是因社会分工的需要而建立起来的。社会组织所要完成的社会分工的任务,就构成了社会组织的工作目标,没有工作目标,社会组织就没有存在的意义。在每一个社会组织中,人们都是为了实现一定的工作目标而协同活动的。如:产业型组织有明确的产品目标;各类学校有明确的培养目标;政府主管部门有明确的管理目标和社会目标等。

(二) 成员之间有明确的分工和职责范围

社会组织的结构是按一定的逻辑方式设计的,在组织内部存在着上下或横向的职位关系,各种职位形成具有层次、级别的组织系统。在这个组织系统内,每个成员被有目的地分配在某一个职能部位,而每个职位需要从事的工作是有明确规定的。组织内每个成员的工作就是在组织中发挥本职能部位的功能,实现本职能部位的职责。

(三) 具备一定的物质和技术基础

社会组织不是无目的的、随机的聚合。为了有效地开展活动并实现其目标,社会组织内部成员必须从事有关的生产活动、管理活动、研发活动等。为了有效地开展各种活动,社会组织就必须具备一定的物质和技术基础,这也是组织生存的一个最基本的条件。

(四) 严密的领导管理体系

为了完成社会组织的目标,社会组织都建有权力中心和严密的领导管理体系。权力中心可以是一个人,也可以由几个人组成。每一个社会组织内部一般都建有由决策层、管理层和执行层构成的领导管理体系,在每个层次中,权责分工明确,各有侧重。严密的领导管理体系是社会组织提高工作效率,实现目标必要条件之一。

(五) 社会组织是一个开放系统

分工与协作是密不可分的。分工必然产生协作。社会组织依社会分工的需要而产生,它必须在与其他各类社会组织相互协作的条件下才能继续生存,并得到发展。社会组织的运行是在一定的客观环境中进行的,其运行的过程必然与客观环境的种种因素发生这样或那样的关系,并受其影响或制约。但是,社会组织本身并不是简单地适应环境,其运行既需适应环境,也在改变环境,这是由其开放性所决定的。

三、社会组织的分类

根据不同的需要,可以从多种角度划分社会组织类型。

(一)以组织成员间关系状态划分

以组织成员之间的关系状态为标准,可将组织划分为正式组织和非正式组织。

正式组织的成员之间关系明确,对组织活动也有一定要求和规定,最为典型的就是政府、军队、工商企业、学校、医院等。

非正式组织的成员之间的关系比较随便和自由,彼此是一种自发的关系,如一些群众团体、各种协会、沙龙等。

(二)以组织功能和目标划分

以组织的功能和目标为标准,可将组织划分为产业组织、政治组织、整合组织和模型维持组织。

产业组织以经济生产为主要目标,包括社会中各种提供产品和服务的生产性组织,如工厂、商店、旅游公司等。

政治组织以实现某种政治目的为主要目标,以政治活动作为组织活动的主要内容,是为推动社会发展而进行各种政治活动的社会组织,如政党、军队等。

整合组织以担负协调任务为主要职能,是调整社会内部关系,维持社会秩序的组织,如政府、公检法机关等。

模型维持组织以担负教育任务、维护价值模式为主要职能,是维持社会文化传统,确保社会发展的组织,如学校、研究机构、新闻出版部门等。

(三)以组织获利与否划分

以组织获利与否为标准,可将组织划分为营利性组织、服务性组织、互利性组织和公益性组织。

营利性组织以经济利益为目标,追求的是利润,如工商企业、金融机构、旅游公司等。

服务性组织以服务对象的利益为目标,是为服务对象谋求利益的组织,主要有学校、医院、慈善机构、社会公用事业机构等。

互利性组织以组织内部成员之间互获利益为目标,即组织的目标对所有的组织成员都有好处,如党派、群众团体、宗教组织等。

公益性组织以国家和社会利益为目标,是为国家和社会公众谋求利益的组织,如政府、军队、治安机关等。

(四)以组织对成员控制方式划分

以组织对其成员的控制方式为标准,可将组织划分为强制性组织、功利性组织和规范性组织。

强制性组织是一种通过强制手段迫使成员服从的组织,最典型的就是军队,它通过军纪、军规等强制手段迫使士兵服从命令。

功利性组织是一种通过物质报酬的手段使成员服从的组织。这类组织较为普遍,如工商企业、金融机构、旅游服务性单位等。

规范性组织是一种依靠伦理道德或一定的观念来使成员服从的组织,如宗教组织等。

（五）以组织性质及职能划分

以组织的性质及其决定的职能为标准,可将组织划分为政治组织、经济组织、文化组织、群众组织和宗教组织。

政治组织是人们出于某种政治目的的需要,以政治活动为主要活动内容的社会机构,包括政党、国家政权组织、国家武装力量组织和国家司法机关等。它代表着占统治地位的阶级利益和意志,为其提出奋斗目标,制定方针政策,组织社会的经济文化建设,保卫国家政权,处理与他国的关系。在我国,政党组织包括中国共产党和其他各民主党派团体;国家政权组织主要是各级人民代表大会、中央和地方各级国家政权机关;武装力量组织包括中国人民解放军、武警;国家司法机关包括公安机关、人民法院和人民检察院。

经济组织是数量最多、类型最复杂的社会组织,它通过对各种自然资源的加工与利用,生产社会所需要的衣、食、住、行和文化娱乐等生活资料,从而实现其所有者和经营者的经济利益。从经济形式来看,经济组织包括国有经济组织、集体经济组织、私营经济组织、合资和外商独资经济组织;从不同的社会功能看,经济组织又可分为生产组织、流通组织、金融组织、交通运输组织、服务性组织等。

文化组织是以满足人们的文化需求为目标,以从事文化活动为其基本任务的社会机构。所有的文化艺术团体、教育科研单位、医疗卫生部门都属于文化组织的范畴。

群众组织的任务是广泛团结社会各阶层、各领域的人民群众,代表他们的利益,了解他们的意愿,反映他们的要求,组织他们开展多种社会活动。工会、共青团、妇联、工商联、文联、科协及各种专业协会、学会等都属于群众组织的范畴。

宗教组织是以某种宗教信仰为宗旨而形成的组织。宗教组织的任务是依据宪法,贯彻宗教信仰自由的政策,帮助信教群众和宗教界人士发扬爱国主义精神和增强社会责任感,代表宗教界的合法权益,办好正常的教务活动和宗教活动。

值得注意的是,对社会组织的划分也不是绝对的,不仅不同标准下的组织之间呈现出互相交叉、互相重叠的关系,而且同一标准下的不同组织也是相互联系、相互制约的。

不同类型的社会组织相互联系,形成社会组织网络,并且随着社会的发展,社会分工的深化,组织与组织之间的关系将日益复杂,这需要公共关系部门在开展公共关系活动时必须给予高度重视。

四、组织的运行与公共关系

社会组织是社会分工的产物,社会越发展,社会分工越细,组织与组织之间的关系就越密切,组织与组织之间的协作关系就越重要。分工协作条件下的社会化大生产,使各种企业密切联系在一起。各企业组织之间既要为本企业的生存和发展而竞争,又要为同一个目标而和平共处,各种社会组织要想在这样一个既对立又统一的复杂社会环境中求得发展,就必须经常地协调彼此之间的关系,创造良好的竞争环境。这必然导致社会各方面、各类组织对公共关系的需要。所以说,社会组织是公共关系的主体,决定着公共关系的状态并主宰着公共关系活动。社会组织的任何运作,都会通过传播来影响公众。尤其是在当今信息时代,社会组织的任何运作很快就会引起公众反响。

在组织外部,公共关系可以为组织的运行创造良好外部环境。当今社会,人与人之间、人与组织之间,无论是在经济上、政治上,还是文化上,都存在着广泛的联系,任何组织和个人都需要他人的理解、支持和帮助。那种"鸡犬之声相闻、老死不相往来"的处事方式不仅无助于组织的发展,而且会产生夜郎自大、固步自封的错误,使组织倒退、萎缩甚至失败,而公共关系则可以通过传播沟通,调节本组织与当地政府、社区友邻、上级部门、服务对象、合作伙伴等各方面的相互关系,使本组织与外界公众感情融洽、关系协调、相处和睦,从而取得他们的关心、支持与帮助,为本组织的发展创造一个良好的外部环境。

在组织内部,公共关系有利于增强组织的凝聚力,确保社会组织平稳运行。组织的凝聚力是完成任务的根本保证,任何组织,大到一级政府,小至一个企业,无论其工作任务大小,成员多少,要想顺利地完成工作任务,取得事业的成功,较强的凝聚力和向心力是必要保障。有人深有体会地说,一群人在一起工作,其效果不总像数学公式一加一等于二那样简单。

两个人协力的结果,可能三倍甚至五倍于一个人的力量;相反,如果互不协调,效果可能是零,甚至可能是负数。这足以说明组织的凝聚力的重要作用。那么,组织的凝聚力从何而来?它来自于组织成员之间人际关系和谐、部门之间配合默契、干部之间团结一致等。这除了领导者要具备基本的政治素质、理论水平、政策水平以及必要的思想政治素质以外,还要搞好组织内部的公共关系,因为组织内部公共关系活动的根本目的就是"内求团结和谐"。通过沟通、协调各种关系,营造出一种配合默契、和谐一致的工作氛围,从而达到增强组织凝聚力和向心力的目的。

五、社会组织对环境的适应与影响

社会组织总要依赖和面对其内外部的社会环境,可以说社会环境是组织赖以生存的土壤。

社会环境是不断变化的,只有适应社会环境的组织,才能迎合公众的需求,从而实现组织目标。所以面对社会环境,组织必须能动地、及时地适应,并通过组织活动来影响社会环境,使之朝着对自身有利的方向发展。

(一)社会组织必须适应环境的变化

1. 适应经济环境的变化

经济环境是人类社会发展的重要基础。当今社会,商品经济高度发达,商品交换日益频繁,市场在社会资源配置中发挥主导作用,所以每一个组织都不可能脱离于社会经济生活之外。改革开放前,许多大中型国有企业,由于不适应市场经济的变化而纷纷倒闭;而适应经济环境变化的企业就在竞争中异军突起,立于不败之地,如联想、海尔和双汇集团等。

2. 适应政治环境的变化

政治环境主要包括政局的稳定性、政治的民主化和法制化程度。政治环境具有强制性,能够单方面影响并约束组织的行为。社会组织应依靠法制规范,发挥公关软控制的功能,促进社会的稳定、发展,与国家政治民主化、法制化保持一致。改革开放初期,由于法制不健全.很多人钻法律空子,成为暴发户,而现在法制越来越健全,就必须守法,才能致富,所以要适应政治环境的变化。

3. 适应文化环境的变化

文化作为人类的社会环境,是一个复杂的整体,包括知识、信仰、艺术、道德、法律、风俗习惯以及人们所学习到的任何技能。社会先进文化是社会主导文化,它必然影响和支持组织文化,影响组织的理念、价值观、伦理原则、行为规范、组织传统习惯等,进而影响到社会组织的稳定与发展。比如,深圳康佳电子集团,着力培养"佳"特色的组织文化,把员工的利益、荣誉和组织的发展目标统一起来,着力塑造"爱厂爱国、团结协作、遵纪守法、好学上进"的组织文化氛围,提出"我为你,你为他,人人为康佳,康佳为国家"的口号,将"康佳精神"确定为"团结开拓、求实创新",并让全体员工内化为自己的行为准则。这一系列的组织文化活动,体现了社会主导文化的要求,适应社会文化环境的需求,它必然优化了组织的公众环境,潜移默化地让员工自觉地将"康佳精神"作为公关意识,内求团结、外求发展,推动组织的发展。

(二) 社会组织要能动地影响环境

1. 获得真实的环境信息

社会组织及其公关人员要通过公关调查,尽可能正确、及时、真实地向决策层和管理层提供各种环境变化的信息,而不是提供错误、过时、虚假的信息,帮助组织的决策者改善感知环境的方式,提高感知环境的能力。

2. 预测环境的变化

社会组织及其公关人员面对不断变化的环境,必须及时地向组织决策者提供环境变化的预测,提出适应环境变化的组织结构,以及组织目标变化的依据和意见,供领导者决策参考。

3. 应对复杂多变的环境

对组织所处环境的复杂性,社会组织及其公关人员应有清醒的认识,帮助组织了解复杂环境中各种因素的特殊性及其相互关系;要做到全面地反映和深入地分析,不能片面,不应浅尝辄止,这样才有助于组织做出正确的决策,也有利于组织在复杂纷繁的环境中做到胸中有数、处变不惊、有条不紊。

第二节　公共关系的组织机构

公共关系工作是一项长期的、复杂的、有计划的工作,需要有专门机构来从事这项工作,以保证组织的公共关系工作职能化和经常化。目前公共关系的组织机构可以分为两大类:组织内部的公共关系部、社会上的公共关系公司。

一、公共关系部

(一) 公共关系部及其在组织中的地位

公共关系部(简称公关部)在组织中既是组织的管理职能部门,又是组织的决策参谋部门。

公关部在组织中的决策参谋地位主要是由以下职能决定的:资料储存中心、信息发布中心、环境监测中心、趋势预测中心、公众接待中心。

由于在组织中担负着多中心的重任,因此在组织决策层中,公关部是组织决策的重要"参谋"。为了提高公共关系的地位,在美国,越来越多的公关部负责人可以直接向企业最高决策人汇报工作,向最高领导层提供建议并接受他们的指导。

(二) 公共关系部的特点

公关部不同于组织中的办公室或秘书处,有以下特点。

(1) 专业性,指它作为组织内从事公共关系工作的机构,不能成为"杂货店",也不是临时班子,必须保证其队伍的专业化和工作内容的专业化。

(2) 协同性,指在实现公共关系计划所确定的目标时,组织不能只靠公关部单枪匹马,孤军作战,还应依靠组织中各部门的相互配合及全体成员的共同努力。

(3) 自主性,指公关部在组织中要有独立的地位,有一定的权限范围,可以自主地开展各项工作。

(4) 服务性,公关部是一种具有服务性质的、较高层次的间接管理部门,但它不是直接的管理者,也不是领导者和生产者。

(三) 公共关系部的设置原则

(1) 规模适应性,公关部规模的大小应当与组织的规模及其发展相适应。

(2) 整体协调性,在设置公关部机构时,应与组织内部各部门相协调。

(3) 工作针对性,公关部的机构设置,要根据不同组织的工作性质和自身所面向的社会公众的特殊性来确定。

(4) 机构权威性,公关部工作的好坏直接关系到组织的形象和整个事业的顺利发展,这就要求把它放在十分重要的位置上,使它具有一定的权威性。

公关部作为高层次的管理机构,其负责人应进入组织的最高决策层,至少应有直接向决策层汇报、提建议或参与决策讨论的权力。

在组织内部,任何其他部门无权干扰公关部的工作,无权对公关部下达命令,公关部直接对组织最高领导层负责。

上述原则,在设置公共关系部及有关机构时,组织必须加以综合考虑,而不能只考虑其中一项。

(四) 公共关系部的组织类型

公关部的组织机构没有固定的模式,可以按照不同的特点进行分类。

1. 按工作方式和结构类型分类

按工作方式和结构类型分类,公关部的组织类型可分为公共关系对象型、职能型、过程型和综合型几种类型。

(1) 对象型(公众型)

按照不同公众设置内部组织结构。优点是各职能部门熟悉自己的工作对象,了解公众需要和反映,便于针对性地开展公关活动。

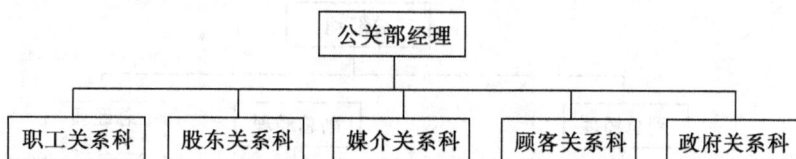

图 4-1　对象型公关组织

(2) 职能型

按照公共关系职能分类设置其内部机构。各职能部门配有专门业务人才处理公共关系活动中遇到的各类问题,提供决策咨询,适应复杂环境和满足大型组织管理需要。

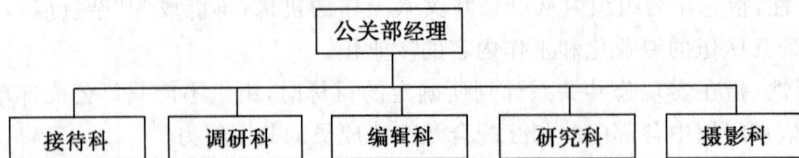

图 4-2 职能型公关组织

（3）过程型

按照公共关系过程分类设置其内部机构。优点是公共关系部下属部门科室工作内容专业性强、工作范围集中、任务明确，易于积累。缺点是整体性较差，协调不好易造成扯皮、推诿等现象。

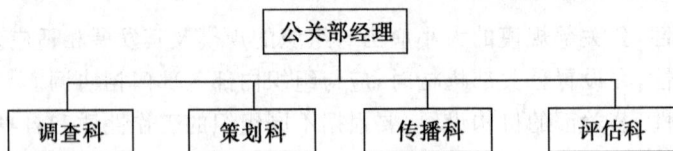

图 4-3 过程型公关组织

（4）综合型

按照实际工作需要几种类型合而为一，组成综合型结构。

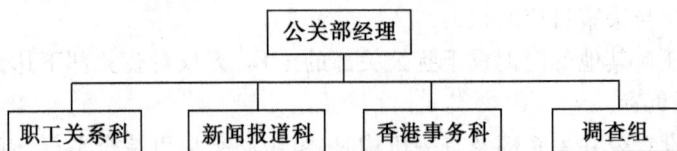

图 4-4 综合型公关组织

2. 按领导方式或组织管理分类

按领导方式分类，或从组织管理角度考虑，或从公共关系部在组织中的地位来考察，公关部的设置可分为四种类型，即直属型、独立型、部门并列型和部门隶属型。

（1）直属型

公共关系部的负责人直接由组织最高决策层负责人兼任。

特点：公关部的各种意见可以迅速反馈到最高决策层，直接参与决策；便于全面、针对性工作；具有一定权威性，有利于组织各部门之间信息沟通与工作协调，及时了解组织内外各种意见，正确处理各种事务；多用于职能部门分工细、层次多的大中型企业。

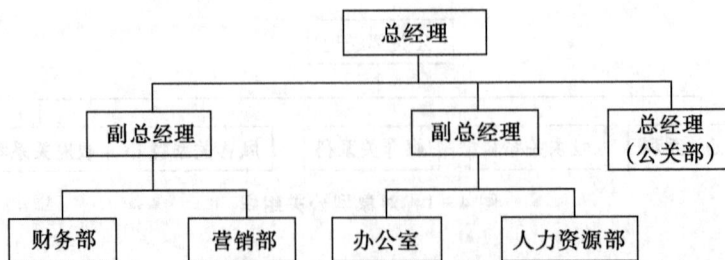

图 4-5 直属型公关组织

（2）独立型

独立性公关部又称公共关系科，由三级机构的基层干部担任公关部负责人。

特点：虽然是三级机构，却也是一个独立机构，由最高领导直接负责；经常参与组织的有关决策活动；职能部门分工较细、层次较多的中型企业的公关部常采用这种方式。

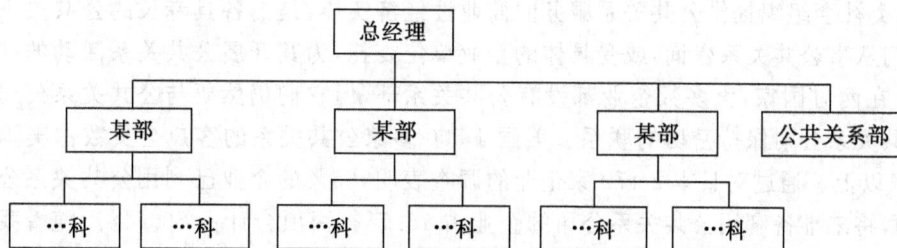

图 4-6 独立型公关组织

（3）部门并列型

特点：公关部与企业内部二级机构处于平等地位，对组织最高层直接负责，参与有关决策活动；对企业的经营决策可发挥一定影响；在对外关系中可充当最高决策者的全权代表；一些层次结构较为单一的中小型企业公关部常采用此种模式。

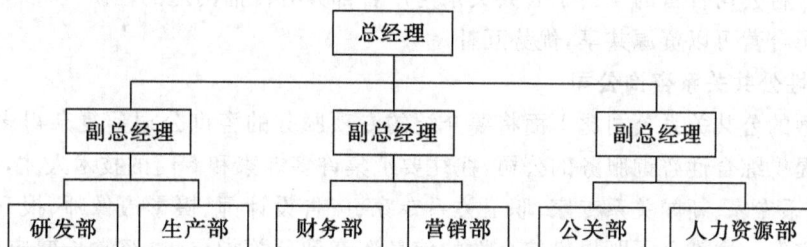

图 4-7 部门并列型公关组织

（4）部门隶属型

特点：公共关系部隶属于某一职能部门作为组织的三级机构，可隶属于宣传、广告、经营、销售、办公室等；公关部工作因附属部门不同而有所偏重。

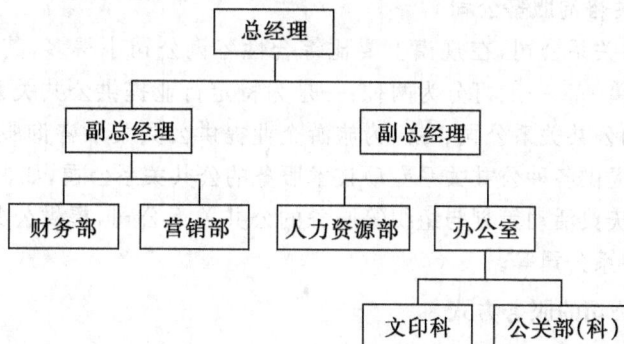

图 4-8 部门隶属型公关组织

二、公共关系公司

公共关系公司又称公共关系顾问公司与公共关系咨询公司。它是在社会上独立开办的、向社会各类社会组织提供公共关系服务的商业性经济实体,是由各具专长的公共关系专家组成的,专门从事公共关系咨询,或受具体的企业单位委托,为其开展公共关系活动的社会服务性组织。在西方国家,大多数企业都设有公共关系部,但它们仍然要与公共关系公司签订合同,与公共关系公司保持密切的联系。美国1 500多家公共关系的客户会员数占美国企业总数的74%以上。通过对日本2 170家企业的调查表明,65%的企业已利用公共关系公司为其解决问题,将来准备利用公共关系公司的企业占15.7%,两项合计占80.7%。随着我国市场经济的不断发展,我国的公共关系公司也迅速发展并成熟起来。一些世界著名的国际公共关系公司也早已在中国建立了办事机构,在我国的经济发展中,它们正发挥着积极的作用。

(一) 公共关系公司的经营方式

1. 与广告公司合营

公共关系公司与广告公司合营是一种常见的经营方式,在美国的十大公共关系公司中,就有六家是与广告公司合营的。由于公共关系与广告都具有传播沟通的性质,所以,公共关系公司与广告公司合营可以资源共享,优势互补。

2. 综合性公共关系咨询公司

这种类型的公共关系公司比下面将要介绍的专项服务的咨询公司要复杂得多,其经营难度也更大。提供综合性咨询服务的公司,往往要汇集许多专家和专门的技术人才,如企业形象专家、政治关系专家、新闻关系专家、职工关系专家、广告设计师、摄影摄像师、报刊编辑专家、市场推销专家等。这类公司既提供综合性的信息咨询和公关指导,也经常长期应聘于一些相对固定的组织,通过长期的、有计划的、有步骤的公关工作,负责处理与客户有关的公关事务。这种类型的公司,一般规模较大,实力雄厚,与社会上许多组织、机构具有广泛的联系,它可以有效地弥补一个普通的企业和组织在处理公共关系事务中渠道不畅、人才缺乏、经验不足等方面的缺陷,开展灵活多样的公共关系事务活动。

3. 提供专项公关咨询服务公司

这种类型的公共关系公司,在规模上要比综合性咨询公司小得多,其资金需要量相对较少,人员需求也较为单一。一般可分为两种:一是为特定行业提供公共关系服务的公司,如专门为金融机构服务的公共关系公司、专门为旅游企业提供公共关系咨询服务的公共关系公司等;二是专门为客户提供各种公共关系专项技术服务的公共关系公司,如提供会展策划服务的公共关系公司,提供庆典活动策划与组织等服务的公共关系公司,提供公共关系促销、公关危机处理服务的公共关系公司等。

(二) 公共关系公司的服务方式

公共关系公司自身的状况不同,各自的服务对象和服务内容也有所不同。但总体上看,它们都要为客户提供以下这些服务。

1. 帮助社会组织进行对外联络与协调

任何一个社会组织都涉及一定的对外联系与交往。随着组织目标的变化、工作阶段的变化,其所面对的公众也发生着变化。当组织急需同某些单位联络或同某类公众交换意见时,平时所建立的网络和渠道可能一时满足不了需要。这时,公共关系公司可以利用自己平时广泛的联系,帮助解决这些问题。即使公关公司可能与这些单位和公众也没有过联系,但它还可以凭借自己特殊的身份和交际方面的特长迅速建立联系。当组织与公众发生误会时,双方一般不便直接接触,公关公司可以第三者的身份为其解释和调节,从而消除误会和分歧。

2. 为委托人的管理决策提供建议和指导

管理决策是由内外两方面因素决定的。组织的领导人对组织内部的状况一般都比较了解,但由于所处特殊环境的限制,当涉及组织外部环境某些因素时,他所掌握和了解的情况就不一定全面和准确。公共关系公司可利用其健全的信息资料系统,以及在调查、预测方面的丰富经验,为客户提供服务,从而为组织决策提供参考建议和经验指导。

3. 为客户代理专门的公共关系事务

即便组织内部已经设立了公共关系部门,但不同内容要求的公关活动需要不同的专门人才,如摄影摄像、大型展览会的布展设计等,因而在一些特别的公共关系活动中,公共关系部不可能拥有完整齐备的各类公共关系人员,在办理一些具体的公共关系事务时,往往要求助于公关公司。公关公司在这方面具有得天独厚的优势。

4. 帮助社会组织进行内部公关人员的培训

公共关系公司可以接受委托,帮助建立公共关系部的组织培训公共关系人员。它可以通过举办各种培训班,委派公共关系专家到委托单位讲学或提供指导,或者安排委托单位的公关人员来公司实习,从而多方位、系统地为委托单位培训公关人员。

5. 提供全面代理服务

一些没有建立公共关系部的小型社会组织,当需要开展重要的公共关系活动时,就需要由公关公司为其代理全面的公共关系业务。公共关系公司根据对委托单位的管理目标,以及其他内部、外部的主客观环境要素的分析,帮助委托人确定公共关系事务的目标,为其编制公关计划,确定费用预算,并代为实施全面公关工作。

(三) 公共关系公司的工作原则

公共关系公司的工作负有很大的社会责任,它既要顾及委托人的名誉和声望,又必须注意保护社会公众的利益。因此,公共关系公司的工作必须要在一定的规范下进行。许多公共关系活动开始比较早的国家都形成了公共关系工作的行为准则。英国公共关系协会、美国公共关系协会、美国公共关系顾问协会以及国际公共关系协会等公共关系组织,都制定了各自的职业行为准则,我国也在 1991 年 5 月全国省市公关组织联席会议上通过了《中国公共关系职业道德准则》。结合国内外有关公共关系职业行为准则,公共关系公司在开展公关活动时,一般应遵循以下原则。

1. 维护委托人及公众双方的利益原则

公共关系公司作为委托人的公共关系代表,在任何场合下都应当表现出对自己所服务的机构以及相关公众双方正当权益的尊重。如果委托人的要求与社会公众的利益发生矛盾,公共关系公司应以社会公众的利益为重,主动放弃合作。从某种意义上来说,这同样也是对委托人负责。

2. 保密原则

由于工作的需要,公共关系公司可能了解一些有关委托人的商业秘密,或企业高层管理人员的个人隐私。在没有得到委托人同意以前,即便是双方合作结束以后,也不能以任何借口或其他变相的形式泄露这些秘密。

3. 不干涉内务原则

为了开展工作,公共关系公司可以了解委托人的内部情况,也可以提出建议,但不能对之进行干涉,不得将自己的意志强加于人。《国际公共关系协会职业行为准则》第十三条规定:"不得使用任何操纵性方法与技术来引发对方无法以其意志控制,因而也无法对之负责的潜意识动机。"

4. 合理收费原则

应合理制定公共关系计划,严格确定收费标准,不得随意使用委托单位和个人的经费,不得接受合理标准以外的其他报酬。《美国公共关系协会职业行为准则》第十一条规定:"在为客户或雇主提供服务时,各会员在未充分说明情况和取得有关方面同意的情况下,不得因为这种服务与其他方面有关而接受任何其他人给予的服务费、佣金或其他报酬。"

5. 身份公开原则

公共关系公司不得隐瞒自己的真实委托单位和个人身份,更不能打着委托人的名义而为其他单位和个人的私人利益服务。公开自己真实的委托单位和个人身份,便于社会公众的监督,同时也给委托人的竞争对手一个公平竞争的机会。另外,在代理委托人实施公关活动的过程中,不得恶意中伤其他组织与个人,不得进行虚假性、欺骗性传播等。当然,在一切公共关系活动中都必须遵守国家有关法律和规定,维护人类尊严和社会公德,促进社会主义精神文明建设。

(四) 选择公共关系公司的标准

社会组织所要解决的公共关系问题是不一样的,各公关公司的状况也千差万别,因此,在聘请公共关系公司之前必须进行比较和选择。选择的标准大致可以参考以下几个方面。

1. 公共关系公司的信誉、声望和权威性

公共关系公司作为组织与公众之间的中介,首先要有较高的信誉,这样才能取得信任,有利于开展工作。较高的社会声望和权威性必然能够为公共关系工作带来很大的便利,取得更好的效果。这样,在选择公共关系公司的时候,就需要了解被选择公司经营方面的历史业绩,了解该公司在公共关系界的地位和权威性,了解它在工商企业界的知名度等情况。最后,结合自己所要解决的问题,通过对公关公司的比较研究,选择合适的公关代理人。

2. 公共关系公司的实力和专业人员的技术水平

开展公共关系工作需要运用一定的专业知识和专业技术,公共关系公司如果实力薄弱,委托人的公共关系工作就可能因此而被拖延,达不到预期的效果。因此,选择公共关系公司也要注意了解其公司的技术实力,选择技术力量强的公关公司。各社会组织求助于公共关系公司解决的问题,总有其特殊性的一面。这是因为各社会组织本身的性质、规模、公众对象等方面本来就存在很大的差异。对于某一社会组织来说,它需要借助于公共关系公司所拥有的专门人才的优势来为自己服务。这样,一家公共关系公司拥有专门人才的种类,以及这些专门人才的技术水平、业务熟练程度等,就成为各社会组织选择公共关系公司的重要条件。

3. 公共关系公司的客户情况

主要了解公共关系公司曾经接待过哪些客户,现有哪些客户,客户的社会地位如何,它们对公共关系公司的业务和服务的满意程度如何等,以此来判断公共关系公司的整体实力。

4. 收费标准

各个公共关系公司的收费标准不尽相同,信誉好、声望高、有权威、有实力、专门人才齐全的公司,其收费标准可能较高。社会组织在选择公共关系公司的同时,应将其收费标准和其能为自己提供的服务进行比较,权衡自身的承受能力,选择收费标准适当的公司作为自己的公共关系公司。选择确定后,委托者应与公共关系公司密切配合,主动通报本组织的内外状况、工作目标、存在问题及薄弱环节,注意吸取公共关系专家及其他有关工作人员的意见,支持公共关系公司的工作,并按合同及时清算费用,以便同公共关系公司建立良好的合作关系。这样,有利于当前,更有利于长远。

三、公共关系组织机构的综合利用

任何社会组织,都需要公共关系组织机构来开展公共关系活动。首先必须根据本组织的实际情况,明确两种机构的优势和不足,综合利用这两种公共关系组织机构。

1. 公共关系部的利与弊

在组织内部建立公关部,对于开展公共关系有以下好处:熟悉组织情况;能提供及时的公共关系服务;有利于保持公关工作的连续性和稳定性;有利于节约经费。公关部的弱点主要有:职责不明,负担过重;看问题有时不够客观,即所谓"当局者迷";总费用可能比聘请公共关系公司多;有可能成为组织的一种负担。

2. 公共关系公司的利与弊

与公关部比较,公共关系公司的长处有:职业水准比较高;看问题比较客观;社会关系广泛;信息比较灵通;机动性强;建议容易为人们所重视;节约经费。公共关系公司的弱点主要有:不太熟悉客户情况;工作缺乏连续性、持久性;远离客户。

3. 扬长避短,趋利避害,综合利用

从两种公共关系组织机构的优势和不足看出,公共关系部的优势,往往就是公共关系公司的不足。由于公共关系公司的职业素质不同,具体情况不同,聘请公共关系公司容易存在的弊病也不是绝对的。组织除了自己设置公关部外,同时可聘请公共关系公司,使二者密切配合,扬长避短,趋利避害,以达到最佳效果。

第三节　公共关系人员

公共关系人员,是指在一定的社会组织内从事公共关系工作的专业人员。公共关系工作是一项复杂的高级劳动,绝不是任何人都能胜任的工作。因此,公共关系人员自身的素质高低对于公共关系工作的效果有着直接的影响,公共关系人员必须具有特定的心理素质、业务能力和职业道德。

一、公共关系人员的素质

（一）诚实高尚的品德

品德是指人的品质与道德。由于公共关系人员所从事的是一种塑造组织形象的创造性劳动，是一项说服乃至征服公众的工作，这就要求其本身必须具有诚实高尚的品德，具备一种品德的魅力，这种魅力可以成为征服公众的法宝。心理学上的光环效应认为，如果某人的品格很完美，外貌与举止都很有魅力，在人们的心目中就会形成良好的印象，他就会被一种积极的、美好的光环所笼罩。公关人员直接代表他们所服务的企业，他们的行为和品德往往被公众视为企业形象的缩影。因此，无论是在职业活动中还是在个人生活交往上，都要始终如一地表现出良好的品德。公共关系人员要通过大量的工作和艰苦的努力为企业或委托人树立良好的信誉和形象，而自己却要习惯默默无闻，要有较少的个人意识，增强为他人，为企业服务的观念。此外，公关人员还要埋头苦干，勇于承担责任和风险。诚实是公共关系工作的核心，诚实首先指对所服务的企业或雇主忠诚，表现为不谋私利，忠实地为实现企业目标勤奋地工作，维护企业或委托人的形象。为了维护企业或委托人的正当权益，公关人员应该全心全意地、有效地为企业或委托人的行为进行正当辩护，但不应该遮掩或粉饰被辩护者的缺点或错误，更不能文过饰非。同时，公关人员应对公众诚实，不向公众传播虚假信息，不哄骗公众，对公众要讲诚信。公关人员要站在公众利益的立场上阐明公众的意愿和要求，全心全意地维护公众的正当权益。此外，公关人员应对同行业尤其是对同一公关组织的成员诚实。这主要表现在对其他成员持公正态度，相互间要诚挚、坦率、通力合作，不搞小动作，更不能互相拆台。

（二）较强的自信心

自信，这是对公关人员心理素质的基本要求，是取得事业成功的基石。古人云："自知者明，自信者强。"法国哲学家卢校也说过："自信对于事业简直是奇迹，有了它，你的才能可以取之不竭。一个没有自信心的人，无论他有多大的才能，也不会有成功的机会。"充满自信的公关人员，敢于追求卓越，面对困难和挫折。缺乏自信、自认卑微的公共关系人员，在激烈的市场竞争中，在强大的对手面前，往往甘拜下风，畏缩不前，不战自败，其塑造的组织形象也会平庸低下。所以，自信对于公共关系人员来说，是其事业获得成功的重要条件。

（三）广博的知识

公共关系是一门综合性的应用学科，要搞好公关工作，公关人员必须掌握相关的学科知识，丰富的知识无疑是做好公共关系工作的必要保证。公共关系的人员知识面要广，专业知识的基础要深入扎实。一般来讲，公共关系人员的知识结构应该是"T"字形。"T"字形的纵向知识主要是指公共关系专业理论和公共关系技术应用。公共关系的专业理论包括公共关系的原理、历史；公共关系的规划、社会责任和职业道德；公共关系的组织机构和管理；公共关系的传播理论、媒介理论和社会舆论的研究等。公共关系的技术应用包括公共关系的事务、技巧、方法；公共关系实习和案例分析；运用传播媒介和制作各种宣传材料；进行公共关系调查等。

"T"字形的横向知识，一般是指与公共关系专业理论和应用技术相关的社会科学、人文科学、自然科学及外语等。公共关系人员的横向知识体系，涉及社会学、心理学、新闻传播学、管理学、组织行为学、国际关系、对外贸易等，尽管这些学科不研究公共关系本身，但它们的许多理论、应用技巧与公共关系的联系极为紧密,对公共关系人员做好工作起着启迪和指导的作用。公共关系人员对世界各地的风土人情,各国的政治、经济、文化、历史、风尚、传统、礼仪,以及琴棋书画、唱歌跳舞、烹调缝纫、花卉养殖、宠物饲养等生活性常识也需有个大概了解。

(四) 较强的学习能力

学习能力就是指公共关系人员通过多种渠道,运用多种形式,采取多种手段获取知识,提升管理、科学决策等各方面的能力。学习能力不仅指从书本中学习知识的能力,还指从实践中学习知识的能力;不仅表现在对知识掌握的广度和深度上,还表现在实际工作对知识创造性地运用上,它是公共关系人员诸种能力的综合反映。当今时代是知识爆炸的时代,知识更新换代的速度越来越快。这就要求公共关系人员必须具有较强的学习能力,不断掌握新的知识、新的技能和新的方法,才能更好地适应客观环境的快速变化,才能满足公共关系工作的新要求。

对公共关系人员来说,学习能力可分为开发性学习能力和利用性学习能力。开发性学习是旨在开发新领域、发现新机会的学习,它包括搜寻、变更、承担风险、实验、演练、发现和创新等。利用性学习则是旨在利用现有知识基础的确定性的学习,包括优化、选择、生产、效率、精选、贯彻和执行等。

(五) 乐观的情绪和较强的毅力

公共关系人员的工作要靠多方面因素的配合。其所要实现的目标不仅要通过文字、图像、声音的方式来实现,而且要以自己的态度和情绪来感染和带动其工作对象。在灾难和困境面前,充满信心和沉着冷静,公共关系人员会让别人感到有希望,而绝望的叹息和呼号只能带来更多的恐怖气氛。那种永恒的、稳定的热情和乐观会让人产生进一步的信任,让人感觉到自始至终的和谐与亲切。这也是公共关系工作成功的重要因素。

公共关系工作总是在不断变化的环境中进行的。每一个工作目标的实现,都会遇到不同程度的困难和阻碍。有的工作可能还要反复地,一遍一遍地做,这就要求公共关系人员不仅要不断创新工作手法,还要有毅力、有耐心,这是每一个公共关系人员都必须具备的心理品质。

二、公共关系人员的业务能力

在一个组织中,公共关系工作属于综合性的工作,因而要求公共关系人员要具有多方面的才能。

(一) 组织能力

组织能力是指人们有计划、有目的地从事某项活动,并使其达到预期目的的实际操作能力。每一次重大的公共关系活动都是一次塑造组织形象的机会,其效果的优劣直接影响着组织的声誉。所以,每一次活动都要精心地筹划、组织与实施。整个的组织与安排工作对公共活动的成功起着决定性的作用。在公共关系活动中,有很大一部分内容是组织各种专题性的公共关系活动,如举办各种各样的会议、纪念、庆典,联谊、展览、舞会等。要想使每项活动都具有令人欣赏的特色,并有条不紊地进行,使每一个参加者都留下深刻的印象,公共关系人员没有足够的组织筹划能力是不行的,即使有一个别出心裁的设想,如果没有恰当的组织和安排过程,也不会取得预期效果。

（二）社交能力

公共关系人员永远要在人际交往中开展公关工作，否则就无所谓公共关系。因此，一个从事公共关系工作的人员必须要具有较强的社交能力，在任何场合下都能应付自如。社交能力往往是一个人多方面能力的综合表现。诸如表达能力、应变能力、组织能力、逻辑思维能力和知识修养等。社交能力强的人能为自己开拓并建立一个良好的人际关系环境，这对事业的成功起着极大的作用。美国卡内基工业大学曾对一万个人的案例记录进行了分析，结果发现，"智慧"、"专门技术"和"经验"，只占成功因素的15％，其余85％决定于良好的人际关系。哈佛大学就业指导小组调查显示，在数千名被解雇的男女中，人际关系不好的比不称职的高出了两倍。不少调动工作的人员中，因人际关系不好而无法施展才华的占90％。作为一名公共关系人员，由于其工作的特殊性质，更应具备高人一筹的社交能力，人缘不佳、不善交流的人是无法从事公共关系工作的。

（三）表达能力

公共关系人员的表达能力是指其语言表达能力和文字表达能力，也应该包括其形体语言的表达能力。

首先，语言表达能力。说话是一门艺术，有很多的技巧。同样的话不同的人说来，甚至不同的音高、语调都会产生不同的结果。公共关系人员为了宣传企业的产品和服务，塑造完善的组织形象，争取公众的信任、同情、赞许、支持和理解，必须具有很强的语言表达能力。只有那些思想敏捷、辞令严谨、能言善辩、号召力强的人才能成为公共关系行列中出色的一员。语言的运用应简单明了、风趣流畅、文明礼貌、周到热情，应善于运用语言调节身边环境，为交谈或讲演创造一个和谐的气氛。

其次，文字表达能力。公共关系人员不仅应当会说，而且还要会写。文字表达是公共关系传播信息不可缺少的方式。公共关系的大量工作都离不开写作，如编写宣传材料、筹划广告语句、撰写演讲稿和新闻报道等。西方有些社会组织把擅长写作作为公共关系专业人员的第一要求，由此可见其重要。对公共关系人员的文字表达能力的要求，要高于一般人，即公共关系人员在撰写公共关系应用文时，不但要中心突出、层次分明、观点明确，没有语法修辞和标点符号的错误，而且还要求其撰写的公共关系应用文极具感染力，能够深深地打动公众和感染公众，这样才能达到公共关系传播沟通的效果。

再次，形体语言的运用。形体语言，又叫体态语，是人们在交往中，对面部表情、眼神、身体、动作、姿态等的综合运用，是情感表达的一种重要方式。根据伯德惠斯特尔的研究，人的面部可以做出25万种表情，表达不同的情感。另外，人体的平稳姿态大概也有1 000多种，眼神更是千姿百态。各种体态语所发出的信息是对口语的补充和纠正，可起到"只能意会，不可言传"之功效。国外有的专家认为，对于感情的表达，体态语甚至强于口语。

（四）自控和应变能力

当今世界已经进入了信息时代，组织面临的环境也处在不断的变化当中，如政策法律的变化、社会舆论的变化、公众偏好的变化、自然环境的变化、市场的变化等，所有这些变化都要求公共关系人员具有很强的适应能力，能不断随着内外形势的变化推出新的公关策略。另外，在每一项公关活动之前，都要把可能出现的问题尽量找出来，并提出应变措施。但最棘手的是在某一活动当中突然出现了意想不到的麻烦。那么，如何迅速地扭转局面、挽回影响，就要求公共关系人员发挥其处乱不惊、机动灵活、随机应变的才能,这需要公关人员将其广博的学识、聪明才智、丰富的阅历和高超的语言技巧圆满地结合起来,而这些才能的蓄积绝非一日之功。

(五) 创造能力

在公共关系工作中,需要宣传和展现的内容总是要力图给人一种全新而又深刻的印象,千篇一律地重复同样的做法,或只会跟在别人后面摹仿,都无法将自己组织的产品以及服务的特点展现出来,容易使人淡忘,甚至产生厌烦。一个公共关系人员应该以自己的想象力和创造性来影响组织的决策,并能感染公众。这就要求公关人员勤于思考,善于发现,及时掌握公众的心理,刻意求新,使每一项公共关系活动都在公众中产生深刻反响。

三、公共关系人员职业道德

公共关系不同于庸俗的关系学。公共关系作为一项专门的职业,必须要求从事公共关系工作的人员具有良好的职业道德观念,自觉遵守一定的行为准则。公共关系人员往往直接代表组织与内外公众相接触,他代表的是组织的形象,如果没有一定的行为规范,公共关系工作就容易受到过于随机的个人因素的影响,某些行为不良的人会因此而给组织的声誉造成损害。

因而,作为一个公共关系人员,至少应满足如下几方面的要求。

(一) 忠诚于组织和公众,实事求是

公共关系人员首先是组织的代表,代表组织的形象、组织的利益,忠诚于组织是一个公共关系人员的天职。但是,公共关系的对象是公众,公共关系人员忠诚于组织,却并不能因此而欺骗公众,否则,这样的忠诚只能伤害公众,最终给组织本身带来损失。忠诚,还要实事求是。对组织实事求是地反映真实的情况和信息,会给组织的正确决策提供可靠的依据;对于公众,实事求是地提供有关组织状况的信息,则会使公众对组织更加信任,更加支持,从而对组织的一些过失也更容易谅解。西方公共关系专家认为,"道德是良好的经济学","诚实才是上策"。只有诚实,才能取得人们的信任,达到公共关系的目标。一个公共关系人员,如果经常以吹牛、撒谎和煽动为能力,其工作就不会取得好的成果,还会给组织带来厄运。因而,真实性的原则是公共关系工作的生命,是一切公共关系人员必须遵守的最重要的职业道德。

(二) 讲求信誉

"言必信,行必果",讲信用是忠诚的外在表现。在人与人交往的过程中,说真话而不说假话,许下的诺言一定要实现,这样的人才值得信任,才靠得住。也只有如此,才能更好地维护公共关系人员自身及其所代表的组织的声誉,取得公众的信任。

(三) 顾全大局,宽容大度

公共关系人员往往处在矛盾的最前沿,当公众与组织发生冲突和误解时,一切的怨气、不满,甚至敌意的行为等各种形式的攻击,可能首先要倾泻到公共关系人员的头上。这种情况下,要求公共关系人员必须从全局利益出发,宽容大度,能屈能伸,忍耐克制,保持冷静。任何一个组织都可能与公众产生一些误解和矛盾,如果公关人员在这个时候不善忍耐,针锋相对,就必然要激化矛盾,最终还是于组织不利。只有平心静气,才能客观地评判事实,稳定公众的情绪,从而转变公众的态度,缓和矛盾,解决问题。

（四）公正无私，服务热情

公共关系人员工作的目的是为公众和组织谋利益。对于公共关系人员来说，公正，首先意味着对所有服务对象的一视同仁。在英国公共关系咨询协会关于咨询工作的准则中，第一条规定："会员有公平地对待其过去的或现在的客户、其他会员和公众的责任，不搞亲疏厚薄。不论远近新老都平等对待。"其次，也不能把组织凌驾于公众之上，应把组织与公众放在一个平等的位置上。不管所服务的组织在社会上拥有多么高的名望和地位，都不能对公众居高临下。否则便无法为组织树立一个良好的形象。公正就不能徇私情，不谋求在组织利益以外的个人利益，更不能以牺牲组织利益来换取个人利益。英国公共关系协会规定："各会员不得有悖公众利益而为其私人利益服务。"美国公共关系协会也指出："公关人员在向客户和雇主提供服务时，在没有充分说明情况，取得有关方面同意的情况下，不得接受任何他人给予的服务费、佣金和其他报酬。"这些要求，我国的公共关系人员也理应做到。公正和无私不等于铁面孔，热情的服务态度是每个公共关系人员最起码的职业道德，公正无私和热情的服务态度结合在一起，才是一个公共关系人员应有的品德。

四、公共关系人员的培养与资格证书

公共关系工作在一定意义上说是一种手段，手段的成功与否关键在于人的运用与把握。公关人员的素质并非天生，而是后天有意识、有组织地不断加强教育培养、培训的结果。

（一）公共关系人员的培养

（1）通才型。就是知识面广，有较合理的知识结构，有良好的心理素质和综合能力素质，在工作中能独当一面，较好地处理复杂问题的公关领导人才或专职管理人员。有人把此类人才结构形象地称为"三个1/3"，即：1/3的企业家，有企业家头脑、强烈的经济效率的观念，有敢于竞争、追求卓越的自信以及深刻的洞察力、敏锐的判断力、丰富的想象力和果断的判断力、较顽强的意志力；1/3的宣传家，有较强的形象观念、信息观念、能说会写，富有传播技巧，信息灵通，左右逢源；1/3的外交家，待人热情真诚，说话幽默高雅，举止端正，态度谦和，善交朋友。

（2）专才型。就是比较精通于某方面的公关技术技能，如编辑、写作、设计创意、市场调查、绘画摄影、设计广告等。这类人才是公关工作不可或缺的人才，是某方面的专家，较适宜于公关工作中某些具体的业务工作。

（二）培养途径

（1）学校正规的教育培训。这是一条专门培养公共关系人才的正规途径，也是社会培养公关人才的一种方式。在这种方式下，学生可以系统地学习公关理论，潜心研究公关技巧，掌握信息传播工具，并参加适当的实践与模拟活动。学校正规培养的优点是：课程学习安排具有系统性和科学性，专业基础知识学习具有广泛性和厚实性。

（2）在职进修培训。在职进修是我国公关教育培训中最受欢迎的形式之一，其主要特点是：教学的现实针对性较强，周期短，见效快；学生的学习目的明确，且已有实践经验，故易于理解、接受和领悟，而且能学以致用。

（3）短期培训。由高校、企业或行业组织（如公关协会）举办，时间长短不一，有半月、一月、半年等。培训对象是有一定实践经验的人员，培训目标和重点是专业基本理论与知识，着力于理论水平的提高。此外还有岗前培训,主要是进行专题讲座与报告,属于角色培训。

（4）见习培训。这种方式的特点是在实践中学习与提高,让见习者在一段时间内充任本组织或外部组织公关人员的助手,见习并实际参与公关实践,学习别人处理公关事务的技术和方法,增强感性认识。

（5）聘请专家、学者指导。聘请公共关系专家来单位指导和咨询,帮助解决公关工作中的疑难问题,对公关人员进行业务的实际辅导和点拨。这种方式针对性强,启发性大,实际效果好。

（6）其他培养形式。如组织员工参加自学考试、函授刊授教育及电视广播教育,并为之提供参加辅导、面授等的条件,多途径多形式地提高专业理论水平和业务水平。

(三) 公共关系从业人员的资格证书

早在 1953 年,美国著名公共关系专家爱德华·伯内斯就看到不合格的公关人员滥竽充数的危害性,提出对公共关系从业人员实行职业许可证制度,以保证公关职业的权威性。但直到 1965 年,美国公共关系协会才开始实行专业资格认证制度,到 20 世纪 80 年代中期,该协会 11 700 名会员的 1/3 获得了 APR 称号。

相比而言,英国公共关系协会主持的 CAM 考试虽然比美国的 APR 要晚,但其影响力更大。CAM 是传播（Communication）、广告（Advertising）和市场（Marketing）教育基金会的缩写。

CAM 考试分两个等级,第一等级有 7 门考试课程:市场学、广告、公共关系媒介、调查与行为研究、传播实践、商业与经济环境。公关、广告和市场营销人员只要通过其中 6 门课程考试,就可获 CAM 传播研究证书,获此证书后再参加第二等级考试。第二等级的考试分开进行,针对公共关系人员的考试课程有 4 门,即商业组织公共关系、非商业组织公共关系、公共关系战略、管理资源,考生只要通过其中 3 门就可获得 CAM 公共关系文凭和公关从业资格。该项考试和专业资格不仅英国认可,而且得到国际广告协会的正式承认。已经有越来越多的外国人报名参与这项考试。

1999 年,中国公共关系协会也开始推进"公共关系专业资格证书"培训活动。经过几年的实践探索和不懈努力,终获国家有关部门认可。从 2000 年起,在全国举行统一的公共关系从业人员任职资格考试,合格者获"公关员"称号,有资格从事公共关系工作。

【案例分析】

"你会坐吗?"——一次公关部长聘任考核

一家公司准备聘用一名公关部长,经笔试筛选后,只有 8 名应试者等待面试。面试限定他们每人在两分钟内对主考官的提问做出回答。当每位应试者进入考场时,主考官说的是同一句话:"请您把大衣放好,在我面前坐下。"然而,在进行面试的房间中,除了主考官使用的一张桌子和一把椅子外,什么东西也没有,有两名应试者听到主考官的话以后,不知所措,另有两名急得直掉眼泪,还有一名听到提问后,脱下自己的大衣,搁在主考官的桌子上,然后说了句:"还有什么问题?"结果,这五名应试者全部被淘汰了。

剩下的三名应试者,一名听到主考官发问后,先是一愣,旋即脱下大衣,往右手上一搭,躬身致礼,轻轻地说道:"这里没有椅子,我可以站着回答您的问话吗?"公司对这个人的评语是:"有一定的应变能力,但创新开拓不足,彬彬有礼,能适应严格的管理制度,可用于财务和秘书部门。"另一名应试者听到问题后,马上回答道:"既然没有椅子,就不用坐了。谢谢您的关心,我愿听候下一个问题,"公司对此人的评价是,"守中略有攻,可先培养用于对内,然后再对外。"最后一名考生的反应是,听到主考官的发问后,他眼睛一眨,随即出门去,把候考时的椅子搬进来,放在高主考官侧前约一米处,然后脱下自己的大衣,折好后放在椅子背后,自己就在椅子上端坐着。当"时间到"的铃声一响,他马上站起来,欠身一礼,说了声"谢谢",便退出考试房间,把门轻轻地关上。公司对此人的评语是:"不着一词而巧妙地回答了问题;性格富有开拓精神,加上笔试成绩佳,可以录用为公关部长。"

问题与思考

1. 假如你是应试者,你准备怎样放置大衣,怎样坐下?

2. 现在一家公司聘任你为人力资源部主管,请你设计一套选拔公关人员的考试办法。

【本章小结】

本章重点介绍了公共关系组织机构——公共关系部和公共关系公司的含义、分类及组建原则;阐述了公共关系人员应当具有的素质、能力和职业道德。公共关系人员的素质包括:诚实高尚的品德、较强的自信心、较广博的知识、较强的学习能力,以及乐观的情绪和坚强的毅力。此外,为了完成公共关系工作,公共关系人员还应具备多种业务能力。

【思考与练习】

1. 公共关系部应如何组建?

2. 公共关系公司可以为客户提供哪些公共关系服务?

3. "长得漂亮,性格外向最适合公共关系工作"这句话对吗?为什么?

4. 公共关系人员应该遵守哪些职业道德?

第五章　公共关系工作的对象

【学习目标】
1. 了解公众的定义与分类。
2. 掌握组织与员工关系的处理。
3. 掌握组织与政府公众关系的处理。
4. 掌握组织与媒介公众关系的处理。

【引导案例】

乘客病情危急但飞机降落 50 分钟才开舱门，南航道歉

2015 年 11 月 22 日，一篇题为"南航 CZ6101——生死间，一个记者有话想对你们说"的网文在微信和微博炸开了锅并引发热议。投诉南航的记者 11 月 23 日向新快报诉述了他在 11 月 9 日乘坐南航 CZ6101 航班飞往北京期间，突发腹内疝并急性肠梗阻的经历。

大概降落前半小时他主动和空乘说必须叫救护车，希望能马上落地去医院。然而，飞机在首都机场降落且滑行完毕后，迟迟未开舱门，机组人员对其解释称塔台没给信息无法开舱门。在等待约 50 分钟之后，舱门才打开。而那时，他已经痛得无法站立，头贴地躺在飞机里。

后来飞机舱门终于打开，两名急救车医生上了飞机。更为荒唐的是，机组人员和急救人员又就谁应该抬他下飞机的问题开始争吵。急救人员没带担架上来，也没人背他或者抬他下去。医生和空姐以及机长吵成一团，互相推诿着：谁该把他送下飞机，谁该负责？最后，他自己"半蹲半爬"下了旅梯，歪着身体爬上了救护车。几经波折最后转至北京大学人民医院方确诊并手术。最终，他被确诊为腹内疝，并被切除了 0.8 米的小肠。医生说，如果确诊及时，小肠可能不需要被切除掉。

事后，南航多个领导看望慰问并表示了歉意。南航表示，针对开舱门时间长等问题，南航方面后来已经启动了内部调查工作程序。经初步了解，CZ6101 航班当天落地滑行至滑行道时，飞机刹车系统出现故障不能继续滑行，等待拖车拖行至停机位之后才能开启舱门。

对于记者投诉的扯皮、不搀扶等问题，南航回应称，对在与救护人员配合中发生的协调问题，将认真总结经验教训，加强与相关单位的沟通协调，完善相应的工作流程。

在这个事件中可以看到，南航乘务员在通知塔台叫救护车前，如果尽可能关心和了解病人的病情，询问病人是否能在搀扶下自行下飞机，乘务员就可以知道是否需要担架轮椅，之后机组就可以清晰告诉塔台和地面，提早准备这些辅助设备上飞机抬乘客，就不会

出现最后让乘客气愤的两边扯皮的现象,导致乘客投诉。至于急救车和急救人员,如果是某医院派出的,他们的所作所为应该受到职业道德缺失的谴责,医生以治病救人为医道,如果首先是担心承担这样或那样的责任,而置病人的安危于不顾,这样的医生本身就是严重失职的,其就职的医院也应该受到指责。

社会组织开展公共关系工作不是只挂在嘴边,更不是只靠组织开展公益活动、公关部门策划公关活动等来提升组织形象,组织内每个员工都应该具备公关意识和为公众服务的意识,每个员工都应该不说(不做)对组织形象不利的话(事),清楚顾客至上和公众第一是组织的生存之本。

第一节　公众的基本内涵

一、公众的定义及特征

公众作为公共关系的客体,其与社会组织、传播沟通共同构成公共关系三要素。对于社会组织而言,公众既是它赖以生存的重要环境条件,又是它开展公共关系活动的对象。所以,要做好公关工作就必须了解和研究公众,以保证社会组织在开展公关工作时,不仅清楚所面临的公众对象之心理活动,而且能够有针对性地开展传播,使组织在公众心目中树立良好的形象,营造出一个和谐的公关环境。

(一)公众的定义

所谓公众,是指对一个社会组织的目标和发展具有实际的或潜在的利害关系或影响的个人、群体和组织。具体来说,公众是社会组织所有公关对象的总称,当社会组织的目标、发展或传播形式和内容被公众接受时,公众会理解、支持组织的工作,使组织拥有一个良好的生存与发展环境;反之,公众将进行正当防护甚至予以反击,从而导致组织发展受阻甚至发生重大公关危机。

社会组织开展公共关系活动、塑造组织形象最基础的环节就是要取得公众的认同。只要公众对社会组织形象认同、支持了,就不会有投诉等不利于组织发展的行为发生。而要使组织形象得到公众的认同,除了广泛的传播外,最主要的工作则体现在组织与公众的关系协调上。社会组织只有了解公众的特征与分类,才能有针对性地开展公关工作,才能协调好与各类公众的关系,为组织的发展创造最佳的社会关系环境,使组织形象在公众心目中树立起来,避免重大危机的发生。

(二)公众的特征

1. 相关性

公众的相关性指:由于社会组织的行为和所制定的政策对公众有一定的影响,反过来,公众态度、言行也影响着社会组织的发展,因此公众与组织是相互影响、相互关联的。

公众的相关性是社会组织的公关对象最主要的特征之一。在实践中,一个组织面对的公众组织、群体与个人,相当一部分是实际存在的,但又有许多是潜在的关系。公众总是与社会组织具有一定的利益相关性。双方利益上的相关性是组织与公众形成公共关系主客体的关键链条,也正是由于公众希望从社会组织这里获得某些利益,因而该组织的决策和行为对公众具有一定的影响力和制约力;而公众之所以会成为该组织的公众,是因为他们的意见或行为对组织的发展也具有一定的影响力和制约力。组织要经常分析公众的相关性,正确界定自己的目标公众,目标公众锁定越准确,所制定的公共关系策略越有价值。因此,寻找、确定和发展这种相关性是组织开展公共关系工作的一项重要任务。

2. 同质性

同质性是指社会组织所面对的公众具有共同的利益、共同的目的、共同的兴趣爱好、共同的价值观等,公众经由他们与组织的某方面的共同点联系在一起。如果缺乏"共同点",虽然有很多人聚在一起,也不能称为公众,只能称为"人群"。公众的形成一般是由于公众(组织或个人)遇到了共同的事件,涉及他们的共同利益、目的、地位,并且这些事件将会使公众要么与组织利益一致、互惠互利;要么与组织利益相悖、决然背离。

当组织与公众的利益变得突出时,原来疏散的公众就会倾向集中,呈现出特定的同质性力量。如当药政部门、工商部门等开展严厉打击医院医生收受医药回扣行为的活动时,医院、药厂及医生、厂方的医药代表等则显示出明确的同质性倾向;又如某歌星的演唱会,观看演唱会的组织、群体或个人中不少是该歌星的"粉丝",同时又是消费者,这些"粉丝"对演唱会的口碑好坏,直接关系到举办演唱会的主办方及承办方的形象。

从社会组织对外开展日常公关工作来看,公众的同质性不仅在社会组织开展大型公关活动时表现突出,因为活动中聚集的公众来自各个不同行业甚至不同国家和地区,然而共同的兴趣、爱好使他们出现在组织所开展的公关活动中;而且,在组织开展公共关系传播过程中也表现得非常明显,因为那些对组织的传播信息有兴趣的同质性公众群体会支持组织的发展,而认为组织信息损害了自己利益的同质性公众群体就会产生反感甚至投诉与上诉。因此,了解和分析一个社会组织面临的同质性公众组织和公众个人,把握同质公众的内在共同性,在组织公共关系实际运作中非常关键。

3. 多样性

多样性是指对于一个社会组织而言,与其相关的公众群体多达几十个,而又有更多的公众群体或个人与该社会组织的关系是潜在的,这种关系呈现立体交叉的状态。

通常经济类组织必须与股东、雇员、顾客、社区等24种公众打交道。不同类型的公众既有利益上的共同性,又有各自的特殊性。

公众的多样性造成了对组织发布的信息需求的多样性,决定了沟通方式和传播媒介的多样性。公关主体在开展公关活动时要注意分析公众和公关传播的多样性,不断修改、更新公关工作的目标、方法和手段,注意与不断变化的各类公众交流信息。

4. 变动性

变动性是指随着社会组织自身的发展和环境的变化,公众与社会组织已经建立的关系会发生较大的变化。

社会组织的运行处于动态过程中,就决定了组织要面对的公众不是封闭僵化的,是一个不断发展变化的开放系统。任何组织的公众都随着社会组织本身的各种因素和众多社会环境因素的变化而变化。

首先,从组织自身发生变化导致组织所面临的公众发生变化来看。例如,某房地产开发公司去年转行开始经营大型购物商城,那么在从事房地产开发期间,该社会组织所面临的公众主要是购房族、当地政府、土地及房产审批监察等职能部门、其他房产开发公司、建筑与装潢企业、园林公司、银行、报道房产信息的传统媒体专栏记者及互联网等;而转行开始经营大型购物城(含几十家餐饮企业)后,该组织所面临的公众就大不相同了,消费者、公安及卫生防疫等政府职能部门、其他购物商城同行、专柜经营单位、报道商业线的媒体专栏记者、演出团体等均成为该组织要面对的重要公众。

其次,从社会组织的环境变化会导致组织所面临的公众发生变化来看。例如,组织内部的公众由于工作调动等原因成为组织的外部公众,反之也有可能;原本为相互竞争的组织,当双方签订了互惠互利的合作协议后,公众的性质发生了变化,由竞争关系变成了合作伙伴关系。

由于公众的多变性,社会组织在发展的不同时期就更要分析与关注公众的变化,及时调整组织的公共关系的工作目标、方针和策略。

二、公众的分类

社会组织开展公关工作的一个重要环节,是寻找重要的公众并结合组织发展需要开展相应的公关工作。在组织发展顺利阶段,列出与组织生存和发展有密切关系的公众组织及个人,一般会是社会组织公关日常联络与合作发展的对象;在组织遇到公关危机的情况下,找出危机中的逆意公众、顺意公众及边缘公众则是有针对性地处理危机的关键;而对于大多数组织而言,那些潜在的公众群体和个人,通常则可以放在公共关系工作的公众维护与开发环节予以规划。公众的分类标准很多,下面介绍与组织开展公共关系工作密切相关的几种分类方法。

(一)按组织的内外对象分类

以组织的内外对象为标准,公众可分为内部公众和外部公众两大类。良好的组织形象首先来自于组织内部全体员工、股东的共同努力,只有内求团结,才能外求发展。组织内部公众关系的协调,是塑造组织形象系统工程中的基础工作。

1. 内部公众

社会组织内部的公众群体是组织的内部公众,主要包括组织内员工(雇员)和股东关系。

内部公众一般与社会组织有着隶属或股份制关系,组织与内部公众间的关系十分密切且存在利益关联。员工既是组织内部公共关系工作的对象,又是组织外部公共关系工作的主体。随着我国人才市场的逐步完善,人才流动成了所有组织的一把双刃剑,一般情况,组织兴旺则员工受益,人才流动率低,相反,则人往高处走,人才纷纷跳槽。而股东关系与组织更是"钱脉"相连、利益共同,组织只有不断创造优良业绩,才能吸引和留住股东公众继续与之合作。内部公众是组织公共关系所协调的重要的公众之一,组织的生存和发展离不开内部公众的信任、支持和理解。

股东关系所包含的公众对象一般有两类:一是人数众多的"集体股东"、"个人股东",他们持有或多或少的股份,分散在社会上,不直接掌管社会组织的经营活动,但关心该组织的盈利状况。二是董事会,董事会成员一般占有股份较高,其成员或是社会名流,或是由股东选举产生,代表股东参与管理社会组织的各类人物。因此,股东关系与社会组织的生存、发展密切相关,本章第二节专门就组织与股东关系的处理进行了详尽的介绍。

组织内部公关的目的在于增强组织内部公众的向心力和凝聚力,形成健康和谐的组织气氛,成功塑造组织文化,提高组织公众素质,提升组织品牌竞争力,为开展外部公共关系工作打下坚实的基础。

2. 外部公众

社会组织的外部公众是指除组织内部公众之外的一切与组织有直接或间接关系的个人、群体和组织。

外部公众是一个外延很广的范畴,不同的组织的外部公众既有相同的外部公众(政府公众、媒介公众等),又有不同的外部公众(合作单位、社区公众、竞争组织公众、主管部门公众、顾客公众等)。组织与外部公众的关系构成了外部公共关系,它是一张比内部公共关系更复杂、内容更丰富的关系网络。外部公众对组织的生存和发展具有直接或间接的制约力和影响力,是组织必须适应、协调和不断优化的外部公关环境。组织与外部公众的关系如何,往往能直接反映组织的生存环境和发展水平,是衡量一个组织品牌价值高低的基本标准之一,也是决定组织成败的关键。

外部公众因组织类型不同而不同,对于经济类组织来讲,外部公众大类主要包括顾客公众、社区公众、政府机构公众、合作伙伴公众、媒介公众、同行公众等。

组织外部公关的目的在于争取外部公众对组织的了解与支持,减少外部公众对组织的误解,将组织危机消除在萌芽状态,不断建立和提高组织的信誉,塑造良好的组织形象。

(二) 按关系的重要程度分类

以公众与组织之间关系的重要程度为标准,组织将公众分为首要公众和次要公众。

1. 首要公众

首要公众是指关系组织生死存亡、决定组织成败的公众。

首要公众关系到组织是否能够生存和顺利发展,是组织需要重点关注、加强联系的公众。对于经济类组织而言,首要公众往往是指组织的员工和股东、政府公众、上级主管部门公众、媒介公众、顾客公众、社区公众等。首要公众是组织生存发展的"生命线",组织的公关部门应该投入最多的人力、财力和物力来维持和改善同这类公众的关系,使组织拥有一个良好的公共关系环境。

2. 次要公众

次要公众是指对组织的生存和发展有一定影响但无决定性意义的公众。

次要公众包括上述首要公众以外的公众群体、个人和组织。对于经济类组织而言,次要公众如学校、宗教团体及为组织提供各类服务的相关单位等,通常医疗保险、广告代理、媒体里的广告部和发行部等公众可以划分到次要公众里。由于组织的资源十分有限,因此开展对次要公众的公关工作应放在次要地位,以突出公关工作的重点。

就一个组织来说,其首要公众和次要公众的区分有着较大的相对性,它们在不同的时期于一定条件下可以互相转化,今天的首要公众可以变成明天的次要公众,今天的次要公众可以变成明天的首要公众。因此,组织要根据不同时期自身的实际情况和发展需要来确定组织的首要公众和次要公众。组织对首要公众投入较多精力和时间时,也不能忽视那些影响力相对较弱的次要公众。

（三）按组织对公众的评价分类

以组织对公众的评价为标准，公众可分为受欢迎的公众、被追求的公众和不受欢迎的公众。

1. 受欢迎的公众

受欢迎的公众是指组织盼望与其建立和发展关系，对方也有相应的需求，主动与组织建立关系的公众。

组织与受欢迎的公众之间的关系一般不存在沟通障碍。如组织主办某项目时的赞助者、大型公关活动的积极参与者、慕名而来体验产品与服务的顾客等。针对这类公众，组织公共关系的任务就是要维系和加强这种相互重视、联系密切的合作关系。

2. 被追求的公众

被追求的公众是指组织单方面希望建立和发展关系，而对方则缺乏相应的热情，需要组织去努力争取的公众。

经济类组织要设法与这类公众建立畅通的沟通渠道。如政府主管部门、名牌新闻媒体记者、社会名流等，经济类组织如果赢得这些公众的支持，对组织的长远发展非常有利。因此，组织一方面要通过建立自己的知名品牌形象打动这些公众，并理解、支持组织的工作，另一方面在做这类公众工作时需运用公关沟通艺术，注意联系和交往时的方式方法，建立在坚持互惠互利共同发展基础上的公关活动会吸引这些公众的参与及支持。

3. 不受欢迎的公众

不受欢迎的公众是指组织方面不愿接触，力图躲避，但对方想建立和发展关系并穷追不舍的公众。

不受欢迎的公众人群甚至是不法人群在互联网时代越来越多。如骚扰电话、短信、QQ；淘宝客服拒绝退款、虚假电商平台、"网友"聊天套信息；各类打着中奖、法院传票骗子的电话、频繁上门推销商品、强行拉赞助的组织与个人等。然而从组织公关工作角度讲，应该注意：多一个朋友多一条路，多一个"敌人"多一堵墙。所以，组织开展针对这类公众的公共关系工作（违反乱纪、坑蒙拐骗的犯罪分子除外）时，需要讲究工作方法，需要向他们阐明组织的观点，并设置一定的障碍与他们保持适当距离，尽量减少他们对组织构成的威胁，尽量避免这类公众发布有损于组织形象的言论。

（四）按公众对组织的态度分类

一个组织面临的公众，由于它们所处的地位、环境、扮演的社会角色、主观认识水平以及利益追求等条件的不同，形成对组织的不同态度。以公众对组织的态度为标准，公众可分为顺意公众、逆意公众和中立公众。

1. 顺意公众

顺意公众是指对组织的政策、行为和产品等持赞赏和支持态度的公众。

顺意公众就是组织的长期合作伙伴、组织内长期合作的满意度很高的员工和股东、组织因经常开展大型公益活动而建立了良好关系的政府公众及媒介公众等。顺意公众是组织政策与传播内容的支持者，组织要设法保持和扩大顺意公众的数量，顺意公众越多，组织的公关环境越理想，组织出现危机的概率就越低。

2. 逆意公众

逆意公众是指对组织的政策、行为和产品等持否定、反对态度的公众。

逆意的公众组织、群体或个人通常会在多种情况下产生,如社会组织的政策、行为不当危害了公众利益;社会组织和公众之间价值取向有差异,致使双方存在冲突;竞争组织对社会组织产生误解后,而对组织的政策行为产生了敌意;不利于社会组织的报道频频发生后等。

组织的逆意公众一旦出现,通常对组织的产品、品牌及宣传活动造成不利的影响,当组织不能与逆意公众达成和解或媒体上没有及时发布有利于组织形象的报道,公关危机必然出现。逆意公众越多,组织的公关状态越不理想。如何减少组织的逆意公众数量是组织公关工作的一个难点和重点。

社会组织公共关系的任务之一就是转变逆意公众的立场,使其成为中立公众,并发展为顺意公众,从而使组织有更好的外部环境。

3. 中立公众

中立公众是指对社会组织持中间态度,观点和意向不明朗的公众,中立公众对组织的政策、行为和产品等既不肯定也不否定,他们采取一种比较冷漠的态度。对于社会组织,通常情况下顺意公众和逆意公众只占少数,多数是中立公众,所以公共关系工作中大量的精力应该放在中立公众上,尽量争取中立公众对组织的了解和信任,引导中立公众成为顺意公众,防止中立公众转为逆意公众,以确保社会组织的公共关系环境有助于组织发展。

第二节 组织内部公众关系的处理

社会组织要处理好与内部公众的关系,增强内部公众的凝聚力和向心力,提高组织的生命活力和综合竞争力。

社会组织的方针、政策、计划、措施,首先必须获得内部公众的理解和支持。内部公众是社会组织与外部公众交往、交流的触角,代表着组织的形象。

组织的性质、类型不同,内部公众的分类方式也不完全相同,以经济类组织为例,组织内部公众一般包括组织内员工和股东两类。

一、组织与员工关系的处理

员工是组织赖以生存和发展的基础,社会组织要加强内部公众的沟通,增强内部公众对组织的认知,引导内部公众的行为,形成共同的社会观、价值观,增强组织成员的向心力、凝聚力,培养组织成员的主体意识和形象意识。

(一) 组织建立良好员工关系的意义

1. 能增强员工对组织的归属感

良好的组织与员工关系能使员工切身感受到组织的温暖,在积极工作实现梦想的同时不仅有物质收获,更有精神上的满足。融洽和谐的人事环境能使人精神愉快,充分展示才能的工作岗位能使人有成就感,组织的成绩和领导的关怀能使人感到自豪振奋。这些都直接导致员工对组织的认同感、归属感的加深,也就是组织对员工的吸引力、凝聚力的增强,而最终表现为组织内部员工团结一致、奋发向上、极少的流动率和极高的工作热情。

2. 能有效地引导员工的工作积极性

当员工对组织的认同感、归属感加深时，其工作积极性也就充分调动起来了，而良好的员工关系使得组织高层能及时、有效地让员工了解组织的目标、原则、策略等情况，明确员工自己的工作方向和目标；同时，员工也能及时、有效地把自己对工作的看法、建议、对策提供给上级，使领导的决策行为更有针对性、更准确；良好的员工与组织关系能有效地沟通组织各部门之间的信息。现代组织中的任何工作都需要相互协作，良好的员工与组织关系会促使不同性格、不同年龄、不同岗位与部门的员工，为了组织的共同目标，互相沟通、协作与互助。这样，就能使整个组织的行为整齐一致，协调有序，不断地取得新的成绩。

3. 有利于组织形象的塑造与传播

员工是组织赖以生存和发展之本。组织的目标、计划及每一项具体工作，都需要员工的支持和参与才能实现，良好的组织形象，更需要他们的努力。良好的员工关系增强了员工对组织的归属感，使他们自觉地在工作岗位上维护组织形象，以对公众负责的工作态度、快捷的办事效率、文明的言行举止来与公众交往，给公众留下良好的印象。

员工也是组织形象最好的宣传员，员工在与外部公众接触的工作岗位上有良好的表现，这本身就是一种以实际行动对组织良好形象的有力宣传；组织内良好的员工与组织关系使组织成员有一种归属感、自豪感，当他们与熟识的朋友、亲人谈及自己的组织、自己的工作、自己的产品时，就会由衷地赞誉，增进他人对自己组织的了解，提高组织的美誉度。

(二) 组织如何处理好与员工关系

美国一项调查表明，只要工作合适，员工并不在乎多做额外的工作；员工们要求工作具有挑战性，能发挥创造性，能激发他们的潜力；足够复杂多样的工作能发展新的技能，并提供进步和团结的机会；员工工作中需要友情，他们乐于在良好的合作关系中工作并互相帮助，分享快乐和痛苦，并了解怎样才能把工作做得更好。调查同时还发现，导致员工不满意的 3 个主要原因是：报酬不够，工作单调和人情冷漠。由此可知，员工对组织的期望和要求是多方面的，满足员工的需要、提高他们的积极性、发挥他们的潜能与创造力是组织内部公共关系发展的关键。因此，组织要从以下几个方面处理好与员工的关系。

1. 培养员工的归属感

这是组织处理与员工关系的基础。员工的归属感首先表现为员工个人的价值得到承认和尊重。当然，公共关系的目的是要树立组织良好的整体形象，追求的是"集体存在的价值"。

但这与组织中每一份子的个人价值是密不可分的，集体的价值需要通过个人价值来体现，个人价值也必须在实现组织价值的基础上才能得到保证。所以，应该将集体价值与个人价值统一起来。员工只有当自己的价值得到承认与尊重时，才会觉得自己真正是组织的一员，才能自觉地将自己的利益与组织的利益融汇成一体，形成归属感，并在与外界交往中能自觉地维护组织良好的形象。

2. 建立合理化的建议制度

现代组织的显著特征就是内部员工广泛参与、民主管理，故培养员工的参政、议政意识是提升组织管理水平和组织效益的关键，而员工参政、议政的主要形式就是建立合理化建议制度。

美国"民意调查公司"的一项调查表明，只有 1% 的员工认为公司的事与自己无关，而 99% 的员工都渴望知道公司的最新动态，希望了解公司的内情。

每个员工都是各自领域内最熟悉情况、最有发言权的人,完善合理化的建议制度,就是广泛征集员工对改进经营管理、工作程序、操作技术的意见和有效建议。它一方面使员工的创造能力和工作潜能得到开发利用,另一方面又使员工的精神需要得到满足、个人价值得以实现,从而可以提高员工的自信心、自豪感和责任感。

3. 坚持物质鼓励和精神鼓励相结合的原则

物质需求的满足是员工关系的基本保证,物质利益的需要是人类最基本的需要。合理的收入、应有的福利待遇是绝大多数员工首先关心的问题,也是维持员工工作热情、激发员工创造力的基本保证。因此,组织对于广大员工的物质利益应给予足够的重视。组织还要重视员工的福利待遇,公平合理地解决工资提升和奖金分配问题,免除员工的后顾之忧,培养他们的集体主义精神,并使之转化为持久的工作热情;组织还应该不断改善内部劳动条件、劳动环境和劳动保护措施。

社会组织还要高度重视员工的精神需要。精神需要既包括人们自由地发挥自己创造力的需要,又包括人们对各种精神产品的需要。组织要充分尊重员工的主人翁地位,提高员工的责任感;要合理地开发和利用人才,增强员工的自信心;努力提高组织的向心力,培养员工的自豪感;善于引导员工在日常工作中寻求生活的乐趣和意义,通过培养员工对本岗位、本组织的责任心、自信心和自豪感,使每位员工获得心理上的平衡与精神上的满足。

4. 探索与员工融洽沟通的渠道

首先,通过组织高层与员工沟通。通过组织高层进行正式的直接双向沟通是最基本、最有效的方法。组织高层可以向员工及时传递组织的信息,解释各项政策,分析讨论各种问题,消除误解等。

其次,通过会议形式进行沟通。组织管理者可在会上就组织的工作总结、工作计划、新政策、新产品、新方法等向员工报告或说明,还可以表彰先进、研讨问题、听取意见等。这既传递了信息,又加强了组织管理层与员工的联系。

再次,通过组织内部出版物进行沟通。如员工手册、内部网站、电子邮件、QQ、内部报刊、广播、影视、闭路电视、电话会议、宣传栏等都是进行内部沟通的有效载体。

5. 开展形式多样的活动,丰富员工文化生活

为了搞好员工关系,公关人员可以采用多种形式开展活动,把组织形象的宣传、教育工作融入丰富多彩的文化生活中,让员工们在活动中,愉悦身心,接受教育,学习知识,扩大视野,增进沟通。

二、组织与股东关系的处理

(一) 股东与股东关系

股东是股份制经济组织的投资者、资产拥有者。有些股东是社会个人,它们是普通的股票持有者,有些股东是具有法人资格的组织,还有些股东本身是组织内部的员工。从利益关系看,股东是组织的内部公众。

组织的发展与股东密切相关。首先,股东是组织重要的资金来源,是组织的投资者,稳定的投资者是组织发展的资金保障。其次,股东是组织重要的信息来源,众多股东分布在社会各个阶层和领域,信息广泛。得到股东的关心和支持,就能获得多角度、多方位的信息。最后,股东和组织的形象息息相关,股东是组织产品、形象和服务的宣传员与推销员。股东若大量抛售股票,将使股票价格下跌,影响企业形象;反之,组织前景好,大量股民加入,增加了组织的资金与实力。另外,股东的身份、股东自身的形象也会在外部公众心理上暗示组织品牌形象优劣。

(二) 处理好股东公众关系的意义

妥善处理好与股东关系,对于塑造和传播良好组织形象有着重要的意义。

首先,处理好与股东关系有利于组织资金来源的稳定和扩大。组织要不断地发展,必须有强大的资金保证,而处理好与股东关系,就能保持现有股东稳定的资金来源;同时,原有股东也乐意向其他投资者介绍组织的良好信誉和形象,促进他们对组织的了解和信任,从而使组织吸引新的股东,扩大资金来源。如果一个社会组织没有协调好与股东的关系,就可能失去股东的支持,损坏自身的投资环境,减少资金来源。

其次,处理好与股东关系,有利于扩大产品销售,有利于良好形象的传播。对于社会组织来说,股东既是投资者,又是最可靠的顾客。组织和股东有融洽的关系,股东就会对组织有良好的印象,而为了自身的利益,就愿意购买本组织的产品,也乐意向其他社会公众宣传该组织的产品和良好形象。

(三) 社会组织如何处理好与股东关系

为了使股东公众感到自己是组织的一员,增强对组织的信任,以更多的投资行为回报和支持组织的工作,社会组织应做好以下三方面的工作。

1. 尊重股东的"主人"意识

股东是组织的投资者,也就是组织的"主人"。组织在处理与股东关系时,不论其投资多少,购买股份多少,都应把股东作为自家人看待。组织的任何新情况、新信息都应通过一定的渠道让股东尽快了解;如遇到组织的重大事件、各种仪典,也应尽量邀请股东代表参加。

2. 及时收集股东的意见

股东和员工还有所不同,股东队伍是经常变化的,股东受社会影响更直接些,与股东关系也就更复杂些。要搞好与股东关系,就必须经常收集来自股东的各种信息、要求和建议,如了解股东投资的动机,对投资对象的评价,对本组织投资前景的看法,对本组织产品或服务的要求,社会公众对本组织的反映。通过收集股东意见,组织领导可有针对性地采取相应措施,改善投资环境,巩固和发展原有的股东关系,争取扩大投资队伍。

3. 加强与股东的信息沟通、情感交流

为了让股东及时了解组织发展状况,公关人员要经常和股东进行交流和沟通,特别是要加强与董事会的密切联系。董事会是由股东大会选出的若干董事组成的,对股东大会负责。董事会可以代表股东大会监督组织经营管理,决定组织重大问题,如审定组织发展规划、股票发行等。如果得到董事会的支持,既可以带动广大股东关心和帮助组织的经营发展,还可以借助董事会成员在社会上的影响力来扩大组织的品牌影响。为了促进组织与股东、董事会之间的联系与沟通,可以采取如下方式:通过年度报告,向股东说明生产经营、销售、财务、人事等情况;利用各种印刷品和图片宣传组织的产品、服务、设施、建筑、环境及人员状况,增强广大股东的信心;定期召开投资者会议,在面对面的交流沟通中,既可以密切股东与组织人员的关系,又可使股东对组织了解更多更深;请股东代表、董事会成员到组织现场参观等。

第三节　组织外部公众关系的处理

社会组织开展公共关系工作的目的之一就是要赢得公众的好评,树立良好的组织形象,其要想在激烈的市场竞争中不断发展,离不开内部公众的理解与支持,更离不开外部公众的理解与支持。作为经济类组织,要优先处理的外部公众关系包括:顾客公众关系、政府公众关系、媒介公众关系、社区公众关系、名流公众关系等。

一、组织与顾客公众关系的处理

顾客关系也称消费者关系。顾客公众是指实际的或潜在的购买、使用社会组织提供的产品或服务的个人、群体或组织。如组织产品的用户、商场的顾客、酒店的客人、旅行团的团员、电影院的观众、天猫店的买家等,既包括经济组织为之服务的物质产品的购买者,也包括文化组织为之服务的精神产品的购买者。顾客是与组织具有直接利益关系的外部公众,是组织对外公共关系的重要目标对象。美国公共关系专家加瑞特说:"无论企业大小,都永远必须按照下述信念来计划自己的方向,这个信念就是企业要为消费者服务,要为满足人们的需求生产,这是企业唯一正确的方向。"

(一) 组织处理好与顾客公众的关系之重要性

(1) 良好的顾客关系能够为组织带来直接的利益。随着市场经济的发展,经济类组织之间竞争日益激烈,其争夺的对象就是顾客,顾客数量多少、忠诚度高低意味着组织的产品市场占有率及竞争力的大小。如果某组织的产品没有顾客购买,服务得不到顾客认可,该组织的生存就已然发生了危机,更谈不上通过赞助或其他公益活动提升组织美誉度了。

顾客是与组织利益关系最直接、最明显的外部公众,赢得顾客就赢得了市场,就赢得了组织生存发展的机会。建立良好顾客公众关系的目的是促使顾客形成对组织及其产品的良好印象和评价,提高组织及其产品的知名度和美誉度,增强对市场公众的影响力和吸引力,使组织在行业中处于领先地位。

(2) 良好的顾客关系体现企业正确的经营理念和行为,顾客是经济类组织发展的主要条件。任何社会组织的发展都离不开环境的影响,离不开外部公众的影响,其中,顾客对组织的影响至关重要。一般来讲,顾客的需求方向就是组织努力的方向;顾客的需求越迫切,组织发展的条件就越充分;顾客越多、对组织支持程度越大,组织发展的可能性就越大。社会组织必须学会运用公共关系的方法处理好顾客公众关系。组织要把公众利益放在首位,要把满足顾客需求、实现顾客利益诉求,作为组织的根本宗旨,只有处理好与顾客公众的关系,才能充分体现组织的价值核心。

(二) 组织处理好与顾客公众关系的方法

经济类组织要想建立良好的顾客关系,必须按照"顾客至上"的理念来规划组织的公共关系计划,实现组织的公共关系目标,努力完善组织形象和产品服务形象,赢得顾客公众的赞许与信任,使组织品牌在市场竞争里独占鳌头,具体做法如下。

1. 明确顾客公众权利，满足顾客公众需求

要争取顾客对组织的信任与合作，就必须充分尊重顾客在购买产品和接受服务时所享有的权利，这也是顾客关系的基础。《中华人民共和国消费者权益保护法》明确规定消费者的基本权益有九方面：购买、使用商品和接受服务时享有人身、财产安全不受损害的权利；享有了解其购买、使用的商品或接受的服务的真实情况的权利；享有购买、使用商品或接受服务的权利；享有公平交易的权利；享有购买、使用商品或接受服务受到人身、财产损害时依法获得赔偿的权利；享有依法成立维护自身合法权益的社会团体的权利；享有获得有关消费和消费者权益保护方面的知识的权利；在购买、使用商品和接受服务时，享有其人格尊严、民族风俗习惯得到尊重的权利；享有对商品和服务以及保护消费者权益工作进行监督的权利。认真执行《消费者权益保护法》，对于经济类组织搞好顾客关系，具有极大的意义。为此，社会组织应该教育员工熟悉保护消费者利益的法律、法规，并监督员工在日常的生产、销售、服务活动中，自觉维护顾客的合法权益，以争取顾客的信任和支持，减少消费者投诉。

社会组织要树立"顾客就是上帝"的观念。社会组织在塑造组织形象过程中，应教育和引导全体员工树立"顾客就是上帝"的观念，使每个员工在自己的工作岗位上都能有强烈的顾客第一的意识。同时，社会组织还应以一定的规范形式，使员工的顾客意识变成为顾客服务的实际行动。

社会组织提供的商品或服务应该满足顾客多样化的需求。社会组织应该明确，满足顾客需求，不单纯指跟随在顾客后面的消极适应，而是应该研究顾客需求的发展趋势，善于引导潮流，创造需求。

2. 为顾客公众提供优质的产品和服务

产品和服务是组织满足顾客需求的载体，服务又是产品价值的延伸。社会组织建立良好顾客关系的根本途径就是为顾客提供优质的产品和服务。

一般来讲，顾客选购产品或服务，首先要求的就是所喜爱的、质量过硬的、服务态度好的产品。所以，名牌产品很容易赢得顾客的好感，诚信经营的商店能够吸引顾客。以优质产品、优质服务吸引顾客，是处理好顾客公众关系的关键。

在现代科技高度发展的情况下，许多组织的产品在质量上不相上下，这时市场的竞争，就不仅是产品的竞争，还包括与产品的配套服务之间的竞争。配套服务既包括售后服务，如退换服务、定期回访或维修等项目；也包括售前服务，如配件服务、订货看样服务、送货安装服务等项目。这些服务对于组织来讲是增加了许多麻烦及成本，但却大大方便了顾客，这也正是做得好的组织竞争优势的体现和良好顾客关系维系的根本。

3. 妥善处理顾客公众出现的问题

社会组织在提供产品和服务的过程中，经常会遇到顾客的质疑、抱怨，甚至是辱骂和投诉。在这种情况下，组织不能无动于衷、听之任之，也不能激化矛盾，应该站在顾客的立场上换位思考，应该恪守"顾客永远是对的"这一顾客关系最高准则，迅速做出反应，给予妥善解决，争取顾客谅解。

社会组织在处理顾客的投诉时要做到：一是对顾客投诉持欢迎、诚恳的态度。组织要同顾客打交道，顾客投诉是常见的事情。组织可以从顾客投诉中及时地发现工作中的问题，获得改进工作的信息。组织解决了顾客的问题，不仅满足了顾客要求，还能经营好顾客公众关系。因此，不管顾客提出的意见多么尖锐，言辞多么过激，方法多么失当，组织公关人员都应该以欢迎、诚恳的态度接待顾客,耐心问明情况,婉转地加以疏导,妥善地解决问题。二是对顾客投诉的问题要全面分析、及时处理。顾客投诉的问题可能是多方面的,有重要的或不重要的,有一般性的或个别性的,有关于产品或关于服务的等。公关人员在处理顾客投诉时要全面分析,具体对待。如果投诉的问题具有一般性、普遍性,应尽快在较大范围内告知其他顾客;如果投诉的问题比较重要,应仔细研究处理的对策。总之,对于顾客的投诉决不可拖延推诿,要及时表明态度,采取措施,提出意见。对于不能处理解决的问题,也要做好说服、解释工作,以避免冲突升级对组织形象造成重大影响。

4. 加强与顾客公众的沟通

社会组织应以积极的姿态、热情的态度和主动的精神与顾客保持正常的联系,以增进彼此之间的了解,加深感情,消除误解。

加强与顾客的信息交流,是赢得顾客公众信任的主要方法。一方面,组织要通过各种途径及时向顾客传播有关信息。这一过程有两种作用:一是让顾客了解、熟悉组织的经营思想、方针及经营状况,产品的性能、规格及价格、使用方法、销售方式、售后服务及其他各类服务项目,提高组织及产品的知名度和美誉度。二是引导顾客消费,因为顾客往往因不了解产品的功能或未掌握正确使用方法而感到迷惘,社会组织应有计划、有针对性地向顾客传递消费引导与教育信息。如举办各种培训班,发放清楚易懂的说明指导,利用展览、座谈或联谊活动传授使用方法,既可以引导消费者的消费观念,使其接受新鲜事物及了解组织在行业中的竞争优势,又可以使消费者与组织保持更密切、更友好的关系,树立组织的良好形象。另一方面,组织要注意多方面收集顾客信息。如顾客的规模,顾客的类型,顾客对各种产品的要求,顾客的爱好,顾客对产品价格、质量、性能、种类等的评价,顾客对产品配套服务的建议,顾客对社会组织的评价等。并对所收集到的这些信息进行整理、分析与研究,作为进一步改进产品和服务的依据。社会组织经常到顾客中去征询建议、收集信息,有助于组织和顾客之间的沟通和理解,使顾客对组织有好的印象,也有助于组织正确做出处理好顾客关系的决策和行为,不断赢得顾客的信任与支持。

二、组织与政府公众关系的处理

政府公众是指政府各行政机构及其工作人员,即组织与政府沟通的具体对象。任何组织都必须接受政府的管理,这是所有传播沟通对象中最具权威性的对象。

政府关系是指社会组织(除政府组织以外的其他所有社会组织)与政府及其职能部门之间的沟通关系。社会组织开展政府公关是公共关系实践中最难以操作的工作之一,但是,一旦双方达成相互理解与信任的良好关系,组织的经营、发展就会有更好的机遇和环境。政府是国家权力的执行机关,是对社会进行统一管理的权力机构。任何一个社会组织都要受到政府及其职能部门的指导、支持和制约,都必须服从政府及其职能部门对整个社会及行业的统一管理。因此,社会组织开展对政府公众的公关,是社会组织公共关系中比较重要的公关内容,这类公众被多数社会组织划分在被追求的公众范围内。

(一) 组织处理好与政府公众关系的重要性

(1) 可以使社会组织获得政府在管理上的支持。政府是整个社会的管理者,而社会组织是社会群体成员中的一分子。政府通过法律、法规、方针、政策、行政、计划等手段管理和监控社会,任何社会组织都必须直接或间接地接受这种管理和监控。政府对社会的管理和监控是建立在对社会各群体组织的全面了解之上的,代表着全社会的根本利益和长远利益。作为社会中的被管理者,社会组织搞好与政府的关系,既便于政府管理社会,也便于政府全面了解社会组织的发展状况,为新的管理决策提供依据。对于社会组织来讲,搞好政府关系,可以使组织熟悉政府的管理程序、规划、特点等,获得良好的社会环境;同时,还可及时向政府汇报交流自身的信息,以得到政府在管理上的支持和帮助。另外,如果社会组织之间有不能自行解决的纠纷或矛盾,也可以依靠政府的权威加以协调与解决。

(2)可以使社会组织获得政府在信息、人才、财务等方面的支持。在现代社会中,信息是社会组织不可缺少的资源之一。组织要保证自身决策和行为的正确性,必须事先大量地收集各种相关信息,分析研究、预测前景,才能做出科学管理的决策并加以实施。而政府部门收集、研究或制定的各种国民经济规划、各行各业各部门发展规划、各种统计数字、对国民经济发展的长期与短期预测等,均是社会组织应该着重收集、研究的重要信息。良好的政府关系可以疏通政府与社会组织的信息通道,使社会组织在政府部门的帮助下,及时掌握经济或社会发展的宏观动向以及具体项目的有关情况,适时恰当地调整组织发展的方向、政策、策略、项目、力度等,以保证组织的顺利发展。同样,良好的政府关系可以促使政府在人才、财务等方面对社会组织给予一定的政策支持。人才和财务因素都是社会组织生存发展不可缺少的主要因素,在这些方面能得到政府机构的支持或帮助,将大大增强组织的发展实力。

(3)政府机构也是社会组织产品或服务的重要消费者。在市场经济条件下,社会组织的产品或服务有相当一部分是由政府机构消费的,如各地政府每年召开各类博览会、论坛、大型公益活动、新闻发布会等,需要各类经济类组织提供其产品用于活动的举办;再如城市绿化等环境美化与公共设施完善都需要专业的经济类组织协助完成;又如许多军工产品、高级精密尖端产品的消费对象,均来自政府部门或与政府机构有密切联系的部门。搞好政府关系,在政府这个特殊公众心目中树立良好形象,对于社会组织开拓产品或服务市场有着十分重要的意义。

(二)组织处理好与政府公众关系的方法

政府和社会组织之间的关系往往集中体现在全局利益与局部利益、长期利益与短期利益等方面,社会组织要处理好自身和政府的关系,必须首先摆正以上两者的关系。一般来讲,社会组织应掌握两方面原则:一是坚持以全局利益、长期利益、政府利益为重。因为政府机构在管理社会时,总是站在全局利益、长期利益基础之上的,在这中间也包括任何社会组织的根本利益,社会组织在处理和政府的关系时,不能只顾眼前利益而不顾长远利益,也不能只顾自身局部利益而不顾全局利益。二是自觉地接受政府管理和监督,遵守政府的政策法令。政府调节全社会的全局利益和长远利益总是通过政策、法律、法规来进行的,社会组织以全局为重就应该自觉地遵守政府的各种政策法规,主动配合政府的管理和监督。只有坚持这些原则,社会组织才能从根本上搞好政府关系。

经济类组织在坚持以上原则的基础上,在处理政府关系时,应着重注意掌握以下几种方法。

(1)增强与政府的双向沟通。社会组织为了能在政府的统一管理和监督下顺利地开展经营活动,必须随时了解和熟悉政府颁布的各项政策法令、规划或具体预测数据等信息,以便于制订本组织的计划和指导组织的行动。同时,政府在调控全局利益时,也必须了解和熟悉社会各组织的信息。这时,社会组织为了取得政府的支持和帮助,就应经常向政府有关机构主动汇报或反映本组织的各种信息,使政府及时地掌握社会组织的发展状况、所取得的成就以及面临的问题和困难,以便进一步完善宏观调控的决策和行为。只有坚持组织与政府之间长期、经常性的双向沟通,才能使双方互相了解、互相配合和支持。

(2)了解政府的各种机构设置、工作范围等情况。为了使组织与政府之间的双向沟通畅通无阻,公关人员必须对复杂的政府职能部门及其各种不同的办事机构、工作范围、管理权限、办事程序、规章制度等,有比较深入的了解,并与政府公众保持经常的联系。只有这样,才能真正加强组织和政府的双向沟通,既提高办事效率,又密切关系。在目前情况下,社会组织和政府职能部门联系较多的主要包括:党政机关、司法机构、经贸管理机构、财政部门、工商税务机构、能源供应部门、卫生环保检疫部门、监督检查机构等。

(3)邀请政府机构有关人员深入社会组织指导工作为了使政府机构熟悉组织情况,以得到政府的有力支持,社会组织应创造机会,主动邀请政府机构有关人员来组织视察工作、指导工作。如通过举办技术鉴定会、新产品试制投产新闻发布会、质量评比会、总结表彰活动、大型庆典活动等方法,请政府机构有关人员直接接触社会组织的实际情况,这样既有利于组织和政府的信息沟通,又有助于双方的情感交流。

(4)积极参加和支持政府组织的各项社会活动。政府对社会的统一管理必须依靠各种社会组织的支持,而社会组织在参加和支持政府组织的各种社会活动时,既是搞好政府关系、取得政府信任的过程,也是为自身在社会公众心目中树立形象的过程,还是为组织本身和社会的长远、全局利益做贡献的过程。因此,社会组织应积极主动地参加政府组织的各种社会活动,如社会公益事业、大型博览会、运动会、植树造林、美化环境、治理"三废"、保护生态平衡、社会精神文明、社会治安等有关活动,以支持政府的工作。

三、组织与媒介公众关系的处理

媒介公众是指传播机构及其工作人员,如传统媒介与新媒体及它们的编辑、记者、网络管理与技术人员等。媒介公众是公共关系工作对象中最敏感、最重要的一部分,这种公众具有明显的双重身份:一方面,大众媒介受众巨大、传播速度快、影响力强,在传播信息方面具有其他传播形式(如人际传播,组织传播、实物传播等)无法比拟的优势,是现代组织实现广泛、有效沟通的必经渠道。媒体公众是组织竭力追求的公众。媒体中的新闻人员又是组织必须特别重视的公众,记者、编辑、专栏作家、节目主持人等新闻从业者对新闻和社会舆论具有很大的操控性,被称为"无冕之王"。另一方面,对于社会组织而言,传播机构本身就是一类公众,传播机构及其工作人员对社会组织的评价会直接影响着该组织的形象和声誉。因此,搞好组织与传播媒介的关系,也有利于组织获取有关舆论信息、公众评价及为开展组织的公共关系工作创造良好的媒介环境。媒介公众往往被社会组织划分在被追求的公众范围内,其对于组织公共关系工作具有特殊的重要意义。

社会组织的公关人员要经常与各大媒介的新闻部、节目部、活动部、专栏写稿人、图片记者等保持联络与沟通,经常与媒介联合举办各种活动,这样长久以往,不仅能够使组织在新闻报道中出现的频率增加,而且能够近距离得到政府职能部门规范行业市场的最新相关信息,以及行业发展应该规避的诸多风险等相关信息。

（一）正确认识媒介关系的重要性

与媒介公众建立良好的关系能够争取媒介公众对组织的了解、理解和支持，以便形成对组织有利的舆论气氛，并通过新闻媒介实现与大众的广泛沟通，增强组织对整个社会的影响力。

（1）新闻媒介的权威性报道对组织形象会产生巨大影响。新闻媒介报道信息的客观性和引导舆论的权威性能为社会组织创造一个良好的舆论氛围。新闻传播机构的公众是社会信息流通过程中的"把关人"，他们决定着各种社会信息的取舍、流量和流向，确定公众舆论的中心议题，能够赋予被传播者特殊的、重要的社会地位。如果某个组织、人物、产品或事件成为新闻界报道的热点，该组织便会成为具有公众影响力的舆论话题，获得较高的社会知名度；新闻界做出的客观报道容易使社会组织获得公众的信任，有利于美誉度的提高。

组织公共关系的一项重要任务就是为组织创造良好的公众舆论，争取社会舆论的理解与支持。因此，与"把关人"建立良好的关系，有助于争取媒介正面报道的机会，形成良好的公众舆论环境。

新闻媒介对信息的报道一般是经过认真调查与核实的，而且是新闻机构以第三者的身份向社会传播的。所以，在公众心目中，新闻媒介传播的信息比较客观，具有较高的可信度。正因为公众对新闻媒介的信任，就使得新闻媒介在引导舆论的过程中具有一定的权威性，新闻媒介对某一事物的倾向性将影响着社会公众的倾向。由于这些特点，社会组织要在公众心目中树立良好形象，为组织的生存与发展创造良好的舆论环境，既要有良好的决策和一切从公众利益出发的行为，又必须依靠新闻媒介的大力支持。

（2）与媒介公众的关系决定组织形象被传播的方向与力度。组织要实现大范围、远距离的沟通，最大限度地在公众中树立组织形象，使自己的产品和服务广受公众欢迎，使自己的方针政策广受公众理解，就必须借助于各种现代大众传播媒介。

对于社会组织公共关系工作的目标而言，媒介具有许多功能：媒介可以通过记者、编辑的采访，收集各种有价值、有力度的信息，通过网络、报纸、广播、电视等媒介传播公众意见、评价，对组织的决策和行为进行褒贬分析，从而促使组织进一步改进工作；媒介可以通过上述大众媒介，宣传组织形象；大众媒介还可以为组织发布公共关系广告，通过新品发布会、征求意见见面会、澄清问题新闻发布会等，宣传组织已取得的成绩，扩大组织及其产品、服务的影响，挽回危机给组织带来的形象损失，提升组织的知名度和美誉度。

社会组织与媒介公众关系越融洽，组织有关信息的报道数量就越多、占的版面就越大、节目播出时间就越长。与媒介公众关系越好，组织有关正能量的信息被报道得就越生动与感人，而出现不利于组织形象的信息就越少且程度被淡化。媒介关系的这种传播中的选择性、偏爱性对组织形象的打造及危机化解是十分关键的。

从互惠互利角度看，社会组织的行为是各大媒介报道和展开评论的核心内容，没有社会组织的运营与形象打造之需求，媒介公众将缺乏市场经济下重要的一类予以报道的资料来源。所以，对于媒介公众而言，多数经济类组织也是它们重要的和受欢迎的公众。在互联网时代，各种媒介的竞争越来越激烈，当媒介作为公共关系主体出现时，政府公众、顾客公众、同行公众、社区公众、名流公众等都又成为它们的重要公众对象。

（二）组织处理好与媒介关系的原则

社会组织需借助媒介向公众传递信息，扩大组织的影响，提高组织的知名度和美誉度，营造一个有利于组织的舆论环境。社会组织要运用媒介的特殊作用来开展公共关系活动、树立组织形象。

社会组织要了解新闻机构,同时也应该主动协助新闻机构更深入全面地了解组织。社会组织与新闻机构保持经常不断的联系,有助于新闻机构的工作人员与组织的公关人员建立良好的人际关系。在社会组织和媒介公众加强双向沟通过程中,社会组织以及组织的公关人员必须坚持遵守以下五项原则,正确处理媒介关系。

(1) 以礼相待。即组织的公关人员对待各类媒介机构及其工作人员,应热情友好,积极配合,为媒介公众的采访工作提供帮助和必要的服务,不要干涉媒介公众的工作。

(2) 平等相待。即组织的公关人员对于前来采访的媒介公众,不论其规模大小、名声高低、影响强弱,都应该一视同仁,不能厚此薄彼。

(3) 真诚相待。即组织的公关人员为媒介公众提供的材料与信息要保证真实可靠,以事实为基础,不可随意杜撰或夸大、隐瞒事实真相。

(4) 正确相待。即组织的公关人员要正确对待媒介传播的不利于本组织的信息。如果新闻媒介的报道准确,批评有据,那么组织应虚心接受,并采取危机公关的相应补救措施。如果新闻媒介的报道失实,那么经济类组织应主动和媒介公众沟通,用事实来澄清不实报道,争取尽最大努力进行补救,化危机为商机。

(5) 有序相待。即组织的公关人员和媒介公众沟通交往要有计划、有步骤进行,要考虑到媒介公众有很多的精力与时间是要花在他们认为更重要的事情上的,若太急功近利,则会引起媒介公众的反感而事倍功半,所以社会组织应和媒介公众有序相待,保持长期的友好关系。

四、组织与社区公众关系的处理

社区公众是指组织生活所在区域(市、区、乡、镇、街道)的地方政府,其他社团和居民。社区关系就是社会组织与社区公众的关系。

社区公众与组织之间有着千丝万缕的联系,对于经济类组织而言,社区居民可能成为组织的员工或组织最稳定的顾客;社区的其他社团可以成为组织良好的合作伙伴;社区所在地的政府是社会组织首要公众。能否和社区公众建立良好的关系,关系到组织和员工能否拥有一个安静、和谐的生产、生活甚至生存发展的环境。

社会组织社区关系协调得如何直接影响着其生存和发展。社会组织必须首先处理好社区关系,才能立稳脚跟,谋求发展。而社会组织处理好社区关系,就能为组织在社区公众中树立一个良好的形象,以取得社区公众的支持和合作。另外,良好的社区关系体现了组织对社区的责任和义务,通过社区关系扩大了组织的区域性影响。

(一)组织搞好社区关系的重要性

对于经济类组织,社区关系的重要性具体体现在以下五方面。

1. 社会组织需要社区提供社会服务

组织的正常经营需要各种社会服务系统的配合,如水电供应、道路交通、邮政通信、餐饮服务、物流系统、治安保卫等。这些社会服务有相当一部分是来自于社区。同时,社会组织的部分协作单位也会在同一社区,组织的生产、经营、科研等方面都离不开社区协作单位的配合与支持。

2．社区是组织部分员工的来源

任何组织的发展,都需要有一定数量和质量的员工。组织从社区招聘人才,既可以为组织解决人才需求问题,又可以解决人才招聘后的住宿、交通等问题,而且员工稳定性好。如果组织和社区有良好的关系,组织在社区公众心目中形象好,那么社区公众就乐意到该组织工作,使该组织有一定的人才吸引力,能招聘到满意的员工。

3．组织员工需要社区提供较好的生活条件

组织员工的一部分生活在组织所在的社区内,不可避免地需要社区的学校、幼儿园、医院、影院、商店、餐馆等生活服务部门的配套。组织搞好社区公众关系,能使这些服务设施与公众为员工的生活提供较好的服务,解除员工的后顾之忧,让员工更努力地工作,为组织发展多做贡献。

4．社区公众是组织最稳定的顾客

从顾客公众的角度来看,社区里的社会组织提供的产品性价比可能比同类产品高,配套的售前、售中与售后服务也更为及时、便捷。对于社会组织来讲,产品在社区内就近销售,可以减少大量的运输费用与仓储费用,降低销售成本;也很容易地和社区公众沟通交流,及时地从中得到产品或服务的反馈信息,及时改进产品或服务,提高产品或服务在市场上的竞争力。因此,社会组织应该在提高产品质量和服务水平的基础上,搞好社区公众关系,使社区公众喜爱本组织在社区内提供的产品,以良好的组织形象促进社区公众的购买倾向,为社会组织吸引稳定的顾客公众队伍和获得良好的口碑宣传。

5．社区关系直接影响着组织的形象

社区公众涵盖当地社会政治、经济、文化、教育、体育等各个方面和阶层,类型繁多,涉及面广,社区公众对组织的某一种评价和看法很容易形成区域性影响。很显然,组织的社区关系好坏直接影响着组织的社会公众形象。组织要想提高自身在社区中的地位,就要树立一个"合格公民"的形象,主动承担必要的社会责任和义务,像爱护自己的组织一样爱护社区,在社区的物质文明和精神文明建设方面发挥作用,为社区造福,为社区公众多做贡献。

（二）组织处理好与社区关系的方法

1．维护社区利益

社会组织应积极参与社区建设和发展,保护好社区的生态环境,不能给社区公众的工作与生活带来不良影响。社会组织参与社区建设的主要内容有:一是在力所能及的条件下资助社区文化、教育、科研、卫生与体育等事业,帮助社区发展社会福利事业。二是积极参加社会公益活动,如文明共建活动、社区清洁活动、植树造林活动、"五讲四美"活动等。三是当社会组织与社区公众发生纠纷,组织要勇于面对问题,采取积极措施解决问题,及时处理与采纳社区公众的意见与建议,尽量消除冲突和矛盾,化干戈为玉帛。

2．加强信息沟通

一个组织搞好社区关系的关键,是要和社区公众保持密切联系。一方面,社会组织可以利用各种传播方式和传播机会,经常向社区公众介绍组织的经营宗旨、政策、产品、规模、发展状况等基本情况,做出愿与社区公众友好相处的姿态,使社区公众对组织的基本情况有所了解。另一方面,组织可创造机会,邀请社区公众代表来组织参观访问或座谈,在喜庆节日或组织的纪念日期间还可以组织一些联谊活动、文体活动,使双方加深了解,增进感情。组织要经常了解社区公众对组织的要求、意见、建议等,并根据这些意见及时调整自己的决策和行为,以满足社区公众的要求;如果对于社区公众的意见不能马上采纳或社区公众意见不合理,也要及时反馈,耐心说服,进一步和社区公众沟通协调,商量解决办法。

3. 积极维护社区稳定

社会组织可以组织力量协调或资助治安部门打击不法活动,维护社会治安;协助社区开展各种形式的普法教育活动;协助社区有效开展创建国家卫生优秀区镇工作;保护社区内有秩序的生活和工作环境。

4. 增强环境保护意识

协助社区建立和完善环境教育体系;积极组织社区居民开展环境保护实践活动,营造珍爱环境的良好氛围;协助社区通过扩展环境权益,提高人们的环境意识。社会组织要绝对杜绝本组织的废水、废气、废渣、噪声对环境的污染,维护社区生态平衡,美化社区环境。

五、组织与名流公众关系的处理

(一) 名流公众的概念

名流公众是指那些对公众舆论和社会生活具有较大影响力和号召力的有名人士,如政界、工商界、金融界的首脑人物,科学界、教育界、学术界的权威人士,文化、艺术、影视、体育等方面的明星,新闻出版界的舆论领袖等。这类关系对象的数量有限,但对传播的作用很大,能在舆论中迅速"聚焦"而对组织产生重大影响,社会组织通过社会名流去影响公众和舆论,往往具有事半功倍的效果。

(二) 组织处理好与名流公众关系的方法

建立良好的名流关系的目的是借助名流的知名度,扩大组织的公众影响力,提升组织的公共关系形象,其方法包括以下几个方面。

(1) 借助于社会名流的知识和专长。社会组织与社会名流建立良好关系,能充分利用他们的见识和专长为组织的经营管理提供有益的意见咨询。社会名流往往见多识广,或是某一方面的权威,组织的管理人士能够在与他们交往的过程中获得广泛的社会信息或宝贵的专业信息,无形中使组织增添了一笔知识财富、信息财富。

(2) 借助于社会名流的关系网络。社会组织与社会名流建立良好关系,能通过他们广泛的社会关系网络为组织广结良缘。多数社会名流与社会各界有广泛的联系,组织在适当时候可以借助社会名流扩大社会交往的广度与深度,通过介入重大公益活动或参与某些影响力大的项目来提升组织的荣誉度。

(3) 借助于社会名流的社会威望。与社会名流建立良好关系,能借助他们较高的社会影响与地位。社会名流或是某方面的权威,或是对社会的特殊贡献者等,与之共同参与或策划一些公关活动,通过媒介、政府、消费者等公众对社会名流的报道、关注及粉丝效应而提升组织的知名度。

【案例分析】

燕子道歉

　　日本奈良市郊区有一家旅馆,外在环境优美,招待客人热情,很能吸引顾客。美中不足的是,每到春季,许多燕子争相光临,在屋檐下营巢安家,排泄的鸟粪弄脏了玻璃窗和走廊,服务小姐"擦不胜擦",使得客人有些不快。旅馆主人爱鸟,不忍心把燕子赶走,但又难以把燕巢及时、彻底清洁,很是苦恼。一天,旅馆经理忽然想到一条妙计,他提笔写道:

　　女士们、先生们,我们是刚从南方赶到这里来过春天的小燕子,没有征得主人的同意,就在这里安了家,还要生儿育女。我们的小宝贝年幼无知,我们的习惯也不好,常常弄脏您的玻璃和走廊,致使您不愉快,我们很过意不去,请女士们、先生们多多原谅!还有一事恳求女士和先生们,请您千万不要埋怨服务员小姐,她们是经常打扫的,只是她们"擦不胜擦"。这完全是我们的过错。请您稍等一会儿,她们就来了。

您的朋友　小燕子

　　这显然是以小燕子的名义写的一封向旅客们解释道歉的信。旅馆经理把它张贴到显眼的地方。客人们看了这封公开信,都给逗乐了,不仅不再提意见,而且还对这家旅馆倍感亲切,并留下了美好的印象。为了看望体贴温柔可人的小燕子,以后可能还会再来投宿。

【本章小结】

　　公众是指对一个社会组织的目标和发展具有实际的或潜在的利害关系或影响的个人、群体和组织。它具有相关性、同质性、多样性、变动性等特征。公众可以按组织的内外对象、关系的重要程度、对公众的评价、公众对组织的态度进行分类。组织内部要处理好与员工、股东的关系,外部要处理好与顾客、政府、媒介、社区以及名流的关系。

【思考与练习】

　　1. 公众的定义与特征是什么?

　　2. 按组织对公众的评价不同,公众怎样分类?社会组织应该怎样处理与这几类公众的关系?

　　3. 社会组织如何建立良好的顾客公众关系?

　　4. 组织处理好与政府关系的重要性是什么?

第六章　公共关系传播

【学习目标】
1. 理解公共关系传播的概念
2. 熟悉公共关系传播的过程
3. 了解公共关系传播的原则
4. 掌握公共关系传播媒介
5. 掌握公共关系传播的工具及其选择的原则

【引导案例】

大众汽车的网上推广策略

大众汽车为了推广 2 000 辆最新款式甲壳虫系列——亮黄和水蓝,决定在网上发布销售信息。公司花了数百万美金通过电视和印刷媒体大做广告,推广活动的广告语为"只有 2 000,只有在线"。推广活动从 5 月 4 日到 6 月 30 日,根据大众公司商业部经理 Aragones 的介绍,网站采用 Flash 技术来推广两款车型,建立虚拟的网上试用驾车,将动作和声音融入网络活动中,让用户觉得他们实际上是整个广告的一部分。网上试用驾车使得网站浏览迅速上升。网站的每月平均流量为 100 万人。在推广的第一天,就有超过 8 万的访问量。在活动期间,每天独立用户平均为 47 000,每个用户花费时间翻了个倍,达到 19 分钟,每页平均浏览 1.25 分钟。

网上试用驾车得到更多的注册用户,用户能够在网上建立名为"我的大众"的个人网页。在推广期间,超过 9 500 人建立了自己的网页。他们能够更多地了解自己需要的汽车性能,通过大众的销售系统检查汽车的库存情况,选择一个经销商,建立自己的买车计划,安排产品配送时间。推广活动产生了 2 500 份在线订单。

传播是公共关系的一个基本要素,是社会组织与公众进行信息传播和沟通的桥梁。能否有效地利用各种传播媒介,遵循传播沟通活动的基本原则,造就有利的舆论环境,是组织开展各类公共关系活动成功的关键,也是衡量公共关系从业人员工作能力水平的重要标准。

第一节　传播与公共关系传播

一、传播

（一）传播的含义

传播一词同公共关系一样，也是由英语翻译过来的，其英文是"communication"，有"沟通"、"交流"、"交往"之意，强调了人们之间的传播的交互性、双向性。

传播是人们之间交流信息的一种活动，是人与人、人与群体、群体与群体之间，借助各种语言和非语言、直接或间接进行信息的传递、接受与反馈的活动。因此，传播必然包括两个要素：信息和流动。信息是传播的内容，流动是传播的方式。传播，实际上就是信息的流动，是信息在时间或空间中的移动变化过程。

传播伴随着人类的产生就已经存在了。人类在发展过程中，每时每刻都离不开相互传递信息、交流感情和往来活动。所以传播行为是人类赖以生存与发展的基本活动。其作用主要体现在以下几个方面：

（二）舆论的含义

舆论，是广泛流行的、消除个人观点误差的多数人的共同意见，是公众对组织的意见、看法和评价的总和。对舆论的控制应强调创造舆论、强化舆论和引导舆论的时机控制。

人不是生活在真空之中，人的一切活动都与客观世界有着密切的联系，所以，尽管舆论监督是一种非强制性的社会监督（如社会公德、行为规范），但可以通过新闻传播、树立榜样、表彰先进等方式积极地进行引导，使公众树立正确的价值观和人生观，促进社会的和谐。如2008年1月9日，第18届"中国十大杰出青年"集体亮相央视国际，与广大网民进行在线交流，用他们的感人事迹诠释了青春、生命、奉献的涵义，展现十杰的风采，来帮助广大青少年更好地树立正确的世界观、人生观、价值观，为他们的健康成长树立榜样。

二、公共关系传播

（一）公共关系传播的含义

公共关系传播是指社会组织为了实现特定的公关目标，通过付费购买大众媒介或公众传播时机，向公众进行信息交流的活动和过程。公共关系传播是公共关系的三大要素之一，是连接社会组织和公众的桥梁。公共关系传播的含义包含以下两个方面：

（1）公共关系传播是一个有计划、系统性的行动过程。"有计划"，是指公共关系传播活动必须按照公共关系的总目标有步骤地进行。"系统性"是指传播过程必须符合传播学的5个"W"系统模式——who（谁），say what（说什么），through which channel（通过什么渠道），to whom（对谁），with what effects（产生什么效果）。

（2）传播是一种信息共享的活动。在传播过程中，传播者和受传者不是单向信息的传递，而是信息的双向沟通、共同享用,使双方在利益限度内最大程度地取得理解并达成共识。

(二) 公共关系传播的特点

1. 整体性

公共关系传播的主体是特定的社会组织,而不是个人。

2. 开放性

公共关系传播的客体是传播主体的目标公众,既包括主体的内部公众,也包括与主体构成某种特定联系的外部公众。

3. 复杂性

公共关系传播的渠道众多,如报纸、电视、广播、杂志、网络、书籍等等,可以通过这些媒介实现与公众的信息的交流。

4. 自我完善性

公共关系传播是一种双向的传播。组织在公众心目中的形象是组织生存和发展的关键。组织不仅要把真实的信息准确、及时地传递给公众,还要客观、及时、准确地获得公众的反馈信息,及时调整自己的政策和行为,以适应公众的愿望和需求。

(三) 公共关系的传播过程

1. 传播的一般过程

1948 年,美国著名的传播学家哈罗德·拉斯韦尔发表了题为《社会传播的结构与功能》的论文。在这篇文章中,拉斯韦尔明确提出了传播过程及其五个基本构成要素,即:5"W"模式——who(谁),say what(说什么),through which channel(通过什么渠道),to whom(对谁),with what effects(产生什么效果)。其信息的传递过程,如下图所示:

图 6-1　信息传递过程

从上面的信息传递过程图中可以看出,信息传播的基本要素是:

信源:是信息的发送者或发布者。

编码:把沟通的内容编制成各种信息符号。

信道:信息传递的途径、渠道。

译码:接受者确认发送者所传递的符号含义的过程。

信宿:接受并利用信息的人。

反馈:接受者对发送者所发出信息的反应。

2. 公共关系的传播过程

公共关系的传播是通过一定的媒介或载体将传播的信息准确地传递给受传者,同时获得信息反馈的过程。将拉斯韦尔的传播模式应用到公共关系中来,我们可以得到以下结论:"谁"指传播者,即组织;"说什么"指传播内容,即有关公共关系的信息;"通过什么渠道",指公共关系传播采用何种传播媒介,人际传播或大众传播;"对谁"指受传者,即社会公众;"产生什么效果",指公众是否收到了信息,公众的态度是否受到影响,公众的行为有没有因传播而产生变化。组织可以根据公众接到信息后的反应及时修正和调整原公关计划,以便能更好地与公众达成共识,实现组织目标。公共关系的传播过程用图 6-2 表示。

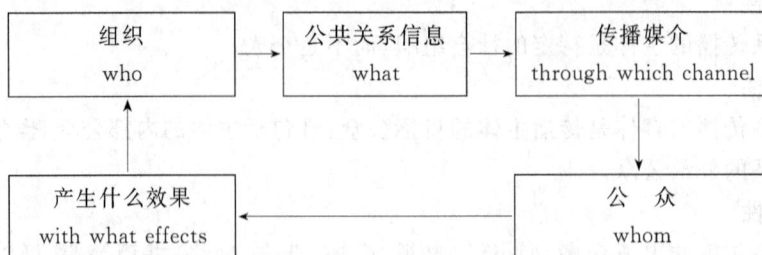

```
┌──────────┐   ┌──────────────┐   ┌──────────────────────┐
│   组织    │──▶│  公共关系信息  │──▶│      传播媒介          │
│   who    │   │    what      │   │ through which channel │
└──────────┘   └──────────────┘   └──────────────────────┘
     ▲                                        │
     │                                        ▼
┌──────────────┐                      ┌──────────────┐
│  产生什么效果  │◀─────────────────────│    公  众     │
│with what effects│                    │    whom      │
└──────────────┘                      └──────────────┘
```

图 6-2 公共关系传播过程

(四) 公共关系传播的作用

1. 扩大影响,提高组织知名度

组织的知名度是指组织在公众心目中名气的大小。组织要提高自己的知名度,就要让公众了解组织,知道组织,以此来扩大组织的影响,而其中一个很重要的因素就是要充分发挥公共关系传播的作用。所谓"酒香也怕巷子深",说的正是这个道理。一个组织要想生存和发展,首要因素就是要进行公共关系传播,让公众了解组织,知道组织;否则,组织在产生不久,就会悄悄地走向灭亡。

2. 树立和发展组织的良好形象

组织形象是社会公众包括组织内部员工心目中对组织的整体的印象和评价。它是公众对组织的发展史、管理人员、团体气氛、行为准则、物质条件、产品、服务、组织名称等的总体认知,反映了公众对组织的整体特点、总的精神的了解和情感倾向。

> 当我们一讲到北京王府井大饭店时,我们的脑海中就会呈现出对这个组织的总体印象:这是一家接待过许许多多国家级国宾的高级宾馆,是一家高消费、高质量、一流服务的高级饭店。这就是北京王府井大饭店的形象。

公共关系传播的根本目的就是通过深入细致、持之以恒的具体工作,树立与发展组织的良好形象,建立良好的信誉,以取得社会公众的理解和接受,进而赢得信任和支持,而良好形象和信誉的建立,又会促进组织目标的实现,所以人们常把良好的形象和信誉称为组织"无形的财富",同时,组织良好的形象也成为一个组织立足社会的必备条件,也是一个组织向社会介绍自己的最好名片。树立良好的组织形象对组织的生存和发展至关重要。

> 如果可口可乐公司遍及世界的工厂在一夜之间被大火烧光,那么第二天的头条新闻是:各国银行巨头争先恐后地向它贷款。因为人们相信可口可乐公司不会轻易放弃它"世界第一饮料"的地位,这个在红色背景前简简单单写上八个英文字母(Cocacola)的标记,通过长期的努力已经被世界所接纳。

可见,良好的组织形象能给企业带来财富,从而更好地发展。

3. 协调组织内外的关系

现代组织是一个开放型的组织,它既受内在环境的影响,同时又受到外部环境的影响,因此,组织内各部门之间以及组织与外部环境之间的协调是非常重要的,这种协调能使组织内所有部门的活动同步化、和谐化,并使组织与环境相适应。

公共关系传播在组织内部的信息沟通方面起着十分重要的作用,它可以及时向员工传达和解释组织的目标、政策、决策、文化和理念;同时,向各级部门反馈员工的建议和要求;通过组织内部双向的沟通,还能提高员工的参与意识和参与管理的热情。

> 海尔的文化和理念,是用各种生动活泼的方式,进入每个海尔员工心中的。在海尔园区里,员工们胸牌上写意地画着一张微笑的脸。"我是海尔,我微笑"这样的标语随处可见,海尔人的微笑更是让人感到亲切和温暖。在创立 16 周年纪念日时,海尔举行了精彩的漫画比赛,要求漫画能够解释海尔理念。6 位普通员工获奖,被授予"海尔员工参与企业文化建设功臣"称号。他们因为自己创作的漫画而获奖,笔墨间展现的是员工们对海尔价值观的认同。

公共关系传播的协调作用对外部公众而言,首先是与公众沟通,这种沟通工作是极为重要的,要真正做到与公众相互沟通,彼此信任,互促互进。此外,还要注意发挥与政府、社区和新闻界之间的信息沟通作用,取得他们的理解和支持,为组织的发展创造一个良好的外部环境。

4. 处理突发事件,维护组织信誉

突发事件是组织在管理过程中由于工作的疏忽或其他原因而产生的一些特殊情况,主要包括火灾、食物中毒、停电停水、自然灾害以及大的劳资纠纷等,所有这些都会给组织的信誉带来极为不良的影响,因此,利用公共关系传播正确处理各种突发事件,维护组织的形象和信誉具有十分重要的意义。

> 2008 年 3 月,当安徽省阜阳市发生了较大规模的手足口病疫情时,中共中央、国务院领导对出现的这个疫情高度重视,立刻将实际情况通过多种途径通报给公众,并详细解释了发病的原因、防范的方法及治疗措施等,避免了因疫情的爆发而引起公众的慌乱,维护了中共中央、国务院、卫生部等组织的良好声誉。

（五）影响传播效果的因素分析

1. 传播者

一是诚实、公正、完整、客观地开展传播活动。

二是聘请专家、政府要员、社会名流和专业机构参与传播活动。

三是科学组织,真情传播。通俗易记,生动感人。

2. 传播对象

(1) 相同的价值观。

(2) 相近的知识和文化背景。

(3) 自己较熟识的人。如同事、同学、邻居和亲朋。

3. 信息内容

(1) 信息的内容应具有新颖性、奇特性、健康性。

(2) 信息的内容应具有相关性和利己性。

(3) 表达手段应具有独特性、多样性。

（4）表达方式应具有顺序性和周期性（频次）。

4. 传播渠道

（1）选择恰当的传播媒介和传播时机。

（2）选择不同的传播方式和媒介进行组合，保证传播形式的灵活性和信息的到达率。

（3）减少干扰，避免信息失真。

5. 传播效果

传播效果的好坏取决于传播氛围营造：

（1）物质环境。

（2）社会环境。

（3）心理环境。

（4）时间环境。

6. 反馈与干扰

反馈要主动、及时、适路、适量。

（1）创造即时反馈信息的氛围。

（2）诱导和鼓励信息反馈。

（3）把握信息反馈的时机。

第二节　公共关系的传播原则

公共关系传播是社会组织与内部公众和外部公众进行信息沟通的过程。社会组织作为信息的发布者传递信息，其目的是让信息的接受者接受真实的信息，以达到某种预期的效果。然而，在实际传播过程中，由于受到多种因素的影响，并没有达到预期的效果。因此，为了有效地进行公共关系传播，必须遵循以下几个方面的原则。

一、实事求是的原则

公共关系传播是社会组织的重要组织行为，是公共关系塑造和改善组织形象的主要手段，因此，在传播过程中一定要坚持实事求是，这是公共关系传播的首要原则。

实事求是，就是从实际出发，探寻事物规律性，按客观规律办事。在公共关系传播中，实事求是就是要真实、准确、全面、系统地传播信息。真实，就是指在公共关系中所传播的信息必须是真实的、客观的，既不能夸大事实，也不能缩小事实，更不能捏造、歪曲事实，甚至无中生有。准确，是指所传播的公共关系信息的加工和表述应该是准确的。传播信息不准确，公众就没有办法正确地理解和接受所传播的信息。全面，是指传播的公共关系信息必须能全面反映组织的基本状况，做到有忧报忧，有喜报喜，不能只报忧不报喜，或只报喜不报忧。系统，就是在公共关系目标的基础上，进行系统性而不是零零散散、支离破碎的传播，使公众能够对社会组织形成整体的印象。因此，社会组织开展传播活动，与公众建立融洽的关系，在进行传播时必须坚持实事求是的原则。

秦池酒曾以高密度的广告进行宣传，知名度确实很高，但没有良好的产品品质做基础,谈不上美誉度,最终只能无奈地退出市场。

组织要实事求是、恰到好处地做好宣传,这样才能取得好的效果。

当然,在实事求是的原则下,还要注意传播适度。如果在传播时公关过度,非但不能起到提升形象的作用,反而会造成一味炒作的负面效应。例如凤凰卫视的女主播刘海若事件就由于有炒作之嫌,并没有得到预期的社会效应。

二、双向沟通的原则

公共关系的沟通是双向沟通原则,是指沟通双方互相传递、互相理解的信息互动原则。这一原则包含以下三方面的内容:

(1)沟通的双方互为角色。当一方是发出者时,另一方是接受者;另一方是发出者时,这一方就又成了接受者。在沟通过程中,双方不断地变换自己的角色位置。

(2)沟通不仅仅是一种信息交流,更是人的一种认识活动的反映。在整个沟通过程中,不仅仅是信息的相互交流过程,更是沟通双方在认识上达成共识、取得理解,这就使得沟通双方的认识在不断地进行扩大和深化。因此,沟通也就呈现出一种不断扩展并螺旋上升的认识过程。

(3)沟通的过程由两个基本阶段组成:传递阶段和反馈阶段。传播阶段,社会组织将要表达的意愿和要传递的信息,通过译码转换成公众能接受的形式,再通过传递的渠道传递给公众。反馈阶段,公众得到一系列的信息符号后,根据自己的认识进行译码、领会、理解,然后通过某种方式将自己的意见、态度反馈给对方,进行逆传递。若反馈成功,则表明社会组织与公众之间的一次沟通过程和下一次的沟通过程开始,因此,沟通始终是一个没有终点的不断的循环活动。

在信息沟通过程中,常常会受到各种因素的影响和干扰,从而形成沟通障碍。也就是说,在沟通过程中传而不通,其原因主要是:一是传递者在传递信息时可能缺乏明确的传播目的、语意的差别或传递有用的信息不足,导致接受者收到的信息与传递者传递的信息不同,当然公众也就不能正确理解传递的信息。二是在信息传递过程中由于时机选择不当、空间距离障碍或者由于传播媒介选择的不合理,会导致信息不能及时收到,甚至不能收到。三是由于受众个体结构中需要系统和意向系统的差异,或受众对信息的"过滤",使信息不能有效地被接收。

因此,在实施双向沟通原则时需要注意以下三点:

(1)沟通双方必须存在一定的共识区域,即沟通双方具有共同的经验范围。共识区域又叫做共同经验,指人们拥有相同或相近的生活经验。共识区域越大,双方拥有的共同经验越多,沟通时的共同语言也就越多,信息分享的程度也就越高,失真也就越少。

(2)沟通双方必须具有反馈意识。所谓反馈意识,就是沟通双方在理解了所接受到的信息后做出的反应。它包括信息反馈要主动、及时、适度和适量等。主动,是指反馈不仅要对所接受到的信息简单地表示赞成与否,还应该主动提出自己的意见或补充、修改原始信息;及时,是指反馈应迅速,不延误沟通的时机;适度,是指反馈的内容不要偏离中心;适量,指反馈的信息量要适当,以免冲淡主要信息的传递。

(3)沟通双方应根据反馈来作自我调节。通过反馈机制,使沟通双方轮流充当信息的施控者和受控者,势必对双方的行为产生制约力,双方应当根据相关的反馈信息进行自我调节。

三、及时性的原则

公共关系就是社会组织依据信息传播的原理,及时、有效地向公众传递各种有效的信息,以得到公众的理解与支持;同时,组织也要及时了解公众的反应,及时调整组织策略,从而塑造良好的组织形象。但在实际的工作中,信息常常因为不能够及时发送,使公众事后才从传播渠道得到信息,有的甚至是从其他非正式渠道得到的歪曲的信息,使双方出现沟通障碍,对社会组织公共关系状态的调整、改善产生不利的影响。

为了及时、有效地向公众传递信息,社会组织需要从以下三个方面着手:

1. 快而准选择发出信息时机

社会组织要快速地发出信息,不能拖沓延迟,一旦看准了机会,就应将公共关系信息传播出去,也就是"在正确的时间做正确的事情"。

2. 公共关系信息传播的速度要快

公共关系信息发出的速度快,并不等于传播的速度快,也就是说信息并不一定能及时地到达相关公众的手中,被其接收。有的时候,由于传播渠道选择不当,使信息不能及时到达公众那里,而使公共关系信息失去效用。由于公共关系信息的时效性与公共关系信息的传播速度成正比,即公共关系传播的速度越快,它的时效性就越大,反之就越小,因此,社会组织在传播公共关系信息时,为了提高其时效性,就要选择正确的传播渠道,提高其传播速度。

3. 要利用社会组织发展的不同时期及时传播不同的公共关系信息

(1) 在社会组织的初创时期,要及时地向社会公众广泛地介绍组织的投资建设状况,组织的性质、规模、目标、产品、服务等等,使社会组织在广大公众中产生广泛的影响,让广大公众对社会组织形成良好的最初印象。如组织的开业庆典就是开展公共关系传播的一个最好的机会,因为组织新开业还没有与社会各界建立广泛的联系,它的知名度几乎等于零,这就需要通过公共关系传播工作,对开业典礼进行精心策划,出奇制胜,扩大组织的影响,提高组织的知名度,因此,许多组织对饭店的开业典礼都非常重视,以求开业大吉。

(2) 在社会组织稳步发展时期,要及时向广大公众介绍组织的生产经营方针和特色、组织的历史、组织对社会的贡献、组织在争取自身发展和维护广大公众利益方面所采取的各种措施等等,来维护社会组织已经形成的良好形象和信誉,强化与公众的关系。

> 2008年5月12日汶川发生大地震,为了尽快恢复灾民的体力,伊利产品在灾难发生两小时后的第一时间即被送至灾区,同时,伊利牛奶也是最早抵达灾区的一批赈灾物资。在实现"早送一包牛奶,就多添一份希望!"的承诺时,维护和强化了伊利集团在公众心目中的良好形象。

(3) 在组织的重大创新时期,要及时向公众宣传组织创新的目的、过程、成果以及给社会带来的利益等等,使公众能够更深入地了解社会组织,进一步扩大社会组织的影响,来加强与社会公众的密切联系。

> 肯德基入乡随俗,将油条大大方方地摆上肯德基早餐柜台上时,及时向公众进行积极宣传,强调肯德基油条没有添加明矾,却同样保持了外酥内软的口感,是放心油条,其健康的卖点使肯德基油条一推出就受到了广大消费者的欢迎。

（4）在社会组织遇到风险时，就应当保持清醒的头脑，采取及时、有效的行为，充分听取公众的意见，设法查清事实真相，与公众进行必要的沟通，相互之间达成谅解，从而妥善解决矛盾，维护组织的信誉和形象；当社会组织处在低谷时期，应及时向公众说明进入低谷的原因以及走出低谷的措施，以求得社会公众的理解，把不利因素转变为组织发展的动力，使社会组织尽快走出低谷，获得新的发展。

2006 年 7 月 3 日，在柯达公司遭到白华等 343 名消费者集体投诉——柯达 LS443 型数码相机存在严重质量问题后，柯达公司对大陆消费者坚持不道歉、不召回问题产品，尽管给出两个解决方案，但看起来却苛刻得很，并没有得到消费者的认可。而对于出现相同情况的台湾的消费者却提供了免费升级的解决方案。对于相同事件的不同处理，严重地损害了柯达在公众心目中的信誉和形象，使柯达公司"风光不再"。

四、适当媒介的原则

公共关系成功的诀窍，不在于运用什么文学的及艺术的传播方式，哗众取宠、耸人听闻的表现手法，而在于善于选择适当的时机，采用适当的形式，通过适当的媒介，把有新闻价值的信息及时地、准确地传递给特定的公众。在现代社会中，公共关系信息传播的媒介有很多种，如果选得合适，就能够提高公共关系信息传播的效率，起到事半功倍的作用；如果选得不合适，则可能连事倍功半的作用都难以取得。因此，选取适当的媒介，是有效地进行公共关系信息传播的重要原则。

在选择公共关系传播媒介时 一般应从以下两个方面来考虑：

（1）根据具体情况选择，即根据传播对象、传播方式、传播时间、传播场合等具体情况来选择适当的传播媒介。如企业迫切需要增加知名度，提高美誉度，那么仅仅采用人际传播显然是不够的，因为人际传播虽然具有说服力，可信度比较高，但是，人际传播的辐射面比较窄，此时采用大众传播媒介，更能收到预期的效果。因为大众传播媒介信息覆盖面广，信息传播快，公众能够比较客观的接受。也可以选择使用印刷媒介传播，印刷媒介具有信息量大、易于保存、便于传播等特点，通过这些媒介，显然能够取得一定的效果。但是，印刷媒介的公众还是不够大，特别是对于一些文化层次比较低的社会公众来说，不能产生积极的影响，所以，还可以选择能够在社会公众中产生更加广泛影响的电子媒介，如广播、电视等，通过生动、具有说服力的声音和图像来影响广大观众。

（2）根据可能性选择，即根据现有的公共关系信息传播媒介的可能性来进行选择。如果某种公共关系信息传播媒介在一定范围内不存在，则不能选择该传播媒介；如果某种公共关系传播媒介确实存在，但是由于该传播媒介的容量已经达到饱和，无法再加入新的信息或由于组织财力有限，无法利用该媒介进行传播，那么也不能选择这个媒介。

总之，社会组织在选择公共关系传播媒介时，要根据具体情况和可能性进行综合考虑，才能选择好的、适当的媒介，为公共关系传播创造最好的效果。

五、系统性的原则

公共关系为建立和维持一个组织的声誉和形象，以及与公众之间的相互理解而必须进行有计划的和持久的努力。然而许多组织的传播活动经常是一时兴起的发挥,其策划也缺乏连贯性。组织良好形象的塑造并非是一蹴而就的,必须通过长期有计划的系统性地规划和执行。公共关系传播的系统性原则要求组织的公关传播工作应该以组织的公共关系目标为前提,将传播意识贯穿于组织运营的全过程,进行系统的、有步骤的传播。只有这样,才能使组织整体的、良好的形象深入人心。

第三节 公共关系的传播媒介及其分析

一、大众传播

(一) 大众传播媒介的概念

现代公共关系与大众传播是密不可分的,公共关系的迅速发展有赖于各种大众传播手段的发展和完善。由传统的农业社会过渡到工业社会、信息社会的一个显著特点,就是人们交流思想的大众传播手段的高度发展和完善。19 世纪 40 年代到 70 年代,电报、电话相继发明,20 世纪 20 年代后,随着科学技术的进步和经济的繁荣,报纸、杂志、广播、电视、传真等大众传播手段迅速发展。到今天,互联网更是将世界紧密联系在一起,使人类信息传播的速度更加迅猛,范围更加广泛,内容更加丰富,影响更加深入。大众传播手段的发展,使现代人们日益生活在一个由媒介为我们构筑的信息社会里。社会组织的公共关系工作,就是要用大众传播去影响社会公众,使他们产生有利于组织的态度和行为。

所谓大众传播,是指职业传播者或机构,通过专业传媒向社会公众传播信息的活动。大众传播媒介可分为印刷品媒介和电子媒介。印刷品媒介主要指报纸、杂志、书籍等,电子媒介主要包括广播、电视、电影、互联网等。

(二) 大众传播的特点

(1) 传播者是专业性传播机构,具有高度的组织化、专业化。

(2) 传播对象众多,覆盖面广。

(3) 传播手段现代化、技术化。

(4) 信息公开化、社会化,影响面大而深,但反馈比较缓慢、间接。

(5) 有特定的程序,传播周期长。

(6) 费用大,成本高。

二、人际传播

（一）人际传播的概念

人际传播是指在人际交往过程中的个人之间,通过语言或非语言的媒介,进行直接的信息或情感的交流活动。它是最常见、最广泛的一种传播方式。人际传播无需借助大众传播媒介,可以在人与人之间直接进行信息的传递和交换,其表现形式可以是面对面的交流,也可以是非面对面的交流。前者一般通过语言、动作和表情等进行交流,后者则通过电话、电报和书信等进行交流。

（二）人际传播的特点

（1）信息反馈及时,角色可以经常互换。在面对面的情况下,传播者和接受者之间的空间距离小,信息交换速度快,也易于传递。同时,传播者和接受者能立即从对方的反应中调整自己的态度和交流的内容。

（2）交流是人对人、面对面,具有私人性、个人性的特性。

（3）交流形式多样,既可以是语言、动作、表情,也可以是电话、电报、书信、传真等。

（4）由于是人与人直接的交流,信息传播成本高,传播速度慢,范围小。

（三）人际传播的方式

1. 语言传播

语言,既包括书面的文字,也包括口语。语言既是人际传播的主要信息载体,如写信使用文字,面对面的交谈、打电话使用口语;也是人类信息、情感交流、实现交际目标的最基本工具。公关活动中公关人员的大量日常和专业的工作都离不开语言的运用。能够开口说话不等于会说,在人际传播中,要实现交际目标,达到与公众的有效沟通,首先要学会倾听、观察、感受,然后才是表达——把自己的想法以公众想听的、最容易接受的方式传播给他们。同时,在运用语言进行口头传播时应做到:表情要亲切自然;态度要热情真诚;语言要规范准确;意思要明确完整;语气要诚恳;音量要高低适度;语速要快慢适中;口齿要伶俐清晰;内容要客观;表述要言简意赅。

2. 非语言传播

非语言传播,又称作无声语言传播,它主要是借助非有声语言来传递信息,表达感情,参与交际活动的一种不出声的伴随语言。在日常的人际传播中,非语言传播占有十分重要的地位。据统计,大多数人实际上每天讲话的时间大约只有 $10\sim11$ 分钟。在一般的两人会话中,语言所表达的社会意义平均不到 35%,65% 的社会意义是用非语言符号传递的。我们在与他人沟通时获得的信息,有很大一部分来自暗示,而不是来自字句。我们常见的非语言媒介主要指体语和服饰。

（1）体语。"体语"也就是无声语言,即各种人体语言。它是以人的动作、姿势、体态、表情等来传递信息的一种无声伴随语言。体语在公共关系的人际传播中运用非常广泛,公关人员如果能够熟练地掌握和运用,不仅可以恰到好处地传达公共关系信息,而且还能够准确地理解公众的反馈信息,使交往更有效、关系更融洽、工作更顺利,同时还能改善社会组织与公众的关系。体语在公共关系的人际传播中所起到的作用主要是对语言媒介的替代作用、辅佐作用和表露作用。

（2）服饰。人类最早的服饰只有两种功能，一是遮盖，二是保暖。在漫长的历史发展过程中，服饰具备了传递信息的功能，它的质料、款式、颜色都能传达出国民气质、时代风俗、文化特色、组织理念以及个人的文化素质、社会地位。因此要求公共关系人员在一般社交场合下，应注意服饰与大众的协调，以增强亲切感、认同感。

三、组织传播

（一）组织传播的概念

组织传播，是指社会组织如政党、机关、团体、企业、事业、军队等固定组织通过媒介与公众展开的信息交流活动。组织传播的对象是群体或组织。它主要运用组织的媒介进行固定传播。对于公关中的组织传播，往往采用展览、庆典、广告、文体活动和具体宣传来开展公共关系专题活动。

（二）组织传播的特点

（1）传播的主体是组织而不是个人；

（2）传播的对象十分广泛、复杂，既有内部的沟通对象，又有外部的公众环境；既有近距离的沟通，又有远距离的沟通；无论哪一种沟通，无论规模有多大，都在组织目标制约下有选择地作用于对象。

（3）组织内部传播具有双重性，存在着正式的组织传播和非正式的人际沟通。

（4）组织对外传播的公众性和大众性。面对众多的、不同类型的外部公众，可综合运用多种传播方式，集中各种媒介的优势，广泛地开展传播。

（5）传播有明确的目的性和可控性。组织传播围绕着公共关系目标来有的放矢地开展各项公关工作。

四、群体传播

群体传播是发生在自然社会群体中一种自发的传播活动。它主要包括小团体传播、公共传播和实物传播媒介三种类型。

（一）小团体传播

小团体传播也称小组传播，这种沟通主要是介于人际传播和组织传播之间的一种传播形式，它一般是在小规模的群体内（如 6～10 人）进行的信息交流活动。例如小组讨论，小组座谈，小组谈天、总结等，这种传播一般采用民主的方式，没有约束和强制性质。

（二）公共传播

公共传播也称公众传播，一般是指一个人对多数人的传播，也称之为公开传播。如演讲会、报告会、新闻发布会、展览、大型演出活动等。这种传播通常是一方发出信息、多方接收信息的传播过程。公众传播的对象是一个相对比较集中的公众群体。在传播时可以采用多种媒体，如口号、文字、图片、音响、模型、幻灯、电影、VCD 和实物展示、模拟表演等。传播的内容一般是一些需要及时公布和公开的公共信息。这种传播形式的信息传播速度快，范围广，反馈较直接。同时，又能树立组织的良好形象，扩大组织的知名度。

（三）实物传播

实物传播媒介是指传递语言和非语言符号的物体。主要包括：产品、样品、企业建筑缩微模型、公关礼品等。其特点是直观明确，可信度高，容易引起公众反应。这些用于特殊场合的样品、模型、象征物上凝聚着组织的各类信息，展现着产品和组织的形象，它们实际上充当了组织对外传递信息、沟通与公众联系的特殊媒介。

第四节　传播工具及其应用

一、传播工具分类及其特点

按照传播信息的物质载体的不同，公共关系传播工具主要分为两大类，即印刷类传播工具和电子类传播工具。

（一）印刷类传播工具

印刷类传播工具主要指报纸、杂志、书籍、文件、图画等。其主要特点是：

（1）读者拥有充分的主动权。由于印刷类媒介是平面媒介，不受时间、地点和接收顺序的限制，因此，读者可以根据需要将其带到任何地方，按照自己的习惯来控制阅读的顺序和速度，有充分的选择权和取舍权。

（2）印刷媒介的信息容量大。印刷媒介可以根据需要进行版面的调节，充分容纳和处理信息内容，来增加报道的广度和深度。

（3）印刷媒介便于保存、收藏。

（4）印刷媒介相对成本较低、价格便宜，制作也比较方便。

（5）印刷媒介传播的速度不够快，受众有一定文化水平的要求，受众面较窄。

（二）电子类传播工具

电子类传播工具是通过电子设备产生和传递各种信息的工具。主要有互联网、广播、电视、电影等。其主要特点是：

（1）传播速度快，覆盖面广。电子媒介可以将一些重大事件或突发性的新闻迅速、及时地进行广泛的传播。

（2）形象生动、逼真，感染力强。电子媒介可以综合运用语音、音响、活动图像、照片、文字，使信息的传播更加生动直观。

（3）受众面广，不受文化水平的限制。

二、常用的传播工具及其应用

(一) 印刷品媒介

1. 报纸

报纸是传播领域中最古老的手段之一,千百年来,报纸为人类文明的进步做出了杰出的贡献。世界上最早的报纸出现在古老的中国。

在西汉初年,公元前 2 世纪左右出现的《邸报》是世界上发行最早、时间最久的报纸。今天,中国的报业发展已经不仅仅用迅猛就可以形容。据权威机构测定,北京每天的报纸印刷量超过了 700 万份。平均不到两个人就拥有一份报纸。以北京最为著名的《北京晚报》为例,其每日都有百万份的定额。2005 年,全国拥有报纸近 2 000 种,年用纸量也超过了 300 万吨,这一数字达到了世界之最。报纸在 2000 年以前起源于中国,2000 年以后,中国是世界上第一报纸大国。

报纸是以刊登新闻为主的定期出版物,也是受众面最大的一种印刷类的传播媒介。其优势是:① 便于选择,读者可以根据自己的需要、阅读的习惯,迅速选取最感兴趣的阅读;② 便于保存、查找、携带,不受时空的限制,阅读方便;③ 信息量大,报纸可以通过版面空间的排列,将各种信息高度地结合在一起;④ 发行量大,成本低。

报纸也有其自身的局限:① 传播速度慢,不如广播、电视和互联网及时;② 要求读者具有一定的文化水平和阅读能力,因而读者的数量受到一定的限制;③ 与电子媒介相比,不够生动、形象,感染力差。

由于报纸的发行量大,其新闻资料一般是公布性和告知性的,时间性较强,同时,报纸的发行是周期性的。因此,报纸对于公关组织宣传自身形象,是一种非常有力又十分有效的手段。

2. 杂志

杂志是报纸向深度和广度发展的印刷品媒介,它是以成册装订的形式刊出的定期出版物,内容含量大,分类排列的内容详尽、全面。杂志作为一种传播媒介,也有其独到的优点:首先杂志内容分类清晰,专业性强,对某一方面的信息传播集中、深入,适合专门性研究和信息的获得。其次,杂志的读者范围比较固定。最后,由于杂志的装订形式,也使它印刷精良,吸引力大。

杂志也具有一些本身无法克服的缺点:一是发行周期长,而导致传播速度慢;二是因专业性太强,无法照顾一般读者的阅读水平,而限制了读者群;三是因为其成本比报纸高,相对价格也较高。

在公关工作中,如果是专业性强,宣传侧重于公关理论研究工作,就要注意选择期刊和杂志。如《中国生物工程杂志》、《销售与市场》、《汽车专业杂志》、《旅游天地》、《瑞丽杂志》等。

(二) 电子媒介

1. 广播

广播,又称 broadcasting,是指通过无线电波或导线传送声音符号的传播媒介,是覆盖面最广的一种电子传播媒介。广播的优势在于:① 广播传播迅速、覆盖面广,不受空间的限制;② 广播以声音为传播符号,采用语言、音乐、音响等多种形式和手法进行传播,比印刷媒介生动,有较强的说服力和感染力;③ 广播是传播媒介中最方便、最经济的形式,听众也不受文化水平的限制。

广播的局限性也很突出:① 只有声音,没有图像,缺乏直观性;② 受时间的限制,一旦错过就再难收到,不便保存;③ 受固定节目时间表的限制,只能按节目顺序收听,无法选择。

在公共关系及传播活动中,如果要追求覆盖面广、成本低,优先选择的媒介应当是广播。

> 何家山乡禽流感防治工作中,充分发挥广播宣传面广、速度快的优势,每天都要利用上级电台播音结束后的时机,播送禽流感防治知识、普查登记紧急通知等,来做好禽流感防治工作。这个乡的荷塘村共有七个自然村,2 000 多人口居住分散,广播成了这个村领导上情下达最便捷、最有效的工具。

2. 电视

电视是将文字、声音与活动画面结合起来,主要供家庭或小群体使用的大众媒介。随着科学技术的飞速发展,电视正在为人类提供着大量的信息资源。电视作为一种最主要、最有效的传播媒介,其优点表现在:① 电视具有音像同步的特点,可以真实生动地传播事情发生、发展的过程,使公众能够产生身临其境的感觉,感染力强,同时也增加了信息的可靠性;② 电视内容丰富,具有更强的娱乐性,同时又可以提供多个频道节目,使公众可以根据需求、爱好任意选择;③ 电视具有较高的普及性,适合多层次的受传者,对受传者的文化水平没有太高的要求。

电视的不足之处是:① 传播的内容稍纵即逝,无法保存;② 顺序传输,无法选择;③ 制作成本高,不仅制作的设备复杂,而且还要依靠很多人形成的专门性组织共同协作;④ 受经济发展水平的制约,电视传播的范围受限制,如贫困地区的公众收看电视的可能性较小。

由于电视与其他媒介相比,影响最大,效果最好,传播最快,是人们获取信息的主要渠道,因此,在公关活动中,首选媒介应是电视。

> 2008 年 5 月 12 日四川汶川发生大地震,中央电视台以最快的速度播出了这次大地震的情况。随后,又利用电视音像同步的优势,真实生动地向广大公众展现了抗震救灾的整个过程,以真实自然的景象感动着每一位公众,使大家在了解抗震救灾情况的同时,也积极地加入到救灾这个行列中,有钱出钱,有力出力,大家拧成一股绳,形成了"众人划桨开大船"的景象。

3. 电影

电影也是将文字、图像、声音进行综合运用的一种大众传播工具。它的某些功能是其他媒介无法取代的:① 内容形象生动具体、表现手法多样,可虚可实,老少皆宜,雅俗共赏;② 具有高度的真实感,艺术效果好;③ 便于长期保存,有较大的保存价值。

电影媒介的缺点是:制作周期长,成本高,程序多,不便普及。

由于电影制作手法比较复杂,因此这种传播媒介多用于文化、艺术作品的传播,在公关工作中,较少选用。

> 康佳 1998 年实施的"千村万场送电影下乡"活动,在河南、浙江、山东、湖南、湖北、河北、山西、陕西,每省近百个放映队深入农村,演绎了一次空前的放映活动。随着电影的播放,也在农村消费者心中树立了良好的形象。

宝洁公司为了开拓中国的农村市场,从 1996 年 5 月起开始实施了"road show"大篷车下乡活动,历时三年,遍及大半个中国。P&G 的 road show 简单地说,就是将公司的产品制作成小片段的电影,在乡镇及村庄进行现场演示,并以折扣价销售样品,让更多的农村消费者切身试用,认识 P&G 产品与品牌,加深对 P&G 公司的了解,并初步建立 P&G 公司与农村消费者的良好关系。通过几年的实施,P&G 品牌知名度在农村市场获得了很大的提高。

4. 互联网

互联网出现于 20 世纪 60 年代,是伴随着电子计算机的出现而出现的。网络技术的运用和发展改变了大众对信息的接受方式,更改变了人们的生活、学习、工作方式,已成为当今人类社会拥有的全新的传播媒体。其优势是:① 信息量大,领域宽,范围广;② 传者与接受者互动效果好,便于沟通;③ 是一个高度开放的系统,任何人都可以利用它进行信息的获取和传递;④ 成本低,方便查找和存储。

互联网的不足是:① 容易遭受"病毒"的侵袭;② 并且由于信息量太大,因而无法绝对确保信息的真实性,一些重要信息也无法保障其保密性。

互联网吸取了报纸、广播、电视、电影的诸多长处,越来越成为人们获取信息的重要渠道。毋庸置疑,电视是国内最直观、最形象的传播媒体,但是其高昂的费用也令无数企业尽折腰。同时,权威报刊杂志及广播广告费用也较以往有了较大的提升。而互联网的宣传费用较之以上传统媒体来说可谓很便宜了,并且其覆盖面之广、力度之强也令诸多传统媒体汗颜。所以,互联网已成为组织进行公共关系传播的必选工具。

对于公共关系传播而言,组织可以利用互联网建立自己的网站或网页,将本组织的详细资料输入网络,向新闻机构和公众提供本企业相关信息,宣传本企业的良好形象。如宝洁、NIKE、可口可乐、百事可乐等国际著名企业的网站,可以使公众能够近距离地感受这些明星企业的实力与强大,同时也强化了品牌在消费者心中的位置。

组织也可以利用互联网与公众形成互动,以增强组织的亲和力。

石头记的网站通过对 BBS 的巧妙运用,使消费者更加懂得各种石头的内涵及寓意,并且通过互动交流使消费者之间产生共鸣,最终把"石头记"这个名牌烙印于消费者的心中。

崂山区红十字会发挥网络优势,自主设计、规划、编排"网聚爱心,爱润心田"红十字宣传博客,于 2006 年 5 月 8 日世界红十字日正式开通,由红十字电子办公室、红十字政策法规、红十字工作感悟、红十字事业和爱心故事等板块组成。博客中以生动的场景照片和朴实的文字向网民、志愿者以及社会各界人士全面展示丰富多彩的红十字活动内容和日常工作状态,充分体现出崂山区红十字会的社会化工作机制。众多网友和红十字志愿者积极参与网上讨论,短短几个月点击量超过千次,起到了很好的红十字宣传和互动效果。

三、公共关系传播工具选择的原则

(1) 根据公共关系的具体目标和工作要求来选择和使用传播工具。

(2) 根据公共关系对象的特征来选择和使用传播工具。如受传对象文化水平较低时,广播、电视效果较好;具有一般文化水平的对象,广播、电视、杂志、互联网都可以选择;对于高知识阶层的对象,可以选择专业性的书籍、杂志以及互联网。

(3)根据传播的内容特点和要求来选择和使用传播工具。如传播的信息是较难理解的,需要受众反复分析的,可选择印刷类媒介;对于信息浅显易懂的,可选择电子类媒介;如果内容简单且不系统,可以选择报纸;内容比较专业可以选择杂志或书籍;内容需要广泛传播的,则可选择报纸、广播、电视和互联网等。

(4)根据自身需要和经济实力进行选择。在选择传播工具时,不仅要从自身实际出发,考虑自身的需要,还要考虑组织的经济实力,一定要量力而行。

【案例分析】

10万美元寻找主人!

某公司宣传其新型保险柜的卓越功能,登出一则这样的广告:"10万美元寻找主人!本公司展厅保险柜里存放有10万美元,在不弄响警报器的前提下,各路豪杰可用任何手段拿出享用!"广告一出,轰动全城。前往一试身手的人形形色色:有工人、学生、工程师、警察和侦探,甚至还有不露声色的小偷,但都没有人能够得手。各大报纸连续几天都为此事做免费报道,影响极大。这家公司的保险柜的声誉随之大增。

问题与思考

试运用公共关系学中的相关知识分析评点这一案例。

【本章小结】

本章主要讲述了传播与公共关系传播的概念;公共关系传播的特点;公共关系传播的过程;公共关系传播的原则;公共关系传播的主要媒介为大众传播、人际传播、群体传播、组织传播;常用的传播工具的分类;报纸、杂志、广播、电视、电影、互联网的优缺点及其应用;选择传播工具的原则。

【思考与练习】

1. 什么是传播? 什么是公共关系传播? 两者的关系是什么?
2. 公共关系传播的过程是什么?
3. 在进行公共关系传播时,要遵守什么样的原则?
4. 公共关系都有哪些传播媒介?
5. 常用的传播工具有哪些? 应按照什么原则选择传播工具?

第七章　公共关系工作的一般程序

【学习目标】
1. 掌握公共关系调查的原则、内容和方法
2. 掌握公共关系计划的原则、内容和方法
3. 掌握公共关系计划实施的原则、方法和应注意的问题
4. 把握公关评估的意义、程序和标准

【引导案例】

长城饭店的日常调查

北京长城饭店是大型豪华五星级饭店，由美国喜来登公司经营管理。它是北京第一座玻璃大厦，上世纪80年代北京十大建筑之一。随着改革开放的深入发展，北京新建的大批高档饭店投入运营，饭店业竞争日益加剧。长城饭店之所以能在激烈的竞争中立于不败之地，成为京城饭店的佼佼者之一，除了出色的推销工作和优质服务外，饭店管理者认为公共关系工作在塑造饭店形象上发挥了重要的作用。

一提到长城饭店的公关工作，人们立刻会想到举世闻名的里根总统的答谢宴会，北京市副市长证婚的95对新人集体婚礼，颐和园的中秋赏月和十三陵的野外烧烤等一系列使长城饭店名声鹊起的专题公关活动。长城饭店的大量公关工作，尤其是围绕为客人服务的日常公关工作，源于它周密系统的调查研究。

长城饭店日常的调查研究通常由以下几个方面组成。

（一）日常调查

（1）问卷调查。每天将表放在客房内，表中的项目包括客人对饭店的总体评价，对十几个类别的服务质量评价，对服务员服务态度评价，是否加入喜来登俱乐部，以及客人的游历情况等。

（2）接待投诉。几位客务经理24小时轮班在大厅内接待客人反映情况，随时随地帮助客人处理困难、受理投诉、解答各种问题。

（二）月调查

（1）顾客态度调查。每天向客人发送喜来登集团在全球统一使用的调查问卷，每日收回，月底集中寄到喜来登集团总部，进行全球性综合分析，并在全球范围内进行季度评比。根据量化分析，对全球最好的喜来登饭店和进步最快的饭店给予奖励。

（2）市场调查。前台经理与在京各大饭店的前台经理每月交流一次游客情况，互通情报，共同分析本地区的形势。

（三）半年调查

喜来登总部每半年召开一次世界范围内的全球旅游情况会,其所属的各饭店的销售经理从世界各地带来大量的信息,相互交流、研究,使每个饭店都能了解世界旅游形势,站在全球的角度商议经营方针。

这种系统的全方位调研制度,宏观上可以使饭店决策者高瞻远瞩地了解全世界旅游业的形势,进而可以了解本地区的行情;微观上可以了解本店每个岗位、每项服务及每个员工工作的情况,从而使他们的决策有的放矢。

综合调查表明,任何一家饭店,光有较高的知名度是远远不够的,要想保持较高的"回头率",主要是靠优质服务,使客人满意。怎样才能使客人满意呢?经过调查研究和策划,喜来登集团面对竞争提出了"宾至如归方案"。计划中提出在3个月内对长城饭店上至总经理,下至一般服务员进行强化培训,不准请假,合格者发证上岗。在每人每年100美元培训费基础上另设奖金,奖励先进。其宗旨就是向宾客提供满意的服务,使他们有宾至如归的感觉。随着这一方案的推行,饭店的服务水平又有了新的提高。

第一节 公共关系调查

一、公共关系调查的含义

要想成功地开展公共关系工作,并且取得预期的最佳效果,调查是极为重要的基础和前提。调查是一种获取必要信息的方式,是公共关系四步工作法——调查、策划、实施、评估中的第一个阶段。在操作任何公共关系项目之前,都必须通过各种调查方法采集有关资料、数据和事实依据。这对于做好公共关系工作不仅是非常重要的,而且是必要和必然的。

公共关系调查是指公共关系人员运用科学的、定量分析与定性分析相结合的方法,有目的、按计划、分步骤地考察组织的公共关系历史和现状,分析组织的公共关系相关因素及相互关系,预测组织公共关系的发展趋势,解决组织公共关系问题的一种实践活动。

公共关系调查是公共关系实务活动的基本内容之一,是公共关系工作流程中的重要环节之一,也是公共关系人员必须熟练掌握的专业技能之一。

二、公共关系调查的意义

美国著名管理学家、决策理论创始人赫伯特西蒙说过:"不论人们如何表达公共关系活动的流程,调查研究都是举足轻重的。如果把公共关系流程视为一个车轮,调查研究便是这个车轮的轮轴。"

美国的 ITT 公司是一个在企业界影响相当大的企业,公司的管理层和员工都认为本公司的知名度没有问题,但通过调查却发现知道公司的人数还不到公众对象的 1/3。对此,ITT 公司调整公关策略,坚持每半年对目标公众进行一轮 1 500 人以上的全国性电话抽样调查,作为公关决策和检验公关效果的依据之一,最终使得知道公司的人数提高到了公众对象的 3/4 以上。

由此可见,无论是从理论角度,还是从实践层面,公共关系调查都是非常重要的公关实务工作,对做好公共关系工作有着十分重要的影响和意义。其意义主要表现在:

(一) 公共关系调查有利于组织进行形象定位

组织形象可以用组织的知名度、美誉度和认可度来体现。但对组织形象的认知,组织和公众往往是不同的,有时甚至相距甚远。公共关系调查可以使组织了解自身在公众中的形象地位,了解公众对组织的知晓程度,对组织的认识与评价以及对组织的行为认可状况,从而使组织开展公共关系活动更具有针对性。

(二) 公共关系调查为组织决策提供科学依据

公众是组织公关活动诉求的对象,通过公共关系调查可以了解公众的愿望和要求,从而制定符合公众愿望、满足公众愿望的企业决策,同时,还可以防止和避免组织把人力、物力、财力和时间、精力浪费在与公众意愿无关或不感兴趣的公关活动上,减少或避免组织公关活动的低效果和无效劳动。

(三) 公共关系调查有利于组织及时准确掌握公众舆论

公众舆论也称为民意,是指公众对组织所公开表达的具有某种一致性的意愿、意见、议论和评论,具有强大的影响作用。积极、正面的公众舆论有利于组织的发展进步,消极、负面的舆论则可能损害组织的形象,造成组织的危机,甚至影响到组织的生死存亡。公共关系调查可以起到监测公众舆论的作用,以便组织及时采取有效的行动,扩大、传播积极舆论或缩小、减少消极舆论。

(四) 公共关系调查利于组织良好形象的塑造

公共关系作为一种有组织、有计划的社会性活动,是通过传播手段来实现组织的特定目标服务的。调查的过程同时就是组织对公众传播组织注重的自身形象信息,赢得公众对组织的好感的过程。就此而言,公共关系调查本身就是一种有效的传播,会起到塑造组织良好形象的积极作用。

(五) 公共关系调查能够提高公共关系活动的成功率

通过公关调查,组织能够了解和把握公众的意见、愿望和需求,能够预测社会发展的趋势,能够认清组织所要开展的公关活动的主观和客观条件,这些也就为组织开展卓有成效的公共关系工作提供了充分的准备和切合实际的操作计划,为组织的公共关系工作取得最佳效果提供了重要的保证。

三、公共关系调查的原则和内容

(一) 公共关系调查的原则

公共关系调查要有切实可行的调查方案,科学地设计调查方案,必须遵循以下几条基本原则。

1. 实用性原则

设计调查方案必须着眼于实际应用,只有实用性强的调查方案才能真正成为调查工作的行动纲领。调查什么? 由谁调查? 到哪里调查? 花多少时间和费用? 都必须从委托人的需求和调查课题的实际需要出发,并根据调查工作的主客观条件慎重设计调查方案。实用性是评价调查方案优劣的首要标准。

2. 时效性原则

设计调查方案必须充分考虑时间效果,特别是一些应用性的调查课题,往往有很强的时间性。例如,市场需求变化调查,就必须赶在市场需求发生重大变化之前拿出成果来。否则就会失去指导意义,起码会大大降低调查成果的社会价值。对预测性课题,更应做超前的调查和研究,如果总是落在实践的后面,也就失去了这类调查的本来意义。

3. 经济性原则

设计调查方案必须尽可能节约人力、物力、财力和时间,力争用最少的人、财、物和时间的投入,取得最大的调查效果。例如,在调查类型的选择上,能够作抽样调查的就不作普遍调查,能够作典型调查的就不作抽样调查。在调查方法的设计上,能够通过文献调查解决的问题,就不去作现场调查;能够通过观察、访问解决的调查课题,就不去作实验调查。在调查范围的大小、调查对象的多少、调查时间的长短、调查人员的安排等方面,也都应该努力遵循节约的原则。

4. 弹性原则

任何调查方案都是一种事前的设想和安排,它与客观现实之间会存在着或大或小的距离。在实际调查过程中,又常常会遇到一些意想不到的新情况、新问题。因此,设计调查方案时,对于调查工作的具体安排和要求,应有一个上下滑动的幅度,应保持一定的弹性。只有这种具有一定弹性的调查方案,才是真正实用的调查方案。

应该指出,设计调查方案并不都是只设计一套调查方案。对于某些重大的、复杂的调查课题来说,往往需要设计几套不同的调查方案,经过可行性研究之后,再从中筛选出最佳方案作为调查工作的实施方案。

(二)公共关系调查的内容

一般来说,无论何种类型的组织,其调查研究工作都必须从三方面进行:一是调查组织的自我期望形象;二是调查组织的实际形象;三是比较分析这两种形象之间的差距。只有围绕这三个方面的内容进行调查与分析,才能找出组织的自我期望形象与实际形象之间存在的差距,以及其他方面的问题,从而为下一步确立公共关系的目标打下基础。

1. 调查组织的自我期望形象

组织的自我期望形象,即一个组织自己所期望建立的社会形象。对这个问题的调查和研究应当从下列三个方面进行。

(1)领导层对组织形象的期望。一个组织的领导层对本组织形象的期望,往往代表了这个组织整体对自身社会形象的期望,它对于这个组织的社会形象的选择和建立具有决定性的意义。因此,调查一个组织的自我期望形象,首先必须调查组织的领导层对组织形象的期望。组织的领导层作为整个组织的决策者和领导者,决定和掌握着一个组织发展的总目标、战略、方向、重大的工作项目等。他们对于组织形象的期望,就包含和掺杂在他们所决定和掌握的这些方面之中,而并非是独立或游离于这些方面之外的。一般来说,在组织形象的问题上,如组织的知名度和美誉度应该达到什么指标,组织的领导一般不太可能有非常明确、具体的构想。

因此,关于组织的领导层对组织形象的期望情况,不是简单地询问一下领导层的成员就能获知的,而是必须要通过详尽研究组织发展的总目标,发展的战略、方向,重大的工作项目和重要政策,经营管理手段,并结合领导层成员大量的日常言行等,才能做出比较准确的测定。

(2) 员工对组织形象的期望。员工是任何组织赖以生存的活的细胞。一个组织的目标和政策必须得到本组织内部广大的干部、职工的认同和支持,才能有效地转化为实际的行动。换言之,员工的态度和行为对于组织的目标和策略的实现是具有决定性意义的。因而,对于组织的自我期望形象的调查,不仅要调查一个组织的领导层对组织形象的期望,还应当调查组织的员工对组织形象的期望。

员工对组织形象的期望,主要表现在他们对本组织的行为和一些政策的观点、态度和行为上。所以,员工对本组织形象的期望情况,只有通过详细的调查和研究员工对本组织的评价、要求、批评、建议和归属感、自豪感,以及他们在自己的工作上的表现情况,才能了解和掌握。

(3) 组织的实际状况和基本条件。公共关系人员了解和掌握了组织的领导层和广大员工对本组织的社会形象的期望情况,就基本上弄清楚了这个组织的自我期望形象。但是,公共关系人员不能满足于此,还必须根据本组织的实际状况和基本条件,对"自我期望形象"进行审定,使之既能有力地鞭策组织的全体员工,又能较为顺利地真正树立起来。这就要求公关人员对组织的实际状况和基本条件进行调查和研究,完整地掌握本组织在各个方面的基本资料,包括生产状况、财务状况、技术开发状况、市场营销状况、组织人事状况等等。

2. 调查组织的实际社会形象

组织的实际形象是公众对组织及其行为的认识和总体评价。良好的形象是组织重要的无形资产。组织形象具有竞争性和可变性。因此,组织的公共关系人员需要定期或不定期地对组织形象及其变化进行调查和测定,以及时掌握趋势、发现问题、寻找差距,明确在组织形象建设中应努力的方向和目标。

要对组织形象进行调研、检测通常从三个方面入手:一是形象地位测量,二是形象要素分析,三是形象差距比较分析。

(1) 测定组织的形象地位。反映组织的实际社会形象的一面镜子就是社会公众对组织的评价。调查组织的实际社会形象,就是调查组织在其公众中的知名度和美誉度,或者说,就是调查组织在公众心目中的地位,即公众对组织的知晓、态度和行为状况。通过对组织知名度和美誉度两类指标的调查分析,利用组织形象地位图,测定组织的实际形象地位。该图分为四个区,分别表示四类不同的公共关系状态。A 区的知名度、美誉度都很高,处于 A 区的组织形象和公共关系状态都是较为理想的,如图 7-1 中的甲单位。处在 B 区的组织形象具有较高的美誉度,但知名度却比较低,这表明该组织的公共关系有良好的基础,但应把工作的重点放到提高组织的知名度上。处于 C 区的组织形象知名度、美誉度都比较低,表明组织的公共关系状况尚不理想,需要在努力提高美誉度的基础上,逐步提高组织的知名度,处于 D 区的组织形象,虽然知名度很高,但由于美誉度很低,只能是臭名远扬,这说明该组织的公共关系存在严重问题,因此需要开展矫正型公共关系活

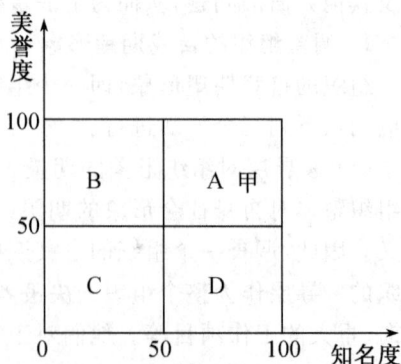

图 7-1 组织形象地位图

动,先从消除坏名声入手,再设法通过长期的努力,重塑新的组织形象。组织的形象地位测量需要定期进行,以显示不同时期组织形象地位的变化。

(2)借助组织形象要素调查表对组织的知晓、态度和行为情况进行调查。调查公众的知晓情况就是调查公众对于组织希望知道的有关情况了解的程度,包括知道的范围、程度及其原因等。调查公众的态度情况,就是调查公众对组织的行为和政策的看法和意见等;比如经营理念、办事效率、服务态度、业务水平、产品质量等,并列出公众对于所列举的事项可能有的态度类型,比如很满意、比较满意、一般、不够满意、很不满意等,以征询公众的意见,了解和掌握公众对组织的具体评价;调查组织的公众的行为情况,就是调查公众对于组织的具体政策、行为等准备或正在采取的行动情况。如哪些公众准备或正在予以合作和支持,哪些公众准备或正在进行抵制、反对等行为。

形象要素分析是结合一个组织的工作性质、特点,根据公众的要求、感受、认识,评价该组织的一些主要方面,来确定构成、衡量该组织形象的一些基本要素。例如对于一个企业来说,其经营方针、产品质量、服务水平、品牌知名度、创新能力、员工素质、市场占有率、企业规模等关键因素,就是组成该企业形象的基本要素。由此,可制作该企业的形象要素调查表。假设选择 100 名公众为样本,进行该企业形象的抽样调查,可请他们填答以这些要素为主的调查表,再将调查数据进行统计,填入此表,则制成了一张汇总的企业形象要素调查表(如表 7-1)。

表 7-1　某企业形象要素调查表

评分与分值 调查项目	非常 7	相当 6	稍微 5	一般 4	稍微 3	相当 2	非常 1	评分与分值 调查项目
经营方针正确		65	25	10				经营方针不正确
产品质量好			25	65	10			产品质量差
服务水平高				15	20	65		服务水平低
品牌知名度高					20	70	10	品牌知名度低
创新能力强						90	10	创新能力弱
员工素质好			25	50	25			员工素质差
市场占有率高				20	70	10		市场占有率低
企业规模大					25	50	25	企业规模小

通过对该企业形象要素的调查和分析,可以看到,企业的经营方针比较正确,产品质量、员工素质中等,服务水平、市场占有率较低,品牌知名度很低,创新能力相当弱,企业规模也偏小。所以,对该企业形象不利的因素居多,企业实际形象欠佳。企业需要有针对性地在较差方面下工夫。

(三)比较分析两种形象之间的差距

通过前面的调查,知道组织的自我期望形象以及组织的实际社会形象之后,接下来的工作就是要进行两者之间的比较分析。要找出两者之间的具体差距,然后弥补或缩小这些差距,这就是组织所面临的并必须加以解决的问题,也就是组织的公共关系工作的目标所在。例如某家房地产开发中心通过调查发现,它在社会公众中的知名度已基本达到组织本身所期望达到的目标,但在其公众中的美誉度却远远没有达到自身所期望达到的水平,公众对它的经营理念、服务态度、业务水平、社会效益等方面的评价,与它本身对这些方面的期望存在一定的差距(图 7－2)。

形象差距的比较分析,是把经过调查了解到的组织实际形象与组织的自我期望形象进行比较,进一步显示两者之间的差距,明确以后组织形象建设中应努力的目标,要重点解决的问题。其具体操作办法是:首先,将前面已填好的形象要素调查表中每一项的平均分值计算出来,填入形象要素差距图;其次,分别对组织决策层的形象目标与要求、员工对组织形象的要求和评价、组织的实际状况和基本条件等进行调查,将其结果进行整理,按形象要素分别进行量化,即形成组织自身所期望建立的形象;再次,将组织自我期望形象的调查统计数据也填入同一份形象要素差距图,则会在图中形成表示组织实际形象的曲线和表示组织自我期望形象的虚线,两条线的位置及其相互之间的距离,就直观地显示出组织的实际形象与自我期望形象之间的差距。

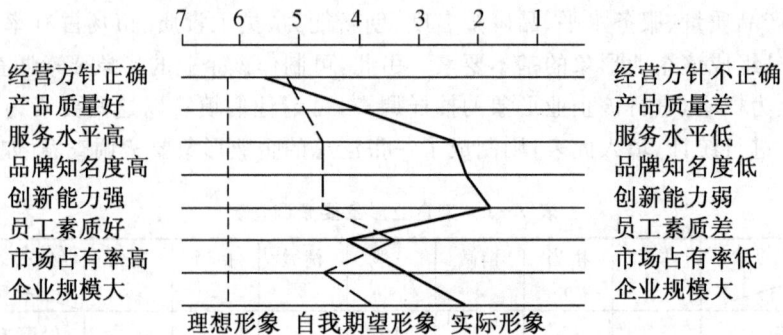

图 7－2　组织形象差距图

从图 7－2 可以看出,在该企业实际形象中,只有经营方针一项要素与自我期望形象较为接近外,其他七项要素均有一定差距,尤其是创新能力、品牌知名度和服务水平三项,差距最大。通过有效的公共关系工作和企业全体员工的努力,缩小这些差距,恰恰是该组织的公共关系目标。

那么,这家房地产开发中心所面临的问题,就是如何提高一个组织的美誉度的问题,而不是要提高知名度的问题。它今后一个时期的公共关系工作的目标也就是提高美誉度,而不是提高知名度。

调查研究的主要内容除了以上所列举的几个方面之外,一般还应当包括对组织的公共关系前景的调查研究。即要求组织的公共关系工作人员在调查研究组织的公共关系现状的同时,调查研究组织的公共关系的前景,也就是调查研究今后几年中可能出现的影响组织的生存与发展的社会观念、政治、经济、文化以及科技等方面的发展和变化,发现组织内部所存在的隐患,预测组织可能遇到的公共关系问题,只有这样,才能为组织的公共关系工作制定正确的方向和有效的目标。调查研究组织的公共关系前景,对于公共关系现状较为理想的组织来说,显得尤为重要,因为这种调查研究有助于这类组织在公共关系工作上克服可能产生的骄傲自满情绪,总结经验,争取在公共关系工作上能够更上一层楼。

四、公共关系调查的程序

（一）调查准备阶段

调查准备阶段是公共关系调查的起始阶段和基础环节。开展公关活动所需信息的多寡很大程度上取决于准备工作充分与否。该阶段工作主要包括以下三项。

1. 确定调查任务

公关活动所需的信息可能千头万绪，与此相对应，调查的内容也就可能十分广泛。但是任何一次公关活动都有具体目标、具体对象、具体要求和规定，因此调查的内容切忌包罗万象；也就是说，应该根据开展公共关系活动的目标、对象、要求和规定确定调查内容，然后根据调查内容确定调查任务，有的放矢。

2. 制定调查方案

综合考虑调查研究的目的、目标公众、准备采取的方式、调查内容、调查场所、调查时间及进度、经费开支、人员配备及培训等诸多方面的因素，设计并制定可行的调查方案。

3. 做好物质准备

相应的物质准备主要涉及调查人员、经费、设备器材三个方面，必须保证调查人员的数量和质量，保证经费支出，保证调查活动所需器材。

（二）搜集资料阶段

搜集资料阶段就是具体的调查阶段，是公共关系调查过程中的核心阶段。搜集资料的主要工作也就是按照公共关系调查方案的要求，深入调查现场，接触目标公众，采取相应调查方法，搜集相关资料。

需要特别指出的是，现场实际调查需要得到被调查者及相关组织或者人员的支持与配合，故而调查人员必须处理好各种关系，争取相关人员的支持配合。在现场搜集资料的过程中，必须注意恰当合理地应用调查的策略技巧和技术手段，因为这将直接影响所搜集资料的数量和质量。

（三）整理分析阶段

整理分析阶段是运用科学的方法对搜集到的各种资料进行去伪存真、去粗取精并加以归类、排列的信息处理过程。通过对搜集的资料进行整理分析，实现由此及彼、由表及里、由感性认识上升为理性认识的飞跃。简单来讲，该阶段的主要任务就是对搜集的资料进行有针对性的整理，进行再加工形成调查的认识，并提出解决问题的对策。

（四）形成结果阶段

对调查资料进行整理分析后，一般应该形成书面形式的调查结果，也就是形成一份完整的公共关系调查报告，即用以反映通过公共关系调查所获得的主要信息成果或初步认识成果的书面报告。调查报告应该集中反映调查过程中所获得的信息成果和认识成果，以便于组织的领导人员或决策人员参考，也便于将调查成果应用于公共关系活动中。

对于调查报告，需要确保内容的客观性和真实性、体例的系统性和完整性以及表述的准确性和通俗性，以体现调查在公共关系活动中的重要地位和巨大作用。

（五）总结评估阶段

调查报告形成以后应该对整个调查过程和调查结果进行总结评估，以便有关人员更清楚地了解调查的完成情况以及准确地掌握调查取得的成果,同时还可以总结经验教训,为以后的调查活动提供参考与借鉴。所以说,总结评估也应该是公共关系调查研究的一个必不可少的重要步骤。

五、公共关系调查的方法

(一) 公共关系调查的方法

在公共关系调查中,要根据调查的目的和调查对象的特点,选择行之有效的调查方法。公共关系调查的主要方法有以下几种。

1. 观察法

观察法是指社会组织中的公共关系人员有目的、有计划地借助于自己的感官和各种测量仪器直接对调查对象进行观察以搜集资料的方法。常用的有直接观察法和间接观察法。直接观察法指公共关系人员通过自己的感官观察公众的行为、活动情况和效果。间接观察法是公共关系人员借助科学仪器或委托他人对公众对象进行的观察。观察法的优点是不会干涉公众原有的活动,可真实地了解他们的心态,能够增加观察人员的感性认识,验证第二手资料的真实性和准确性,且操作较简单,费用较省。但易渗透个人感情,搜集的资料有时缺乏说服力,影响公共关系调查的效果。

2. 访谈法

访谈法是指调查人员通过访问和谈话的方式与调查对象进行面对面的信息交流以获取有用信息的一种调查方法。访谈法一般有个人访谈法、集体访谈法、来信来电访谈法。访谈法灵活性较强,可以获得更多、更新、更有价值的内部信息。在公共关系调查活动中,采取什么样的访谈方式,应根据调查内容及公众对象的需要而定。

3. 文献研究法

文献研究法是指搜集与调查对象有关的各方面的文献资料以进行全面、深入研究分析的方法。也就是说要充分利用现成的第二手资料进行分析和研究。第二手资料包括历年统计资料、档案资料、样本资料及其他资料。有关组织的文献资料的搜集包括内部资料和外部资料的搜集。

4. 抽样调查法

抽样调查法是指从调查的对象总体中按照一定的方法抽取一部分样本加以调查,并把这部分的调查结果推广到原来的总体的方法,一般采用问卷调查的形式。抽样调查可分为随机抽样和非随机抽样两种。随机抽样调查是在总体中按随机抽样原则抽取一定数目的个体进行调查,不加人为安排的抽样方法。随机抽样又分为简单随机抽样、等距抽样、分层抽样、整体抽样、分段抽样等方法。非随机抽样不是根据概率原理进行调查,而是指按照调查者的主观意愿,有意识地在总体中选择一些单位作为样本进行调查的方法。非随机抽样也有判断抽样、定额抽样、偶然抽样等方法。采用抽样调查这种方法,投入的人力、物力、财力较小,但由于用部分推断整体,有时结论不够准确。

公共关系调查的方法很多,在公共关系调查方法的具体运用过程中,应根据调查目的、对象的特点,选择适当的调查方法。在调查中既可以选择一种方法进行,也可以几种方法同时结合使用。

（二）几种常见调查方法的设计

1. 观察提纲的设计

观察提纲包括观察项目清单和观察表。

在观察前应对准备观察的事物事先列出需要观察的项目，形成观察清单。以下以观察牙膏销售情况为例。

```
观察目的：了解牙膏销售情况
观察地点：北京市百货大楼
观察时间：某年某月某日某时至某时
观察项目：国内品牌____支，其中____
        中外合资品牌____支，其中____
将观察项目列在表格中，就形成了观察表：

观察地点：北京市王府井大楼

观察时间：3 小时
```

图 7-3 牙膏销售观察项目清单

表 7-2 牙膏销售观察项目表

名称 销售	国内品牌			中外合资品牌		
第1小时						
第2小时						
第3小时						

2. 访谈调查的设计

常规访谈调查的设计，主要是确定以下内容：① 访谈调查目的（为什么谈）；② 访员（谁去谈）；③ 访谈对象（与谁谈）；④ 访谈时间（何时谈）；⑤ 访谈地点（何地谈）；⑥ 访谈种类（怎么谈）；⑦ 访谈记录方式（怎么记）；⑧ 访谈报告方式（怎么写）。

3. 调查问卷的设计

问卷抽样调查法是指采用问卷或调查表的方法，对一部分有代表性的公众进行调查。它的步骤较多，操作复杂，但实际应用价值很大。调查问卷一般包括前言、主体和结语三个部分，以下重点介绍前言和主体部分。

（1）前言。前言是对调查目的、意义及有关事项的说明，主要有两个目的，一是引起被调查者的重视和兴趣，使他们愿答；另一个是打消公众的顾虑，使他们敢答，争取他们的支持与合作。

前言的具体内容为：调查的目的、意义；匿名性和保密原则；对被调查者的希望和要求；回复问卷的时间和方法；调查实施单位或个人的身份。为了给被调查者以良好的"第一印象"，前言语气要谦虚、诚恳，文字要简洁、准确，有可读性。

（2）主体。问卷的主体包括调查的问题和回答方式。

① 问卷调查所调查的问题一般按照自变量、因变量和中介变量三部分内容来设计。但是在一些理论性不很强的调查里,中介变量部分的内容很少。

自变量部分主要由社会性的事实构成,也就是确定谁在答卷。如提问有关答题人的性别、年龄、文化程度、居住地区、经济收入、职业、婚姻状况、宗教、种族、党派、国籍等情况。

自变量是固定的因素,不因其他因素的影响而变化,自变量内容的多少取决于调查的目的。

因变量是受到自变量或其他变量的影响而发生变化的变量,也就是态度。因变量部分主要包括由被调查者对某件事物、某个观点的认识程度、理解程度和偏好程度构成的态度,对某件事物、某个观点的评价,以及被调查者的行为或行为取向等。

例如,北京饭店的公共关系人员希望了解外国游客是否听说过北京饭店,是否对北京饭店有较好的印象,是否愿意住进北京饭店。这些都属于因变量的问题。

中介变量是受到自变量影响会发生变化,同时又能影响因变量的因素。也就是问到底为什么这样,包括动机、需求、信仰、期望等。某人住进北京饭店,可能仅仅处于他对声望和地位的追求。同样,某个人之所以对改革不满意,也许并非因为改革触动了他的经济利益,而仅仅是由于他对改革的期望值过高。所以,对中介变量内容的调查可使问题更加深入。

② 在问卷调查中,问题的提问一般分为封闭式、开放式和半封闭半开放式三种形式。

封闭式问题如:"假如以服务质量为标准将北京市所有饭店分为六个等级,您认为我饭店应属哪一等级:A 上上;B 上下;C 中上;D 中下;E 下上;F 下下。"其优点是问题的回答标准化,可比性强,容易分析和处理,同时回答者对问题回答比较方便。其缺点是容易使没有看法或不知如何回答的人猜着答,难以弄清被调查人在填写问卷时的内心活动过程。例如,问新员工是否对工厂生活感到满意,在回答满意的人中,所指的满意却有不同的含义。所以封闭式问题往往需要好几道题才能确定一种内心态度。

开放式问题如:"您对本公司的印象如何?""您认为本公司产品质量存在的主要问题是什么?"其优点是可以帮助调查人员开阔思路,发现急需调查和了解的问题,有时还能搜集到一些公关人员事先未曾预料到的问题。其缺点是被调查人有可能填写许多与调查无关的意见,资料不标准化,难以进行定量分析。

半封闭半开放式问题如:"您选择使用该产品的原因是:A 价格便宜;B 款式新颖;C 质量上乘;D 其他(请说明)。""您对该产品的整体评价是:A 非常满意;B 一般;C. 不能接受,请说明其理由____"。这种形式的回答,是在封闭式回答后加上"其他"或者在开放式问题前加上封闭式答案。这样,既给了被调查者一定的自由回答余地,又有一定的规范答案,综合了封闭式和开放式回答的优点,避免了它们的缺点,具有更广泛的实用性。

第二节 公共关系计划

公共关系计划是指公共关系策划者为实现组织的公共关系目标,对公共关系活动的性质、内容、形式和行动方案进行谋划与设计的思维过程,它是公共关系实务工作中极其重要的一个环节。在对即将开展的公共关系活动进行计划时,一般包括以下八个方面的要素。

一、确定公共关系目标

公共关系活动的目标,即公共关系人员经过努力要达到的目的以及衡量这一目的是否达到的具体指标。

(一)公共关系目标的确定

在确定公共关系目标时要注意:

第一,分目标必须服从总目标,也就是说公共关系策划所确定的目标必须符合组织运行的整体目标。

第二,目标必须有客观依据,必须针对组织面临的具体问题。

第三,目标必须具有明确性,目标含义确切单一、具体清晰而非模棱两可。

第四,目标必须具有可行性,确定的目标应该符合实际,经过努力能够实现。

第五,目标必须具有可控性,确定的目标应该留有余地,具有一定的伸缩性,在出现预想不到的情况变化时,可以采取应变措施来实现目标。

(二)组织的公共关系目标

按组织对公关目标的要求,可以把公关目标分为四类:传播信息、增进感情、转变态度、引起行为。

1. 传播信息

这是最基本的公共关系目标,即组织致力于就形象信息、服务信息、产品信息及其他信息与社会公众进行沟通。

2. 增进感情

增进与公众的感情,赢得公众的好感,是一个组织的公共关系活动的长期任务,也是可在短期内达到的目标。

3. 转变态度

在一定时期内,开展公共关系活动是为了转变公众对组织整体形象的某一方面的看法和态度。公众的什么态度需要改变,应以调查所得的资料为依据。

4. 引起行为

公共关系活动的最终目的是在取得公众理解和支持的基础上,促使公众产生某种组织所期望的行为。

二、分析目标公众

组织的公共关系活动目标的差异性,决定了公共关系活动对象的区别性。在公共关系策划过程中,我们必须要在组织的广大公众中,根据实现目标的需要,去认定哪些是该项公共关系活动必须关注、交流和影响的目标公众。确定目标公众的方法主要有以下几种:

(1)以活动目标来划定公众范围。这种划分主要强调的是目标公众与活动之间的关联性。

(2)以组织的重要性确定目标公众。在公共关系实践活动中,有时组织将有关公众按与组织关系的密切程度、影响的大小程度、相关事件的急缓程度等因素进行排队,选出最为重要的部分作为目标公众。这种划分主要强调的是重要性。

（3）以组织的需要决定目标公众。例如,当组织出现形象危机时,目标公众应首指组织的逆意公众和行动公众,以防危机的扩散和加剧。这种划分主要强调的是影响度。

不同的组织每次的公关活动确定谁为目标公众很难有统一的标准,基本的原则便是考虑组织的目标、重要性和需要三个方面的因素,由组织自己去灵活决定。

三、设计公共关系活动主题

主题,是指公共关系活动中联结所有项目、统率整个活动的思想纽带和思想核心。提炼公共关系活动的主题,是公共关系策划过程中一个极其重要的环节,就好比确定一部大型交响乐曲中主旋律一样。

能否提炼出鲜明突出的公共关系活动主题,主题能否吸引观众、抓住人心,可以说是公共关系策划成败的一个重要标志。因而反复揣摩、推敲、提炼,直至最后拟定,对于公共关系策划者来说,都是必要和值得的。

拟定主题,需要有创意,但不能为此故弄玄虚,故作高深。提炼和拟定主题应当注意以下几点。

（1）目标的一致性。

拟定主题是为了更好地凸现公共关系的目标,主题必须与公共关系活动的目标保持一致,主题必须服务于目标。偏离目标的主题,会给公众造成错觉,从而起到误导的作用,因此策划者一定要慎重。

（2）主题的实效性。

好的主题不在于词藻的华丽、技巧的娴熟,而在于产生的实效。主题的实效一是表现在是否合乎公共关系活动的客观实际,不能话说得好听但实际却做不到;二是要能真正打动公众的心扉,切中公众的心愿;三是要考虑社会效果,一味地哗众取宠、迎合低级趣味的主题是要不得的。

（3）主题的客观性。

公共关系活动的主题,要展示公共关系精神,体现时代气息,而不可商业气十足,也不宜宣传味太浓。总之,主观性不要太强,以免招来公众的反感。

（4）主题的新颖独特性。

在传播技术长足发展,各种信息扑面而来的当今社会,没有个性的信息如同过眼烟云,不会给人留下深刻的印象。只有通过主题将策划对象的信息个性体现出来,使其新颖独特,才能产生强烈的感召力和巨大的影响力。

（5）主题的通俗简练性。

据心理学的研究表明,人们对语言的记忆,其音节在 16 个以下为最佳效果,超过 16 个音节便容易产生排斥心理,因此,主题的表述必须通俗易懂、简短凝练,以期为公众所理解和接受。

四、选择时机

时机,简而言之,就是时间的变化所带来的机会。从传播学的角度而言,时间是影响传播效果的重要因素之一。能否捕捉到并抓住有利时机,已成为公共关系策划水准最为重要的衡量标志之一。

时机的选择和捕捉,有两层意思:一是自身时机,主要有组织的开张典礼、周年纪念、取得重大成果、召开重大会议、推出新产品或新的服务项目、出现失误或被公众误解之时等,这些都是极其有利的时机;二是社会时机,即社会所创造的重大机遇,如中国加入 WTO、北京申办2008 年奥运会成功、2003 年冬春的非典突发事件等,若能抓住这种机遇,对组织的生存和发展都具有重大影响。

时机具有不可逆转性,公共关系策划必须抓住不可复得的机会,迅速果断地采取对策。选择时机时,应当注意以下几点:

(1)尽量选择那些能够引起目标公众关注,又具有潜在新闻价值的时机。

(2)要善于利用节日,去做可借助节日来传播组织信息的项目;但同时还要学会避开节日,与节日毫无关系的活动项目不但不能借节日之势,反而会被节日的气氛冲淡效果。

(3)要尽量避开或利用国内外的重大事件。因为此时公众关注的焦点是那些重大事件,组织的活动项目弄不好会毫不起眼。但国内外的重大事件发生之时,又是组织借势之机,关键看是否能够借题发挥。

(4)重大的公共关系活动不要同时开展两项以上,以免分散人们的注意力,削弱和抵消自身应有的效果。

五、选择传播媒介

媒介,即公共关系信息传播的载体。公共关系工作对象的复杂性、公共关系传播内容的广泛性和传播形式的多样性,都决定了公共关系传播媒介的包容性。也就是说,只要用心设计,所有的媒介都会成为公共关系传播的媒介,关键是看公共关系人员是否善于利用。

(一) 常见的传播媒介

要达到预期的传播效果,公共关系策划者必须熟悉各种媒介,了解各种媒介各自的优缺点,要善于通过巧妙组合的方式,形成优势互补、交相辉映的整合性传播效果。一般常见的传播媒介有以下几种。

1. 人际传播媒介

指人与人之间相互交换社会信息的方式,主要包括个人之间的面对面交谈、书信来往、电话联系等。

2. 群体传播媒介

指组织之间交流信息的方式,包括各种座谈会、新闻发布会、联谊会以及一般性的会议等。

3. 大众传播媒介

指大众借助各种传媒了解信息的方式,主要包括报纸、杂志、电台、电视台、各种展览会及宣传材料等,还包括网络媒介。网络也是一种大众媒介,即利用网页和电子邮件,或称作第四媒介。

（二）选择传播媒介的原则

每一种传播媒介都有自己的长处和短处，只有选择最恰当的媒介，才能与公众进行顺利的沟通。在选择传播媒介时应注意以下原则。

1. 适应对象原则

这里考虑的关键是组织的公共关系信息的接受者能否有效地获取组织的信息。此时应当考虑以下一些问题：此次活动的信息接受者是谁？他们习惯于接受哪种或哪些媒体传达的信息？他们对什么形式和内容的信息感兴趣？他们对各种信息的理解能力如何？他们接受信息的条件如何？

2. 区别内容原则

组织的公共关系传播的内容千差万别，形式也多种多样，因而对媒介的选择也要求多样化。内容简单而又容易理解的事实可以选择广播、电视；内容比较复杂，需要经过反复思考才能完全明白的道理或技术性较强的应选择印刷品传播等。

3. 合乎经济原则

公共关系传播需要一定的经济投入和其他资源的投入，故而组织在选择媒介时应当首先考虑自己的实力，只要能达到预期的目标，在考虑媒介时应尽力以节省经费支出为出发点，不可一味地贪大。

4. 考虑条件原则

在我国现阶段的发展过程中，经济和科技的发展水平还不平衡，媒介分布和发展的程度，尤其是大众传媒发展的水平极不平衡，故而在选择媒介时必须考虑并且研究当地现有的各种条件，一切脱离实际情况的选择都等于空谈。

六、编制预算

无论是出于何种目的而开展的公共关系活动都应该考虑投入与收益的关系，公共关系策划的方案必须建立在一定的物质条件基础上，才可能成为现实。所以，编制预算成为公共关系策划活动必须重视的一个环节。

编制预算的意义在于保证方案的切实可行，并妥善安排轻重缓急，还可以为评估提供依据。

经费预算项目可以分为行政开支和项目开支两大类。行政开支由劳动成本费用、日常行政费用和设施材料费用构成，项目开支由已经进行的项目费用、计划进行的项目费用和预测可能需要进行的项目费用等三部分构成。

预算活动经费的方法主要有：固定比率法、投资报酬法、量入为出法和目标先导法。

（1）固定比率法。按照一定时期内经营业务量的大小确定预算经费总额。经营业务量可以按照销售额计算，也可按利润额计算，各组织自行决定从中抽取一定百分比做公共关系经费。

（2）投资报酬法。把公关活动的开支当做一般投资看待，即以相同数量的资金投入获得效益的大小作为依据。

（3）量入为出法。以组织的经济实力和财务支出情况为依据，根据财力允许支出的金额确定公共关系活动经费总额。

（4）目标先导法。先制定出公共关系活动所期望达到的目标,然后将实现这一目标所需的各项费用详细计算出来,从而计算出整个活动所需的经费总额。

七、审定方案

审定方案就是对公共关系策划进行再一次的分析,即方案优化过程,也就是提高方案合理值的过程。其主要目的是看有没有其他的方案既可以达到同样的目标,同时又可以更加省力、省时、省钱。这一点也是非常重要的,因为我们遇到的多数问题都不会只有一种解决办法,很可能同时有几种不同的方法可以采用,因此需要进行更进一步的分析。

在审定方案的过程中,主要考虑以下一些因素。

（1）对公共关系活动的目标进行再分析,看该公关目标是否明确,以及最终可能实现的程度如何。

（2）对限制因素,如资金、时间、人力资源、传播渠道等进行再分析,看该公共关系活动的策划在当前的主客观条件下是否可行。

（3）对一些潜在的问题进行分析,即预测公共关系活动的计划在实施时可能发生的潜在问题和障碍,分析预防和补救的可能性。

（4）对预期的结果进行分析,判断该计划是否可以付诸实施。

八、撰写计划书

撰写计划书是将策划过程及其结果等与策划相关的主要内容经过整理加工并转化为书面形式,形成反映最终策划成果的书面文件。

撰写计划书是为了将策划的各个工作环节和形成的初始文件进行整理加工,使之系统化、规范化、完善化。其过程为:首先撰写写作大纲,列出各章的标题和要点等主要内容;其次经过检查进行补充调整,使之内容全面、顺序合理、结构严整;再次是对要点进行说明或阐述,使之成为策划方案的初稿;最后在初稿的基础上加以润色推敲,使之简洁明了、重点突出、文字流畅。

一份规范的计划书应该由封面、摘要、目录、前言、正文和署名六部分组成。

封面应该在合适的位置标明策划项目的名称、策划主体的名称、完成计划书的日期和计划书的编号。摘要应该简明扼要地表述计划书的核心内容,便于决策者了解计划书的精神实质,形成深刻印象。目录部分应该列出计划书正文的章节名称,如有附件也应一并列出。前言是计划书的大纲,包括计划书的宗旨、背景和意义等主要内容。正文一般包括标题、主题、目标、综合分析、活动日程、传播方式、经费预算、效果预测等内容。署名是指在计划书最后注明策划机构的名称或策划人员的姓名以及计划书的完成日期。

公共关系策划的计划书具有非常重要的价值,主要体现在:它是策划者思维水准的具体体现;它是公共关系行动的说明书;它是公共关系活动的实施指南;它是评估公共关系活动的依据和标准;它是策划者脑力劳动的结晶,是极富保存价值的备忘录。

第三节　实施公共关系计划方案

公共关系计划方案的实施是在公共关系计划方案被采纳以后,将方案所确定的内容变为现实的过程。方案的实施过程在公共关系活动中是紧接在策划之后的第三个步骤,也是解决公共关系问题、实现公共关系目标的关键环节。

一、实施的方法

实施公共关系方案,要根据不同类型的公众对象,不同类型的组织机构及其发展过程中的不同阶段,分别采取适合的工作方式,才能实现预期的目的。通常认为比较行之有效的公共关系的工作方式有以下几种。

(一) 宣传式工作方式

即利用各种传播媒介,向组织的内外公众传播本组织的信息。向内部公众宣传,目的是让他们了解本组织发展的成就与面临的困难,以及正在采取的措施与行动,以取得内部全体公众的理解和支持。向外宣传的目的是让社会公众迅速获得对组织有利的信息,以对本组织形成良好的社会舆论。特点是主导性强、时效性强,有助于提高组织的知名度,扩大组织影响。

(二) 交际式工作方式

即不借助于其他媒介,只在人与人之间的交往中开展公共关系活动。通过各种招待会、座谈会、茶话会等人与人的直接接触,为本组织建立广泛的社会关系网络,以提高本组织的社会地位。特点是富于人情味,具有直接性、灵活性,给人以亲切感。

(三) 服务式工作方式

即通过完美的服务,用实际行动来密切组织与公众之间的关系。对于一个社会组织来说,自我宣传对于树立组织的良好形象固然十分重要,但起决定作用的还是提高组织的服务水平。只有不断增强服务意识,端正服务态度,丰富服务内容,掌握服务技巧,实行有效的服务,才能赢得公众的好评。服务要具体、实在,效果显著。

(四) 赞助式工作方式

即通过有组织的社会性、公益性、赞助性的活动,扩大组织的社会影响力,提高组织的社会声誉,赢得公众的了解、赞赏和支持,为树立组织的良好社会形象创造条件。特点是不拘眼前,着眼长远,影响较大,但花费较多,需量力而行。

(五) 征询式工作方式

即通过采集信息、舆论调查、民意测验等手段,了解民情民意,掌握整个社会的发展趋势,为组织的管理决策提供咨询,使组织目标与方案的实施尽量与公众的利益要求一致起来。特点是了解公众,建立畅通的公众反馈渠道,以便调节组织的政策和行为。

由于公共关系活动是发展变化的,所以公共关系的工作方式不可能有固定不变的模式。公共关系工作最忌讳的就是墨守成规,生搬硬套,因为任何成功的公共关系活动,都是一次创造性的活动。因此,我们要根据不断变化的客观需要和可能条件,来选择和创造最佳的工作方式。

二、实施的原则

公共关系的实施是一个复杂而科学的过程,客观上还需要有一套科学的实施原则作指导。公共关系实施原则是公共关系实施的工作准则,是公共关系管理者和操作者在错综复杂的实施环境中,排除各种实际困难,完成公共关系实施的各项工作,实现公共关系目标的成功法则。

(一) 目标导向原则

目标导向原则是指在公共关系计划实施过程中,保证公共关系实施活动不偏离公共关系计划目标的实施原则。在计划实施过程中,由于环境的变化,需要对计划做一些调整,但这些调整不能改变原来的目标,否则就要重新制定计划。遵循目标导向原则实际上是加强控制的一种手段,因此,目标导向原则又叫目标控制原则。不同的控制有不同的控制主体、客体和手段。在公共关系实施中,目标控制的主体是实施公共关系计划的社会组织,客体是组织面对的公众,手段就是目标本身。

(二) 控制进度原则

控制进度原则就是必须按照公共关系实施方案中各项工作内容实施时间进度的要求,随时检查各项工作内容的完成进度,及时发现滞后和超前的情况,搞好协调与调度,使各项工作按计划协调、平衡地发展,并确保按时完成。

控制进度的原则要求做好预测和及时发现各种可能影响实施工作进度的因素,针对关键原因采取有效的防范和应急措施。

(三) 整体协调原则

整体协调原则是指在公共关系实施过程中,要使各项工作内容之间达到和谐、合理、配合、互补和统一的状态。公共关系实施是一项系统工程,各项工作只有相互有机配合才能达到整体最佳的效果。各自为政,相互矛盾,只能增加内耗,严重时必然会导致公共关系实施的失败。总之,整体协调的目的是要形成全体实施人员思想观念上的共同认识和行动上的一致,保证实施活动的同步与和谐。这样才能提高工作效率,减少或杜绝人力、物力或财力的浪费,保证公共关系目标的实施。

(四) 反馈调整原则

反馈调整原则是指通过监督机制及时发现公共关系实施中的方法偏差甚至错误,并及时进行调整与纠正。由于各种原因的干扰,或由于实施人员的素质问题,不按照既定工作方法实施的情况时有发生;由于策划设计错误,或由于实施环境突然发生变化,原来设计的实施方法无法操作,这些都是实施中的严重问题。在公共关系策划方案的实施阶段,这种反馈调整始终不断地进行着,直至方案目标实现。

三、实施障碍的排除

在公共关系的实施过程中,还要排除各种可能影响和阻碍公共关系实施的因素所造成的实施障碍。影响公共关系实施的因素是众多而复杂的,但主要有两种类型:实施主体障碍和实施过程的沟通障碍。

（一）实施主体障碍

主要是来自实施主体（组织）自身的影响因素，具体表现为以下几种。

1. 实施人员障碍

要排除来自实施人员的障碍，关键是选择优秀的实施人员并进行严格的培训，建立一套有效的激励机制和约束机制。

2. 目标障碍

在做公共关系目标策划时，一定要征求各方面的意见，形成目标共识；要对目标进行可行性论证，切实确立明确和具体的目标。

3. 创意障碍

要减少创意障碍，关键在于提高组织策划水平，充分利用组织内外的专家，集思广益，应用创造技法。

4. 预算障碍

经费预算要了解开支标准，反复测算，并留有充分的余地。尽管如此，有时还是会出现超支，但对必要的支出追加经费也是应该的。

5. 实施方案障碍

公共关系实施方案要由实践经验丰富、管理能力和责任心强的人员来设计，同时要多征求实施者的意见，力求达到科学、适用、有效、节约，才能克服这方面的障碍。

（二）沟通障碍

这是在公共关系计划实施过程中组织与公众之间的传播沟通障碍。公共关系计划实施的过程实际上是传播沟通的过程。实施过程中的传播沟通并不是一帆风顺的，常见的沟通障碍主要体现为以下几方面。

1. 语言障碍

语言是一种极复杂的工具，要准确有效地使用并非易事。常见的语言障碍有语音混淆、语义不明、语法不通、用词不当等。不同国家、不同民族有着不同的文字，也会造成文字障碍，对于文盲半文盲的公众，文字也会造成障碍。

2. 习俗障碍

习俗是在一定的文化历史背景下形成的具有固定特点的调整人际关系的社会因素。常见的习俗障碍有违反道德、礼仪、习惯、传统、风俗等。

3. 观念障碍

观念是由一定的经验和知识积淀而成，在一定条件下为人们所接受、信奉并用以指导自己行动的理论和观点。常见的观念障碍有保守观念、封建观念、自私观念、极端观念、片面观念等。

4. 心理障碍

心理障碍是指人的认识、情感、态度等心理因素对沟通过程的障碍。常见的心理障碍有消费心理、交际心理、政治心理、工作心理等。

5. 机构障碍

由于组织层次不合理，如机构臃肿或结构松散而造成的信息传递失真，或传递速度减慢等问题。

另外,公共关系方案是在一种复杂多变的社会环境,市场环境中实施的,因此,环境中的各种因素会从正面促进和反面制约来影响实施工作,同时,公共关系实施障碍还有来自实施环境的各种制约因素、对抗因素和干扰因素等。

总之,在公共关系工作的实施过程中,只有努力减少和克服以上所提到的种种障碍,才有可能做好公共关系的实施工作,这是公共关系实施过程中要高度重视的环节。

第四节　公共关系活动效果评估

公共关系活动效果评估指的是有关专家或机构依据某种科学的标准和方法,对公共关系的整体策划、准备过程、实施过程以及实施效果进行测量、检查、评价和判断的一种活动。其目的是取得关于公共关系工作过程、工作效益和工作效率的信息,作为决定开展公共关系工作、改进公共关系工作和制定公共关系新计划的依据。

一、评估的意义

公共关系评估既是公共关系活动四个步骤中的最后环节,也是对公共关系活动的总体评价和全面总结。评估既是某一项公共关系活动过程的结束,也是下一次公共关系活动的开始。公共关系评估的重要意义主要有以下几点。

(一)是改进公共关系工作的重要环节

评估对一个社会组织的公共关系工作具有"效果导向"的作用。公共关系的先驱者埃瓦茨·罗特扎恩(Evarts G. Routzahn)曾经说过,当最后一次会议已经召开,最后一批宣传品已经散发,最后一项活动已经成为历史的记录时,就是你在头脑中将自己和自己所采用的方法重新过滤一遍的时刻。这样你就会清理出经验和教训,供下一次借鉴。"清理出经验和教训,供下一次借鉴"恰恰说明了公共关系评估对改进公共关系工作的重要作用。

(二)是开展后续公共关系活动的必要前提

从公共关系活动的连续性来看,任何一项新的公共关系活动计划的制定与实施都不能孤立产生和存在,它总是以原来的公共关系活动及其效果为背景的。因此,对前一项公共关系活动的评估,可以为后一项公共关系活动计划的制定与实施提供决策依据、经验和教训。这是公共关系活动连续性的一种表现。

(三)是总结成绩、鼓舞斗志的重要形式

公共关系活动计划实施的效果具有不同的表现形式,往往呈现出复杂的局面。既可能涉及公众利益的满足,也可能涉及公众利益的调整。一般来说,组织内部的领导人员和员工很难对公共关系活动的效果有深刻的认识和全面的了解。所以,当一项公共关系活动计划实施之后,由有关人员将该项公共关系活动计划的目标、措施、实施的过程和效果向领导人员和内部员工加以解释和说明,可以使他们认清本组织的利益及其实现途径,从而自觉地将本组织的战略目标与自己的本职工作紧密地联系在一起,并转变为实际行动。

（四）为有关人员提供信息

一项公共关系活动计划的实施涉及计划的制定人员和实施人员，这两方面人员对公共关系计划的实施抱有不同的期望和要求。一般来说，计划的制定人员希望得到计划是否合理，计划实施的程度、范围和效果如何，实施的方法和程序是否需要调整，实施的花费是否与计划相符等方面的信息；计划的实施人员则希望知道实施的关键环节是什么，哪些实施策略、方法最为有效，实施对哪些公众产生了影响、影响程度如何，哪些方法能够有效地排除障碍等方面的信息。通过评估对公共关系活动计划的制定和实施以及通过实施所取得的效果做出全面具体的评价，可以根据各类人员对信息的不同需求，有针对性地向他们提供所需要的信息。这些信息可以成为开展公共关系活动、改进公共关系工作、制定新的公共关系活动计划的可靠依据。

二、评估的内容

公共关系评估的内容可以从不同的角度进行分类，我们从理论和实际操作两个角度综合考虑，确定的评估内容包括以下五个方面。

（一）公共关系活动过程的评估

对公共关系活动过程的评估，评估的重点内容主要包括公共关系活动准备工作的评估、公共关系计划的评估和公共关系计划实施的评估。

1. 公共关系活动准备工作的评估

主要内容包括：① 公共关系调查活动的评估。即公共关系调研的设计是否合理；调研方法的选择是否得当；调研工作的组织实施是否合理；调研的结论分析是否科学等。② 相关材料的准备是否充分。即检查占有的背景资料是否充足；对相关材料的分析判断是否准确。③ 准备的相关材料是否合理。即准备的信息材料是否符合活动要求，是否符合新闻媒介的要求；开展活动的时间、地点、方式是否符合目标公众的要求；准备的相关材料有没有相互矛盾的内容，有没有与本项活动配合的其他活动等。④ 表现信息的方式是否合适。即语言文字的运用、图表的设计、图片的选择、展览方式的选择等是否能够有效地传播相关信息。

2. 公共关系计划的评估

此项评估主要包括公共关系计划的目标是否合理可行；计划在执行中是否与组织整体目标一致，是否与社会环境条件适应；公共关系战略构思是否科学；目标公众的选择是否准确；媒介的选择及其应用策略是否得当；经费预算是否合理；计划中留有的余地是否适中等。

3. 公共关系计划实施的评估

此项评估的重点内容有：实施的准备工作是否充分，过程安排是否明确合理；制作的信息内容是否准确充实，表现形式是否恰当；传播发送的信息资料的数量；信息资料被新闻媒介采用的数量；接受信息的目标公众的数量；注意到所发送信息的公众数量；实施的效果如何；等等。

（二）传播沟通基本情况的评估

对传播沟通基本情况的评估，旨在专门分析衡量公共关系中的传播效果，以检测传播沟通工作中的得失。传播沟通基本情况的评估要点有：信息制作的评估、信息曝光程度的评估、传播沟通效果的评估。

（三）公共关系状态的评估

公共关系状态既是组织开展公共关系活动的基础,也是组织开展公共关系活动的结果,因此,对公共关系状态的评估是对公共关系工作成效的总结性、全方位的评估。公共关系状态的评估可以将内部公共关系与外部公共关系区分开来进行。

内部公共关系状态评估主要包括评估全体成员的公共关系意识,员工的士气和归属感,组织的凝聚力和号召力,组织内部的人际关系、群体关系等。

外部公共关系状态评估主要考察顾客、媒介、社区、政府等多种目标公众在接受信息、产生情感、改变态度、引起行为等方面的变化情况。

（四）专项公共关系活动的评估

主要包括对日常公共关系活动的评估,对单项公共关系活动的评估,对年度公共关系活动的评估和对长期公共关系活动的评估。

（五）公共关系人员工作绩效的评估

对公共关系人员工作绩效的评估应该首先区别公共关系人员的职责和分工,职责和分工不同,评估的指标或内容也应该有所不同。

三、评估的程序与方法

（一）评估的程序

一般来说,评估工作可分为四个阶段:

1. 重温目标

评估某项公共关系工作是否有成效,其标准就是看既定的目标是否实现了,因此,要重温一下公共关系目标。

2. 搜集、分析资料

公共关系人员可以运用本章介绍的常用调查方法,搜集公众的各种信息资料,然后进行比较分析,看哪些达到了原来的目标,哪些没达到,哪些超过了预期的效果。

3. 向决策部门报告分析效果

公共关系人员要如实地把分析结果以正式报告的形式上交给决策部门,在报告中应把对公共关系工作的评估和组织的总目标、总任务联系起来。

4. 把分析结果用于决策

这是评估的最后阶段,也是它的最终目的,一是用于其他的将要制定的公共关系项目的决策;二是用于组织的总目标、总任务的决策。

（二）评估的方法

在完成公共关系活动的反馈信息收集整理工作之后,就要利用恰当的方法对公共关系活动效果实施评估。具体采用的方法有以下几种:

1. 自我评估法

自我评估法就是由主持和参与公共关系计划实施的人员凭自我的感觉来评估工作效果。由于当事人自我心得和心境的特定作用,这种评估的结果往往是比较独特的,通常表现为别人感觉不错的地方自我感觉不好;别人感觉不足的地方自己却相当欣赏;感觉与表达不一致等。

2. 公众评估法

公众评估法就是依据公众的反应评估工作效果,而公众的反应一般要通过调查研究获知。公众评估法是一种最重要的评价方法,通过调查研究公众的反应,便可以确认公共关系工作在影响特定公众的认知、态度、观点和行为等方面可度量的效果。

3. 组织评估法

组织评估法就是由本组织出面对公共关系工作效果进行评估。这种评估一般由组织的主要负责人主持,由组织的各部门负责人或有关人员参加,但参与公共关系计划实施的人员一般要回避,以免影响评估的效果。

4. 专家评估法

专家评估法就是聘请组织外部的公共关系专家对组织的公共关系工作进行评估。外部专家通过调查访问和分析,能对组织的公共关系工作效果做出较为客观的评价,并能对组织今后的公共关系工作提出有价值的建议和意见。因此,这种评估方法很值得重视。

在评估公共关系工作的效果时,上述几种方法是全部使用还是有选择地使用,应当根据需要评估的工作内容而定。一般来说,如果是对多目标的中长期计划的实施效果进行评估,最好几种方法同时使用;如果是对单目标的短期计划的实施效果进行评估,一般选择一两种方法即可。

【案例分析】

房企巨头万科遭遇"捐款门"

一、事件缘由

2008 年 5 月 12 日 14 时 28 分,我国四川汶川发生里氏 8 级强震,此次地震影响范围之广、强度之大已经超乎想象。地震发生后,在党中央、国务院的号召下,全国人民纷纷伸出援助之手支援灾区,迅速用爱心构筑起一道坚实而温暖的长城。

5 月 12 日四川汶川地震当天,万科曾宣布捐款 220 万元。但在全国人民爱心涌动,全国企业界动辄千万、上亿元的捐款面前,这笔捐款数额以及之后万科董事长王石的表态,迅速给万科带来了近年来最大的一次公共信任危机。

2007 年,万科销售额排名内地房地产企业第一,超过 523 亿元,净利超过 48 亿元,此次捐赠的善款不足其净利润的万分之四。在捐出款项的同时,万科就引发了网友对于捐款数额过低的质疑。

与此同时,万科董事长王石,这位在中国知名度极高的企业家却对捐款做出了一番"惊人"的解释。地震三天后的 5 月 15 日,王石写下一篇名为《毕竟,生命是第一位的(答网友 56)》的博客文章,王石在文章中称,"200 万是个适当的数额。中国是个灾害频发的国家,赈灾慈善活动是个常态,企业的捐赠活动应该可持续,而不应成为负担。万科对集团内部慈善的募捐活动中,有条提示:每次募捐,普通员工的捐款以 10 元为限。其意就是不要让慈善成为负担。"

二、遭遇危机

一石激起千层浪。王石表态很快为公司以及他本人带来更多铺天盖地的指责甚至漫骂。很多人表示，"万科在我们心中一落千丈"。更有网友指出，万科8.2级的地震从此开始。

在一些公众心目中，市值千亿的全国房企巨头，一直宣扬企业责任的万科无异于宣布，万科的企业责任仅仅只值200多万元。

万科的捐款数额实际上也令一些公司员工失望。尽管王石在博客里写到，职工捐款以10元为限，但灾难面前万科员工的捐款大大超出这个标准。截止5月19日中午，万科统计的员工募捐数据为115万余元。其中深圳分公司的200余名员工捐款19万元，达到人均捐款近千元。一名万科员工表示，听到王石的话，心里觉得很难过。

而在资本市场上，万科似乎也被抛弃，从15日到20日，万科股价大跌12%。

三、公关策划

1. 赴灾区"专业赈灾"

面对公众的指责。王石对此做出的回应是，"赈灾才开始，请节省谩骂的气力用在赈灾行动上吧"。

王石在博客上称，万科的专家组已经完成对成都万科小区居民住宅的安全鉴定，已经转入对市区的建筑鉴定；万科正在夜以继日研究震区民居的重建方案……

万科公司表示，自地震发生以来，公司一直密切关注各方面信息，寻找对灾区最有价值的努力方向，尤其是寻求能发挥万科专业优势的具体项目。为此多名公司管理人员、技术骨干及外聘专家先后赴救灾现场了解情况。综合现场和其他渠道收集到的信息，公司认为灾后恢复重建的工作，将是一个长期的持续过程，需要社会各方力量的支持和援助，而万科参与该项工作能够发挥自身特长。作为一家专业房地产开发公司，万科本身具备较强的区域规划、建筑设计及组织实施的能力；万科在全国拥有多家分支机构，在动员、组织能力上具有一定优势，且万科在成都设有子公司，也能为实施援助提供便利。

万科集团网站上，也开始记录公司员工在灾区的工作内容。

5月16日，处于舆论风口浪尖的万科在完成对集团当地项目结构评估之后，由董事长王石带领国内结构专家队前往都江堰勘测灾后建筑情况。

5月17日，万科的工作人员分成两路，一路与抗震结构专家及房屋鉴定专家前往北川考察灾后房屋状况；另一路出发向绵竹市遵道镇运送赈灾物资。

5月18日，万科派出45名员工护送赈灾物资前往绵竹县遵道镇，同时约有110名工人一同前往灾区进行帐篷搭建。

另外，万科相关人士对外表示，早在地震之前，万科就开始有关于建筑抗震功能的研究。

2008年3月，王石率领的万科小组到日本考察大城建设的北海道札幌建筑项目，其课题之一就是"建筑防震最新技术的应用"。4月初，万科的工程技术小组再次飞赴日本的札幌进行相关的考察。

一些公司的实际行动正在唤回员工对于公司的信心，万科员工相信他们的公司正在以专业和实际行动参与赈灾。万科上海公司一名员工把万科员工穿着统一的橙色服饰，在四川灾区搭建帐篷清理现场的场景用作 MSN 头像照片。

一名在赈灾现场的万科员工在余震中写的日志里写道：为灾区，拿我们的专业去救援。

2．再捐 1 亿元助灾区义务重建

但是，外界对于万科专业救灾的表态也并不十分接受。有网友表示，"检查万科小区的建筑结构安全，这个是万科的本职工作，放到这里来解释是忽悠人的把戏"。

相比于现场送物资、搭帐篷等让人看来作秀似的演出，万科似乎更需要一次实质性的正名。

万科官方的《万科周刊》网站上，董事长王石用于和网友交流的频道"王石 ONLINE"成为网友的讨论基地，不过这个主要由万科股民、业主以及王石的支持者所组成的平台显得较为理性。

有不少网友相信，在灾后重建正式开展之后，万科所能发挥的作用将更加大。

5 月 16 日，通过绵竹政府认可，万科将把遵道作为赈灾、灾后重建的第一个镇。这一消息经过万科证实。

万科网友表示，万科应该以义务的方式进行免费重建，否则不足以体现公司对于灾区的责任。

万科昨晚终于以公告的形式表示，将无偿投入 1 亿元参与灾后重建。

公告称，公司董事会同意，批准公司参与四川地震灾区的临时安置、灾后恢复与重建工作，并以绵竹市遵道镇为重点；该项工作为纯公益性质，不涉及任何商业性（包括微利项目）的开发；批准公司在净支出额度人民币 1 亿元以内参与上述工作；上述费用将在未来 3 到 5 年内，根据实际需要逐年支出。公司将在每年的年度报告中披露具体的支出情况。

公告称，关于参与四川地震灾区灾后安置及恢复重建工作的议案，公司于 2008 年 5 月 19 日以电子邮件方式送达各位董事，各位董事全票通过，为此董事会决议召集股东大会，提请股东大会批准公司参与四川地震灾区灾后安置、修复和重建工作。

3．老总道歉

5 月 21 日，万科地产董事长王石在四川绵竹市遵道镇考察时，王石向记者表达了他对这一事件的歉意："我现在认为在当时这种情况下，我所说的那句话还是值得反思。这段时间，我也为我这句话感到相当不安！主要基于三方面原因：一是引起了全国网民的分心，伤害了网民的感情。二是造成了万科员工的心理压力。三是对万科的公司形象造成了一定的影响。在这里对广大网友表示歉意！"

至此，引起各方争议的"万科捐款门"暂时告一段落。

问题与思考

1．万科捐款额从 220 万元到 1 亿元说明了什么？

2．谈谈万科采取的公关战略方案能抹去"捐款门"事件带来的不利影响吗？

3．如果你是某企业负责人，当你遭遇类似事件时将会采取哪些公关策略？

资料来源：网易（北京），2008 年 5 月 20 日。

【本章小结】

本章首先介绍了公共关系调查的含义、意义、内容、原则以及几种最常用的调查方式：观察法、访谈法、文献研究法和抽样调查法等。其次，分析了公共关系计划的要素和条件。再次，对公共关系计划方案的实施进行了分析和说明。最后对公共关系活动效果的评估意义、程序和方法进行了介绍。

【思考与练习】

1. 简述公共关系调查研究的基本内容和常用的方法。
2. 在拟定公共关系活动的主题时要注意哪些问题？
3. 在谋划对策中如何把握好时机？
4. 在实施方案中，可能会遇到哪些障碍？
5. 为什么要进行公共关系评估？简述评估的内容和常用的几种方法。

第二篇　公共关系实务

第八章 公共关系策划

【学习目标】
1. 理解公共关系策划的含义和意义
2. 明晰公共关系策划的原则
3. 掌握公共关系策划的程序和方法

【引导案例】

美国亨氏集团的母亲座谈会

美国亨氏集团筹备与我国合资在广州建立婴幼儿食品厂。但是,生产什么样的食品来开拓广阔的中国市场呢? 筹建食品厂的初期,亨氏集团做了大量调查工作,多次召开"母亲座谈会",充分吸取公众的意见,广泛了解消费者的需求,征求母亲对婴儿产品的建议,摸清各类食品在婴儿哺养中的利弊。之后进行综合比较,分析研究,根据母亲们提出的意见,试制了些样品,免费提供给一些托幼单位试用;收集征求社会各界对产品的意见、要求,相应地调整原料配比,他们还针对中国儿童食物缺少微量元素、造成儿童营养不平衡及影响身体发育的现状,在食品中加进一定量的微量元素,如锌、钙和铁等,食品配方更趋合理,使产品具有极大的吸引力,普遍地受到中国母亲的青睐。于是,亨氏婴儿营养米粉等系列产品迅速走进千千万万中国家庭。

从以上案例可见,运筹帷幄、预先的谋划是何等重要。许多表面看来属于偶发性活动或事件,其实却是一项长期的谋划,使人常常会感叹策划者的匠心独运。

第一节 公共关系策划的内涵

一、公共关系策划的概念

公共关系策划就是公关人员通过对组织状态和公关进行系统分析,利用已经掌握的知识和手段对公关活动的整体战略和战术的运筹规划。公共关系策划包括战略策划和战术策划两个部分,最主要的是战略策划。"没有战略,就没有能量;没有战略,就没有方向;没有战略,就没有势头;没有战略,就没有影响。"(吉姆·卢卡斯则乌斯基语)公关调查总是在组织认识到某种问题后才展开的。如果调查结果显示组织实际的公关状态与期望的或应有的公关状态有较大差距，或显示某些问题必须要解决等，那么就要开始公共关系策划了。

二、公共关系策划的原则

（一）有效形象原则

有效形象原则也就是建立在平等互利、利益均衡基础上的组织形象的原则。任何组织在其公关活动中都会遇到各个公关主体或客体之间的利益差别或矛盾，对这些利益关系的不同处理，由此形成的组织形象也就会有区别，或形成各个子形象之间的矛盾。有效形象原则实际就是要塑造统一协调的组织形象原则。如果组织在各方面的行为表现存在重大矛盾，由此形成的形象就如同一个怪胎。

企业的经营目标主要是追求赢利和发展，但公关活动强调利益优先。不过类似的提法如"顾客至上"就受到人的怀疑。且不谈"顾客至上"可能是骗人的谎言，如果真的做到，而且坚持"顾客总是对的"，那么这将置自己的员工于何地？我们的确发现许多企业不能很好地处理各方面之间的关系。比如，企业资金已经十分拮据，领导还要到外面撑场面搞赞助，营销意义又不明显，结果肯定会引起员工的抱怨。因此，有效形象原则的第一个体现是要在组织利益与公众利益相统一的基础上塑造组织形象。虽然公众的利益优先是一种长期的形象投资，但有句话说得好，不考虑长期发展是不明智的，不考虑短期利益是不现实的。

有效形象原则的另一个体现是要使组织整体形象和特殊形象相统一，使各子形象相协调。特殊形象是指某种特别重要的子形象，与其对应的是那些特别重要的公众。他们通常会受到组织领导或有关人员的高度重视和特别关照，但会引起许多失调和矛盾。

南方某一著名大学在举行隆重校庆时总会邀请许多国内外校友来校，联络感情、扩大影响，争取支持。一位著名美籍华人女科学家通常在重点邀请名单中，只要她能来，就制造了一起引人注目的新闻，使该校校庆倍增光彩。对这位女科学家的高度重视无可非议，但若冷落了其他尊贵校友（包括潜在的）就会有所损失。果然出现了一次失误，接待上的差别可能冷落了一些人，其中一位校友事后不久当上了国家领导人。大人物福大量大，不至于给学校穿小鞋，但是否有潜在损失呢？

虽然每个人总是更重视对方与自己的关系，主要根据对方对自己的态度和行为对他做出评价，但也不能忽视影响公众评价的其他因素，包括组织在其他方面的表现。如果组织的各种子形象好坏不一，对各类公众的态度反差很大，组织形象就不能说是完美和有效的。应该明白，组织的生存与发展是依靠各类公众的支持与配合的。

（二）求实原则

求实原则是真实信用这一基本原则在公共关系策划中的进一步体现，公共关系目标的确定和行动方案的选择都必须建立在实事求是的基础上。现在许多企业都学会了"吹"，吹他的销售利税额达到多少亿，吹他的市场占有率是第一等等。这当然不对，是欺骗人，但只要不离谱，对企业和社会的危害并不大。然而公共关系策划首先是一项严肃的讲究科学的智力活动，其次才是一种艺术。策划者若在自欺欺人的基础上搞策划，那是欺人又害己。

遵守求实原则首先是要量力而行，提出切实的公共关系目标与方案。

大跃进时代的浮夸风导致中央领导错误地估计形势,盲目提出短期内要"赶英超美",大踏步地提前进入共产主义;相应地在生产关系和上层建筑领域提出不断革命论,限制甚至消灭所谓"资产阶级法权"。这些不切实际的口号和做法直到十一届三中全会才得到根本性的扭转,设想一下如果当时提出的是要在 20 世纪末实现一般意义上的"四个现代化",而不是后来邓小平所说的"中国式的小康、翻两番"等,那么在今天世纪之交时,广大中国人会如何想? 企业界中不量力而行的现象更是俯拾皆是。

企业提出的承诺最后实现不了,倒未必是企业一开始就想糊弄人,而是当顾客真是"不满意就退货",只来吃"一元钱一只甲鱼"时,企业差不多要倒闭了,可是为什么预先不想想清楚呢?

遵循求实原则,其次是要求能鉴别事实真相和公众的真实要求。事实真相有时隐藏很深,要求策划者透过现象看本质。

森达皮鞋被列为中国十大鞋王之首,皮鞋业中唯一享有中国驰名商标的品牌,产销量、利税额和市场占有率均在皮鞋业中名列前茅。连续多年的骄人业绩真让人感到森达的名牌地位已不可动摇,目前面临的任务主要是延伸品牌而不是进一步提升品牌。显然,深入了解森达取得成功的原因是制定有关发展战略的重要前提。在与森达集团领导的一次座谈中提出了这样的判断:许多消费者之所以会购买森达皮鞋,首先是因为森达品牌有较高知名度(利用名人效应、广告投入较大)和信誉度(获得一些荣誉称号、质量的确不错等),这使消费者会把森达列入可选择的范围,但这远未达到认牌购买的境界,最终决策仍取决于现场选择。森达皮鞋的款式与档次虽多,但目标市场、品牌定位并不清晰和深入人心,消费者并不很清楚森达皮鞋能给自己带来哪些利益,现场的表面观察和试穿,使森达品牌与其他较好品牌仍处于同一竞争层面上,购买其他品牌的概率仍然很高。这一判断得到森达集团领导的一致赞同,由此决定进一步明确森达品牌定位、提升品牌形象,不断进行产品创新和推出符合潮流的款式仍是目前的中心任务和基础。

(三) 创新原则

创新是一切策划的灵魂。创新的活动、事件或产品等一般能引起公众广泛注意,给他们带来新的感受,从而获得良好的宣传效果、销售效果等等。创新并不排斥模仿。创新包括组合创新、"拿来主义"与自身实践的创新,等等。

创新活动也要遵循其他原则,但其核心是要做到与众不同,要善于把自身的公关刺激当做"图形"从周围其他各种刺激中分离出来。在现实生活中一般类似的问题大都用常规活动方式去解决,缺乏对比度或差别化就容易使彼此都显得平淡无奇。

当公关专家王力策划让郑州亚细亚商场的营业员每天清晨身穿半军事化的商场制服,列队升国旗向"二·七"纪念塔致敬时,的确让人刮目相看,较大程度上提升了亚细亚商场的形象。

开展公共关系活动是一个不断创新的过程。有效的创新活动至少依赖如下几点:

第一,必须尽可能占有资料,了解他人各种各样、行之有效的公共关系策划。如果策划者只是闭门造车,他策划的方案可能早就有人实施过或还在实施,却以为就是新玩意儿而陶醉其中。这如同技术发明一样,不去了解已有的专利就去申请专利,可能会闹出一个笑话来。

第二要运用多种积极思维方法。包括横向思维、纵向思维、逆向思维、超前思维、多样化思维、发散思维、动态思维方法等。创新就是要别出心裁、出奇制胜，这就要求打破传统和消极的思维定势，用积极的思维方法去寻找灵感。

日本有家旅馆后面有一座属于它的光秃秃的小山，颇煞风景，许多顾客对此表示不满。按常规思维方向如正向思维，旅馆就应当主动去绿化荒山，使其成为一个景点。但旅馆老板运用逆向思维方法，宣传此处是种植纪念树的极佳场所，鼓动远近顾客自己掏钱种上各种名目的纪念树，从而收到了一石三鸟之功：既绿化了荒山、消除了抱怨，又赚而翻毛树种、工具场地的钱，最后还能让那些顾客成为忠诚顾客。

当然，积极的思维方法仍是建立在正常思维基础上的，比如上述策划之所以能成功，是因为仍然紧紧抓住了顾客的(感情)需要。

第三，要善于集思广益，在"脑力激荡"中创新。当一些创新活动要依靠某种灵感时，即使是公关学者、公关专家，也未必能"手到擒来"，他们往往只能提出一些基本思路和要求。比如一句精彩的广告语，有时是千锤百炼的产物，有时是个人灵感偶成，有时是集体智慧的结晶。专家肯定知道木地板是否耐烫是很重要的特性，但他未必能用一句话很简练、生动地表达某品牌地板的确有这一优点。因此，企业要善于做有偿请教的活动，善于运用"脑力激荡法"产生灵感。

(四) 系统原则

公共关系活动与公共关系策划中的系统性表现在多个层面上：

(1) 整个社会经济环境是个大系统，组织只是其中的一个子系统。

(2) 组织及整个组织活动策划是个大系统，公共关系活动仅是一个子系统。

(3) 完成公共关系活动的各个环节又是整个公共关系活动中的各个子系统。

(4) 公共关系活动的各个环节中又可能由多个要素所组成。

母系统与子系统之间，以及各子系统、各要素之间是相互依存、相互制约的关系，系统性原则就是要使各系统、各环节、各要素之间在空间时间中相互适应、配合、协调、有序，从而使公共关系活动系统整体效果大于其各部分功能的简单总和，实现系统最优化。在贯彻系统原则过程中，要着力做好如下几项工作：

(1) 贯彻有效形象原则所显示的组织(或利益)、各类形象相统一的原则。主要是公共关系目标要与组织整体目标相一致，各个子形象相协调。

(2) 公关战术与战略相统一。公关不只是一些战术性的专题公关活动和日常的人际接待，公共关系目标是要塑造良好鲜明的组织形象，并要实现与各类公众的良好交往状态，这项工作具有全面性与长期性，因而是一项战略性活动。当把形象设计引入到公共关系活动中之后，公共关系活动的战略意义就更为明确了。但是当战略目标与方案确定后，战术性的公共关系活动就应起支持作用。战略与战术相统一，就是要求公关具有强烈的战略意识，把每一个战术活动都当做最终实现战略目标的重要举措。

(3) 分别轻重缓急、合理安排目标系列。一个组织经常会同时面临多个公共关系问题，而这些问题还可能同是战略性或战术性的问题。由于组织各种资源的有限性，它不可能同时解决所有问题，只能根据各个问题或目标的内在联系与轻重缓急，给予合理安排。从某种意义上说，可按生产管理中的网络图原理加以操作。

（4）公共关系项目中的各个环节、要素应相互协调配合。如果是一项信息传播活动，那么至少要涉及到传播目标或宣传主题、信息内容、媒体、策略、时机、目标受众等多个传播要素。这些要素应协调配合以利于公共关系目标的顺利实现。比如，媒介的选择要充分考虑它是否被广大目标受众所接受，媒介的隐含特性是否能体现组织的形象定位等等。

（5）公共关系策划要与外部环境相协调。外部环境不仅只涉及到传播中的"噪音"问题，而且关系到公共关系活动的许多外部条件。比如新闻环境将影响公共关系主体进行新闻传播的能力与方式，社会公众还可能存在对公共关系活动的某些偏见等等。

此外，公共关系策划还应遵循弹性原则，着重是要求公共关系策划要留有余地，能保持高度的应变能力；要遵循伦理道德原则，着重是要求公共关系策划不能哗众取宠、弄虚作假；要遵循公关目标具体化原则，从而使目标更为清晰、更容易制定措施、更容易衡量成效。

第二节　公共关系策划与创造性思维

公共关系策划是一种高智力的活动，是一种具有创新性的脑力劳动。作为一个民族进步的灵魂的创新意识和创新能力源于创造性思维。公共关系策划强调新颖性、独特性，要勇于标新立异、显然，公共关系策划的思维必然是创造性思维。

一、公共关系策划的思维——创造性思维

（一）创造性思维的含义

人世间的一切都是人创造的，没有具有创造性的人，就不会有世界文明，包括物质文明和精神文明。所谓"创造"，是指想出新方法、建立新理论、突破旧框框或思维定势和心理定势等，充分发挥想象、直觉、灵感的作用，以获得新的发明与发现，做出新东西或新产品等。所谓思维，是人类特有的一种精神活动，是人的大脑对某事物进入认识活动的过程。这个过程，是在表象、概念的基础上进行分析、综合、判断、推理的过程。

创造性思维是一种特殊的思维形式。它是在社会实践和感性认识的基础上，利用丰富的联想和求异思维，深入研究、不断探索、独辟蹊径，开创新理论、新事物的思考过程或思维活动。

（二）创造性思维的本质

创造性思维的本质是辩证思维。唯物辩证法认为世界上的任何事物都是处在不断运动、变化和发展之中的。静止、不变的事物只是相对的，而运动、变化是绝对的。正如毛泽东同志在《送瘟神》这首诗中所描述的情景："坐地日行八万里，巡天遥看一千河。""坐地"只是相对的静止，随着地球的转动而运动才是绝对的。无论是自然界还是人类社会都是处在不断运动、变化之中的，如不用辩证思维去观察、审视、思考便无法深入探索和把握这种变化。

辩证思维告诫我们：好事处理得不好会转变成坏事，而坏事如果妥善处理也会转变成好事。如前所述，杭州未来食品公司，遇到了危机，本来是有损公司声誉的事，但由于策划处理得好，最后变坏事为好事，变危机为发展契机。古代的"塞翁失马，焉知非福"的故事，是以辩证思

维方式来看待和分析问题的典型例子，给人以深刻的启迪。

（三）创造性思维的特征

1. 积极的求异性

求异性特征是创造性思维最显著的特征。在一项创造性活动中，自始至终都贯穿着求异性特征。求异性的突出表现是，对人们习以为常的、司空见惯的现象或具有权威性的理论、观点不是采取人云亦云、盲从和轻信的态度，而是抱着一种审视、分析、怀疑、批判、思考的态度。勇于创新，勇于打破旧框框。勇于在继承和批判的基础上建立新理论，提出新观点，描绘新蓝图。邓小平同志在中国政府收复香港、恢复行使对香港的主权的问题上，提出了"一个国家，两种制度"的构想，这个构想就是对毛泽东思想的继承和创新。实践证明了这一构想的现实性和正确性，并已得到世界人民的认同。

郑板桥有一首脍炙人口的诗句："删繁就简三秋树，领异标新二月花。"创造性思维的求异性就像二月的鲜花永远绽放在具有创新意识的人们的心田。

2. 目光敏锐的观察力

观察是人的认知和人的思维相互渗透、交互作用的复杂过程。认知者运用敏锐的观察力，把自己所观察的认知对象与已有的知识和经验、假设联系起来，分析、思考、探索，找出共性和差异性，透视出必然联系和偶然联系，从中获得新的发现、发明与创造。

例如，人类设计飞机，就是从观察鸟类的飞行引发的思考。飞机与鸟之间有许多相似之处。可以说，鸟是人类设计飞机的参照物和基础。

著名科学家伽利略17岁时，一天去教堂做礼拜，他看见吊灯随风有节奏地摆动，经他仔细观察思考，从中悟出了摆的原理，最终发明了人类的第一个时钟；气象学家魏格纳一次观看世界地图，目光敏锐的魏格纳看着看着，猛然发现大西洋两边的海岸线正好相吻合，他穷追不舍地深入探究，大胆地提出了"大陆漂移"的假说，从而增强了人类对地球构成的认识。

观察力的敏锐性高低影响和制约着创造水平。只有观察力特别敏锐的人，才可能善于发现被一般人视而不见的事物、人所未想的问题。古今中外凡有成就、有创见的科学家，都具有敏锐的观察力。

3. 大胆丰富的想象力

想象力是大脑依据现实而又超越现实、产生新映象的心理过程，想象并不是凭空产生的，它是借助加工改造记忆表象而创造出的新表象。大胆丰富的想象力体现在出奇、新颖、独特、令人意想不到、与众不同的程度上。同时，还体现了想象内容的广度、宽度及充实程度上。

想象力越丰富、大胆，其设想就越新奇。如前面所列举的经典案例，法国白兰地酒拓展市场的公关策划就体现了大胆的想象力。将一个产品的推销与总统的生日联系在一起，没有丰富的联想是不可能策划出颇具轰动效应的独特的公共关系活动的。

美国一家报纸举办125周年纪念活动。活动不落俗套，安排有分发给参观者的小礼品，有电子游戏、娱乐活动，有招待来宾观看的介绍报社发展史的电影片等。活动的高潮是展出一个可供上千人品尝的特大的"报纸生日蛋糕"，更令人叫绝的是，蛋糕上绘制的图案正是当天的125周年专刊的一个版面。这奇特的构思和设计令来宾惊叹不已。如果没有大胆丰富的想象力，是不可能制做出以报纸专刊的版面为图案的特大"报纸生日蛋糕"

的,正是这种想象力,使策划活动出奇制胜,使公众过目不忘,记忆犹新。

4. 综合渊博的知识

创造性思维的第 4 个方面的特征是综合渊博的知识面。进行创造性思维往往是建立在已有知识的基础之上。一个人的专业知识、综合知识越丰富渊博,越有利于创造力的发挥。自然科学工作者可能会从社会科学知识中获得启迪,引发联想,有所创新。而社会科学工作者也可能会从自然科学知识中受到启示,引发想象,建立新理论。著名物理学家卢瑟福运用他渊博的知识,提出了原子结构的行星模型。

5. 活跃突发的灵感

灵感是大脑神经系统的突然接通。灵感是人突发的一种心理现象,是人脑以最优越的功能,加工处理信息的最佳心理状态,是一种对事物认识的顿悟。

灵感的产生具有突发性,突如其来。当您为某个问题所困扰,百思不得其解,正为"山穷水尽疑无路"而发愁时,突然产生了灵感,茅塞顿开,出现"柳暗花明又一村"的情景。

灵感既是创造力的产物,又是创造力的一种效应,只有极富创造力的人才可能突发灵感,而灵感的闪现又可以使长期苦思冥想的问题在瞬间有所突破或得到解决。

二、创造性思维的培养

公共关系策划的思维是创造性思维,作为策划者或希望从事策划工作的人员来说,必须努力培养自己的创造性思维能力。创造性思维能力的培养侧重两个方面:一是提高 IQ,即智力商数;二是提高 EQ,即情绪商数。一般来说通过国家义务教育的推行,个体之间 IQ 的差异悬殊并不大,而 EQ 的差异则可能很大。不少学者认为,一个人的成功与否或决策判断、创造力的高低固然需要一定的 IQ 或经验,但个人的 EQ 则是左右成功、失败,影响创造力的关键因素。因此,下面着重从 EQ 角度谈谈创造性思维的培养。作为非智力因素,EQ 主要包括情绪、意志、兴趣与性格等。此外,还要克服"意识障碍"。

(一)积极的创新情绪

情绪是人对客观事物的一种特殊的反映形式。情绪既能使人产生积极行为,也能使人产生消极行为。积极的情绪状态能促使人的行为积极,从而提高创造力。消极的情绪状态只能使人的行为消极,从而降低创造力。

要培养和调动积极的情绪,就要保持良好的心境,积极的激情和满腔的热情。良好的心境有利于提高创造的敏感性,善于捕捉创造的信息。良好的心境能激活思维、丰富想象、激发灵感、提高创造效率。

积极的激情有利于激发创造者或策划者的创新意识,能激励策划者的斗志,使人奋发进取不懈怠,能极有效地提高策划者的创造力。

热情是一种持久、稳定、专注的情绪体验。策划者如果对某项创造目标倾注满腔的热情,他会达到一种痴迷的程度,会为此而废寝忘食。极高的创造效应则是对投入满腔热情的回报。成功的科学家、发明家都是以饱满的热情作为科技创造的心理推动力量。

味精的发明

1908 年的一天,日本一位大学教授池田菊苗先生与家人一起吃饭,吃着吃着,他感觉到黄瓜汤味道很鲜美,经他仔细观察,发现与往日黄瓜汤不同的是多放了海带。海带里面有什么奥秘呢? 他以极大的热情去思考、研究。最终,他从海带里提取出一种叫谷氨酸钠的物质,把它放进菜肴里,使鲜味大大提高。他把这种物质命名为"味精"。此后,他仍热情不减,继续拓展研究,又先后发现了以小麦和脱脂大豆做原料也能提取味精,并能降低成本,于是味精的生产在世界上迅速普及开来。

(二) 坚强的意志

意志是进行创造的先决心理条件。意志能激发创造者的创造热情,能增强创造者的信心。当在创造或策划过程中遇到阻力和困难时,应当以坚强的意志力去克服困难,跨越障碍。在挫折与失败面前,要发扬顽强精神,不气馁、不退缩,不达目的誓不罢休。在策划、创造中需要坚强的意志,在策划、创造中又磨炼了顽强的意志。

(三) 浓厚的兴趣

"兴趣是最好的老师",兴趣是人对于事物的特殊的认识倾向。当人的认识能在相当长的一段时间内、较稳定地指向某种事物,就表现出人的兴趣。有兴趣才有创造或策划的热情和自觉性。有兴趣才能调动和激发创造性思维。兴趣是可以引发和培养的。例如,要激发人们对创造性工作的兴趣,一是靠学校开展创造性教育,启发学生的创造性;二是靠家庭和社会的影响;三是靠自我培养、有意识地培养自己的创造性。通过培训、进修或实践来培养对创造性工作的兴趣和创造能力。

(四) 良好的性格

性格是复杂的心理现象,是在对人、对事的态度和行为方式上所表现出来的心理特点。不同的人会有不同的性格特征。良好的性格是创造成功的保障。一般来说,热情开朗、善社交、情绪高、好奇心强、感情丰富的外向型性格有利于创造。而喜静安闲、情绪平稳、固执、言语不多、善于克制、遇事不急不躁、四平八稳、不善交际的内向型性格更利于再现。良好的性格是集中了外向型和内向型性格的优点,如热情、善交际、情绪高而平稳、执著、勤奋、不盲从、不畏惧权威等。

(五) 克服"意识障碍"

所谓"意识障碍"是指人们对已获得的知识、技能或经验产生一种固守的定势,它严重妨碍人们对新知识、新技能或新经验的学习和掌握,是接受新知识、新事物的障碍。"意识障碍"的突出表现是:对习惯性思维方式和经验、方法有不可改变的固执性;被以往的知识束缚了头脑,看问题狭隘、主观、片面;思想刻板、僵化、禁锢;缺乏批判的态度和精神;习惯于因循守旧。

"意识障碍"是开发创造性思维的大敌,必须加以克服,否则就会抑制创新意识的萌生,阻碍创造性思维活动的开展。克服"意识障碍"首先要做到不断更新知识,扩大知识面,广泛获取新信息。其次,要突破习惯性思维方式,消除偏见,解放思想。另外,要学习和掌握多向思维、立体思维方式,拓宽思路积极创新。克服"意识障碍"还要勇于向权威挑战,对权威不迷信、不盲从,敢于标新立异,有意识地培养和激发创造性思维。

三、创造性思维的方法

谈及创造性思维方法,首先要注重坚持以方法论为指导。方法论是创造发明的强有力的思维武器。不少学者把现代科学知识分为三个层次:第一个层次是经验的知识;第二个层次是理论的知识;第三个层次是方法论的知识。可见方法论知识的重要地位。方法论是一般研究方法的理论,我们在研究具体方法时应以方法论作为理论指导。例如,我们坚持以辩证唯物主义方法论为指导,将有助于我们对创造性思维能力的开发。创造性思维的基本方法有很多,我们重点介绍以下五种方法。

(一)设问法

提出问题,引发思考,分析解决问题的多种渠道、多种办法、多种途径,经比较、综合、转化等思维技巧,寻求解决问题的最佳新思路。

善于提问对于有创造性能力的人来说是最重要的特点之一。问题提得越好、越巧妙,越有利于激发创造性思维的发挥,有利于创新方法的萌生。对一个问题追根寻底,层层深入,步步紧逼,就有可能获得新发现、新发明或新观点。培养创造性思维,首先要学会善于提问,掌握设问的方法和技巧。

(二)类比法

类比法是指用已知事物的概念、形态特征等去思考另一在创造中的事物,寻找两事物相似之处,从中受到启发,产生创造发明的一种方法。例如,模仿鱼鳔、鱼鳍、鱼尾设计制造了潜水艇。模仿人脑和人手的功能设计制造了机器人。仿造野草的种子,发明了粘扣。模仿报纸专刊版面,在制作特大报纸生日蛋糕上,用奶油和巧克力绘制报纸周年纪念专刊,令人叫绝。

(三)反寻法

反寻法是指从事物的相反方向思考问题,得出新观点。反寻法即反向思维,或称逆向思维。例如,反向增益变常规下的应增应减要素为该增的减,该减的增,以期求得更大的效益。

(四)信息交合法

俗称"魔球"理论,它是借助"信息标"和"信息反应场",使不同的信息依次相交,形成信息交合,从中产生新信息的一种方法。信息交合法有利于改变人的思维习惯,开发人的智力才能,拓展思维空间。例如:信息交合法的创造者许国泰先生绘制的曲别针用途的"信息交合图"。

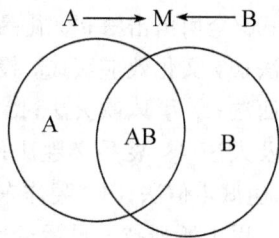

图 8 - 1　信息交合图[①]

(五)头脑风暴法(智力激荡法)

头脑风暴法也称智力激荡法或智力激励法。这一方法的首创者是美国人奥斯本。此法是以专题讨论会的形式,集中集体智慧,激发大量创造性设想,以形成综合创造力的一种方法。

---

① 　游经国、钟定华主编:《创造性思维与方法》,北京人民出版社 1996 年版,第 85 页。

这种方法强调创造出一种特殊的环境和气氛,使人在这种条件和气氛下思想无拘无束,任凭驰骋,在人的思想相互激荡中,碰撞出智慧的火花,产生创新性设想。

这种方法的组织形式常以5~10人为宜,围绕某个中心议题展开讨论。与会者相互启发、相互激励,最后比较、归纳、综合。组织这一活动必须做到:严禁批评,自由联想,设想多多益善,借题发挥,提出的设想越新奇越好。这种方法被广泛地应用于各行各业及实际生活中。

美国克利夫兰广告俱乐部的成员,利用头脑风暴法讨论了这样一个亟待解决的问题:"改进每周歌剧的广告形式,以尽可能地提高卖座率"。会上提出了124种设想,其中被采纳了29种,最终使剧场满座。

德国人鲁尔巴赫根据德国人习惯于沉思这一特性,对头脑风暴法加以改进,开发出一种默写式头脑风暴法。这种方法的操作方式是:组织6人参加,要求每人在5分钟内提出3种设想然后传给右邻,右邻又在上面提出3种设想,以此类推,半小时传6次,一共可产生108种设想这种方法称为"635法",也有广泛的实用性。

创造性思维方法除上述的五种外,还有绘摄法、还原法、分散法、聚合法等方法,这里就不一一赘述了。

四、创意训练

创意训练是个复杂的过程,不可能一蹴而就,要循序渐进地创意训练,除了要丰富自己的知识,强化观察力、想象力,克服"意识障碍"外,还要强化学习公共关系策划的技法。

公共关系策划的技法、是创造性思维方法在公共关系策划中的应用。公关策划的过程就是创造性思维能力、创造性思维方法与公关策划活动三者有机地结合的过程。熟练地掌握和运用创造性思维方法会给公关策划活动带来灵感。对创意训练来说,是实践演习。

公共关系策划作为一种高智力的活动,在与社会实践活动的结合中创造出许多成功的公关策划案例,并从成功的案例中可归纳出使人深受启发的具体的公关策划技法来。原湖北公关学院副院长彭斯杰先生根据多年积累的材料进行潜心研究,概括出36种公共关系策划技法[1],特列出如下,可作为创意训练的科目:① 借梯上天法;② 落差反应法;③ 出奇制胜法;④ 迎刃求解法;⑤ 轰动效应法;⑥ 转移视线法;⑦ 步步为营法;⑧ 反客为主法;⑨ 推波助澜法;⑩ 全面出击法;⑪ 礼品效应法;⑫ 以情感人法;⑬ 小题大做法;⑭ 投其所好法;⑮ 暗渡陈仓法;⑯ 文化效应法;⑰ 投机借故法;⑱ 舍米抓鸡法;⑲ 破井观天法;⑳ 一叶显秋法;㉑ 声求击西法;㉒ 引风吹火法;㉓ 打草惊蛇法;㉔ 挥泪斩将法;㉕ 借题发挥法;㉖ 善意挑拨法;㉗ 爱物及人法;㉘ 哀兵必胜法;㉙ 眼见为实法;㉚ 先声夺人法;㉛ 制造新闻法;㉜ 欲擒故纵法;㉝ 达诚申信法;㉞ "轰炸东京法";㉟ 隔年下种法;㊱ 家丑外扬法。

以上所列技法灵活运用了创造性思维方法,同时也吸取和借鉴了古今中外的成功策划经验,这种借鉴是有益的。

---

① 彭诗杰编著:《实用公关策划学》,湖北科学技术出版社1994年版。

第三节　公共关系策划的程序、内容和方法

一、公共关系策划的程序

公共关系策划的程序往往因问题的特点而有所不同。如果是一个十分具体的公共关系问题，那么它的策划程序与内容就较为简单。

周总理智取九龙杯

有一年，一位外宾访问中国取道上海，有关单位在某大饭店为他举行了丰盛的宴会。宴会使用的酒杯上雕着九条飞龙，神形各异，其中一条鳞光耀目，口含金珠，斟酒入杯时，只见金珠在龙口内闪闪滚动。这位外宾非常惊奇，爱不释手，酒过三巡，他倚三分醉，顺手将一只九龙杯放进了自己的公文包，正巧被接待人员看见。这只酒杯是国家的宝贵财富，一套共有 36 只，缺一只岂不可惜。此时周总理正在上海，有关人员即向周总理作了汇报。当总理听到宴会后要请外宾去看杂技表演时，一切都成竹在胸了。周总理凭他超人的智慧，取回了那只九龙杯。

为了取回那只九龙杯，周总理是这样策划的：

（1）收集信息。外宾假借醉酒将国家的珍宝九龙杯拿走；宴会后要举办杂技表演。

（2）确定目标。一是要将九龙杯追回来，二是有礼貌、不伤感情地追回来。

（3）分析对象。公关对象是一位外宾，考虑到对方的身份和国与国之间的关系，不宜采取直接索还的方法。

（4）策略策划。外宾的特殊身份决定了必须智取，因而公关策略就显得尤其重要。周总理的策略是利用魔术师特有的魔力，追回九龙杯。

（5）公关决策。通过以上分析，周总理作了妥善安排。

宴会结束后，杂技表演开始了，外宾们都在兴致勃勃地观赏精彩的表演。最后的一个节目是魔术表演。只见魔术师摆出了三只九龙杯，右手高举一把"手枪"，只听枪声一响，台上的九龙杯只剩下两只，正当大家奇怪时，只见魔术师已走到前排外宾席前，彬彬有礼地请那位外宾打开他的公文包，轻而易举地取回了九龙杯。

（6）策划效果。很体面地追回了九龙杯。

上述案例属于战术性问题的公关策划。如果是一项战略性公关策划，程序与内容就较为复杂。最复杂的战略性问题策划是组织要首次或重新进行形象设计，然后着重通过信息传播来塑造出所确定的形象目标，并进一步利用形象的力量来开展广泛的社会交往，与广大公众建立融洽的关系。这就是前述的公关活动的三项主要内容，而每一项活动中又包含丰富的内容。因此，根本性的战略公关策划的程序与内容就极为复杂，但具有代表性。较为规范、完整的公关策划程序，可简要归纳如图 8-2。

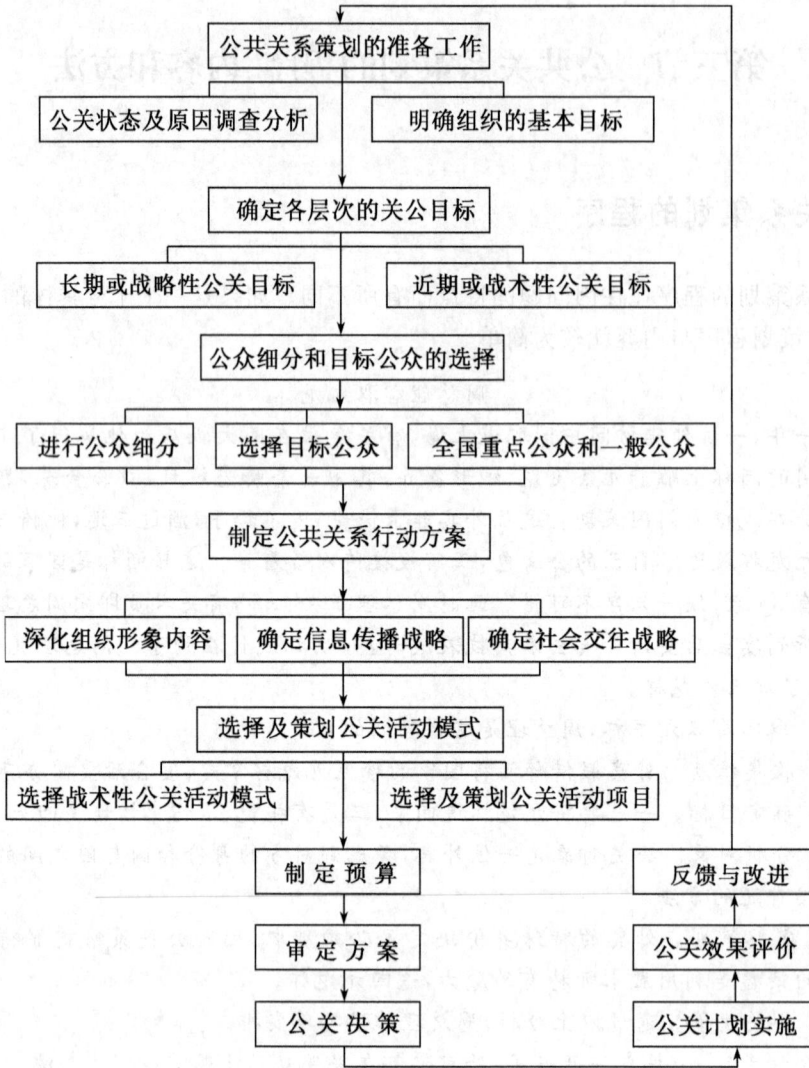

图 8-2 公共关系策划程序

二、公共关系策划的主要内容

公共关系策划程序各阶段工作的主要内容如下。

（一）公共关系策划的准备性工作

公共关系调查不是目的，它是为了组织领导和公共关系人员在充分、真实地掌握各种材料的基础上进行公共关系策划与实施，以达到某种公共关系目标。因而，可以把公共关系调查当做公共关系策划中的一项前期准备工作。通常的情况是，公共关系调查总是在公共关系人员感觉到公关现实与理想状态存在重大差距时，或迫于某种危机、问题而开展的。但在细致的调查中往往会发现新的差距和问题，因而最后策划的重点与引发调查的原因或初衷有时并不一致；有时，调查之后也未必会立即搞策划。然而，若要进行公共关系策划，公共关系调查肯定必不可少。

公共关系目标也具有综合性，但与组织的基本或整体目标相比，仍属于子系统、子目标。为了使公共关系目标与组织基本目标相一致，在重大公共关系策划过程中应再次明确组织的基本目标，成为公共关系策划的一个基本出发点。比如一个企业既要赢利与发展，又要承担一些社会责任，这一基本使命就成为它进行公共关系策划的出发点。

　　一家叫保业姆的美国瓷器公司，在其老板娘从故去的丈夫手中接过来之前，只是一个规模很小、名气不大的专门生产花草禽兽等瓷雕艺术品的小公司。老板娘接管后，决定从根本上改变公司形象。她给公司确定了两项长远的宏伟目标：一是本公司要以艺术形象抬高身价；二是本公司要以慈善家形象著称于世，其产品象征人类保护的野生动物，并向保护生态环境的世界组织捐款，以此提高声誉。为了实现这两个长远目标，她制定了近期和中期目标。对公司进行全面调查，把产品分为三条线：第一条是生产高档艺术品，不挣钱，目的是创名牌，扩大声誉；第二条是生产中档艺术品，盈利，并拿出部分利润捐给慈善机构，逐步扩大影响；第三条是生产低档产品，目的是培养人才，各种产品都以手工操作，以显示其艺术价值。可以说，老板娘给公司产品确定的三条生产线各有其功能：第一条着重是创名牌、求发展；第二条既为了赢利也为了使慈善活动有物质基础；第三条则具有培养人才、显示艺术价值和获取利润的多种功能。

　　由于该公司树立起与众不同的形象，很快引起公众的瞩目。1972年尼克松访华前夕，正苦于寻找一种能代表国家的礼物。该公司闻讯后，抓住良机，迅速向尼克松献上该公司生产的一单天鹅群瓷器珍品。因为瓷器的英文正是CHINA，尼克松十分惊喜，于是把这单具有双重意义的艺术品带到中国。小小的保业姆公司也因此而名声大振，营业额急速上升。

(二) 确定各种层次的公共关系目标

确定了公共关系总目标或战略目标之后应制定公共关系战略措施，然后才出现确定具体公关目标的问题。但为了叙述方便，这里一并讨论。

确定公共关系目标的重要性是容易理解的，因为它是开展各项实际公共关系活动的依据，同时也是进行控制、评价结果的标准。总的来说，公共关系目标是指通过公关策划和实施所希望达到的公关状态。可从多种角度对公共关系目标进行分类。

(1) 按时间的长短，可分为长期目标和近期目标。长期目标是指组织需要通过较长时期的努力才可能达到的公共关系目标。第三章所重点讨论的战略性形象设计、形象定位就是要确定长期公共关系目标，包括整体形象目标和子形象目标。

近期目标是指组织所确定的在近期就要达到的公关目标。近期目标有两种来源：一是围绕着长期目标通过层层分解得来的具体实施目标。在这一过程中当然要有明确的战略战术思路，经过充分讨论层层分解，然后明确目标责任。但应注意，公共关系学属于软科学，形象工程不同于技术工程，目标分解方式是多样、易变的，而且在很大程度上取决于根据长期目标所确定的战略措施。另一来源是组织在其运行过程中出现的新情况、新问题，这使公关人员有必要及时做出反应，制定新的公共关系目标，这些目标一般属于近期目标，少量情况才会涉及到长期目标的调整。

(2) 按目标的广泛性，可分为一般目标和特殊目标。一般目标是指组织根据几类公众的共性和共同要求所确定的、能产生多种效果的公共关系目标。组织的整体形象目标就是一般目标。通过改善经营管理来提高营销业绩，会受到员工、股东、政府、顾客、银行的共同欢迎，因此，"质量第一"、"销量第一"等等的市场形象目标也是一般目标。

特殊目标与一般目标是相对而言的。如果一项公共关系目标是针对一部分公众并只会得到少量公众的欢迎，那么这就是特殊目标。比如某一知名企业地处较为偏僻的苏北地区，企业为了让远道来的客户、领导、朋友能在这里有良好的娱乐休闲场所，准备建一座不对外的小型娱乐城。这一举动显然只会受到经常来往的客人及少量中高层企业领导的欢迎，因而只能达到某种特殊的公关目标——显示企业文化生活的丰富与档次，以及提高与重要客人的融洽度。

（3）按对公众心理过程的影响，可分为四类公共关系目标。

第一，以传播信息为公共关系目标。它主要通过信息传播让公众知晓组织，知晓组织的政策、行为、产品、服务，知晓某一事实或问题的性质。知晓是公众心理活动和行为的起点，有特殊的重要性。由于知名、知晓容易带来熟悉效应，包括亲近感和信任感，因而以知晓为公共关系目标，不仅能提高知名度和美誉度，还能最终引起公众的有利行为。

第二，以联络感情为公共关系目标。它主要通过日常公共关系活动和频繁的交往、赞助等活动，来联络与加深组织和公众之间的感情。良好感情的产生源于公众需要的较好满足，因此，组织应针对各类公众的主要需要，首先要做好相应的基础工作。比如对于顾客，产品的质量、款式、服务、价格仍是影响顾客感情的基础，狭义的公关活动只能是锦上添花。

第三，以改变态度为公共关系目标。以知晓为主要目标的信息传播经常难以改变公众持有的较为坚定的逆意态度为改变公众态度，就必须采取多种方式、手段，包括经济利益、行政、法律和各种劝导手段。公关者一方面要了解公众的各种态度，并要明确哪些态度要维持和强化，哪些态度要改变；另一方面要确定改变公众态度的主要方式与手段。

第四，以改变行为为公共关系目标。改变行为是以改变态度为前提的，但即使改变了态度，公众也未必会立即产生相应的行为反应，态度与行为之间并不总是完全一致。假定公众已经持有有利态度但未必发生实际行为，那么组织就有必要在原有工作的基础上进一步通过宣传、激励、压力等多种方式来促使公众采取行动。

（4）按组织发展过程所面临的阶段性问题，可分为五种阶段性公共关系战略目标。这些目标与相应措施结合，进一步发展为五种公共关系战略模式，即建设型公关、维系型公关、防御型公关、矫正型公关和进攻型公关等。这些问题将在第八章第四节详细讨论。

此外，还可按公关状态本身的内容，分为以提高组织知名度或美誉度、特色度和融洽度为目标的4种公共关系目标；按组织的各子形象，也可分为以塑造某一子形象为重点的不同公共关系目标，等等。

（三）公众细分和目标公众的选择

分析各类公众并不总是一项独立的策划内容。在策划的准备阶段，在作公共关系调查时就应涉及到公众动机与要求的调查。确定各类公关目标特别是其中的美誉度和特色度，肯定要考虑到公众的权利与要求等，这如同营销活动一样，应奉行公众导向观念。但在制定有关战略措施和更具体的活动方案时，还要更细致地了解公众各方面的特点与需要。分析公众的活动类似于市场营销中的市场细分活动，主要活动内容有：

（1）进行公众细分。不同公众与组织之间会有不同的利益关系，对对方都会有不同的权利、要求与评价标准，同时不同公众还可能存在着其他一系列差异，这些差异将影响公共关系活动的内容与方式。进行公众细分,就是要从多方面找出各类公众之间的共性和或粗或细的差异。为此要寻找公众细分的标准或依据。在前文我们已经讨论了公众的分类,其中的归属关系,发展过程等都是细分标准。当然还需进一步寻找细分标准。

应该说明,对组织而言的公众的归属关系和社会属性是最重要的细分标准,它将产生最基本的公众类别,即员工、顾客、媒介、政府、社区等等。由于公共关系学没有营销学发展得那么快,而且公共关系将涉及到各类公众而不仅仅是顾客,因而目前关于公众细分问题研究的深入程度远不如营销学中对市场或对顾客问题的细分研究。表8-1显示了若干基本公众与组织之间的差异,在后文的分类研究中,将继续讨论同一类公众之间还可能存在的差异。

(2)选择目标公众。目标公众与市场营销中的目标市场的选择略有区别。企业不可能进入所有的消费市场,因而要选择若干分市场作为自己的目标市场。公关活动要面对更多的公众,但基本类别的公众如员工、顾客、社区等是无选择余地的,都是组织的目标公众。因而这里目标公众的选择有两层意思:一是从长期的看,在基本类别公众确定的前提下,进一步确定哪些公众为目标,比如哪一些顾客、哪一些媒介公众,这是战略性的目标公众选择。二是在现阶段,就某一项传播、交往活动而言,将以哪些公众为目标,这是战术性的目标公众选择。

表8-1 企业与公众权利要求结构

公司的公众对象	公众对公司的要求	公司对公众的要求
员工	生产过程保持安全;作业条件要求适当;工资待遇及福利要求合理;老板要了解员工的生活、工作情况;尊重人格和保证心理的满足;平等待人;领导工作方法得当,工作效率高;和谐的人际关系等	遵守各项规章制度,不断提高业务水平和工作效率;保持产品质量、降低成本、完成产值及利润;对生产、技术及经营方面能够提出有价值的意见和建议;良好的工作态度和踏实的工作作风等
股东	参加利润分配;参与股东表决和董事选举;有权任免公司的经理人员;了解公司的经营动态;优先试用公司的新产品;有权转让股票;定期检查公司账目、增值报价、清理资产等	股东以公司利益为重;鼓励投资;关心公司的经营与发展;提供各种信息等
顾客	产品质量较高、保证使用安全和适当的寿命;价格公平合理;服务优良;准确解决各种疑难和投诉;获得必要的产品技术资料及增进消费者的信任;必要的消费服务和消费指导等	相信公司产品;长期作为公司的主顾;直接为公司传递各种消费和市场新信息
竞争者	由社会和行业制定竞争活动准则和法规;平等竞争的条件和机会;正当的竞争手段和竞争意识	
合作者	遵守合同;平等互利;提供技术信息与合同要求的各种援助;为合同提供各种优惠和方便;共担风险	
社区	向社区居民提供生活服务;向社区有关部门提供生产服务;提供就业机会;保护社区环节和社会秩序;支持文化活动和社会福利事业等	提供优秀的产业工人;创造横向有序清净的社区环境;支持公司事业的各项发展

续表

公司的公众对象	公众对公司的要求	公司对公众的要求
政府	遵纪守法,积极纳税;承担法律与社会责任;公平竞争;保证安全	创造良好的生活与经营环境;提供各种有利于公司发展的信息
媒介	实事求是地提供有价值的信息;尊重新闻记者的权利和尊严,提供各种采访条件;创造机会、了解公司	尊重公司的正确意见;实事求是地给予报道;多了解公司情况

选择目标公众的依据是组织的长期或当前的任务和公关项目本身的特点。目标公众的选择应该为组织的业务活动服务,选择时既要考虑必要性,又要考虑可能性。类似于目标市场的选择策略,目标公众的选择策略有三种:① 普遍性(或广泛性)目标公众策略。即以与组织有联系的一切公众为目标公众。② 选择性目标公众策略,即选择若干公众为目标公众。③ 集中性目标公众策略,即以少数公众为目标公众。

一般情况是,选择的目标公众越广泛,相应的公关项目和方案就必须有更广泛的信息覆盖面,更丰富的公关主题,以及更高的预算。虽然更广泛的信息覆盖面、社会交往面本身就是优点,但往往会冲淡主题、削弱力量。正因为目标公众的选择是两难选择,所以才有正确选择的必要。读者可参阅市场营销学中关于市场细分有效性的标准及各目标市场策略优缺点的有关章节。

(3) 确定重点公众与一般公众。选择目标公众之后,还要进一步确定目标公众中的重点公众和一般公众。没有重点就没有政策。任何一个组织的资源都是有限的,总难以满足各方面的需要,因而必须确定重点与一般。为了使有关政策特别是激励政策更为有效,也必须有意识设置差别,形成重点与一般。所谓重点公众,就是组织在一定时期内与之有密切关系,与这类公众关系状态的好坏将较大程度地影响组织的生存和发展,组织有必要而且有可能与之建立良好公关状态的一类公众。

重点公众是根据公众的重要性和公众对组织的态度等指标来确定的。这里把重要与重点作了区分。重要公众侧重从一般意义上和只从必要性角度考虑;而重点公众更强调现实的任务并综合考虑了必要性和可能性。因此,重要公众未必就是重点公众,而重点公众也并非就是最重要的公众。

这意味着确定重点公众时除依据一般意义上的重要性外,还要考虑其他一些细分变数,如公众对组织的态度,公众受组织的欢迎程度,组织目前所处的发展阶段等等。这如同选择目标市场一样,除了要考虑市场本身的吸引力之外,还要考虑企业的资源和优势,企业是否能进入这些市场并具有竞争优势。读者可参考市场营销学中有关"市场吸引力/企业成功概率分析矩阵"或"机会潜在吸引力/企业成功概率分析矩阵"的基本思路。在确定重点公众和一般公众时还应注意如下问题:

——特殊性。即不同组织往往有不同的重点公众。

——层次性。即使在某一类公众中,也可进一步分为重点公众和一般公众。

——动态性。随着公关状态的变化、组织战略任务的改变、公众自身的变化等,重点公众与一般公众经常是处于变动之中的。

——相对性。重点公众与一般公众的划分是相对的,因而要正确处理两类公众之间的关系,不能忽视一般公众的作用。

（四）制定公共关系战略行动方案

公关战略是指组织最高当局对组织的公关状态在较长时期内发展的总体构想与谋划，包括战略目标、战略措施、步骤等。前述的公关目标已包含了战略目标的内容，战略行动方案（包括战略措施和战略步骤）的制定一般应在战略目标已确定的前提下进行，或在互动中确定。

有一点必须说明，由于公关目标、形象定位的内涵十分丰富且是分层次的，下位目标往往就是实现上位目标的措施，而一个组织所追求的形象目标对于它的最终使命而言也只是一种战略性措施。不过有趣的是，组织理念设计的许多内容在公关策划、公关活动中的作用比较复杂；组织理念如基本使命、宗旨是制定公关目标、开展形象设计的前提、起点，也是构成组织形象的重要内容；贯彻正确的组织理念还是实现公关目标、塑造良好组织形象的基本途径，仅仅用文字语言表达组织理念并被公众直接识别、接受，就有助于组织的形象建设。因此，公关战略方案与公关目标的内容有一定程度的交叉。

1. 根据基本的长期公关目标和形象定位，进一步进行组织形象设计

基本公关目标与形象定位是指上位公关目标和较为抽象的形象定位，如知名度、美誉度和特色度的基本内涵和程度等基本指标。相对而言，下位公关目标和具体的形象特征就是一些战略措施和手段，比如处理好与媒介公众的关系是为提高组织的知名度、美誉度服务的；设计组织的行为特征和视觉特征是为了充实组织的基本形象内涵，最终也是为了提高组织的知名度、美誉度和特色度。因此，确定具体的公关目标和深化组织形象内容，也就是制定公关战略方案。

2. 确定信息传播战略

组织形象内涵和组织的目标公众确定以后，组织就应该把形象内涵所规定的基本信息和其他信息传递给目标公众，这就需要确定信息传播战略。信息传播战略方案的主要内容有：

（1）时机。有一些信息传播时机的选择具有战略意义，如新产品上市宣传或 CI 发表时机的选择。

（2）主题序列安排。形象推广或信息传播是场运动。为了使具有丰富内涵的组织形象深入人心，必须对一系列公关活动主题进行总体安排。

（3）信息传播力度。传播力度主要取决于传播的经费投入，经费预算并非只是公关策划的一个程序，它首先是一种战略选择。

（4）信息传播方式。包括选择传播媒介、确定传播节奏、确定公关广告与新闻活动的大致关系等等。

3. 确定社会交往战略

组织不应该仅仅是提高知名度等形象指标，还要能与目标公众达成和谐的交往状态。在目标公众特别是重点公众已经确定的情况下，组织就要致力于与这些公众进行有效的社会交往。交往活动一般具有日常性，是要经常不断开展的。但是，日常性的社会交往活动应在某种战略安排下进行。社会交往战略包括：

（1）根据与各类公众现有的交往状态，选择相应的交往目的和目标。

（2）确定社交活动的投入规模。

（3）选择社交活动的主要方式和项目。

（4）选择调节公众关系的主要方式方法。

（5）重大社交活动的时机、目标、主题的选择。

（五）选择及策划公关战术模式与项目

制定了公关目标和战略方案之后，就要选择适当的公关战术和策划具体的公关项目、以实现各种层次的公关目标以及体现战略行动方案意图。

战术是指那些在短期内采用的、因而可以经常灵活变化的原则、方法和措施，通常是为了解决一些局部问题。战术应该服从于战略。这里所说的公关战术，就是指具体的公关活动中要采用的方式方法。人们把公关战术归纳成五种战术性公关活动模式，即宣传型、交际型、服务型、社会型和征询型等五种模式。在本书中，我们把公关活动内容分为形象设计、信息传播和社会交往三大部分，战术问题实际上就是这三部分内容中的具体问题，因此战术性公关活动的归纳与五种模式的归纳就有不同。

在组织形象设计中，虽然也涉及许多理念设计和定位策略，涉及行为设计策略和技巧，视觉设计的策略和技巧等，但由于形象设计一旦确定，就应长期不变，因而基本属于一种战略问题。

在信息传播中，我们把传播分为大众传播和小众传播两大类。在大众传播中，主要分为公关广告和公关新闻活动两类；在小众传播中，可以分为小众媒介传播、传播专题活动和公务型人际传播三类。

在社会交往中，包括前述的五种社交模式和更多的社交方式、项目。

在信息传播战略和社会交往战略确定之后，组织就应根据战略的基本要求和具体情况，灵活地选择传播和交往的类型、模式、项目等，并要努力地使每一次传播和交往活动卓有成效，这就会涉及许多战术问题。

上述五种战术性公关活动模式仅是一种归纳方式，仍存在许多不足。比如，服务型公关模式是一种以提供优质服务为主要手段的公关活动模式，用实际行动来赢得公众好感，但实际行动还包括提高质量、降价、各种有奖销售等，那么是否还存在质量型、价格型、有奖销售型公关活动模式呢？又如，社会型公关活动模式是组织通过举办社会性、公益性、赞助性活动开展公关活动的模式，具体形式有开业庆典活动、酒会、赞助等。这些活动显然能与各类公众产生直接或间接的互动，不仅具有提高知名度、美誉度的作用，而且因为有感情投入而能提高与有关公众的融洽度。按照其能发挥的主要功能，有的应列为社交活动项目，有的应列为信息传播项目，或两者皆有。再如，把交际型公关定义为人际交往、把征询型公关定义为信息服务，都是有失偏颇的。因而本书不采用这种归纳方式。

战术问题实际很难归纳。在公关活动中，公关战术实际上就是具体公关活动所应做的一切。

威斯康星牛奶市场营销董事会（WMMB）的方案成功地通过了公民投票，很好地说明了战略和战术之间的区别。

WMMB曾想赢得奶产品生产商的支持，将每英担牛奶提价5至10美分，旨在针对全州和地区促销乳制品。国会规定全国奶农将所售的牛奶每英担拿出15美分来进行科研和增加奶产品的销售。将强制代扣费用中的5美分交由全国乳制品促销与研究董事会使用，另外5美分交给州或地区管理组织，然后由奶农来选择给哪一个组织交另外的5美分。而经常被称为："中间的5分镍币。"而WMMB想要威斯康星的生产商们把那可以自行处理的5美分直接交给州级的组织。

其项目战略包括强化生产商们对于建立威斯康星奶产品市场必要性的信念，展示WMMB在市场营销、研究和培训方面的成功，列举举足轻重的第三方的支持，以影响生产商们的目标群体。其战术包括支票加页、时事通讯、信息发布会、设立免费电话信息服务、年度报告、在农场发展日和世界乳业博览会举办展厅等。

最后在全体复决投票中,93%的生产商投票赞成将中间的5美分交给WMMB。

如果说公关活动中存在着可以归纳的战术模式,那么就是大众传播、小众传播、四种或六种社交模式;次一层次的公关广告、公关新闻、小众媒介传播、传播专题活动以及社交活动中的对内活动、对外活动、综合性活动;更低层次的具体公关广告类型、社交活动项目等。

选定了公关活动项目之后,随后就要进行项目策划。项目策划同样涉及到时机、主题、力度、传播方式、媒介选择,地点选择、人员选择、实物选择等问题。这时,一方面要体现战略方案的整体意图,另一方面又要根据当时的实际情况作相应调整。

(六) 编制预算

无论是有多少资金花多少钱,还是根据期望达到的目标投入多少钱,都应该认真编制预算。通过编制预算可以了解各项公关活动的支出,把有限的资金进行合理分配并减少不必要的支出,最后还能通过公关活动效果同成本预算之比来评估公关活动的效率,钱是否多花了,公关活动本身有多大作用等等。

1. 公关预算的构成

编制公关预算首先要了解预算的构成,进一步还要掌握每项构成的一般支出或市场行情。因此该部门发生的各项费用都应列为公关费用,它主要包括:① 工资成本;② 管理费用;③ 设施材料费用。以上费用比较固定,数额大小要取决于公关部的规模、基本设施的档次以及日常公关活动的规模、频繁程度。

较难确定的是大型、专项公关活动经费,如专家咨询费、调研费、广告费、赞助费、大型会议会务费、不测事件的各项支出等等。这些费用支出有很大弹性、偶然性和不可控性。专家咨询费因对方的权威性和砍价能力的不同,可能只要几千、几万,也可能上百万;赞助费有时具有偶然性,因自然灾害引起的赞助就难以预测,在有关方面的压力下或为了履行社会责任,多半还必须有所表示;广告费中的媒介费用一般有基本规定和市场行情,对于组织来说不可控。

一个对公关重视的组织,既应该让这类公关经费留有余地,不能满打满算;又要充分了解市场行情和各项支出可能达到的效果,最终使组织能顺利开展各项公关活动的同时尽可能节省费用。

表8-2是孙黎所著的《企业形象策划》一书中介绍了CI策划、设计规范项目与费用标准参考价目。

表 8-2　CI策划/设计规范与费用标准参考价目

序号	类别／费用标准	执 行 标 准
1	市场调研与企业实态研究 5~8 万元	企业自身综合研究,市场调研代理商和经营客户的调研 同行业竞争者的调研产品自身的再研究 现行广告政策的全面研究
2	规划战略系统与实施计划系统策划运筹 12~30 万元	企业目标、宗旨、哲学理念与精神、CI总体战略思想与策略原则、近期与长期发展战略及执计划、企业品牌战略、产品发展战略、市场推广与表现战略、市场营销战略与计划实施细则、同业竞争战略与策略计划、管理模式与运作方针等

续表

序号	类别 / 费用标准	执 行 标 准
3	基本要素设计统筹 4~8万元	企业标志、产品商标、产品中文牌名标准字体、产品英文牌名标准字体、企业名称标准字体、企业专用色、企业吉祥图形
4	企业办公用品系列规划设计 2~3.5万元	名片、信封、信笺、便笺、员工证件、胸卡、臂章、徽章、企业票据、单证、公文夹文件袋、办公文具系列
5	企业环节空间规划设计 8~15万元	办公区主体建筑与装饰、生产区门面建筑造型与装饰、高层领导办公环境设计、各职能部门办公空间设计、会议室环境空间设计、陈列室环境空间设计、销售点环境空间设计、公共环境应用标识系统设计、自有车辆标识设计
6	企业标准服饰系列规划设计 3~4.5万元	企业管理层西服、文员西服、生产人员工作服、关公人员服饰、勤杂员工服饰、保安人员服饰、统一T恤、统一制帽、提领带、统一用工作包
7	产品包装系列规划设计 3.5~8万元	
8	企业广告系统规划设计 4.5~5万元	广告策略思想原则、分期广告目标、广告文案、分类广告形式、规范与实施方案、广告预算与分配计划、特殊广告 网络、电视广告创意、文案与分镜头脚本、电台、报纸广告构思与文案、杂志广告文案与版式 户外广告系列设计 展示、展销、博览会促销广告策划 企业宣传画册、宣传印刷品、广告年历、贺卡、纪念品 产品样本及目录、模型广告POP
9	CI方案发布会策划 5~9万元	策划方案、视觉设计、实施组织
10	企业识别系统手册 4.5~6.5万元	规划、规范、设计
11	企业接待用品系列规划设计 0.3~0.5万元	接待专用茶具、烟具系列 接待专用清洁用品系列

2. 确定公关预算总额的方法

即使组织的领导认为公关十分重要,也只能分配有限的资金用于公关活动。有多种方法来确定组织在一定时期中的公关预算。

(1)固定比率法。即按照一定时期内的销售额或利润额的大小以某种固定比率提取公关经费的方法。以前广州白云山制药厂曾每年从总产值中提出1‰的资金作为信誉投资,许多企业的广告经费预算也是按销售额的一定比率提取的。这种方法简单易行,但难以确定最佳比率,且销售额本身在一定程度上取决于公关投入的力度,因而颠倒了因果关系。

(2)投资报酬法。即把公关开支当做能获得报酬的投资,按投资报酬率的高低来分配各项经费的方法。这一方法的优点是讲究经济效益,但公关活动并不完全是为了获得经济收益,而且它对经济效益的贡献往往是间接的、长期的、无形的和分散的,因而很难确切计算公关的投资效益。比较可行的办法是利用知名度、美誉度等指标来考核公关活动的成效,并对这些指标与经济效益之间的关系有一个基本估计。

(3) 量入为出法。即根据组织在财政上可能支付的资金来确定公关经费预算的方法。这一方法的指导思想是"有多少钱,办多大事",似乎很现实,然而却隐含这样一个问题:组织可能支付的资金在很大程度上取决于自己对公关活动的重视程度,可能支付的资金是有很大弹性的。

(4) 目标先导法。即先制定公关活动计划,然后将完成任务所需的各项费用项目详细计算列举出来,在留有一定余地的基础上确定公关经费预算的方法。这种方法是否合理,主要取决于活动计划本身制定得是否合理、必要,以及充分考虑到了组织财务状况。

以上各种方法都有优缺点,但关键的问题并非是选择何种方法,而在于是否能很好地使用某种方法。

(七) 审定方案

在各层次的公关目标、目标公众、行动方案(包括战略方案和战术性公关项目)以及经费预算等基本确定以后,就要对总体方案进行最后审定,并形成书面策划报告,即策划书。

对战略性公关目标和行动方案的审定,主要依赖于有关领导及专家对组织的基本特点、面临的主要问题、基本发展战略、环境特点与发展趋势,以及有关基本理论的透彻把握上。对战术性公关目标和行动方案的审定,则主要依赖于对细节的把握和经验。方案审定主要考虑这样几个问题。

1. 公关目标的合理性

包括公关目标是否明确,目的性是否很强;下位公关目标是否能很好地支持上位公关目标,公关目标是否能很好地为组织总体发展战略和基本使命服务。一个组织每天都要面对许多问题,各级领导每天都要做一份考卷,在纷繁复杂的事物中他们往往会迷失方向,不容易总能去做"对"事情。

江苏徐州市有一家生产营养品的企业,多年来的业绩平平,效益增长缓慢。可是企业领导不去细致分析企业产品销售不畅的真实原因,比如质量不优异,产品品种与行业领导者正面冲突、品牌名称很难听等等,盲目地认为提高企业的知名度就能带来销售额的巨大增长。在一次中央电视台主办的春节联欢晚会上,花了大价钱打出一个横幅,虽然也有不少人看到了该企业的这一公关举措,但事实证明对企业的销售没有什么明显影响,搞得企业领导也是哑巴吃黄连,有苦说不出。

2. 方案的可行性

公关行动方案不仅要有利于达成公关目标,而且在操作时也是可行的、做得到的。有许多因素影响着方案的可行性,如资金、政策、媒介配合、时机等。

安徽芜湖市有一家民营食品厂,虽然已经正确地认定打品牌将会使企业的产品脱离无序竞争之中,企业将会有一个大的发展,但按照企业目前的规模,几乎任何有效的公关广告方案在资金上都是难以承受的,而企业领导又不愿冒借贷搏一记的风险。

江苏今世缘酒业集团则遇到了另外一种问题。该企业既然要赋予产品品牌一种文化内涵,那么就要用各种方法手段把这一文化内涵表现出来,让广大公众认同并深入人心,而不能仅仅局限于起一个品牌名上。企业领导曾策划一个方案,即请著名电影艺术家孙道临夫妇帮他们做一个与今世缘酒相关的表现美满、经典式婚姻的广告,但遭到了他们的拒绝。

当然行动方案的可行性更主要的问题在于是否有效,即是否能达到公关目标。公关活动的规模是否有创新、是否能很好抓住公众的兴趣和需要,以及实际受众是否就是应有的目标公众等等,都会影响行动方案的有效性。

3. 费用的合理性

公关费用一般与公关效果成正比,如果一个企业每年能拿几千万元做广告搞公关,肯定会产生巨大效果。企业竞争、品牌竞争的背后往往就是资金竞争。但并非每一个组织都有丰厚的财力,而且很少有人愿意花冤枉钱。做成一桩事,可有多种方式,花费也就不同;从另一面说,花同样多的钱也可做成不同效果的事。

> 江苏南京一家全国著名的电子企业曾聘请多家咨询机构帮助企业诊断、提思路、出点子,价格从几万元到百万元。百万元的课题费是否物有所值呢?该企业一些职工干部谈了自己的感受:咨询报告提出的许多思路、观点,其实企业领导基本上都想到过,问题是现在用 100 万元买来的观点,就显得值钱了,由不得领导不重视。应该说,如果企业领导更理性,更有判断能力,就未必去聘请那些营销能力特别强的"权威机构"的。

一个组织不仅要节省日常公关开支,而且还要在专项公关活动中,善于在列出的各种方案、环节、要素中,比效果、比价格。

4. 潜在问题的预测和防范

任何一个方案在未实施之前就不能说它是尽善尽美、定能成功。因此,即使一个方案已大致可行,有关人员还要从多种角度分析在方案实施过程中可能遇到的各种潜在问题,并提出相应的防范、补救措施。

审定方案的过程实际上也是方案优化的过程。方案优化的方法主要有重点法、轮变法、反向增益法等。这些方法不再详加讨论。应该说明,在制订方案的过程中就要进行方案优化。

在方案论证、优化之后应形成书面策划报告,交领导批准之后加以实施。

三、公共关系策划的方法

(一) 群体组合策划模式

现代社会的发展,谋略和策略的需求急剧增加,现代科学知识密集地发展,迫使社会分工越来越细,资讯传播也越来越迅速。所以,现代策划已经发展到多学科共同合作完成的阶段。现代策划已经从经验决策转向科学决策,从单一劳动转向集中各方人力共同完成。现代社会是一个知识密集的时代,任何一个人都难以驾驭所有的知识,而只有单方面或若干方面的知识是难以胜任一些大型策划的。比如要进行一项产品投资策略的策划活动,进行市场调查需要专业的人士;进行产品组合策略需要工程技术人员和工业设计师、平面设计师一同工作;市场推广的时候需要营销人员和公关、广告人员协同作业。这是一项综合性的活动计划,需要多种专业的人员一齐参与,其成功才能保证。所以说,群体策划是现代策划的一个重要特征。

群体策划是一种人才组合的集体策划的形式。具体形式为组成一个专职策划小组,由策划小组共同完成策划的任务。策划小组的最佳形式是由多学科的成员组成,而且应该有经验丰富的一线工作者参与，这样有利于知识、信息的互补，有利于思维激荡。

策划小组的工作步骤归纳为五句话 20 个字：分头调研，共享信息，独立思考，小组讨论，专人提炼。在五个步骤中策划小组的成员首先是分头收集、整理、研究基本的调查资料，然后将个人收集、整理、研究的初步结果向策划小组成员互相通报，形成第一次信息冲撞效应。个人又再次独立构思至一定程度，由项目召集人召开策划小组讨论会，这个策划小组是脑力激荡的过程，互相启发，十分有利于创造性意见的产生。有时一次会议未必产生结果，就需重复前面的程序，再择日召开会议，直至又一个基本的结论产生为止。最后由制订方案的专人将策划小组研究的成果整理在案，或者由不同的个人撰写不同的方案，形成多个方案，这是运用群体智慧执行的策划方式，最大优点是知识互补和产生思维冲击的力量。

在这种组合中，并未削弱个人智慧的作用。立项、策划和决策环节都是充分发挥个人智慧的作用；调查和论证环节则是个人智慧与群体智慧的结合体。而更能体现个人智慧的则是策划小组的召集人，他同时是策划项目带头人。策划小组的成员，要有较高的素质，尤其是要具有专业知识，熟悉并了解情况，有逻辑概括能力、策划能力、较好的表达能力和创新意识。

（二）策划会的组织

现代策划中，策划会是一种重要形式，所以，许多专家、学者、前线工作者都在精心研究会议的效率。日本人在这方面是颇具心得的，他们认为，会议成本是昂贵的，必须注重和讲究会议的效率。大型活动策划会需要研究的问题一般比较大，而且系统性强，因而要求更具效率性。

（1）会前准备　会议的准备工作是会议成功的最关键因素。会前要确立好会议的目标及议题，尤其是议题必须清晰。作为会议的组织者要印发议程，拟订好出席人选，提前发出会议通知。策划会议一般 5 人至 7 人为宜，组织者要为与会者提供应有的参考资料。与会者要认真阅读有关资料，并认真思考，带着意见与会。会场布置以圆桌会议形式为好，方桌也可以。场内设置板书工具。恰当选择好会议直观材料。必要时设置幻灯、投影、录像等设备。会前的准备是会议成功的基础。

（2）会议氛围。策划会应力求营造活泼、平等的气氛。活跃的气氛有利于活泼思维和脑力激荡；平等的气氛有利于与会成员发散性思维。必要时可以设置会议饮品，营造轻松气氛。会议气氛的形成，一方面是会议室布置时刻意营造的，另一方面是主持人用主持会议的技巧营造的。

（3）主持技巧。主持人是策划会成功的一个关键因素，主持人应是策划项目的领头人。主持人在开会时要简洁明了地告知会议目的及要解决的问题，阐明会议的原则，保持活泼的气氛。他一定要时时把握会议的进展，尤其要把握会议的主题，保证会议议题不会走偏，并能够及时鼓励、引导与会者发言，及时捕捉好的构想，及时引导与会者相互借用议题激发新的构想。主持人要安排好专人记录，各种构想由记录员予以编号，写在白板上，让与会者可以一目了然已提及过的构想。记录员会后要整理好个人的构想，既作档案，又作进一步策划之用。会议结束时，主持人应该有一个小结，确认会议最后的研究结果。

（4）会议规则。会议效率不但取决于主持者，还取决于与会者，因此，与会者要遵循一定规则：第一，准备好与会用的记录卡或记录纸，以便及时将构想记录下来。第二，想到的构想立即就要提出来，即便那个主意本身没有什么价值，但有时它可以启发他人提出有价值的构想。第三，发言要简明，一般只提出主要的构想，无须论证，切忌古今中外论证一番。第四，个人独自自由畅想，不要私下交谈，否则会降低会议效率。第五，不要评议别人的构想。第六，发言要一个接着一个,不要冷场,最好形成顺时针顺序排列发言的习惯,形成压力。轮到的发言人实在没有构想,可暂时跳过,轮完一圈再继续一圈,如此往返,直至问题有一定的结论。第七,会议一般分为两个阶段。第一阶段为发散性思维阶段,与会者自由畅想,发表意见。第二阶段以一个基本认定的构想为前提,相对集中的一些构想可以再广泛发表意见。

对最后的提案,要有一个评价的过程,一方面是尽可能完善既定的提案,另一方面尽可能运用系统的、科学的分析方法进行严密的评价。基本的评价方法是:第一,以社会制约因素去审核,排除法律上、道德上的不允许因素;第二,对其中表达的概念再三论证;第三,效果评价;第四,可行性评价;第五,以一定的逻辑概念审视整个构想的排序。

(三)专题活动构思的方法

专题活动策划的构思过程,是一个艰苦的脑力劳动过程。专题活动是公共关系策划中最主要的内容之一,分为大型和小型两类,尤其是大型活动的社会综合性要求很高,所以策划应该坚持执行群体策划的原则。在群体策划的方法研究方面,中外学者做了许多的探讨和研究,总结了许多的策划构思、创造的方式,这里我们仅介绍两种比较常用的构思方法。

1. 头脑风暴法

头脑风暴法是通过联想进行构思的方法。头脑风暴法的核心是高度自由的联想。这种技法一般是通过一种小型策划会议,使与会者毫无顾忌地提出各种想法,彼此激励,诱发联想,导致产生新的构思的方法。

2. 案例排列法

案例排列法是通过联想方式进行构思的方法,案例排列法主要是通过对过去案例的回顾而激发新的构想的构思方法。这类策划更希望要由与会者将议题相同的过去的同类案例排列出来,并在排列案例的两边构想新的计划。假设会议议题是讨论宴会游戏的设计,与会者轮流发言,可以按座位顺序依次发言,也可以随时发言,发言者先将曾经有过的宴会游戏排列出来,并随时可以提出新的宴会游戏构想。记录者要把发言者的意见记录在黑板上,记录板分成两边,一边记录已有的案例,另一边记录新的构想,如此往返。案例排列法要力求穷尽与会者头脑中的案例,主持人要善于引导与会者进行联想推理,以便产生新的想法。

第四节　战略性公共关系模式与时机策略

前文讨论两个较为一般的公关模式和策略,即战略性公关活动模式和公关活动的时机选择策略。不管是进行形象设计还是信息传播或社会交往,以及不管来自什么公关活动项目,都有一个必要性的问题。

一、战略性公关活动模式

如前所述,组织的形象状态大致可分为晦月型、新月型、皎月型和残月型等四种;如果同时考虑知名度、美誉度和特色度三个指标,那么组织的形象状态就有更多的种类。组织根据现实的公关状态和所要达到的公关目标等因素,可采取五种战略性公关活动模式。战略性公关活动模式是由阶段性的公关目标、任务和由其所决定的多种策略与技巧所构成的有机体系。

应该说明,一个组织不仅有整体形象,还有多个子形象;组织还必须面对不同种类的公众、面对各个组织层次的和个体层次的公众。因此,五种战略性公关活动模式既可以理解为组织的整体的公关问题,也可以理解为按不同子形象、按不同公众划分的战略性问题。

不同公关模式不仅指出了公关目标和任务,还要求一系列的公关策略与此配合。有关策略的制定固然应遵循目标导向原则,但同时要考虑其他多种因素,因此是复杂多变的。所以,在讨论五种模式时,不可能完整提出相应的公关策略。

(一) 建设型公关活动模式

建设型公关活动模式是指组织现实的公关状态处于较低水平,为了打开局面,迅速被公众认知与接受所进行的系统公关活动。现实的公关状态主要是晦月型的,知名度、美誉度等指标都很低。这时组织的基础工作没什么问题,只是因为刚刚问世或长期自我封闭才使得公关状态不理想。因此,组织在进行形象设计后,即可进行积极的形象推广和社会交往活动。当然,组织也可采用渐进、稳健的方式进行公关活动。此时,广告宣传和广泛的社会交往是公关活动的主要内容或手段。由于组织的基础工作没问题,并假定经过了形象设计,因而主题丰富的广告宣传在提高组织知名度的同时,也能提高组织的美誉度和特色度。广泛的社会交往应与各种业务活动密切结合起来,这样才会产生预期效果。如果组织想稳健地改善公关状态,则可以主要通过卓有成效的业务活动来获得人们的好感和口碑,并用中低力度的广告宣传加以配合。

(二) 维系型公关活动模式

这一模式是指组织为了保持原有的公关状态或原有的发展势头所进行的系统公关活动。一般而言,当组织处于稳定发展时期,形象状态属于皎月型或新月型时,可采用维系型公关活动模式。如果组织对公关状态要求不高或无力改善,也可采用此模式。既然是为了保持原有的公关状态或发展势头,那么公关活动的力度就不必很大,主要通过虽不引人注目,但却是持续不断的努力,使组织的形象和交往状态维系在原有水平或发展速度上。公众对组织的印象和感情都是会遗忘的,而且会随时受到诱惑而与其他竞争者发生良好关系,因此一个组织绝不能认为发展到良好的公关状态即可一劳永逸。还要注意的是,维系型公关活动的力度应随具体情况做出调整。在竞争异常激烈的领域中,如在化妆品、营养品行业中,企业必须始终保持高昂的斗志才能使自己立于不败之地。

(三) 防御型公关活动模式

这一模式是指组织在察觉到存在某些潜在问题甚至危机时,为了防范这些潜在问题的出现影响组织的公关状态所进行的系统公关活动,潜在问题或危机产生的原因有多种。

(1) 组织基础工作的失误。包括产品质量不过关,服务态度恶劣这些基本问题;日常工作中的失误、漏洞;组织政策、产品、行为等没有随环境、公众需求的变化作相应的改进、调整等。

(2) 组织在没有充分把握公众需求或求得公众认同的基础上匆忙改变了与公众利益或感情相关的政策、产品特点、服务方式等等,由于没有相关广告宣传活动的配合,即使组织的基本决策正确,也容易遭致不满。

(3) 竞争者的恶意造谣破坏。组织应该根据不同的原因来采取相应的对策。一般说来,公关部门的主要职能是监测环境,提供对策和建议,并把有关信息及时传递出去,防止摩擦产生,其他部门则应根据部门的职责作相应的实际改进、调整。

（四）矫正型公关活动模式

这一模式是指组织在与某些公众的关系发生摩擦、危机之后，为了挽回声誉、平息事端所进行的系统公关活动。产生摩擦的原因就同前一模式所述的一致，差别在于已经暴露或尖锐化。解决摩擦、危机的方式因有原因及事态的严重性而有不同，一般将涉及如下措施或工作环节：

（1）查明真相。

（2）停止使用和销售出问题的产品，或中止有关政策、行为等。

（3）安抚遭受损失的公众，作相应的赔偿。

（4）利用大众媒介或与目标公众进行直接沟通，宣布事实真相和做出解释，防止不利信息的进一步扩散。发表言论时应注意统一口径，选择有利时机，言论要明确，不能含混不清。要尽可能争取媒介的支持，让它们帮组织说话。

（5）迅速提出整改措施并付诸行动，进一步把有关信息传递出去；或者采取系列公关宣传活动劝导公众接受组织的政策、产品和做法；或者与造谣破坏者直接交涉直至诉诸法律。

（6）与有关主管部门相沟通，消除它的误解，为组织的业务活动提供方便。

第1、第2项措施并非总要采用，只是当公众实际受到损害时才有必要。各项措施应根据当时情形进行排列组合。

（五）进攻型公关活动模式

这一模式是指组织在意识到环境或公众的现有偏好等将阻碍组织的进一步发展时，为了主动改变环境和公众偏好以便为组织的长远发展铺平道路所进行的系统公关活动。环境与公众偏好等障碍包括政府有关政策、文化习俗、公众心理定势、消费习惯、消费心理等等。菲利普·科特勒在其大市场营销观念中认为，如果一个企业的营销活动受到目标市场中当地政府的政策限制和竞争者的抵制，就要联合运用"政治权力"和"公共关系"来消除这些障碍。可是文化习俗、公众心理定势和消费习惯等却是一种无形的力量，组织未必能通过强大的宣传攻势"毕其功于一役"，更多地要依赖"行业营销力量"、"浸润"劝导方式来最终取得成效。

由于上述公关活动模式往往要通过系统公关努力才能实现相应的目标，涉及面广；而相应的目标又涉及整体组织形象或子形象，涉及与各类公众或部分公众的交往状态，完成时间较长，因此具有战略意义。如果防御型、矫正型公关活动模式涉及的总是很小，也可视为战术性公关活动模式。也有人把以上5种公关模式归纳为3种，如维系、矫正和强化（提升）。

战略性公关活动模式都涉及到主要公关指标的维系或提高，因而可以进一步总结以下两种较为典型的战略步骤：

第一，当组织知名度、美誉度指标都很低时（处于第三象限），可采用既提高知名度也提高美誉度的双向战略路线；此时美誉度的提高不仅依赖于宣传，更依赖于组织基础工作的改进。

第二，当组织知名度很高而美誉度很低时（处于第四象限），可先采取降低知名度（暂不作任何广告宣传，让公众淡忘，或重起炉灶），然后采取先提高美誉度、再提高知名度的路线。此时如果采用上述的双向提升路线，很容易知名度勾起公众对该组织过去臭名远扬的回忆。而若要从臭名远扬径直提升到双向区域（第一象限），则更难获得成功。

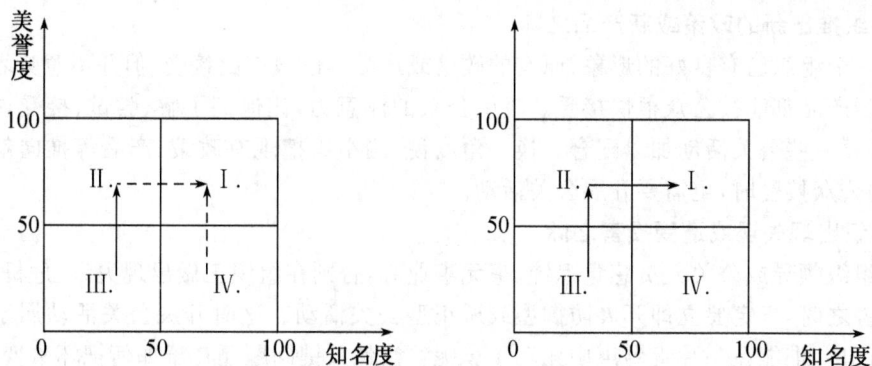

图 8-3　组织形象提升路线

二、时机选择策略

一个组织要对目前发展所处的阶段有正确和敏感的判断,并非是一件易事。但在特定时间中发生的一些事件,或反过来说,与特定事件和客观事物相联系的时机,却往往能帮助人们判断组织现在处于什么阶段,激发人们开展重大公关活动的积极性。因此,时机选择策略能帮助人们正确判断和采用何种战略性公关模式。

任何事物都发生在一定时空中,与特定事件和其他因素相联系的时间,就可能形成一种时机。无论是战略性还是战术性公关活动都有一个时机选择问题。“机不可失,时不再来”,适当的时机选择会产生“事半功倍”的效果。时机选择,实际就是选择与某个时间相联系的有关事件和客观事物中的有利因素。充分挖掘和利用时机所带来的一切有利因素,回避噪音与其他不利因素,是时机选择的基本原则。但是要很好地贯彻这一原则是十分困难的,这依赖于公关人员有很强的敏感性、对公关活动原理有透彻理解并能捕捉到各种信息。主要有两类时机途择策略,一是公关需求导向策略,二是公关条件导向策略。

(一) 公关需求导向策略

组织的公关活动源于自身的改善公关状态的需求。虽然从本质上说,组织在任何时期都有公关需求,但需求的强度、重要性总是处于波动之中。如果在某些时期组织公关需求的强度很高、很重要,那么在这些时期自然就要开展公关活动,主要是重大的、专题性的公关活动。这些很容易判断的时期主要有以下几种。

1. 组织创办之际

一个组织在创办之际,各项公关指标几乎为零。即使这个新成立的组织试图采用渐近、稳健的方式塑造组织形象、开拓社会关系,但许多业务活动马上就要展开,许多关系亟待建立,因而该组织至少要使开业时的公关活动(如开业典礼)的目标公众的类型和规模,与在近期内开展业务活动所涉及到的公众类别与规模有某种程度的吻合。如果在开业时不搞任何公关活动,会产生两个弊端,一是每次业务活动都要重复向特定公众宣传自己,与其联络感情,可能反而增加了成本;二是会给公众产生某种心理定势,即认为组织实力不强或诚意不够。但是一些规模特别小的组织未必一定要搞开业典礼。

2. 组织推出新的政策或新产品之际

即使一个组织已有良好的形象,原有的政策或产品等已被广泛接受,但并不意味着每一项新政策或新产品都能被公众很快接受。吸引公众的注意力,让他们了解、尝试、接受这些新东西,显然需要一些公关活动加以配合。换一角度说,当组织把现有政策、产品等推向新的地一区、让新的公众接受时,也需要开展公关活动。

3. 组织出现失误或遭受损害之际

除非组织领导或公关人员感觉迟钝、毫无事业心,否则在组织工做出现失误、危机,公关状态受到损害之时,肯定要立即开展防御型或矫正型公关活动。这时开展公关活动属于条件反射、情势所迫。谁能在一片责骂声中无动于衷呢? 当然关键问题还在于如何把坏事变为好事。

此外,还有如下时机要求开展公关活动:① 与其他组织合并之时;② 本组织的产品和市场有较大扩张之时;③ 本组织搬迁之时;④ 组织业务拓展遇到某种障碍之时;⑤ 组织业务活动正当紧张开展之时(如订货会、大规模招聘新员工等)。

(二) 公关条件导向策略

一些客观事件的发生,既可能会刺激组织产生强烈的公关需求,也可能是提供了进行公关活动的良好条件,或兼而有之。公关条件导向策略,就是着眼于寻找在某一时间内发生的有利于开展公关活动的事件。相关事件按照其发生的地点有组织内外两种类型,与之相应的就有两种策略。

1. 组织内部公关条件导向

组织内部经常会发生一些或大或小的事件,或者在历史上的某一时刻曾发生过一些事件。当发生这些事件时,现实公关状态和理想公关状态之间的差距可能没有什么变化,但却为缩小这种差距提供了条件。能提供良好条件的事件主要有:① 重大工程奠基、落成;② 组织获得某种荣誉或取得重大业绩;③ 重要领导亲临视察;④ 组织内部有重大改革或其他举措;⑤ 组织历史上重大事件的纪念日,如厂庆。

如果一些事件具有如下特征,就应充分利用:① 能吸引公众注意,具有某种新闻价值;② 公关活动容易策划与实施,投入较少;③ 能丰富组织的形象内涵,使公众对组织的认识发生有利的变化。

2. 组织外部公关条件导向

对于一个组织来说,有利于开展公关活动的外部事件主要有这样几种类型:① 具有全国影响的国家大事,如开发西部战略,大洪灾;② 具有地区影响的大事,如上海淮海路的改造建设、南京地铁开始动工;③ 具有行业影响的大事,如有消费者要求所有白酒企业都要在酒瓶上标明白酒的副作用或警示语;④ 与本组织直接相关的属于微观环境的大事,如竞争者举办厂庆、邻近街道拓宽马路、一些重点公众发生较大困难时。

这些重大事件有的与组织直接相关,有的间接相关,而相关程度的高低不仅具有客观性,还取决于组织如何看待这些事件。只要这些事件与组织的社会责任、权利和义务、利益等等有关,就具有相关性,具有相关性的事件就可能有利用价值。当这些事件同时还具有新闻价值,对这些事件做出积极反应能凸现组织的社会责任感、道义、大度等特性时,就可以考虑利用这些事件从事公关活动。

应该说明,公关需要导向策略和公关条件导向策略是相互联系的:当需要从事公关活动时最好能利用一些重大事件;是否要利用一些重大事件则最终取决于组织当时的公关状态是否有必要矫正或提升。两类策略的区别是侧重点有所不同。

【案例分析】

"通用汽车中国大家庭群星峰会"企业形象案例

类别　企业形象公关案例

项目主题　"驱动未来"通用汽车中国大家庭群星峰会

项目主体　通用汽车中国公司

项目执行　通用汽车中国公司公关部

项目背景　每年的中国国际汽车展期间,各大汽车企业公关策划活动都达到了最密集的程度。面对激烈竞争,通用汽车中国公司突破了国内其他汽车企业只以企业品牌或者只以产品品牌为主体的传统宣传模式,一改以往各合资企业产品品牌宣传与投资公司企业品牌宣传脱节的弊病,将各款全新产品品牌宣传与通用汽车中国公司的整体企业品牌形象宣传融于一体,低成本而高效率地完整展示了通用汽车中国大家庭领衔业界的企业形象,传递"通用汽车,驱动未来"的参展主题。

项目策划　为了在其他汽车公司众多的新车发布中脱颖而出,吸引最大的媒体和社会关注,通用汽车中国公司围绕车展有节奏、有层次地推出了一系列宣传活动。

◆ 泛亚汽车技术中心自主开发的国产概念车——鲲鹏概念车的新闻发布避免其在车展期间淹没在众多新车的宣传中。

◆ 车展前一周,通用汽车中国公司向全国各大主要核心媒体专业记者发放了车展预发新闻稿,继续吸引媒体的关注。

◆ 当万众期待车展开幕的时候,以一场不落俗套的"通用汽车中国大家庭群星峰会"正式揭开了通用汽车中国公司的新车新闻发布。

项目执行　作为通用汽车中国公司车展系列公关活动中一个最重要的组成部分,在时间紧张、预算有限的情况下,"通用汽车中国大家庭群星峰会"并不以大投入、大规模取胜。通用汽车中国公司携手四家国内合资企业,充分整合整个中国大家庭的资源,融企业品牌、产品品牌为一体,不仅有效节约了资金,而且使整场活动更紧凑。在短短几十分钟内活动凭借企业、产品两个层面的品牌聚合力量深深震撼了现场来宾。

借用宇宙星系的概念,"通用汽车中国大家庭群星峰会"将通用汽车中国大家庭演绎成一个群星璀璨的星系,通用汽车中国公司和各合资企业的司标如行星流转在特别布置的苍穹中。在这个特别的星空下,通用汽车中国大家庭的主要成员,七款来自通用汽车以及合资企业的新车从幕后驶向前台。通用汽车中国大家庭的各位高层负责人亲自向与会媒体讲解每一款最新量产车型的独特之处,最后突然掀开面纱的三款全新概念车则将活动的气氛推到了最高点。

项目评估　在众多参加上海车展的汽车公司中,通用汽车不仅率先于其他公司将自己的最新成就展示给来自全国各大城市的主流媒体,更以独特创意让记者们在现场切身体会了通用汽车作为世界最大汽车制造商的实力和它对中国汽车工业的贡献,并由此启发了媒体对通用汽车中国本土化战略的深度思考。同时配合现场提前发放的新闻稿件，使记者提前充分感受了通用汽车中国公司的企业品牌魅力，领略了产品品牌实力。在车展的媒体争夺战中，通用汽车成功地在媒体上赢得了先机。具体来说：

◆ 从活动后报道的质量和数量来看，出席活动的所有记者都对通用汽车此次车展活动进行了充分的报道，有些记者甚至连续发出多篇报道。

◆ 收集到来自印刷媒体和网络媒体的报道 340 篇，电视报道近 10 分钟，覆盖超过 6 000 万受众。几乎所有报道都提及了我们希望传达的企业品牌以及产品品牌的核心信息，其中更有 54％ 的报道引述了通用汽车中国公司新闻发言人的讲话。

◆ 根据专业调查公司就整个车展活动对参加活动的媒体进行的抽样调查结果，通用汽车中国大家庭群星峰会在高效、信息传达以及活动执行三方面以显著优势领先于其他汽车公司，在本届车展上独占鳌头。更有 96％ 的媒体认为"通用汽车中国大家庭群星峰会"是本届上海车展中最成功的公关活动。

点评 "通用汽车中国大家庭群星峰会"是一个独具特色的企业形象案例，它将汽车产品展示和企业形象展示合而为一，一箭双雕，相得益彰，反映了企业公共关系人员的专业素养和远见。前期传播工作的预热、媒体关系的呵护以及现场活动的精心设计，使"通用汽车中国大家庭群星峰会"活动成为上海汽车展中的亮点，得到展会观众，尤其是新闻媒体的高度关注。

【本章小结】

公共关系策划是指公共关系人员在调查研究的基础上，为实现组织的公共关系目标，如提高组织的知名度、美誉度和认可度，运用思维想象和创造力对组织的公共关系战略和具体策略进行的运筹谋划。公共关系策划是一种思路，是一个设想，是一套谋略。本章全面介绍了公共关系调查、策划、实施和评估的基本内容。

【思考与练习】

1. 什么是公共关系策划？公共关系策划具有哪些特征？

2. 什么是"头脑风暴法"？请按这种方法的规则组织一次活动以解决组织（或企业）的一个具体问题为主，并归纳出最具创新性的几种设想。

3. 公共关系策划中的真诚求实原则具体表现在哪些方面？

4. 公共关系策划的程序包括哪些？

5. 公共关系策划的方法有哪些？

第九章　公共关系广告策划

【学习目标】
　　1. 掌握公共关系策划的特征、分类和原则
　　2. 了解公共关系广告媒介的种类、特点及公关媒介的选择
　　3. 掌握公共关系广告策划的方法、传播时机和应注意的问题

【引导案例】

10万美元寻找主人！

　　某公司宣传其新型保险柜的卓越功能，登出一则这样的广告：

　　"10万美元寻找主人！本公司展厅保险柜里存放有10万美元，在不弄响警报器的前提下，各路豪杰可用任何手段拿出享用！"

　　广告一出，轰动全城。前往一试身手的人形形色色，有工人、学生、工程师、警察和侦探，甚至还有不露声色的小偷，但都没有人能够得手。各大报纸连续几天都为此事作免费报道，影响极大。这家公司的保险柜的声誉随之大增。

第一节　公共关系广告策划的基本理论

　　"如果我能再生，我将首先投身于广告事业。"美国的富兰克林·罗斯福对从事广告业的一句感慨话语，竟成了流传于世的名言。广告的确是充满魅力而又大有可为的事业。广告的作用是不可低估的，广告能为组织获得更大的社会效益和经济效益创造有利条件。广告对消费者公众的影响日益明显。无论你喜欢与否，你的购买意向和行为或多或少地会受到广告的影响。从这个意义上来理解，广告可以说是促销的前奏，是引导消费的指南。据有关专家预测：今后的社会，没有广告就没有产品，没有广告就没有效益，没有广告的企业将寸步难行。广告是信息传播的重要工具，公共关系也常常利用广告这种传播形式传播组织信息，扩大组织知名度。公关广告与一般商业广告既有联系又有区别。

一、公关广告的特征

　　把公关广告与一般商业广告这两类广告放在一起对比分析时，就不难发现它们既有相同点又有区别，从对比分析中可以帮助我们去了解和把握公关广告的特征。

（一）公关广告与商业广告的共同点

（1）广而告之,扩大知名度。广告本身是一种宣传方式或手段,广告的目的就是为了扩大宣传范围,让更多的公众成为广告信息的知晓公众。

（2）重复信息,增强受传者的记忆。为了加深公众对广告信息的印象,两类广告都注重运用信息重复传达的技巧,以增强受传者的记忆,提高传播效果。

（3）语言凝练,用词考究,吸引力强。广告语言在广告中是至关重要的,要求也是相当高的。要写出一则优秀的广告词绝非易事,正如英国诗人、小说家赫胥黎所说:"写一首过得去的十四行诗比写一则过得去的广告要容易得多。"好的广告词是人类智慧的结晶。广告语言都是经过反复琢磨、推敲、提炼,最后保留最精彩部分的。

（4）注重创意,以新颖独特吸引公众。广告都十分注重创意,通过制作新颖独特、别具一格的广告吸引公众的注意。我们生活在信息世界里,每天都会接触到大量信息,一个人不可能注意到所有信息,对信息总是有选择性的。平淡无奇、千篇一律、毫无特色的广告信息是难以引起公众注意的,只有制作与众不同、富有特色的广告信息才能引人注目,才能使公众对这则广告信息刺激做出反应。

（二）公关广告与商业广告的区别

公关广告与商业广告有相同之处,也有许多不同之处,了解两类广告的区别,有利于把握公关广告的特征,有利于卓有成效地策划和制作公关广告.两类广告的主要区别如下:

1. 目的不同

商业广告的目的在于推销某一商品或某一服务,引起公众的购买行为或接受某种有偿服务。公关广告的目的在于宣传与推销组织的整体形象,以赢得公众的理解与信赖。如"雀巢咖啡"的广告"味道好极了!",这是一则商业广告;而"可口可乐"赞助了世界154个国家的奥运健儿,包括中国。"一代奥运不朽精神长存我心中。"这则广告就是公关广告,其目的在于宣传可口可乐公司良好的形象。

2. 内容不同

商业广告的内容以介绍商品的具体特点为主,包括商品的功能、规格、品牌、款式、重量、使用或饮用说明等。公关广告的内容以介绍组织的整体特点为主,包括组织所属的级别、实力、服务宗旨、经营项目、企业精神、员工素质、获奖状况等。

3. 追求不同

商业广告侧重于追求经济效益,追求短、平、快,希望在最短的时间里,最快地向广大消费者直接宣传推销某种商品或服务。商业广告是一种短期行为。公关广告侧重于追求社会效益,追求长远效益。希望通过对组织的全面宣传,获得公众对组织的了解与支持,使组织与公众之间建立长期的友好关系。公关广告是一种长期行为。

4. 表达方式不同

表达方式指的是广告语言表达。商业广告语言表达直截了当,明确地向公众宣传推销某一商品或服务,不加掩饰,甚至常用催促消费者购买的语言,如"速来购买"、"欲购从速"等,商业味浓厚。公关广告语言表达比较含蓄,注重组织与公众的感情联络,商业味淡。从广告语言表达上可以反映出两类广告对公众引导的重点不同。商业广告重点引导公众了解商品,其次是了解组织。而公关广告重点引导公众了解组织,然后再了解该组织的产品(商品)。

（1）商业广告：公众——商品——企业组织

如维维集团的商业广告："维维豆奶，欢乐开怀，维维集团。"

（2）公关广告：公众——企业组织——商品

如太阳神集团公司的公关广告："当太阳升起的时候，我们的爱天长地久。"

5．效果不同

商业广告扩大了商品的知名度，引起消费者购买行为，直接为组织促销服务，以增加销售额。公关广告扩大了组织的知名度和美誉度，在公众心目中树立组织良好的形象，为组织创造良好的社会舆论环境，促进组织的发展。

公关广告的特征概括地说主要体现在：以推销组织的整体形象、扩大组织知名度、提高组织美誉度为目的；侧重介绍组织的总体特点、服务经营宗旨、企业精神；注重与公众建立良好的关系、追求社会效益；重在让公众先了解并记住组织；极力争取公众的理解、信任与支持；语言表达含蓄、商业味淡。

二、公关广告的类型

（一）形象广告

形象广告，即主要介绍企业的整体特点，宣传企业形象，让公众全面了解企业情况的广告，企业广告一般主要介绍以下内容：

（1）企业归属的级别；

（2）企业经营宗旨；

（3）企业价值观念（即企业精神）；

（4）企业实力；

（5）企业产品质量；

（6）企业营销范围；

（7）企业获奖情况；

（8）企业对公益事业的态度与行动等。

三九(999)企业集团的形象广告

三九(999)企业集团是以深圳南方制药厂为核心企业，经国务院经贸办批准，隶属于中国人民解放军总后勤部生产管理部领导，以制药业生产为主业的大型企业联合体……在当前发展市场经济的新形势下，本集团致力于建立以主业为本，全方位开发，科工贸并举，内外贸结合的新体制，为我国经济繁荣、国富民强做出积极的贡献。

（二）祝贺广告

祝贺广告，即当某企业事业单位新开业、开张或建筑物落成时，或某工厂新生产线投产时等，其他的一些企业事业单位联名通过新闻媒介登广告表示祝贺。或在节假日企业事业单位登广告向广大社会公众表示节日祝贺等，这类广告均属于祝贺广告，其目的在于加强企事业单位之间的友好往来，密切双方的关系，增进组织与公众之间的感情交流，使组织的社会关系融洽、和谐。祝贺广告对祝贺者与受贺者双方均有利。

（三）致谢广告

致谢广告，即当某企业事业单位取得巨大成功或升级、获奖之时，借广告向曾对本组织给予帮助和支持的其他企业事业单位或广大公众表示诚挚感谢。在致谢的同时，也提高了本组织的美誉度和知名度。

（四）致歉广告

致歉广告，即当企业事业单位在工作中出现失误，或产品质量、服务出现问题，或做了对不住公众的事时，公开向公众赔礼道歉的广告。这类广告以诚实的、对社会、对广大公众负责的态度，不隐瞒事实真相、不推卸责任，积极主动纠正错误，这种做法最终会得到公众的谅解和支持，挽回组织不良的影响。反之，如果对本组织出现的差错和问题，对本组织伤害公众利益的错误听之任之、置之不理、不承担责任、掩盖过失，那么只能是"欲盖弥彰"，到头来不仅得不到公众的谅解，反而会遭到全社会的舆论谴责，危及组织的生存。

一家工厂生产时排出的废气、废渣、废水严重污染附近的农田，有人向厂长提出建议，工厂应向农民公开道歉、赔偿部分损失，但厂长没有接受，采取置之不理的态度，引起农民强烈的不满，使矛盾激化。由于事态恶化，最后导致该厂不得不停工停产。

（五）创意广告

创意广告，即某个企业事业单位为倡导并发起的有利于社会良好风气形成的新观念、新行为所做的宣传活动。

广州公汽5路车曾发起"友爱在车厢"的活动，通过新闻单位广泛宣传，一方面给自己提出"安全运行，优质服务"，请广大市民监督的要求；另一方面向市民提出"发扬互助互爱精神，乘车互谅互让，文明礼貌"。这种创意广告有利于精神文明建设，得到全市人民的积极响应和支持，推动了全市文明礼貌活动的开展，还带动了其他服务行业开展文明服务，如"友爱在商场"、"友爱在施工现场"、"微笑在广州"等。

（六）公益广告

公益广告，即对社会良好风气、对公众良好言行予以赞美、表扬，对社会陈规陋习、对公众错误言行予以批评及规劝的广告。中央电视台的"广而告之"栏目就属于公益广告。在"广而告之"节目中，有对吸烟危害健康的警告，有对文明礼貌、尊老爱幼行为的赞扬，有对破坏公物不良行为的谴责，有对家长要重视独生子女教育的提醒等。公益广告通过对各种社会行为的赞扬、批评、规劝、忠告等，旨在树正气、压歪风，有利于净化社会风气，促进精神文明建设，有利于提高民族素质和修养。

（七）解释广告

解释广告，即对那些由于不了解组织情况而对组织产生偏见、误解、不信任的公众进行解释、说明，以消除误解，增进信任感的广告。

（八）赞助广告

赞助广告，即对组织举办的各种社会公益事业、开展的各种社会赞助活动进行宣传报道的广告。赞助广告有助于扩大组织的社会影响，有利于赚得公众的好感，有利于树立组织良好形象。

如南源永芳化妆品公司的一则赞助广告,对公司所开展的赞助活动一一列举,如数家珍:捐资兴建上海人民英雄纪念碑;捐资赈济大兴安岭火灾灾民;举行首届评选"永芳杯"电视演员十佳的主要赞助者;投资兴建三所小学校舍;捐赠200万元给嘉应大学;在广东家乡投资5 000万元办厂;在广州投资1 000万元兴建广州嘉应宾馆;修筑"永芳路"、"永芳街";向中国残疾人福利基金会捐款100万元;还为天津、大连、哈尔滨、杭州、武汉等大中城市捐款近千万元。这些赞助活动真实地记录了永芳化妆品公司对社会公益事业、教育事业、慈善事业所作的巨大贡献,也使南源永芳化妆品公司在社会广大公众心目中树立了良好的企业形象。

除以上谈到的八类公关广告外,还有倡议广告、记事广告、响应广告、实力广告、招聘广告、观念广告等,有的与前面提到的八类有相似或交叉,这里就不一一赘述了。

三、公关广告的原则

(一) 合法原则

任何广告的制作都不能违反国家的法律、法令、法规,公关广告作为信誉广告,更要自觉维护国家的法律,遵守行政法规,同时也要遵守"中华人民共和国广告法"。尽管我国广告法所称广告,指的是商业广告,但公关广告在设计、制作中也应当遵守广告准则。应讲究职业道德,维护国家的尊严和利益。

(二) 诚实守信原则

"真诚是公共关系的最佳政策",公关广告更要突出真实诚恳。公关广告必须以事实为依据,以诚实的态度宣传组织的情况,既不能夸大其词,更不能弄虚作假。讲信誉、守信用,才能真正赢得公众的赞誉,达到公关广告的目的。

(三) 注重社会效益原则

公关广告注重社会效益,不追求急功近利,看重组织未来的长远发展,这也正是公关广告与商业广告的重要区别之一。

常州××鞋店经理当发现本店购进了一批假冒牛皮鞋,并已售出7双时,他不是消极地等待顾客自己上门退换,而是为了维护公众利益,主动在店门口张贴"致歉广告",公开向顾客道歉。在最后一双劣质牛皮鞋(第7双)尚无人前来退换时,经理又花钱在市人民广播电台播出广告,说明"本店由于不慎,在进货中混入了一批劣质假冒牛皮鞋,在售出的7双中已追回6双,望第7双鞋的购买者闻讯后来店办理退货,本店还将当面致歉"。这则致歉广告,看起来是自己花钱亮丑,自己退赔,从经济利益来看是极不合算的,但从社会效益来看,该鞋店对顾客极端负责的精神受到社会的好评。××鞋店不但没有丢丑,反而赢得了顾客的信任,美名远扬,常常顾客盈门,鞋店的营业额直线上升,好的社会效益带来了好的经济效益。

(四) 遵守社会公德原则

公关广告必须遵守社会公认的道德标准,要符合国情、民情,尊重风土人情,不得妨碍社会公共秩序和违背社会良好风尚,不得含有民族、种族、宗教、性别歧视的内容,禁止出现裸体像广告或诱发性行为等含有淫秽内容的广告。遵守社会公德的原则在国外也是极受重视、极为严格的。如日本对广告制作的规定,第1条就是"广告要基于社会道德,注重大众福利",第5条又强调"广告人应该坚守广告的道德观念"足见遵守社会公德原则的重要性。

(五) 友好合作原则

公关广告的策划、设计与制作过程是错综复杂的过程,需要投入一定的人力、物力、财力,并不是某些人想象中的上上电视、登登报纸那么简单。从收集相关广告资料、策划方案、确定主题、选择传播媒介、具体设计制作到效果检测等,需要组织内外多方配合,通力协作。公关广告整个完成过程要靠所有参与者友好合作、默契配合,只有这样才能高质量、高效率地制做出优秀的公关广告。

第二节　公共关系广告的策划内容

广告策划被看作是广告的灵魂。公共关系广告的策划同样占据"灵魂"与"核心"的重要地位。策划包括调查研究(市场调研、消费者公众动机与行为调研、组织形象调研、品牌形象调研等);确定公关广告对象;确立公关广告主题;选择公关广告媒介;挑选公关广告时机;制定具体计划等。在这一节里我们重点介绍公关广告主题的确立、媒介的选择和时机的把握。

一、公关广告主题的确立

策划公关广告,首先要明确主题。上文我们曾介绍了公关广告的类型,公关广告的主题与公关广告的类型相关但不相同。例如祝贺类广告,虽然要突出喜庆恭贺之意,但祝贺主体不同。有组织向其他组织开张、开业祝贺的,也有组织在节假日向广大公众祝贺的,还有为组织获得成功、奖励或周年纪念、志庆的等,主题多有不同。主题必须明确,使公众清楚、明白,否则达不到公关广告的效果。

公关广告主题的确立应基于以下几个方面的考虑。

(一) 明确组织的公关目标

公关广告是为实现组织公关目标服务的,公关广告主题的确立要有利于公关目标的实现。任何组织的公关目标都可以划分为四类,即传播信息、联络感情、改变态度、引起行为。如果组织不被公众所知晓,知名度太低,就需要利用传播信息扩大组织知名度。如果要建立和加强组织与公众的友好感情,就需要与公众联络感情。如果组织在工作中伤害了公众,或被公众误解导致组织的逆意公众增多,就需要首先完善自身或向公众作解释,改变公众对组织所抱的不良态度。如果组织需要引起公众的购销行为,或希望得到公众的信任、支持与帮助,就需要全力以赴,通过全方位的公关活动来引起公众行为,这是公关的最高目标。

公关广告的主题应根据组织在不同时期确立的不同公关目标来确定。

美国快餐店"麦当劳"初入北京时,为了达到迅速扩大知名度,塑造企业良好形象的公关目标,他们确定了以"社区服务"为主题,做了一次成功的创意——广告宣传。身穿"麦当劳"服装的饭店职员们在长安街、中山公园、地铁车站非常认真地清洗打扫公共卫生,在川流不息的过往行人纷纷投来赞许目光的同时,"麦当劳"的企业形象和声誉也广为传播。

(二) 明确公关广告的对象

公关广告的对象不同,则公关广告的主题选择也不同,包括内容、方式、语言、色彩、画面等都有所不同。因此确定公关广告的主题还应事先明确公关广告的对象。

日本的丰田汽车公司和日本的万代玩具公司分别对美国公众和中国公众做公关广告,由于广告对象不同,公关广告主题各有侧重。日本公司在美国生意兴隆、经济效益可观,许多美国人为此感到担忧和不满。为了消除美国人的担心和不满,为了满足他们的自尊心,日本丰田公司以宣传日本企业对美国的捐赠、赞助活动及做出的贡献为主题,解释他们的所作所为,以此改善日本公司在美国公众心目中的形象。

> 丰田的广告登在美国的《商业周刊》上,广告中写道:"我们没有忘记是美国人民给了我们机会,才有了今天。为了报答这种恩情,我们已反馈了很大一部分资本在美国建立了多家汽车厂,为促进美国汽车工业的技术发展做出了贡献……丰田在美国建厂以来,已经为几万人提供了就业机会。"

日本的侵华战争曾在中国人民心中留下了阴影。日本企业在与中国人交往中特别注重强调日中友谊。万代公司在中国的报纸上做的公关广告就是以加强日中友谊、加深友好关系为主题。

> 万代公司的广告标题是:"二十年前的熊猫娃今天的机器猫,万代公司以玩具架起了日中友谊之桥。"广告正文中又列了 4 个小标题,首位的小标题是:"二十年前,熊猫使日本人民加深了对新中国的了解。"结尾的小标题是:"愿同中国朋友的关系更为密切",文中写道:"我们同中国朋友的关系正在日益发展,不断加深。这归功于'万代'及'福万'有关各位的努力以及中国朋友的关怀,谨此致以衷心感谢。今后我们将进一步不遗余力地创制中国人民喜爱的玩具,为同中国人民建立更加广泛深厚的关系而不懈努力。望诸位给予大力支持。谢谢。"

除以上例子外,公关广告主题的确定和策划还应依据广告对象的性别特征、年龄结构、文化程度、职业类别、宗教信仰的不同而不同。总之,广告要利于不同公众的理解和接受。

(三) 明确组织的自身条件与特点

公关广告主题要明确,这样才能使公众对广告内容清楚明白。只有把握和发掘组织整体中最突出的特点并加以表现,才能使主题更鲜明突出。另外组织自身条件如何也使主题的选择受到一定制约。

例如,组织初创时期或资金短缺时期不易选择以"赞助"为主题的赞助广告。又如企业广告中可以有多个主题,企业历史、企业技术、企业精神、企业业绩等。企业应以本组织最突出的特点为主题策划广告,往往会产生轰动效应。

> 广州钻石牌风扇质量好、信誉高、获奖多,广州电风扇工业公司便以钻石牌风扇获奖情况为主题策划制作了一则公关广告,如下:
>
> 1980 年荣获国家银质奖。
>
> 1985 年荣获省产品质量认可证书;荣获第一届"羊城杯"质量奖;荣获全国家庭消费

民意"金鸡杯"奖。

1986年被选送参加美国芝加哥中国商品展览会,第十一次代表国家参加世界性博览会。

　　钻石之凤　　助您成功

这则广告提高了企业美誉度,扩大了企业在全国的影响,赢得了公众对企业、对产品的信赖与好感,钻石牌风扇销量也猛增。

二、公关广告的媒介选择

(一) 广告媒介的种类与特点

广告媒介的种类大致有三种:印刷媒介、电子媒介、实物媒介。

1. 印刷媒介

印刷媒介主要指通过印刷机械印制出来的各种信息媒介,如单独印制的印刷品广告,分单页、复页、广告册等,更多的是以报纸、杂志、书籍为媒介印制广告。印刷媒介的优点是传递的信息量大,广告篇幅的大小、文字的多寡易于控制与调整,可信度高,广告费相对较低,保存时间较长。不足之处是制作时间较长、发行范围有限,对读者文化程度要求较高。

2. 电子媒介

电子媒介主要指通过电子机械运作传播信息的媒介,包括广播、电视、电影、录音、录像等。在电子媒介中,广告多选择广播、电视作媒介。

广播的优点是简洁方便,制作只需要文字表述,收听也极为方便。传播速度快、范围广,听介不受文化程度限制。不足之处是缺乏形象性、真实感,形式单调,不易保存。

电视的优点是形象生动、感染力强、声图并茂、艺术表现力强。在城乡电视日益普及的今天,电视收视率高、传速快、覆盖面广。电视集视、听、音、色、形于一体,是极富魅力又极有前途的传播媒介。电视的不足之处是传播成本高,广告费用昂贵。

　　如电视台在不同时间播放广告,每30秒钟,少则3 000元多则40 000元人民币。更有甚者,如美国的NBC公司曾以4亿美元之巨勇夺巴塞罗那奥运会电视转播权。若谁要在此实况转播中插播广告,每30秒钟NBC公司索价广告费24.2万美元,高得令人咋舌。

3. 实物媒介

实物媒介主要指可以灵活利用和使用的物品媒介,如建筑物、交通工具、产品、衣物饰品、展览品等。有些广告以高大的建筑物为媒介,有的在公共汽车上做广告,流动传播广告信息,还有以衣物饰品为媒介,如T恤衫、遮阳篷、雨伞、提包、办公用品、工艺品等。此外还有悬挂布招、霓虹灯、灯箱等。

在实物媒介上做广告,其优点是面积大,广告醒目。如在建筑物上的广告;广告期限长,易于记忆,如衣物饰品上的广告;流动广告宣传面广,如公共汽车上的广告。不足之处是位置有限,不易获得,尤其是建筑物、主要街道的灯箱、交通车等。

(二) 选择公关广告媒体的标准

广告的媒体繁多,且各具特色,各有利弊。究竟选择哪一种媒体应谨慎考虑,因为广告媒体对广告的传播范围、传播效果都有直接的影响。选择公关广告媒体应依据以下标准。

1. 可信度高

做公关广告的目的是树立组织良好形象，争取公众的信任、支持与合作。如果选择没有信誉的媒体做公关广告，公众会因对该媒体的不信任而推及到对广告的不信任，组织会因此而蒙受损失。媒体的社会威信如何直接影响公关广告的宣传效果。正规报刊的可信度显然是非正规报刊所不可比的。中央电视台的可信度更非街头招贴可比。只有选择可信度高的媒体，才有利于实现组织目标。

2. 适应性强

媒体的选择要与公关广告的类别相适应。如节假日向广大公众致贺的祝贺广告比较适合于在广播、电视、实物媒体上做；而众多组织联名向某一组织开张、开业、纪念庆典表示祝贺的广告则多适合于在报纸或杂志上做。又如致歉广告适合于在广播、电视、报刊上登载而不适合在街头路牌、建筑物、交通工具、灯箱等媒体上做。

3. 针对性强

针对不同的公众对象选择不同的媒体。公众对象有性别、年龄、文化程度、职业、民族等方面的差异。媒体的选择针对性强，就能收到事半功倍的效果。如对以知识分子为主要对象的广告最好选择报纸、杂志媒体；对以农民为主要对象的广告最好选择广播、电视媒体；对以高科技人员为主要对象的高科技介绍性广告最好选择专业杂志或专业印刷品媒体。

4. 费用适当

公关广告媒体的选择要依组织的实力，量力而行。选择一种媒体或多种媒体组合，一方面要从广告效果考虑，争取获得最佳效果，但同时也不能不考虑本组织的实际支付能力。

总之，公关广告媒体的选择是件十分重要而又相当复杂的工作，必须认真对待、谨慎行事，通过周密的调查研究、对比分析，依照以上几条标准，选择出最佳的媒体或媒体组合。

三、公关广告时机的把握

公关广告在确立了主题、选择好媒体之后，还要把握传播时机。例如，当组织由于工作不慎做出了对不住公众的事，引起公众反感；或当组织被误解时，就需及时向公众道歉、作解释，尽早地策划制做出致歉广告或解释广告，消除公众的反感、对立情绪，消除公众的误解，以便尽快地妥善解决面临的问题，争取公众的谅解。如果不把握时机，不但不能及时改善组织的处境，反而会导致组织公关状态的进一步恶化。

> 某邮局在推行"快信专递"新业务时，由于只做了服务性的商业广告，而没有及时做说明解释性公关广告，公众只知这项快信业务需另外加收费，便盲目推测如想省钱寄"非快信"，一定比原来慢，因而对邮局的这项新业务产生误解。公众埋怨邮局"变相涨价"，结果邮局不仅新业务难以推行，而且自身形象受到损害。事已至此，如果邮局采取弥补措施，"亡羊补牢"，吸取教训，尽快刊登致歉广告，向公众作详细解释，仍然可以挽回影响，取得公众的谅解。但遗憾的是该邮局缺乏公关意识，听之任之，没有任何反应，又一次坐失时机，使该邮局的业务难以拓展，该邮局的公关状态也难以改善。

节日祝贺广告的最佳时机，一般在节令前一个月或半个月至节日当天这段时期。

美国海南太迅国际工贸公司美国乐兰沙化妆品厂海南分厂 1992 年 5 月 8 日在《长江日报》第 11 版上用整版篇幅刊登了一则公关广告,主题是"让妈妈更漂亮母亲节献礼",整个画面就是一束兰花。这则广告是由太迅公司公关广告部策划的。画面清新、自然,广告语简洁、亲切,时间选择在母亲节的前两天。(注:母亲节定为 5 月的第二个星期日)广告收到了良好的效果。

与公关活动相联系的公关广告最佳时机是与公关活动同步或适当超前,围绕公关活动造声势。

20 世纪 50 年代法国白兰地酒想开拓美国市场,公关专家精心策划了一项公关活动,即以增进法、美两国人民友好情谊为主题,在美国总统艾森豪威尔 67 岁寿辰时赠送两桶名贵的白兰地酒为贺礼。围绕这一公关活动,在美国总统寿辰一个月前,法国就抓住时机开展公关广告攻势,源源不断地向美国人民传播广告信息:

法国人民为了表示对美国总统的友好感情,将赠送两桶精心酿造达 67 年之久的白兰地酒作为总统 67 岁寿辰的贺礼;贺礼由白兰地公司付出巨额保险金的专列火车送到美国;赠送仪式将在美国白宫前的草坪上隆重举行;酒桶是著名艺术家精心雕刻的艺术品……

广告信息传播到美国引起了轰动效应,吸引了成千上万的美国市民。结果在赠送仪式上人山人海,盛况空前,白兰地酒一举打入美国市场。白兰地公司获得了巨大成功,公关广告起到了不可低估的作用。

公关广告传播还要抓住特殊时机。如重大事件发生时,报刊阅读率、广播收听率和电视收视率都比较高,此时推出广告会收到较好的传播效果。优秀的电视节目或精彩的赛事活动、文艺晚会等也是传播公关广告的好时机。

公关广告的时机把握会影响到广告活动的成功与失败,不可轻视,只有抓住最佳时机,才能获得最佳效果。

第三节　公共关系广告制作技巧

公关广告制作的目的是扩大组织的知名度,提高美誉度。而要达到这一目的,首要任务是吸引公众的注意力。如今,在众多的令人眼花缭乱的广告中,要想使自己制作的公关广告独树一帜、引人注目颇不容易,除了坚持公关广告制作原则,把握好时机之外,还必须掌握和运用公关广告制作技巧。

一、借助社会名流、权威人士的声誉和信誉制作公关广告

利用名人效应制作广告这在商业广告中是常见的。如美国派克钢笔的一则广告宣传,在罗斯福总统用派克笔在一个文件上签字的照片旁附一则广告词:"总统用的是派克",这一闻名于世的广告佳作曾使派克笔成为世界驰名的名牌钢笔。世界著名的短跑运动员刘易斯(美)曾为日本的"画王"电视机做广告;香港著名小演员许英麒曾为"活然"饮品做广告;著名相声演员

马季曾免费为湖北"金龙泉"啤酒做广告;著名歌星毛阿敏为"太太口服液"做广告……近年来我国明星广告日渐增多,不少企业、厂家聘请名歌星、名影星、名笑星做广告以吸引公众的注意力,扩大产品的知名度。

公关广告也借助于社会名流、权威人士的声誉和信誉引起一定的轰动效应,扩大组织的知名度。

太平洋电话公司借"东风"起航

美国太平洋电话公司曾借邓小平的威望和业绩为本公司制作了一则广告,连续刊登在美国的《华尔街日报》上。广告突出的是邓小平的特写镜头,广告语介绍了邓小平的业绩,赞扬他鼓励分权,在农村搞承包责任制,在城市则下放企业自主权,称赞邓小平是成功的改革家。广告画龙点睛地说明:"美国太平洋电话公司是从美国电报电话公司独立出来的新公司,望各位新老主顾给予充分的信任和合作。"这则广告面对的客户是美国人和西欧人,并不是中国人。制作这则广告的目的是向客户说明太平洋电话公司从母公司分离出来独立经营正如邓小平的分权经营,邓小平的改革能取得成功预示着太平洋电话公司也同样能获得成功,以此争取公众的信任与支持,消除客户的误解,树立公司形象。

小天鹅乘"青云"腾飞

1992年11月12日,当时任国务院副总理的朱镕基为无锡市洗衣机厂拍发的贺电对该厂来说无疑是难得的公关广告。套红的标题写着:

国家金奖小天鹅洗衣机再展风姿

五千次无故障运行达到国际水平

国务院朱镕基副总理专电致贺

贺电

无锡市人民政府:

欣闻无锡市洗衣机厂小天鹅洗衣机实现五千次无故障运行,达到了国际先进水平,谨致祝贺,并向参加这项攻关工作的同志们表示亲切的慰问!

因出国在即,不能前去发奖,请予谅解。

国务院副总理:朱镕基

1992年11月12日

这则公关广告使无锡市洗衣机厂名声大振,在国内享有很高的知名度和美誉度,小天鹅洗衣机也深受广大消费者的信赖与喜爱。

二、发挥创造想象能力,制作高品位、高水平的公关广告

优秀的广告是智慧的结晶,是才华的横溢。充分发挥想像力制做出来的广告精品不仅能使人过目不忘,而且它其中蕴含的艺术魅力能启人心智,给人以美的享受。

青蛙的寒风苦雨

日本《朝日新闻》上刊登的一则房地产广告,画面是:一只青蛙可怜巴巴地躲避着大雨,广告词写着:"人和动物的区别就在于人有个温暖的家。"这则广告并不是直接的住房推销,而是运用丰富的想象力制做出一则使人触景生情的广告,引发人们的联想,促使人

们产生购房、租房的欲望。

"303030"

日本三菱公司曾制作了一则新颖独特的广告,广告只写了几个阿拉伯数字:303030。这是三菱公司的电话号码,正好和三菱公司谐音,看了这则广告后,记住了电话号码就记住了三菱公司,记住了三菱公司也就记住了公司的电话号码,这出奇制胜的广告不能不使人叫绝。

三、灵活利用广告信息刺激的强度、对比度、重复率技巧

(一) 广告信息刺激的强度

凡对人的视觉、听觉、触觉具有一定强度的刺激的广告信息更能引起公众的注意,公关广告也需利用这一技巧吸引公众注意力。高大的广告牌、整版篇幅的广告、空中广告、立体造型广告、悦耳动听的音乐广告对公众更具吸引力。

坐落在武汉市龟山上的武汉电视塔海拔310多米,高耸入云,被誉为亚洲桅杆。武汉化工厂的"一枝花"广告曾登上了武汉电视塔,吸引着无数过往行人的视线。

美国曾出现空中广告,利用飞机喷出浓烟在空中做写字广告,方圆20公里内的公众可以看得清清楚楚。

韩国大宇集团是韩国最早与中国建立合作关系的集团,他们在上海闹市区人民广场旁建立了一个有4层楼高的圆形巨大广告亭。广告亭的圆顶是红色的,远远望去像一个红太阳。新颖别致的广告亭既扩大了企业的知名度,又为上海广场增添了一个新的景点。

(二) 广告信息刺激的对比度

强烈的对比可以给人留下深刻印象。如色彩的对比、数量的对比、效果的对比等。商业广告常用对比技巧强化传播效果。

黑妹牙膏的广告,黑头发、黑皮肤、黑面孔的黑姑娘露出一排洁白的牙齿,黑白分明,突出了牙膏的功效。

美国一刮脸刀片的广告:"从前每片刮10人,后来刮20人,如今可刮200人。"用数量的对比说明功效。

在中央电视台播放的"广而告之"公益广告中也常应用对比手法赞扬好人好事,批评不良行为。

一社会公民在家中用水谨小慎微,而用公用水却格外大方,水管大开着,任凭水哗哗地流,走时又不关。一位小学生走过这里自觉地跑过去把水管关好。这时荧屏上显示出一行字:请节约用水! 这一警句告诫每一位公民要注意节约用水,珍惜水资源,同时通过对比分析批评了不良行为,给人以启示。

(三) 广告信息刺激的重复率

恰当地运用重复刺激技巧可以吸引公众的注意力,并能加深公众的记忆。

美国一家塑料企业原来的知名度很低，只有 9.6%，由于运用了重复刺激技巧，在一相关杂志上，每半个月登一次广告，半年后经检测其知名度提高到了 76%。

广东太阳神集团公司的广告以不同形式，选择不同媒体，运用重复刺激技巧使太阳神享誉神州。

四、公关广告语言技巧

（一）语言简练，字句工整

广告语言要求简明精练，要增强记忆效果就需要减少记忆材料的数量。广告语繁琐冗长不仅难以记忆，还往往使人厌烦。

有一帽子铺三易其招牌广告，越改越精练，最后"盛锡福"名气远扬，盛锡福礼帽也成了名牌货。

《公共关系》杂志的广告，字句工整押韵，琅琅上口，便于记忆："社会是关系的海洋，《公共关系》为您导航；人生是关系的交响，《公共关系》是和谐的乐章；事业、理想、追求、希望，《公共关系》给您力量；广交朋友，优化形象，《公共关系》伴您日久天长。"

（二）奉献爱心，以情感人

公关广告十分注意与公众的情感交流，在广告语言中就要体现出组织为公众奉献爱心的真情实感，以情感人。

广东太阳神集团的广告唱词："当太阳升起的时候，我们的爱天长地久。"

巴基斯坦国际航空公司的广告："一次充满柔情与关心的经历。"

威力洗衣机的广告："威力洗衣机，献给母亲的爱。"

交通安全公益广告："驾驶员同志，您的家人盼望您平安归来。"

美国某诊所的戒烟广告："为了使地毯没有洞——也为了使您的肺部没有洞——请不要吸烟。"

（三）幽默风趣，一语双关

广告语言幽默风趣，能使人在轻松愉快的气氛中接受广告信息。据国外心理学家们研究结果表明，人处在愉快的气氛中，情绪较好时，容易从正面、积极的方面去理解或接受宣传内容；而在情绪不好时则容易从反面、消极的方面去理解或抵触宣传内容。幽默风趣可以增强广告的喜剧效果。一语双关，令人回味，可以给人留下深刻印象。

很多商业广告的实例可以借鉴。

一打字机室的广告："不打不相识"；台湾洗衣机广告："'闲'妻良母"；香港一家理发店的广告："虽是毫末技艺，却是顶上功夫"；一家电扇厂的广告："实不相瞒，我们的产品是吹出来的"；一发胶广告："塑造自我，从头做起"；美国一家泡泡糖广告："越吹越大"；中国台湾地区的酸梅汁广告："小别意酸酸，欢聚心甜甜"；东风牌汽车广告："万事齐备，只欠东风"。

公益广告也有多实例。

　　国外一则交通安全公益广告："阁下驾驶汽车,时速不超过 30 公里,可以欣赏到本市的美丽景色;超过 60 公里,请到法庭做客;超过 80 公里,请光顾本市设备最新的医院;上了 100 公里,祝您安息吧!"土耳其一家乡间酒吧广告:"旅行者的故事在此交换。"

　　我国香港的公益广告:"人人礼貌待人,香港更吸引人。"美国一家电气公司广告:"本公司产品的维修人员是世界上最闲的人!"

(四) 诗情画意,形象生动

用诗歌对联编写广告,富有诗情画意,形象生动,具有感人的艺术魅力。

一家书店广告诗:

> 书籍是牛奶,能润泽你的心房;
> 书籍是学校,能丰富你的思想;
> 书籍是灯塔,能照亮你的前程;
> 书籍是火炬,能燃烧你的理想。

中国台湾地区精工手表经销店庆祝情人节的广告诗:

> 有时候,爱情是看得见的。
> 恰当地表达自己真挚、温馨的爱情,
> 不仅仅是一份勇气,
> 更是一种艺术。
> 象征永恒的精工手表,
> 是高贵的爱情标志,
> 也是天长地久的爱情魅力。
> 在我们生命中的某些时候,
> 爱情,应该是看得见的。

国外东艺灯具广告诗:

> 它的脚步声逐渐远去,
> 背影淡去。
> 高挂在漆黑天空中的月亮,
> 横过了阳台,
> 突然的寂寞,
> 叫人不得不点燃了灯,
> 继续看爱理佳的小说。

广东万宝电器集团公司对联广告:

> 万家乐,乐万家,万家都乐;
> 一代兴,兴一代,一代新兴。

理发店对联广告:

> 新事业从头做起,旧现象一手推平。

五、公关广告集锦

随着市场竞争的加剧,越来越多的企业开始意识到企业形象已成为决定竞争成败的关键因素,越来越多的企业开始重视公关广告的作用,公关广告也日益增多,其中有不少集广告制作者智慧和才华的杰作佳品,下面选择几则优秀公关广告奉献给读者。

(一)美国前总统布什为美国旅游业做的广告

"美国是个多姿多彩的国土,有着绵延不断的绿色土地与白沙如银的海滨浴场,也有以黑人乐曲旋律谱写的火爆炽烈、节奏明快的爵士音乐。你们可以一睹大湖区和大峡谷风光。总统发出邀请,你们还在等待什么呢?"

布什总统亲自做此广告,一方面以其特有的影响力、号召力吸引了更多的外国游客,另一方面又向世界各国广泛宣传了美丽富饶、多姿多彩的美国国土,一举两得。

(二)广东太阳神集团有限公司的广告诗

考期临近,
鸡鸣早起,你已在朗朗诵书,
月下窗前,你还在笔耕苦读。
孩子,为了这沿古至今的命题,你做得好辛苦⋯⋯
我们也曾年少,我们也曾付出辛劳无数,
无论成败与甘苦,
相信终能走出一条属于自己的路。
——一位考生双亲的祝福。

这则广告充满了人情味,以情感人,以情动人,既体谅孩子读书的辛苦,又理解孩子家长的殷切希望和真心祝福,深得公众的好感。

(三)香港一则反贪污的电视广告

第一个镜头:哒、哒、哒、咣!一扇大铁门关上了。

第二个镜头:太太和孩子的特写,无可奈何的样子,然后字幕打出"贪污,使您家破人亡!"

这则广告仅仅15秒钟,但达到了极好的宣传效果,令人深思,给公众留下深刻的印象,比单纯的理论说教更能打动人。

(四)美国一则总统竞选政治广告

请听我说,有不少事情我是绝不会为了当选而去干的。我绝不说谎。我绝不讲骗人的话。我决不辜负你们中的任何人对我的信任,我也决不回避有争议的问题。我当总统不会比当候选人当得更好。请看电视,请听广播。你们要是什么时候看到我干了这样的事,就不要支持我,因为那样我就不配当这个国家的总统。但是,我是不会做那种事情的。因为我的信念,我的信心,我得到的支持,我受到的批评以及我听到的忠告是来自像你们这样的人民,而你们是不希望政府有任何自私行为的。你们都希望能够再次拥有一个跟美国人民一样善良、诚实、体面、忠诚、能干、富有同情心,以博爱为怀的国家。

这则政治广告是美国一位出色的电影广告商杰拉尔德·拉夫肖恩为卡特竞选总统而策划的政治广告,广告主题是"我绝不说谎"。这则深深打动了无数美国选民心的精彩而感人的广告,事后成了总统竞选中政治广告的经典之作。卡特在这次竞选中获胜也应该得益于这则广告。

(五) Canon 牌照相机一则广告诗

> 时间是捉不住的……
> Canon(照相机)凝固它。
> 记忆是水,
> 时间是河,
> 捞起来的是回忆,
> 流失掉的是岁月。
> 有一天,您会感叹:
> 岁月如梭,时光荏苒
> 何不此刻? 马上!
> 拥有 Canon 照相机,
> 凝固您的人生。
> 把悲把喜把笑把一切,
> 统统交给世界级的 Canon.
> 您会说:我的人生好精彩!
> 虽然时间是捉不住的,
> Canon 照相机凝固它!

这则广告诗虽然屡屡提到 Canon 牌照相机,但似乎并没有使公众感觉到厂家迫不及待地推销产品。在优美的诗句中,勾起人们对过去时光的回忆,引起人们对"时间如流水,逝去不再来"的感叹,激起人们的"珍惜大好时光,留住美好一瞬"的冲动,产生"照相机能凝固时间"的同感,自然而然地触发人们购买照相机的欲望。

【案例分析】

兴发集团精心策划的公关"三部曲"

兴发集团健康食品公司地处内蒙古赤峰市,为了扩大在社会上的影响力,提高企业知名度,先后策划了三个有影响力的公关活动。

一、健康食品公司举行"六一"免费赠筐活动。6月1日上午 10 点左右,在公司直销门市部前开始赠筐活动,引起了电视台记者的兴趣,前来采访。得筐的百名消费者成为义务宣传员,极大提升了公司在赤峰市的形象。

二、真情慰问赤峰市环保工人。7月15日上午9点多,兴发集团健康食品公司的慰问车载着他们的产品和全体员工的慰问驶进环保局园内,受到热烈欢迎,环保工人激动不

已,说了好多热情的话语,这些活动通过媒体传向社会公众,为公司塑造了良好的社会形象。

三、情满人间路,捐款资助大学生。赤峰市西露天矿的王海涛父母早逝,就剩兄妹三人,老大今年高考以元宝山区文科第一的优异成绩考入重点院校,但难以承受上大学的费用。当兴发集团得知这一消息后,没有放过这一天赐良机,在 8 月的一天,由团支部、办公室发起组织了一次"为王海涛同学献爱心活动",广大职工纷纷捐款,筹资 17 000 元,得到社会各界的热烈响应。

问题与思考

1. 策划公关专题活动的目的是什么?

2. 如何策划公关专题活动才能达到良好的预期效果?

【本章小结】

本章主要首先分析了公关广告与商业广告的区别与联系,其次介绍了公关广告的种类、特点,以及公关广告的策划的原则、内容;最后介绍了公关广告的制作方法和技巧。

【思考与练习】

1. 什么是公关广告?举例说明公关广告与商业广告的区别。

2. 设计制作公关广告应遵循哪些原则?

3. 某高新科技企业美誉度较高但知名度太低,请为该企业策划制作一则旨在扩大该企业知名度的公关广告。

4. 对两则名牌企业的公关广告进行述评,归纳出优点并指出不足,提出自己的见解。

第十章　处理危机事件的公关技巧

【学习目标】

1. 了解公关危机和危机公关的区别
2. 掌握危机公关的特点和类型
3. 掌握危机公关的预防方法和处理危机事件大策略

【引导案例】

蓝色光标"辞退门"

　　2018年，蓝色光标被曝出逼迫员工辞退的公关事件，在短短的一天之内，蓝色光标就将事情迅速解决，可以说其公关水准并非浪得虚名。这其实是内部公关事件引发的公关危机，起因是一位在蓝色光标任职两年的员工在微信公众号上发文披露公司多次强迫其主动辞职，并且没有任何赔偿，在文中作者还质疑了蓝色光标正在进行大范围的裁员。文章不出意料地得到了迅速广泛的传播，网友们纷纷为当事人鸣不平，要求蓝色光标给一个说法，在当天蓝色光标的股价还因此迎来了一个不小的跌幅。当天下午，蓝色光标终于给出说法，指出这仅仅是一个个案。这一答复丝毫不见其公关水平，显然无法说服大众。不过幸好蓝色光标并没有忽视这一事件，马上便直击危机根源，也就是公司员工内部，对员工们先进行解释与安抚，再与文章作者进行了及时的沟通，最终获得了他们的理解，成功让被裁的文章作者删文道歉。解决根源问题后，蓝色光标终于发布声明进行了有效的澄清，将此事平息。虽然开了一个不太好的头，但蓝色光标的公关速度与手段还是令人佩服的，不仅仅从问题根源与关键入手，釜底抽薪，更是以具体的实际行动表明了处理问题的决心与态度，及时有效地控制了舆论带来的不利影响。态度明确、友好，传达出对该事件的重视，同时也彰显出满满的责任感，巩固了内部关系，同时也获得了当事人与大众的谅解。

　　在组织经营过程中，由于决策失误、产品设计与质量问题、公共关系活动违反法规规定、经营人员的态度与水平问题、新闻媒介和竞争对手的误导等，总是会出现一些危机事件。危机是市场经营活动的影子，也是公共关系过程的伴随物。一项调查指出，世界500强企业的董事长和总经理，约80%的人认为现代组织面对的危机就像人的死亡一样，是不可避免的事情。既然危机不可避免，那么正确地处理各种危机事件，就成为公共关系工作中的日常性业务。树立科学的危机价值观，掌握公共关系危机的处理艺术与技巧，是有效清除危机影响、开发危机处理资源、塑造组织形象、强化公共关系效用的方法论基础。

第一节　危机公关的基本理论

一、公关危机与危机公关

公关危机与危机公关是两个不同的概念，危机事件的特点和类型决定着公共关系的形式和特征。要利用公共关系方法处理好组织危机，首先应了解组织危机的基本原理。

（一）公关危机

人们通常所说的危机，一般是指由非正常因素所引起的某种非常事态，其外延十分广泛，如财政危机、金融危机、经济危机、能源危机、军事危机、管理危机等等。公关危机是各种危机中的一种特殊类型，它是由组织内外的某种非常因素所导致的公共关系非常事态和失常事态，也是一种特殊的公共关系状态。从一般意义上来说，所谓公关危机是指由于组织内部或外部的种种因素，严重损害了组织的声誉和形象，使组织陷入了强大的社会舆论的包围，并处于发展危机之下的一种公共关系状态。这种状态如果不迅速改变，就会影响到组织的生存，所以称之为公关危机。

在日常生活中，公关危机事件并不少见：大到以美国为首的北约野蛮轰炸我驻南斯拉夫使馆，小到某品牌的牙签将消费者的牙龈损坏；远到某跨国公司生产的探测器在火星上发生故障而坠毁，近到某老字号品牌月饼事件。凡此种种而引发的危机事件都是不同领域、不同层次上的公关危机事件。

"冠生园"公共危机事件

2001 年 9 月 3 日，中央电视台揭露"冠生园以陈年馅料做新饼"一事。检查现场令人触目惊心：70 箱"山楂细蓉"的保质期只有 3 个月，但桶上标注的生产日期为"2000 年 6 月 18 日"，还有 7 桶"莲蓉"的生产日期为"2000 年 11 月 19 日"。另外，保质期最多为 3 年的月饼专用添加剂竟然是 1995 年生产的。更加令人吃惊的是，10 余袋已经包装好的"冠生园莲蓉迷你月饼"生产日期竟是 9 月 5 日，足足"早产"两天。9 月 4 日，南京冠生园的月饼成品库、馅料库被卫生监督部门全部封存，包括礼盒、袋装、散装等各类月饼共计 2.6 万块，以及豆沙馅 270 箱、莲蓉馅 45 桶、凤梨馅 224 桶。南京的各大商场、超市唯恐避之不及，纷纷停售冠生园月饼。南京冠生园陈馅月饼事件曝光后，其他各大月饼生产企业的产品销售也遇到前所未有的压力。一些月饼营销人员说，多数顾客认为，70 年的老牌子都可以用陈馅，其他牌子更别谈了。原本是月饼销售的旺季，但那年的南京市场却一下跌入谷底，月饼生产企业遇到前所未有的信任危机。

"冠生园事件"无疑是砸向并不景气的月饼市场的一记重拳。厂家造孽、商家遭殃、百姓倒霉，造成的恶果不仅在于退货和罚款，更是消费信心的动摇，百姓心中浮出这样一个疑问：难道冠生园不是全国知名的老字号吗？因此，公关危机可导致组织与公众关系迅速恶化，组织的正常业务受到影响，生存和发展受到威胁，组织的形象遭到损害，处于高知名度、低美誉度的地位。

(二)危机公关

危机公关并不是常规的公共关系工作,它只在组织发生危机事件时才存在。危机公关是组织公共关系工作的重要内容,在组织的发展道路上,危机事件的出现是在所难免的。特别是现代社会中,在信息知识"爆炸"、社会变动复杂、企业竞争激烈的条件下,更增加了组织危机事件出现的可能性和严重性。及时控制、降低或清除危机事件的不良影响,应是每一个组织公关人员必须认真对待的重要问题。

危机公关是指组织危机的公共关系处理。具体地讲,危机公关是社会组织为了处理给公众带来损失、给企业形象造成危害的危机事件,以及预防、扭转或改变组织发展的不良状态所采取的公关策略与措施,也就是组织从公共关系的角度对危机的产生、发展、变化,采取或实施的有针对性的一系列控制行为,其内容主要是对危机进行预防和处理。

可口可乐脱险"中毒事件"

1999年6月初,比利时和法国的一些中小学生饮用美国饮料可口可乐发生中毒。一周后,比利时政府颁布禁令,禁止本国销售可口可乐公司生产的各种品牌的饮料。已经拥有113年历史的可口可乐公司,遭受了历史上鲜见的重大危机。

1999年6月17日,可口可乐公司首席执行官依违斯特专程从美国赶到比利时首都布鲁塞尔举行记者招待会。第二天,比利时的各家报纸刊登了由依维斯特签名的致消费者的公开信,仔细解释了事故的原因,信中还做出种种保证,并提出要向比利时每户家庭赠送一瓶可口可乐,以表示可口可乐公司的歉意。与此同时,可口可乐公司宣布,将比利时国内同期上市的可口可乐全部收回,尽快宣布调查化验结果,说明事故的影响范围,并向消费者退赔,还表示要为所有中毒的顾客报销医疗费用。可口可乐其他地区的机构,如中国公司则宣布其产品与比利时事件无关,市场销售正常,从而稳定了事故地区外的人心,控制了危机的蔓延。此外,可口可乐公司还设立了专线电话,并在互联网上为比利时的消费者开设了专门网页,回答消费者提出的各种问题。在事件的整个过程中,可口可乐公司都牢牢地把握住信息的发布源,防止危机信息的错误扩散,将企业的损失降低到最小。

随着这一公共关系宣传的深入和扩展,可口可乐公司的形象开始逐步地恢复。不久,比利时的一些居民陆续收到了可口可乐公司发给每个家庭的赠券,上面写着:"我们非常高兴地通知您,可口可乐又回到了市场。"孩子们拿着可口可乐公司发给每个家庭的赠券,高兴地从商场领取免费的可口可乐:"我又可以喝可乐了。"商场里,也可以见到人们在一箱箱地购买可口可乐。

中毒事件平息下来,可口可乐重新出现在比利时和法国商店的货架上。从第一例事故发生到禁令的发布,仅10天时间,可口可乐公司的股票价格下跌了6%。据初步估计,可口可乐公司共收回了14亿瓶可乐,中毒事件造成的直接经济损失高达6 000多万美元。比利时的一家报纸评价说,可口可乐虽然为此付出了代价,却赢得了消费者的信任。

可见,组织一旦出现危机事件,只要对其做出及时、妥善的处理,就能发挥巨大的作用。事实上,不少组织通过危机事件的处理,将危机的不利影响降至最低程度,乃至将不利影响转化为公关时机。反之,在危机事件爆发之后,组织不能及时采取有效措施进行处理,则可能给组织带来更大的损失。

二、危机事件的特点和类型

（一）危机事件的特点

1. 突发性

几乎所有的危机事件都是在人们无法预料的情况下突然发生的,往往会令组织措手不及。由于组织毫无准备,因此往往会陷于混乱与惊恐之中。危机何时发生、怎样发生、在什么地方发生等都带有极大的偶然性,难以提前做出预测。当然,有些危机在萌芽状态时是可以察觉并能着手解决的,但如果不被组织所重视,也会酿成大祸或灾难,如组织与公众关系不协调时,会产生一些不利于组织发展的谣言等,由此而引发祸患的事件是不可预测的,这也体现了危机事件的突发性特点。

2. 紧迫性

危机一旦发生,就有飞速扩张之态势,它就会像一颗突然爆炸的"炸弹",在社会中迅速扩散开来,对社会造成严重的冲击。同时,它还会像一根牵动社会的"神经",迅速引起社会各界的不同反应,令社会各界密切关注,若不采取有效的制止措施,就容易使整个组织形象彻底遭到破坏。因此,必须牢记"兵贵神速"这一格言,强调危机公关的时效性。危机发生后,组织应首先想方设法防止事态的进一步扩大,然后采取具体而有效的手段修复和提高组织形象。

3. 危害性

任何危机事件不仅会给组织的经济利益和声誉造成不利的影响,破坏组织的正常运转或生产经营秩序,带来严重的形象危机和巨大的经济损失,而且也会给社会造成严重的危害,给社会公众带来恐慌,甚至造成直接的损失。

> "冠生园事件"发生后,不仅使南京的月饼市场一下子跌入冰点,而且全国各地的许多经销商和消费者产生了恐慌或误解,许多经销商取消了订单。在长沙,上柜的"新冠"牌月饼也被撤下来;在兰州,有人提出要驱逐所有的"冠生园"月饼;还有河北、内蒙古……退货的电话、传真似雪片,企业的损失达到 2 000 多万元。其他地区以"冠生园"为名的企业也受到了很大的影响,就是因为同叫"冠生园",让大家误以为是同一家企业,真是"城门失火,殃及池鱼"。

危机越严重的事件,其危害性越大,因此,组织必须迅速及时地予以处理,否则,其后果不堪设想。

4. 危机事件是可变的,可以发生,也可以消除

在现代市场经济条件下,处于动态环境系统中的组织面临多变复杂的局面,难免发生危机;即使是处在顺境中的组织,发生危机事件也是可能的。另外,危机事件的发生有一个从"准备期"到"爆发期"的变化过程,在这个过程中,矛盾发展到一定程度,达到临界点,外部的任何一个突发因素都可能导致危机爆发。如果组织能居安思危,注意监测环境,积极预防,就能防患于未然,把危机消灭在萌芽状态。再有,危机事件是不规则的,表现为每一次危机事件产生的原因、表现的形式、事件的范围、影响的层次、损失的程度都不尽相同,因此,对危机的防范和处理的模式也不应是固定不变的。

三、危机事件的基本类型

一个组织所面临的可能性危机事件是多方面的,有时甚至是无法想象的。因此,了解和分析危机类型,有助于我们科学地解决组织的危机问题。

（一）由不可抗拒的外部力量所引起的事件

这包括自发性的自然灾害(如山脉、河流、海洋、气候等所形成的灾害)和突发性的全国或世界性商业危机、经济萧条、社会政治大变革、战乱等。这类灾害是不以人们的意志为转移的,它往往给组织带来意想不到的打击,正所谓:"人在家中坐,祸从天上降。"自然灾害中的洪涝、地震、火山爆发、泥石流、海啸等等,具有突然性、无法回避性、重大损害性等特点,常常使遭受打击的组织面临灭顶之灾。这些灾害的爆发通常与组织的管理责任不直接相关,其事态及后果也是组织无法控制的,对组织的公共关系形象也不会产生巨大的损害。但是,其中的处理事件的方法可能会给组织形象带来有利或不利的影响。

（二）非组织成员有意或无意造成的事件

在现实生活中,一些不法分子蓄意破坏,陷害、诽谤组织。一些不正当竞争者或散布谣言,恣意损害竞争对手的形象;或盗用竞争对手的名义生产假冒伪劣的产品;或进行比较性广告宣传,有意贬低竞争对手的能力;或采取恶劣行径严重扰乱竞争对手的经营秩序等。这些事件往往对组织形象有重大的损害,要求组织学会自我保护和自我防御。这些事件虽然不是组织自身的过错所引起的,但或多或少与组织有关,因为它常常起因于组织缺乏自我保护的能力和措施,或者缘于组织没有处理好与某些公众的关系。

（三）公众的误解所引发的事件

公众对组织的了解并不是全面的,有的公众会因信息的缺乏或听信一面之词对组织形成误解。尤其是当组织在产品质量、生产工艺、营销方式、竞争策略等方面有了新的进步、新的发展、新的探索时,如果公众一时还不能适应,或一时认识跟不上,用老观念、老眼光,主观判断,草率下结论,就容易引发一些危机事件。这包括几种情况:一是服务对象公众对组织的误解,二是内部员工对组织的误解,三是传播媒介对组织的误解,四是权威性机构对组织的误解。无论哪一类公众对组织的误解,都有可能引发组织的危机。特别是传播媒介和权威性机构的误解,更可能使误解的范围扩大、程度加深,形成极为不利的舆论环境。

（四）组织管理方面的责任所引起的事件

由于组织管理混乱,往往会导致重大工伤事故、重大生产责任事故、废水排放、废气泄漏、劳资纠纷、罢工、股东丧失信心、内部人员贪污腐化等,这类事件同组织管理直接相关,对组织的形象和声誉会造成巨大的危害。有时会出现组织内部员工存心破坏、报复等,这类事件尽管同组织的整体管理无直接关系,但由于当事人是组织成员,所以常常跟组织的员工教育和管理联系在一起,从而对组织形象产生较大的危害。

第二节　公关危机的预防和处理

　　尽管危机的发生是不可预测的,但是组织的公关危机大多是可以预防的,任何组织都应该重视公关危机的预防工作。一旦发生危机,组织应立即采取有力措施,尽快渡过危机状态。

一、危机的预防

　　在对世界 500 强企业董事长和总经理的调查中发现,这些企业被危机困扰的时间平均为 8 周半,没有应变计划的公司,要比有应变计划的公司被困时间长 2.5 倍;世界 500 强企业危机后遗症的波及时间平均为 8 周,没有应变计划的公司,也比有应变计划的公司长 2.5 倍。可见,对危机进行预防是必要的。公关危机的预防是指对公关危机的隐患进行监测、预控的危机管理活动。

(一) 公关危机的预防工作

1. 做好危机预警工作

　　许多危机在爆发之前都会出现某些征兆,因此,应该建立预警系统来及时捕捉这些危机的预兆。建立预警系统可由公关人员协同各个管理部门来进行,主要包括:加强公共关系信息与组织经营管理信息的搜集、分析工作;密切注意国家经济政策的变化;加强与重点客户的沟通;经常分析竞争对手的生产经营策略和市场发展情况;定期或不定期进行自我诊断;开展多种调研活动,研究和预测可能引起组织危机的突发事件,使企业危机消除在萌芽状态。

2. 做好危机预控工作

　　危机公关中的危机预控工作主要有建立危机处理小组,指定组织发言人;制定预防危机的方针、政策,对组织潜在的危机形态进行分类,建立以媒体关系为核心的紧急事件处理联络网;为处理每一项潜在的危机制定具体的战略和战术,确定可能受到危机影响的公众;在制定危机应急计划时,多倾听外部专家的意见,写出书面报告;对有关方案进行不断的试验性演习,为确保处理危机时有一批训练有素的专业人员,平时应对他们进行专门训练。

(二) 危机事件的处理原则

1. 预测的原则

　　预测的原则是指分析研究某些引发危机的线索和因素,估计将遇到的问题以及事件发生后发展的程度和方向,从而制定多种可供选择的应变措施。一般情况下预测的主要内容是:有多少可能发生的危机事件;各种危机事件的性质;危机发生后造成的影响范围、发展方向、发展速度等。当对这些状况有所预测后,立即向组织决策层、各职能部门传输信息,以加强协作,及时妥善处理危机事件。

2. 实事求是的原则

　　组织在处理危机事件的时候,无论是对内部公众,还是对新闻记者、受害者、上级领导等,都不能隐瞒事实真相,而要实事求是,以争取主动,求得公众的了解和信任。反之,则对组织不利。

3. 应急的原则

应急的原则是指对发生的危机事件采取有效措施及时地给予控制。危机事件一旦发生，极易出现人心散乱的危险局面。如何引导舆论、稳定人心，便成为处理危机事件的一项重要任务。因此，对可能出现的情况应分别制定应急计划和措施，对正在发展的危机事件要及时处理、及时报告，并与新闻界取得联系，及时做好报道工作。

4. 积极行动的原则

危机发生后，公共关系人员要迅速行动，及时赶到现场，迅速查明事实，及早采取措施。接待公众时，要尽其所能，给予帮助。

5. 勇于承担责任的原则

组织与利益公众之间的关系一旦发生危机，最见成效的办法就是协调好各种利益关系，尤其要注意受害者的利益，对他们处置得好与坏将关系到组织的舆论状态的改变和形象的改变。

危机中进行公共关系，是公共关系的一种特殊表现形态，是组织的公共关系水平的综合显示。有效的危机公关工作不仅有助于避免组织不期望的事情发生，而且也是组织自我保护、维护形象的客观要求，它对于防止组织形象受损，维护已有的公共关系工作成果有着不可替代的作用。同时，有效地开展危机公关活动有助于在广大公众心目中树立一种特殊的"危机公关形象"，且有助于提高组织的公关水平，提高组织成员的公共关系意识。因此，不能把危机事件完全看成坏事，它也可以转化为好事。正因为如此，必须制定出一个反应迅速、正确有效的危机处理程序，以避免情急之中的盲目性和随意性，防止公关危机中的重复和空位现象。

（三）公关危机处理程序

1. 采取紧急措施，防止事态发展

组织遭受突发性的公共关系危机，往往是猝不及防的，然而在此关键时刻，需要的是冷静，并采取紧急措施，防止事态的蔓延。因为，现代社会信息传播高度发达，任何组织的公关危机事件都有可能被迅速传播，如不加以紧急控制，就可能使组织遭受灭顶之灾，损失惨重。而采取紧急措施，一方面可以使组织的形象与声誉损失降到最低点；另一方面则赢得了宝贵的时间，以使组织能了解危机事件真相，并妥善地处理危机。

> 2008年5月12日下午2点28分，我国四川省部分地区发生了里氏8.0级地震，伤亡惨重；事件发生后，中国政府总理在第一时间赶到受灾现场，及时采取果断措施，科学组织抢险队伍，抢救困境中的受害者；同时，迅速召开会议，号召全国人民支援灾区抗震救灾，预防次生灾害的发生，加强灾后的危机预警工作，控制危险局势的恶化。

2. 坦诚告知，表明诚意

组织一旦发生危机，便会受到社会与公众的关注，人们急于了解危机发生的真相，作为舆论代表的新闻界必然要来进行采访。此时，组织只有两种态度：一种是掩盖问题，隐藏真相；另一种是坦诚告知，表明诚意。事实证明，隐瞒事情真相，往往会助长公众的怀疑，扩大危机的波及面，最后势必无法处理危机；而坦诚告知，表明诚意，才是最佳的选择。

麦当劳面对"细菌事件"的坦诚

> 在1982年发生的"细菌事件"中，美国联邦政府疾病防治中心发表的报告指出，发现了两例与消化道有关的罕见疾病，其根源可能是"某大快餐连锁店"肉中的细菌。记者们闻风而动，暗示所谓的"某"即指麦当劳。麦当劳公共关系部立即采取行动，由总部的25

名经理和食品、微生物、质量管理专家组成专门的小组,立即与疾病防治中心合作,对两家可能有细菌的餐馆进行细致检查,每一个角落都不放过。同时,在生产肉饼的工厂也进行了细致的检查。等到"事件"刊登在报纸上时,麦当劳总部手中已经掌握了有联邦机构签署的证明文件,说明两个病人只是生病前分别在两家麦当劳餐馆就过餐,但不能因此断定致病的细菌来自麦当劳。因为,每天在麦当劳就餐的美国人多达 1 600 万人,如果餐馆的食品真有这种细菌,恐怕受害者远不止两人。显然,麦当劳的态度不是一味的躲避,而是坦诚面对公众,为危机的圆满解决设定了一个可取的基调。

3. 调查情况,收集信息

对于突发性公关危机的处理,最终要建立在针对事件真相,采取相应、得体的公关措施的基础之上,因此,调查危机事件的真相就显得非常重要。也就是说,在灾难得到遏止、危机得到初步控制后,就要立即展开对危机的范围、原因和后果的全面调查,查明原因是为危机处理决策提供依据,也是成功处理危机的关键所在。

强生公司智慧洗清不白之冤

1982 年 9 月 30 日,在美国新泽西州新布伦瑞克市强生公司!总部大楼的五层会议室里,董事长詹姆斯·伯克正在与总裁戴维·克莱尔促膝而谈。突然,一阵急促的敲门声打破了这里的平静,执行董事亚瑟·奎尔闯进了会议室,他带来了一个令人震惊的消息:在芝加哥,有几位病人因为服用了强生公司的泰勒诺尔(Tylenol)胶囊而中毒身亡。现已查明,在他们服用的泰勒诺尔胶囊中含有剧毒成分——氰化物。很快,各药店、超级市场、医院、毒剂控制中心以及惊惶失措的消费者的询问电话铺天盖地而来。

猝击之下的强生公司迅速采取行动,搜集相关资料来核查事实,很快搞清楚了受害者的情况、死因,有毒胶囊药瓶的标签号码,出售这些药的商店、胶囊制造日期及其批发分销渠道等详细资料。强生公司同时警告所有用户在事故原因没有查明前不要服用泰勒诺尔胶囊。全美所有药店和超级市场都把泰勒诺尔胶囊从货架上取下来。

这神秘的污染究竟来自何方?强生公司配合警方很快就确定氰化物不是在泰勒诺尔胶囊制造过程中有意或无意放进去的。含有毒剂的胶囊是在强生公司的两家工厂分别生产的,而两家工厂同时发生投毒事件几乎是不可能的。因此,投毒过程肯定是在药品流通领域发生的。美国食品与药物管理局(FDA)怀疑是某人从药店里买了泰勒诺尔胶囊,在其中一些胶囊中掺入氰化物,然后以退货为由将含有毒剂的药瓶退还给药店。如果不是这样的话,中毒事件应该在更大的范围内发生,而不应仅仅局限于芝加哥地区。强生公司与警方人员共同调查清楚泰勒诺尔致人于死的真相,洗清了自身枉担的不白之冤,为转危为安、获得重新发展奠定了基础。当然,如果强生公司所调查到的事实真相与自己有关,那么只要尊重事实,切实采取改进、补救的措施,争取获得公众的谅解,通过努力也会化险为夷。

4. 针对对象,确定对策

在对危机事件真相调查分析的基础上,就可以针对不同的对象确定相应的对策。这些对策大体上包括以下几个方面。

(1) 对组织内部的对策。

① 迅速成立处理危机事件的专门机构,由一名本组织的主要负责人担柱机构的领导。

② 判明情况,采取措施,通告内部全体人员,以统一口径共同行动。

③ 可以奖励处理危机事件的有功人员,处罚事件的责任者,并通告有关部门,以平息众怒,求得公众的理解、同情、支持和合作。

(2)对受害者的对策。

① 认真了解受害者的情况,实事求是地承担相应的责任,并诚恳地道歉。

② 冷静地倾听受害者的意见,及时了解和满足有关赔偿损失的要求。

③ 给受害者尽可能多的安慰和同情,并尽可能提供他们所需要的服务。

④ 设专人负责与受害者接触,在整个事件处理过程中,不随意更换工作人员。

(3)对上级主管部门的对策。

① 及时汇报。危机事件发生后,及时向上级主管部门汇报,不能文过饰非,更不能歪曲真相、混淆视听。

② 及时联系。在事件处理中,应定期报告事态的发展情况,及时与上级主管部门取得联系,求得主管部门的支持和指导。

③ 总结报告。事件处理后,要形成详细报告,内容包括处理经过、解决办法和今后的预防措施。

(4)对业务往来单位的对策。

① 传递信息。尽快如实地传递事件发生的信息。

② 告知对策。以书面的形式通报正在采取何种对策。

③ 当面解释。如有必要,应派人员到各单位去当面解释。

④ 说明处理经过。事件处理过程中,定期向各单位和各界公众通报处理情况。事件处理完毕时,要以书面的形式向对方表达诚恳的歉意。

(5)对其他公众的对策。

① 传播渠道。通过各种渠道向其他公众说明事件梗概,介绍事件经过、处理方法和今后的预防措施。

② 接待来访。如果有人来访,不能拒绝,对于提出的问题,不能隐瞒事实真相,要坦诚回答、热情接待。

③ 公开道歉赔偿。可根据事件的性质和造成损害的程度,以组织或个人名义向公众表示歉意。必要时,应该赔偿经济损失。

5. 评价总结,改进工作

组织在平息危机事件后一方面要注意从社会效应、经济效应、心理效应和形象效应等方面,评估消除危机的有关措施的合理性和有效性,并实事求是地写出处理报告,为以后处理类似事件提供依据;另一方面要认真分析事件发生的深刻原因,收集公众对组织的看法、意见和议论,总结经验教训,以便改进组织工作,从根本上杜绝类似事件再度发生。

(四)危机事件在不同阶段的特点

组织危机不仅具有突发性、严重危害性,同时还具有扩散性。危机常常成为社会舆论关注的"热点"和"焦点",更是新闻媒体报道的最佳新闻素材与报道线索,有时甚至牵动整个社会各界公众的"神经"。"好事不出门,坏事传千里",一个负面消息的传播足以抵消千百篇正面的报道和千百次广告。正是由于组织危机易扩散的和受舆论关注的特征,作为组织的公共关系人员在整个危机处理的过程中扮演着重要的控制危机传播的作用。了解危机传播的阶段和特征,是处理危机传播管理的前提。

1. 危机酝酿期

指的是危机的孕育时期。这个阶段的特征是:危机有时有些预兆和端倪,当然更多的危机是难以察觉的,此时如果能察觉的话,危机有可能被化解。

危机的酝酿是一个长期的过程,在实践中,危机的爆发只在瞬间,但其隐患却可能经很长时期才酿成。比如,在员工无礼对待消费者的案例中,可能是思想教育或管理的问题;在一个有瑕疵产品的案例中,可以从产品开发、原料采购、质量控制、成品生产和运输等各个环节中找到源头。

2. 危机爆发期

指的是危机的发生时期。危机发生了,这个阶段的特征是:危机已经初现端倪,细心敏锐的人肯定可以察觉,而忽视和迟钝则会导致熟视无睹。在这个阶段,危机虽已经暴露,既可以逆转,也可以转化。

3. 危机扩散、蔓延期

指危机发生后,通过媒介、人员、组织的传播,危机不断扩散,受众知晓率迅速上升。从传播的角度来说,此时信息的内容复杂化,有准确的、有不准确的,有目击的、也有猜测的;信息传播渠道也呈多样化,有从现场得到的(原生信息),有从相关组织或人物得到的,也有可能是从媒体得到的(比如一些媒体会转载来自其他媒体的信息)。现场的地点、人物、媒体自身、企业自身、相关的组织、人物,因为事态的进一步发展,都有可能成为信息传播源。另外,人们的好奇心需要满足,而原因又在进一步的调查中,造成信息"真空",这时媒体、公众会寻求从各种渠道来填补。这个时期的特征是:危机事态正在发展,本质原因却不一定很明确,现象则在传播中不断复制。

4. 危机的减弱、消失期

通过事态的发展、事件的处理、原因的调查,事情有了结果,公众、媒介的关注逐渐减弱、消失。

(五)制定危机传播管理方案

在处理危机的过程中,组织一定要充分利用舆论,巧妙运用现代传播媒介,把组织驾驭危机的信心和胆略、危机的真相和处理危机的方法、进展,及时、准确地传达给公众,正确引导公众舆论,防止公众因误导而诱发不利于组织的联想。为此,在做好危机不同阶段管理的同时,制定危机传播管理方案。危机传播管理方案的内容和要求是:

1. 应设立一个专门负责的发言人

危机发生后,不管是应付危机的常设机构,还是临时组织起来的危机处理小组,均应当迅速各司其职,尽快搜索一切与危机有关的信息并挑选一个可靠、有经验的发言人,将有关情况告之社会公众,而他代表的就是组织决策层的意见。

应当注意的是,对外传播信息只由这一个人输出,而不要有多种声音;再者,发言人的讲话态度一定要诚恳、和气。这项工作一般由公共关系部经理担任。

2. 主动与新闻界沟通

危机发生后,新闻界必然要来采访。与其在他们来之后被动地受访,不如自己主动地通报给日常工作中经常打交道的新闻单位,并尽量给予采访上的便利,积极提供新闻参考资料(可公开的或不可公开的)和背景材料,以免他们通过一些非正常渠道去找新闻来源。

在与新闻界沟通的过程中,还要注意两方面的情况,即有利的情况和不利的情况。因为,如果竭力掩盖于己不利的真相,一旦被发现,可能被怀疑你自己是危机的罪魁祸首,反而得不偿失。这方面的工作与前面发言人的工作并不矛盾,前者代表组织决策层来讲话,后者实际上是为前者讲话提供具体资料和陈述依据等。

3. 公布造成危机的原因

作为最后一步,应坦诚地向社会公众及新闻界说明造成危机的原因。如果是自己的责任,应当勇于向社会承认;如果是别人的故意陷害,则应通过各种手段使真相大白,最主要的是要随时向新闻界等说明事态的发展,澄清无事实根据的"小道消息"及流言蜚语。

(六) 危机公关的目的在于重树组织形象

危机对任何组织都是一场严峻的考验。有时,危机对一个素质良好的组织来说是一个借机塑造组织形象的机会,但是对大多数经历危机的组织来说,不管是否有能力解决危机,其组织形象都会不同程度地受到损害。正如组织形象的树立过程是一项长期的过程,组织的形象的损害也是一种潜在的长期损失,其不利影响会在今后组织的生产经营活动中日益体现出来。因此,在恢复时期,公共关系人员应该在如何重建组织形象上多下工夫,他们应该牢记:只有当组织的形象重新得到建立,组织才能转危为安。一旦组织发生了危机,就会失去公众的信任,使组织原先的顺意公众变成逆意公众。同时组织也会失去长期以来经过艰辛努力所建立的良好公关环境和获得的产品市场份额,导致组织美誉度及经济效益下降。因此,如何挽狂澜于既倒并重塑形象是组织面临的主要问题。

1. 树立重建组织良好形象的强烈意识

在危机处理中,组织除了平时要有强烈的公关意识外,还必须树立强烈的重建良好公关形象的意识。要有重整旗鼓的勇气和再造辉煌的决心,而不能破罐子破摔。须知,只有当组织的公关形象重新得到建立,组织才能谈得上进入了良好的公共关系状态。

2. 重建组织形象的目标

组织在恢复形象的过程中,可以根据调查的结果来策划重建组织形象的方法。如果是组织的美誉度受到损害,则组织可以采取提高产品和服务质量的方式进行形象的重建;如果是因为组织与媒体的关系导致的危机,可以不断与媒介进行沟通的方式进行形象的重建。

重建组织形象的目标,具体说来分为四个方面:第一,使组织公关危机事件的受害者或其家属得到最大的安慰;第二,使利益受损者重新获得作为支持者的信心;第三,使观望怀疑者重新成为真诚的合作伙伴;第四,更多地获得事业上的新的关心者和支持者。

3. 采取建立良好形象的有效措施

组织在确立了重建形象的目标之后,关键是如何采取有效措施,这些措施包括对内和对外两个方面。

对组织内部,一是要以诚实和坦率的态度来安排各种交流活动,以形成组织与员工之间的上情下达、下情上达的双向交流,保证信息畅通无阻;增强组织管理的透明度和员工对组织的信任感;二是要以积极主动的态度,动员组织全体员工参与决策,制定组织在新的环境中的发展计划,让员工形成乌云已经散去、曙光就在前头的新感受;三是进一步完善组织管理的各项制度和措施,有效地规范组织行为。

对组织外部,一是要同平时与组织息息相关的公众保持联络,及时告诉他们危机后的新局面和新进展;二是要针对组织公关形象的受损内容与程度,重点开展某些有益于弥补形象缺损、恢复公关形象的公共关系活动,与广大公众全面沟通;三是要设法提高组织的美誉度,争取拿出一些过硬的服务项目和产品在社会上公开亮相,从根本上改变公众对组织的不良印象。

第三节 从"砸大奔"事件看危机处理

2001年12月,武汉森林野生动物园砸了自己的奔驰车,引发了大家对奔驰的服务和质量的置疑,奔驰公司在中国消费者心目中的尊贵形象一落千丈。通过"砸大奔"这一事件,我们从中可以找到奔驰公司的公关败笔及其原因,得出危机公关的一些经验教训。

一、傲慢的代价

自1926年,卡尔·本茨和戈特利布·戴姆勒创建戴姆勒—奔驰汽车公司以来,那些以象征"陆地、水上和空中的机械化"的三叉星为标志的轿车,就一直是高贵、豪华、安全的代名词,而车身上的"梅塞德斯"(Mercedes)更代表"幸福"的意思。在中国,奔驰轿车是令人羡慕的地位的象征。

然而,2001年12月26日,武汉野生动物园的王笙先让一头水牛拉着他的奔驰轿车在武汉大街上穿行,接着又在大庭广众之下,让人把价值90多万元的奔驰车砸毁。这一"砸大奔"事件经国内外多家媒体的报道,一时间闹得沸沸扬扬。

事情还要从一年前讲起。2000年12月19日,王笙以武汉森林野生动物园的名义在北京宾士汽车销售中心购买了一辆奔驰SLK230型轿车,但是到武汉后没多长时间,车在行驶中就出现了故障,电脑系统紊乱,警示灯一直亮着。在随后的洗车过程中,又发现汽车漏机油。而后,他们迅速与北京宾士汽车销售中心取得联系,得到的答复是把车送到北京进行检修,费用自理。在北京进行了一个星期的修理后,车开回武汉没多久,同样的故障又出现了,并且伴随出现动力不足。这次北京宾士汽车销售中心派人来到武汉,对该车进行了检修,临走时确定车已修好。大约三五天之后,令人意想不到的是故障重又出现,同样奔驰方面又派人来武汉修车,如此反复,直到2001年12月10日第五次进行维修后,问题仍没有解决。奔驰方面也没有一个明确的说法,只是认为可能是油质太差造成的故障。

而该车为期一年保修将于12月19日结束。在万般无奈的情况下,12月11日武汉野生动物园给奔驰在北京的办事处北京宾士汽车销售公司及奔驰在中国的两个区域代理南星汽车公司和北星汽车公司发去传真,要求退车,否则将采取相应的措施,并首次在传真中提到如得不到答复就砸车。

12月20日下午,奔驰(香港)公司发来传真,明确表示车辆的问题为外在的因素所致,因此不能答应退车的要求。至此,不堪其苦而又状告无门(消协只受理个人消费者的投诉案件,对企业的投诉不予受理)的武汉野生动物园大失所望,决定在武汉广场砸掉这辆奔驰轿车。

武汉"砸大奔"事件后,来自珠海、西安、北京等地的6名"问题奔驰"车主于2002年1月7日在武汉成立了"奔驰汽车质量问题受害者联谊会",决定联手向奔驰公司讨说法。1月13日,成都有位奔驰车主欲加入联谊会,并称如果"问题车"再不妥善解决,他也会效仿武汉方面的做法,"牛拉奔驰游大街",并终于演化为3月8日的"再砸奔驰"事件。堪称"德意志灵魂"的奔驰轿车在中国的品牌形象大打折扣。

在此过程中,奔驰公司一直保持低调,除了两次公开致函以外,与车主的协商也进行得十分谨慎,因而被媒体批评为"态度漠然"、"歧视中国消费者"。奔驰公司很可能成为2002年中国跨国公司中最大的输家。由于对一起消费者投诉的不当处理,致使只留存于极少数用户中的不满变成了整个消费者群体的义愤和反感,并使以往鲜为人知的(也是并不严重的)质量和服务的缺陷被极度放大;而蹩脚的公关技巧和备受非议的法律应对,又使它高贵豪华的形象在中国人心目变成了"傲慢自大"、"店大欺客"的深刻印记。

面对奔驰公司在中国的处境,梅塞德斯——奔驰(中国)有限公司总裁麦基乐在3月25日接受《新快报》记者采访时感慨地说:"与客户沟通的技巧太重要了"。麦基乐认为这是由于奔驰公司与奔驰车主的沟通不足,技巧没有掌握好,导致产生某些误会,将本来可以协商解决的问题激化了。

二、公关的败笔

"砸大奔"事件的直接后果是使奔驰公司耗费相当大的精力去应付,从而影响正常的业务,从长远看影响不太大,奔驰的百年品牌毕竟不是几锤就能砸烂的。但是,奔驰受到的形象伤害不可低估,其他世界名牌在中国已有前车之鉴。这才是奔驰最应当担心的。

一家国际著名公共关系公司的总监,在接受《中国企业家》杂志记者采访时,非常谨慎地表达了自己的观点,他认为这是一个完全失败的案例:"危机公关中的几大忌讳,奔驰几乎都犯了。"总体来看,对奔驰的公共关系败笔有诸多评论,如反应迟缓、态度傲慢、推诿搪塞、渠道错误和国情不通等,但最不能容忍的失误是:由于对用户的不断指责和威胁,使公司很快在公众中形成难以磨灭的傲慢自负的形象。

在"砸大奔"事件中,奔驰公司的所有声明都有针对消费者的指责性内容,并给这一事件令人难以接受甚至反感的定性。第一辆奔驰被砸后,奔驰公司的声明对此的定性是:"极端的、没有必要的行为","非理性的而且无意义的举动","不必要且侵害我公司的权益的行为"。几顶大帽子扣下,又没有实质性的解决措施,令旁观者都看不下去。

更有甚者,在第二辆奔驰被砸后,奔驰的指责几乎升级为外交恐吓:"希望王先生的行为不会给正在进行国际化的中国造成不良影响。"此时,奔驰给公众的印象只有店大欺客和蛮横自负,结果使自己为解决这一事件所做的许多努力都付诸东流。

如果说强硬的态度还称得上是一种公关战略,那奔驰的公关技巧就更贻笑大方了。不仅表达方式单一,除了声明还是声明,而且在整个事件中,奔驰公司始终被人牵着走。砸大奔者像一个顽皮的点火者,而奔驰公司就像一个疲于奔命的消防队。它没有一次主动的行动,对媒体也多是避而不见。这样就使得媒体只能从砸大奔者那里获取相关信息,而对奔驰有利的一些信息不能为公众所知,从而引发的社会评论必然会偏向用户一方。

说来令人难以置信:这个世界顶级品牌的汽车公司,在中国居然没有聘用一家专业的公关公司,当然就更没有"危机处理小组"和"危机对策中心"之类的机构。由于没有专业的公关代理,没有与媒体的长期联系,以至出现这种尴尬景象:大笔的公共关系费投下去,危难之际竟无一家媒体伸出援手。

而且,奔驰公司显然是以技术替代公共关系、以律师替代公共关系,这是奔驰公共关系出现败笔的根本原因。在奔驰的每次表态中,专家和律师都是主角,技术专家讲一通谁也听不懂的名词,律师再来一通不是每个人都能懂的术语,这些话可能都没有错,但因为没有经过公共关系人员的过滤和包装,别人听了却不是滋味。奔驰公司可能没有意识到,让那些严谨而较真的律师取代公共关系真是一种灾难,情况往往是在赢得官司的同时却失去了客户的支持。

三、经验教训

奔驰公司在"砸大奔"事件中的行为,正被一些公关公司奉为最新、最经典的"处理不当案例"。通过这一事件,我们可以得出一些危机公关管理的经验教训。

(1) 充分以人为本,倾向于顾客利益至上,真正为社会大众利益着想。这既是防范危机事件发生的必要前提,也是危机公关获得成功应该具备的基本条件。企业危机公关也只有切实为消费者考虑,勇于承担责任,才能真正赢得顾客的信赖和支持,维护企业形象,使企业得以渡过难关。所以,危机公关既要着眼于当前企业危机事件本身的处理,又要立足于企业形象的维护和塑造。不能头痛医头、脚痛医脚,要从全面整体的高度来进行危机公关,争取赢得多重效果和长期效益。

(2) 组织应预先制定完善的公关战略,争取在危机的最初阶段对其态势加以控制。企业的高知名度会带来高风险。因此越是知名企业越要有危机意识,未雨绸缪,及早制定危机公关计划,以便在危机出现时能够掌握主动,抓住处理危机事件的最佳时机。

(3) 应加强与顾客公众的沟通与交流。顾客是企业最重要的外部公众,对企业的生存与发展起着至关重要的作用,所以应该认真听取顾客对企业和产品的意见、要求等。"砸大奔"事件发生后,奔驰公司终于认识到了这一点,计划扩大在中国的维修服务网络,通过服务网络拉近与客户的距离,与客户进行快速有效的沟通。

(4) 要善于利用媒体与公众进行传播沟通,争取公众的理解与支持。这就要求企业平时必须注重媒体公众,并与之建立良好的关系。危机事件发生后,企业应该尽快通过新闻媒体对外发布有关背景情况,使公众全面了解事件的来龙去脉以及企业正在采取的补救措施,以公开透明的信息传播政策最大限度地减少企业形象所受到的损失。

总体来看,危机公关处理得当与否,对于维护良好的企业形象至关重要,关系到企业能否在激烈的市场竞争中生存、发展和壮大。因此,企业在处理危机事件时,一定要站在公共关系大局的角度来衡量得失,应优先考虑消费者的利益以及这个问题对于企业公共关系的重要性,以积极的态度去赢得顾客,以正确的措施去赢得时间,并建立起关心和维护消费者权益的积极形象,重塑消费者对企业的信心。

【案例分析】

周杰伦怒斥公安,央视点赞危机公关

4月30日晚,在周杰伦西安个人演唱会现场,一名公安把粉丝的灯牌丢掉,这个举动被台上的周杰伦看到了,周杰伦当众怒斥公安"滚出去"。

事后，当得知安保人员之所以将歌迷灯牌丢掉是因为前排歌迷灯牌挡住了后排歌迷的视线，安保人员是为保护更多歌迷的利益才上前阻止。周杰伦第一时间通过公司官方微博以及演唱会主办方等公开渠道向这位安保人员道歉。

第二步，文字道歉之后，周杰伦录制了一段道歉的视频，并亲自到安保指挥部，向演唱会期间执勤的安保人员表示感谢，同时当面向这位安保人员道歉并取得原谅。及时、得当、有诚意，这样的危机公关，帮助周杰伦成功挽回了个人品牌声誉，就连央视之后也点赞周杰伦的态度和做法。

问题与思考

结合案例分析如何有效应对突发的危机事件。

【本章小结】

危机公关策划是指公关人员在调查研究的基础上，为实现组织的危机公关目标，针对危机事件在不同阶段的特点，充分运用想象力和创造力对组织的公关危机和具体问题进行的运筹谋划。危机公关策划是一种创意，是一个标新立异想，是一套谋略。本章全面介绍了危机公关概念、特点和处理危机事件的原则、程序，并对"砸大奔"事件进行了案例分析。

【思考与练习】

1. 什么是公关危机？什么是危机公关？
2. 说明危机事件的特点和基本类型。
3. 危机处理应遵循哪些原则？
4. 简述危机处理的一般程序。
5. 通过"砸大奔"危机处理的分析，谈谈你对危机处理的认识。

第十一章　公共关系专题活动

【学习目标】
1. 了解主要公共关系活动内容
2. 掌握新闻发布会的会议议程
3. 掌握赞助活动的原则和程序

【引导案例】

IBM公司的"金环庆典"活动

　　美国IBM公司每年都要举行一次规模隆重的庆功会,对那些在一年中做出过突出贡献的销售人员进行表彰。这种活动常常是在风光旖旎的地方进行。对3%做出了突出贡献的人进行表彰,被称作"金环庆典"。在庆典中,IBM公司的最高层管理人员始终在场,并主持盛大、庄重的颁奖酒宴,然后放映由公司自己制作的表现那些做出了突出贡献的销售人员工作情况、家庭生活,乃至业娱爱好的影片。在被邀请参加庆典的人中,不仅有股东代表、工人代表、社会名流,还有那些做出了突出贡献的销售人员的家属和亲友。整个庆典活动自始至终都被录制成电视(电影)片,然后拿到IBM公司的每一个单位去放映。

　　IBM公司每年一度的"金环庆典"活动,一方面是为了表彰有功人员,另一方面也是同企业职工联络感情、增进友情的一种手段。在这种庆典活动中,公司的主管同那些常年忙碌、难得一见的销售人员聚集在一起,彼此毫无拘束地谈天说地,在交流中,无形地加深了心灵的沟通,尤其是公司主管饱含关心的话语,常常能使那些在第一线工作的销售人员"受宠若惊"。正是在这个过程中,销售人员更增强了对企业的"亲密感"和责任感。

　　公关专题活动是社会组织与广大公众进行沟通,塑造组织自身良好形象,扩大影响,提高声誉的有效途径。组织可以根据具体情况,策划、实施各种不同主题的公关专题活动。公关专题活动的种类很多,常见的有社会赞助活动、庆典活动、新闻发布会、开放组织、展览会、举办会议等。

第一节　公共关系专题活动及其作用

　　所谓公共关系专题活动,是指社会组织为了某一明确的公关目的、围绕特定主题而精心策划的公共关系传播活动。公共关系专题活动是社会组织与广大公众进行沟通、塑造自身良好形象的有效途径,因此,国内外许多组织经常采用公共关系专题活动的形式来扩大影响,提高声誉。

　　在实践中,有些公共关系活动,如公关人员处理日常事务,并不需要对活动的目标、过程和手段进行事先的详尽考虑,只有某些特殊的活动形式,才需要精心策划。从这个意义上说,公共关系专题活动包括任何具有明确主题、经过周密策划而实施的公共关系活动。

一、公共关系专题活动应具备基本特征

第一,必须有明确的主题,而且每次通常只有一个主题;

第二,必须经过精心策划,离开了策划将无法保证这些活动正常举办;

第三,通常与某一种类型的公众进行重点沟通;

第四,必须是针对某一个明确的问题而开展的,具有极强的针对性。这几个特征是公共关系专题活动必不可少的。

二、开展公共关系专题活动的意义

1. 有利于改善组织的公共关系状态

公共关系专题活动施加影响的对象并非是组织的所有公众,而是以其中某一部分公众为重点。当组织与公众的关系出现或可能发生不协调时,公共关系专题活动将会起到很好的协调和沟通作用,以便与这部分急需协调的公众保持良好的关系。使组织集中地、有重点地与目标公众进行沟通,传播自己的思想和行为,转变公众的看法,使组织转危为安。

2. 有利于特定的组织塑造形象,扩大自己的社会影响

如果公共关系专题活动的形式选择得当,策划新颖,技巧纯熟,所举办的公共关系专题活动也可能对组织的所有公众,甚至无关的人们发生影响,在社会上产生极大的"轰动效应"。因此,公共关系专题活动既有利于同某一部分公众进行沟通,又有利于组织在社会中的整体竞争,它是一种目的明确、对象确定、影响深远的公共关系过程。

3. 能够推动公关活动内容和形式的创新

创新是公共关系专题活动的基本要素。缺乏新意的活动很难吸引公众的注意,创造性地利用各种具体的专题形式为组织目标服务,可以构成公共关系专题活动最有价值的部分。成功的公共关系专题活动之所以会产生"轰动效应",其原因就在于它的创新性给公众留下了令人难忘的印象。因此,能否成功地举办各种形式的公共关系专题活动,不仅仅是对公关人员综合能力的考验,而且也是对他们创造力的综合测试。

第二节　赞助活动

所谓赞助活动,是指社会组织以不计报酬的捐赠方式,出资或出力支持某一项社会活动或公益事业。开展赞助活动是组织对社会做出贡献的一种表现,越来越多的组织认识到自身的发展离不开社会的支持,作为社会的一员,自己也应对社会的发展承担一定的责任和义务,为社会贡献一份力量。实际上,现代社会开展赞助活动的主体是企业,因此,这里主要以企业的赞助为例。

一、赞助活动的目的

众所周知,提高企业的知名度、树立企业在社会公众中的美好形象,是企业生存和发展的重要条件,以此为目的的公共关系赞助活动,是创造这一条件的有效手段。

在北京,一家五星级饭店公关部的工作备忘录上,曾记录这样一句话:"赞助、提供活动场地或出资帮助社会文化活动,通过大众传播媒介专文介绍或现场直播,用这些活动有计划地提高本饭店的知名度和美誉度。"因此,有目的、有计划的赞助活动,是一种同社会沟通的有效手段。通过赞助活动,一方面给社会活动的顺利进行提供物质保证;另一方面能够展示自我、树立美好形象,为企业的发展创造良好的市场环境。中美合资的北京长城饭店,主办了举世瞩目的美国总统里根访华的答谢宴会(赞助场地),并通过500名中外记者的报道,将长城饭店的知名度和美誉度在世界范围内大幅度提高,就充分说明了赞助的目的及其重要性。

综上所述,我们不难看出,赞助活动的目的主要有如下几个方面:

(1) 出资赞助社会公益事业,为企业经济效益的提高创造了社会大环境。

(2) 承担企业的社会责任和尽义务,树立企业的美好形象。企业作为社会的一员,关心和支持社会公益事业,为社会做出贡献,也是赞助活动的目的所在。

(3) 增进感情的交流,谋求社会公众的好感,赢得社会公众的信任。

(4) 赞助活动可以扩大企业知名度,增强企业商业广告的说服力和影响力。

二、赞助活动的主要对象

健力宝体育赞助的双赢

被称为"中国魔水"的健力宝饮料,在中国一度家喻户晓。它不仅名气大,经济效益更令人吃惊。1991年上缴利税达5亿元。健力宝取得如此经济效益,与其采取的恰当的公共关系赞助活动密不可分。事实上,健力宝三次大规模的赞助活动,直接促成了经济效益的飞跃。

1984年洛杉矶奥运会,健力宝集团抓住时机开展攻势,以实物赞助的方式,使其成为重返奥运大家庭后,首次参加国际最大规模体育盛会的中国体育代表团的首选运动饮料。15枚金牌的巨大成功,使健力宝随中国体育走向世界,并确立了其"中国魔水"的地位和美誉,原本只有几百万元产值的水酒厂一举成名,顷刻之间产品供不应求。以此为契机,扩大生产后的健力宝迅速跃入了现代化大企业的行列:1987年的广州第六届全运会上,健力宝集团再次以雄厚的经济实力,赞助250万元,换取了全运会运动饮料专用权,当年的销售额猛增到3亿元,并出口9个国家和地区;1990年北京亚运会,健力宝出资600万元为赞助,又一次获得指定运动饮料专用权,同时以260万元赞助亚运会火炬接力活动,中国首次举办大型国际体育盛会的空前成功,使健力宝再一次腾飞。

巨大的社会效益,直接带动了企业经济效益的增长。三次大型体育盛会的成功,使人们认识到健力宝的贡献,也使社会认识到:健力宝是中国体育事业的支持者,健力宝促进了中国体育的发展。健力宝集团认为,赞助活动获得了社会效益和经济效益的双丰收,它集公共关系、广告、推销于一体,不仅提高了企业的知名度、信任度和美誉度,而且确立了企业的市场地位。健力宝从赞助体育事业中获得了巨大的经济效益。

健力宝选择了中国体育事业为赞助对象,迎合了国人"增强人民体质,振兴中华体育"的美好愿望。这不仅赢得了公众的好感、信任,增强了健力宝对公众施加影响的广度和深度,而且最终得到了社会的支持与合作,也使消费者的选票(货币)投向了健力宝。

企业是社会的一分子,众多的社会公益事业需要企业的经济支持,主要包括以下几方面:

(1)体育事业。对体育事业的赞助不仅可以带动人民体质的提高,而且可以最大限度地提高企业的知名度。

(2)文化事业。企业赞助社会文化事业,不仅可以培养公众的情操,提高民族文化素养,而且可以大大提高企业美誉度,提高企业社会效益。

(3)教育事业。赞助教育事业是百年大计,它不仅体现了企业对社会的责任,而且也为企业提供了长期发展的后备力量。

(4)社会福利和慈善事业。为社会分忧解难,是企业的义务。赞助福利和慈善事业,是企业谋求与政府和社区两大公众的最佳关系的手段。

选择最合适的对象,开展最有效的赞助活动,是企业得以发展的有力武器。这里需要指出的是,企业的信誉投资,必须选好对象和形式,否则会效果不佳,导致经济效益下降。当然,在社会这一综合系统中,任何企业的发展都不能只靠上述几个方面的支持,其他事业的发展,如能源、交通、金融、社会治安、环境保护、社会基础设施建设等,也同样影响一个企业的发展,因而也会成为某些企业的赞助对象,企业应酌情选择。

三、赞助活动的开展

(一)调查研究,确定对象

企业的赞助活动可以自选对象,也可以按被赞助者的请求来确定。但无论赞助谁、赞助形式如何,都应做好深入细致的调查研究。调查研究的主要内容应包括:企业自身的公共关系状况、赞助活动的影响力、被赞助者的公共关系状况、社会公众的意愿、企业经济状况等。特别需要指出的是,企业的赞助活动,必须是社会公众最乐于支持的事业和最需要支持的事业,否则,对象的确定将被视为有误。另外,调查研究应该以经济和社会效益的同步增长为依据,重点分析投资成本与效益的比例,量力而行,保证企业与社会共同受益。

(二)制定计划,落到实处

企业的赞助活动,应是有计划的公共关系的一部分。在调查研究的基础上,赞助计划应具体详尽。在企业的赞助活动计划中,应包括:赞助的目标、赞助的形式;赞助活动的预算;为达到最佳的赞助效果而选择的赞助主题和传播方式;赞助活动的具体实施方案,应做到有的放矢,同时也应将实施计划过程中的应变方案列入计划。

健力宝赞助洛杉矶奥运会的计划要点

第一,赞助活动目标:第二十四届奥运会。

第二,赞助对象:中国体育代表团。

第三,赞助形式:提供运动饮料——健力宝。

第四,重点传播对象:中国消费者和经销商。

第五,选择传播方式:四大新闻媒体。

第六,具体实施方案:首先征得国家体委和中国奥委会同意;其次争取新闻媒介的支持;再次做好物质上的准备,生产出高质量的饮料;最后是将其运抵比赛现场。

(三) 完成计划,争取效益

在制定计划的基础上,企业应派出专门的公共关系人员去实施赞助方案。在实施过程中,公共关系人员要充分利用有效的公共关系技巧,创造出企业内、外的"人和"气氛,尽可能扩大赞助活动的社会影响。同时,应以企业的广告和新闻传播等手段强化赞助的影响,使赞助活动的效益达到最佳峰值。实施过程中,还应将公共关系人员的形象与企业形象一体化,谋求被赞助者的好感,争取赞助的成功。

(四) 评价效果,以利再战

企业的公共关系活动应立足于企业的长足发展。因而,对每一次公共关系活动的效果都应该做出客观的评价,这样可使今后的活动搞得更好。赞助活动完成后,应该对照计划测定其实际效果。对完成活动的经验应加以总结,对活动的欠缺应指出原因。赞助活动的效果应由自我评价与专家评价共同完成。对评价的效果应有信息反馈报告,在报告中,应将实际效果与计划的比较、成果与不足、问题出现的原因和补救措施、今后的方向等一并纳入。报告将成为以后开展公共关系活动的依据和参考,故认真对待。

上述周密详尽的计划和持之以恒的努力,必将使企业获得巨大成功,也会带动社会的全面发展。但是,企业必须注意赞助活动的投入产出比,必须根据企业的财力来确定是否赞助。在无力赞助的情况下,应注意处理好与请求赞助者的关系,否则会造成矛盾。国外企业在提供赞助时,多遵循如下原则:

第一,赞助的对象是非营利性组织;

第二,被赞助的活动或团体,要有利于本企业的生存和发展;

第三,视企业的经营情况,根据财政预算决定支付赞助费用的额度和范围。

四、赞助活动的注意事项

(1) 赞助活动应以自身所面对的社会环境为出发点,制定出切实可行的公共关系政策、方针和策略,切忌盲目赞助。公共关系政策和规章,一经职代会、董事会或管理决策会形成决议,则成为企业公共关系活动的依据。一切不利于企业发展的赞助,都应拒之门外。对于强拉赞助者,企业应坚持原则,并利用法律武器来保护自我。

(2) 组织应将公共关系政策公之于众。应保持与被赞助者和需要赞助的活动组织者之间的联系,将应捐赠款项及时拨付被赞助者。另外,企业应将赞助计划列入企业为其生存和发展创造环境的长期计划,分清所需赞助事业的轻重缓急,逐步实施。

(3) 公共关系部门应随时把握社会赞助的供求状况,做到灵活掌握赞助款项。在公共关系部门的赞助计划中,应留有机动性较强的公共关系费用,这样在计划外的重大社会活动举办时,才能应变自如。这里需要强调的是,面对突发事件,切忌手忙脚乱。

(4) 对赞助活动的科学管理必使其善举得到认同。由此创造出的良好的社会效益,必然会得到社会的广泛支持。企业经济效益的提高,则证明了社会对企业的回报。良好的社会环境靠企业去创造,也必将推动企业的发展。

第三节　庆典活动

庆典活动是指组织在其内部发生值得庆祝的重要事件时,或围绕重要节日而举行的庆祝活动,一般将其作为一种制度和礼仪。它可以是一种专题活动,也可以是大型公共关系活动的一项程序。庆典活动往往给公众留下"第一印象",如一家企业举行一个气氛热烈、庄重大方的开业典礼,这是在社会公众面前的第一次亮相,这个"相"亮得好,可以为企业创造良好形象。随着社会的发展,能够举办庆典的节日越来越多,这必然使社会各界举行庆典活动的机会越来越多。因此,现代组织的管理者应想尽办法利用庆典的各种活动,让自己广为人知。显然,这是与现代公共关系为组织扩大知名度、提高美誉度的思路相吻合。

一、庆典活动的类型

庆典活动总的要求是有喜庆的气氛、隆重的场面、高昂的情绪、灵活的形式,当然还应该有较高的规范性和礼仪要求。庆典活动在形式上,一般有开幕庆典、闭幕庆典、周年庆典、特别庆典和节庆活动等五种。

(一) 开幕庆典

开幕庆典,即开幕(开张、开业等)仪式,就是指第一次与公众见面、展现组织新风貌的各种庆典活动,包括各种博览会、展览会、运动会和各种文化节日的开幕典礼;企业的开业典礼或企业推出的重要服务项目第一次向公众开放的庆祝活动;重要工程的开工典礼或奠基典礼;重要设备及工程首次运行或运营的庆祝活动,如通邮、通车、通航等典礼活动;学校的开学典礼、部队的迎新典礼;等等。组织举行一个热烈、隆重、特色鲜明的开幕典礼,会迅速提高组织的知名度,为组织自身塑造良好的形象,给社会公众留下深刻而美好的记忆。

(二) 闭幕庆典

闭幕庆典是组织重要活动的闭幕仪式或者活动结束时的庆祝仪式,包括各种博览会、运动会和文化节日的闭幕典礼,重要工程竣工或落成典礼,学校学生的毕业典礼,组织的重要活动或系列活动的总结表彰或者为圆满结束举行的各种庆祝活动等。闭幕庆典是各种活动的尾声,同开幕庆典相比,重要的程度和隆重的程度比较弱些,更多的是强调活动的有始有终、圆满结束。当然,有的活动从不同的角度来看,可以作为闭幕式处理,也可以看作开幕式,如何开展活动,要根据其内涵和意义来选择。如公路的建成也就意味着开始通车,多举行通车典礼;大型客船完工就要投入航运,通常举行首航仪式等。

(三) 周年庆典

周年庆典是指组织在发展过程中的各种内容的周年纪念活动,包括组织"生日"纪念,如工厂的厂庆、商店的店庆、宾馆的馆庆、学校的校庆,以及大众媒介机构的刊庆或台庆等,还包括组织或企业之间友好关系周年纪念,某项技术发明或某种产品的问世周年纪念活动。组织利用周年庆典举办庆祝活动,对振奋员工精神、扩大宣传效应、协调公众关系、塑造企业形象等都有重要的意义。特别是利用周年庆典举行公众联谊活动,可以沟通关系,加深感情,或通过制造新闻获取轰动效应。

    美国某连锁商店开业30周年纪念日时,为了使这次庆典活动在公众心目中产生轰动效应,满足社会公众的猎奇心理和塑造公司的良好形象,培养员工对本公司的认同感、归属感,进一步增强凝聚力和向心力,公司总裁为一位在公司商店门口擦了25年皮鞋的老黑人举办了一次活动。利用这个颇具影响的事件,引起新闻界和公众的注意,调动了公司员工的积极性。

(四) 特别庆典

特别庆典是指组织为了提高其知名度和声誉,利用某些具有特殊纪念意义的事件或者为了某种特定目的策划的庆典活动。组织可以根据自己的具体情况推出新的内容,尤其要抓住具有里程碑意义的事件进行策划。如某国际旅行社接待第100万位国外游客、某驾驶员安全行车100万公里等,都可举行庆祝活动,还有电信部门策划的300日无差错纪念活动,消费者协会组织的消费者权益保护法颁布10周年庆祝活动等。可以说,没有哪一年是没有特殊事件可供纪念的,关键是公共关系人员应注意选择时机,策划组织具有独特创意的特别庆典活动。

(五) 节庆活动

节庆活动是指组织在社会公众重要节日时举行或参与的共庆活动。重要节日可以是传统的节日,如春节、国庆节、五一劳动节、三八妇女节、六一儿童节等,还可以是改革开放后引进借鉴西方文化的节日,如圣诞节、情人节、母亲节等。节庆活动一般可分为两种:一种是组织利用节日为社会公众举办的各种娱乐、联谊活动,免费或优惠提供服务,目的在于联络感情、协调关系;另一种是组织积极参与当地社区组办的集体庆祝或联欢活动,如准备锣鼓、花灯、彩车、龙灯、旱船、高跷等节目参加聚会或演出,目的在于塑造一个积极参与社会活动的形象。

二、庆典活动的开展

庆祝也好,典礼也好,都应有充分的准备,根据天时、地利、人和等条件而开展。现代社会组织可利用庆祝的机会愈来愈多,组织的决策者们应适时地选择一些对组织和社会都有利的重要事件或重大节日,来开展活动。在充分准备的情况下,一般每年搞2～3次就够了。活动要搞一次成功一次,预测不会成功的活动就不要搞。不打无准备之仗,因为无准备和准备不充分,都会造成美誉度的下降。

组织的庆典活动代表着组织的形象,它体现着一个组织及其领导者的组织能力、社交水平和文化素质,往往会成为社会公众取舍、亲疏的标准。因而,组织在进行这类活动的过程中,一定要注意这样一些问题:

一是要有计划。庆典活动应纳入组织的整体规划,应使其符合组织整体效益提高之目的。组织者应对活动进行通盘考虑,切忌想起一事办一事,遇到一节庆一节。

二是要选择好时机。调查研究是组织开展公共关系活动的基础,庆典活动也应在调查的基础上,抓住组织(企业)时机和市场时机,应尽可能使活动与组织、市场相吻合,如生产妇女用品的企业就应瞄准三八妇女节这样的时机。

三是要科学性与艺术性相结合。公共关系活动是科学地推销产品和形象的过程,但要赋予其艺术的形象,使其更具有魅力,这样会有更好的宣传效果,使企业形象更佳。

四是要制造新闻。公共关系活动应能够为公众的代表——新闻媒介所接受,它的反应是衡量活动成功与否的标尺,也是组织形象能否树立的重要环节。所以,庆典活动应尽量邀请新闻记者参加,并努力使活动本身具有新闻价值。

五是要注意总结。组织的公共关系活动应讲求整体性和连续性,作为整体公共关系一部分的庆典活动,应与其他公共关系活动协调一致。为保持组织形象的一体化,保证今后开展活动的连续性,对每一次庆典活动的总结,就显得十分必要了。

当然,要把庆典活动办得圆满成功不是那么容易的,尤其是大型的庆典活动,其牵涉面广,且具体而复杂,公共关系人员一定要精心策划、周密实施。具体地说,要办好一次庆典活动,应认真做好以下一些工作:

(1) 精心选择对象,发出邀请,确定来宾。

庆典活动应邀请与组织有关的政府领导、行政上级、知名人士、社区公众代表、同行组织代表、组织内部员工和新闻记者等前来参加。公共关系人员应选好对象,提前发出邀请,特别是重要来宾应亲自上门邀请。为保证接待工作的顺利,在活动前,应确定到场来宾的准确情况。

(2) 合理安排庆典活动的程序。

庆典活动的程序一般如下:安排专门主持人宣布活动开始,介绍重要来宾,由组织的领导和重要来宾致辞或讲话;有些活动需要剪彩和参观的安排;安排交流的机会;重要来宾的留言、题字(该项活动也可安排在庆典开始前)。

(3) 安排接待工作。

庆典活动开始前,应做好一切接待准备工作。要安排好接待和服务人员,活动开始前所有有关人员应各就各位。重要来宾的接待,应由组织的首脑亲自完成。要安排专门的接待室或会议室,以便在正式活动开始前让来宾休息或与组织的领导交谈。入场、签到、剪彩、留言等活动,都要有专人指示和领位。

(4) 物质准备和后勤、保安等工作。

庆典活动的现场,需要有音响设备、音像设备、文具、电源等;需要剪彩的,要有彩绸带;在特殊场合,鞭炮、锣鼓等也要有所准备。宣传品、条幅和赠予来宾的礼品,也应事前准备好。赠送的礼品要与活动有关或带有企业标志,燃放鞭炮一定要有保安措施。如有宴请内容,安排来宾就餐,后勤准备要充分,要认清其为喜庆和交流的目的,不要过分铺张。另外,为活动助兴,可以安排一些短小精彩的文艺节目,这些节目可以组织内部人员表演,也可以邀请有关文艺团队或人员表演,节目要力争有特色。

总之,只要做到认真充分,热情有礼,热烈有序,就会使庆典活动取得成功。

第四节　新闻发布会

公关人员用来广泛宣传某一信息的最好工具莫过于举行新闻发布会。新闻发布会的最大优点是公布的信息真实,可信度高,容易使组织和新闻界之间达到相互理解和沟通的良好效果。

一、新闻发布会的含义和特点

新闻发布会又称记者招待会,是指以某一社会组织的名义邀请新闻机构的有关记者参加,由专人宣布有关重要信息,并接受记者采访的具有传播性质的一种特殊会议。通过新闻发布会,组织可以将有关信息迅速传播扩散到公众中去。在新闻发布会上,不仅可以公布本组织的一些重大新闻,如方针、政策、措施等方面的新举措,加强公众对组织的认可,而且可以利用新闻发布会的影响力,妥善处理一些棘手的问题,以达到澄清事实、说明原委、减少误会、求得谅解等效果。新闻发布会是一种二级传播:首先通过记者招待会,以人际沟通和公众传播的方式,将信息告知记者;然后由记者以大众传播的方式进一步将消息告知社会公众。在这种形式下,实现了社会组织和新闻媒介的沟通,并通过这种沟通,实现社会组织和广大公众之间的沟通。

(一)新闻发布会的特点

(1)以新闻发布会发布消息,其形式比较正规、隆重,而且规格较高,易于引起社会的广泛关注。

(2)在新闻发布会上,记者们可根据自己感兴趣的方面及所侧重的角度进行提问,能更好地发掘消息。因此,在这种形式下的信息沟通,无论在深度还是广度上都比其他形式更胜一筹。

(3)新闻发布会往往要占用记者和组织者较多的时间,必要时还要组织记者实地采访、参观或安排一些沟通活动,如酒会、招待会、进餐等,因此会有更多的经费支出,成本较高。

(4)新闻发布会对于组织的发言人和会议的主持人要求较高,要求他们十分机敏、善于应付、反应迅速、幽默从容等。

(二)新闻发布会的组织和安排

要想使新闻发布会组织成功,通过新闻发布会给"无冕之王"——记者们留下美好的印象,对组织产生好感甚至倾心,会议的组织和安排工作是非常重要的,这就需要公共关系人员在会前进行周密的计划,作好充分的准备。

1. 准备工作

(1)把握时机。一般应选择组织有重大活动开展或重大事件发生的时候举行新闻发布会。只有在必要和可能的情况下召开新闻发布会,才会收到良好的效果。也就是说,新闻发布会是一项郑重的公关活动。一般地说,组织举行新闻发布会的原因,有以下几个方面:出现了紧急情况,如工厂发生了爆炸;严重的灾害发生;对社会发生重大影响的新政策提出;企业新技术的开发和新产品的投产;组织对社会做出的重大贡献或将影响社会的新措施;企业的开张、关闭、兼并或组织的重大庆典等。但应注意,新闻发布会不要与重大节日或其他重大社会活动相冲突。

(2)确定主持人和发言人。出于记者的职业要求和职业素养,他们常常会在新闻发布会上发掘出一些敏感的话题,提出一些尖锐深刻,甚至很棘手的问题,这就对会议的主持人和发言人提出了很高的要求。主持人和发言人都必须对将要发布的信息的重要性和社会价值有清醒的认识。此外,他们必须思维敏捷、反应快、表达能力强、谈话具有权威性,并且具有较高的文化修养和专业水平等。会议的主持人一般可由有较高的公共关系能力的人来担任,其对被邀与会的记者和新闻单位,应有相当程度的了解,与记者有较好的工作关系和个人之间的人际关系,不仅要宣布开会、散会,而且还能清楚、简洁地说明会议宗旨;在会议中能通过插话、补充说明、提出反问来引导会议进行;能根据新闻单位和记者的了解,恰当地选择众多记者提问的先后顺序。因此,主持人的选择,首先是"能力"。会议的发言人则应是组织的高层领导,他除了对本次会议主题涉及的问题有较为深刻的专业性把握,还对本组织的整体情况,有关的社会环境、方针、政策都很熟悉、了解,他的发言和回答,应该具有权威性。

(3)准备宣传辅助材料。宣传辅助材料要围绕发布的信息内容来准备。要尽量做到全面、详细、具体和形象,形式多样,要有口头的、文字的、实物的照片和模型等。这些材料的准备要根据会议的中心内容的具体要求而定,在会议举行时现场摆放或分发,以增强发言人的讲话效果。

(4)选择地点,布置任务。新闻发布会地点的选择不同于一般的会议,首要的是要为记者们创造方便的采访条件,如采光、电源、录像、拍摄的辅助灯光,视听辅助的工具、幻灯、电视播放设备的准备。需要考虑会场的对外通讯联系条件,如电话和专线电话的设置。另外,还应考虑会场既需要安静舒适,又不受干扰,还要交通便利、停车方便。会场座次安排应分明主次,特别是有贵宾到场的情况下。会场内的桌椅设置要方便记者们的提问和记录。再有,会场应设有记者或来宾签到处,最好在入口处或入口通道处,并在每位记者席上准备有关资料,使记者们能深入细致地了解所发消息的全部内容。

(5)确定时间,及时邀请。新闻发布会的时间一般选在上午10点或下午3点为佳。一般发布会的正式发言时间不超过1小时,应留有时间让记者们提问。发布会之后,一般为记者准备工作餐,最好的形式是自助。搞自助工作餐的目的在于给记者们提供交流和对组织的领导人做深入采访的机会。确定具体时间后,要提前3~5天向记者们发出邀请,让记者充分安排好时间。值得注意的是:记者是天然的大忙人,有时不一定都能到会,因此,为使发布会能圆满成功,最好让记者有回执。另外要注意:要针对所发新闻的性质邀请相关新闻媒介的相关记者。

(6)做好费用预算。举办新闻发布会要有财务计划,要视财力、物力、人力举办规模恰当的发布会,不要为追求规模或形式不顾一切,否则适得其反。费用预算一般包括印刷费,通讯费,场地费,交通费,租用器材费,摄影费,嘉宾签到簿、礼品、襟牌费,会场布置费,嘉宾食宿费等。

2. 会中注意事项

新闻发布会举行过程中,应做好以下工作:

(1)所发布的信息必须准确无误,若发现错误应及时给予更正。

(2)会议议程的执行要紧凑,不拖沓,有条不紊。要避免出现冷场和混乱局面。应有正式的开场和结尾。

(3)会议主持人应善于控场,以庄重的言谈和感染力活跃整个会议气氛,引导记者踊跃提问。当记者提问离开主题时,要善于巧妙地将话题引向主题。如果会议中出现紧张气氛,应该及时调节、缓和。不要随便延长预定会议时间。

(4)发言人应注意答问的方式和程度,随机应变,不与记者争论,不要回避问题。对于不愿发表和透露的内容,应婉转地向记者做出解释,不能简单地说"不清楚"、"不知道"、"无可奉告"等。不要随便打断记者的提问,也不要以各种动作、表情和语言对记者表示不满,即使记者的提问带有很强的偏见或挑衅性,也不能激动或发怒,应以良好的涵养、平静的话语、确凿的事理给予纠正和反驳。

（5）对新闻发布会活动全过程应做详尽记录和录音，有条件的应将会议过程录像，作为资料保存。

3. 会后工作

为使新闻发布会这一公共关系专题活动取得预期的效果，在会议结束后，组织还应做好以下方面的工作。

（1）整理记录，总结经验，并以书面形式存档。尽快整理出新闻发布会的记录材料，对其组织、布置、主持和回答问题等方面的工作做一总结，从中认真汲取经验和不足，并将总结材料归档备查。

（2）搜集舆论反应，检测活动效果。搜集到会记者在报刊、电台、电视台的各类报道和评论，并进行归类分析，把握公众的反应和舆论走势，检查是否达到了举办发布会的预定目标，是否由于失误而造成了误会等，并以此检测发布会活动的效果。

（3）对照新闻发布会签到簿，检查与会记者是否都发了稿件，并对记者所发稿件的内容及倾向作一个分析，以便了解新闻机构和记者所持意见、态度和产生原因，便于以后有针对性地同他们进行沟通，或以此作为以后举办新闻发布会邀请记者范围的参考依据。

（4）对于不利于本组织的报道，应采取良好的应对策略。如果是不正确或歪曲事实的报道，应主动采取行动，说明真相，并向报道机构提出更正要求；如果是反映了事实却不利于本组织的负面报道，则应通过有关媒体向公众表示歉意，并制定改进措施，以挽回组织声誉。

第五节　展览会

展览会是指组织通过集中的实物展示和示范表演，配以多种传播媒介的复合传播形式，来宣传产品和组织形象的专门性公共关系活动。展览会是较为重要的公共关系专题活动之一，它以极强的直观性和真实感，给观者以较强的心理刺激，这不仅会加深参观者的印象，而且会使组织和产品在参观者心目中的可信度大大提高。

一、展览会的作用

展览会通过实物、模型和图表来进行宣传，不仅可以起到教育公众、传播信息、扩大影响的作用，还可以使组织找到自我、宣传自我、增进效益。

（一）寻找自我

中国有句古话："酒香不怕巷子深。"的确，高质量的产品会得到社会的认可，广大消费者会对之产生偏好，所以"寻香不怕巷子深"；另外，大凡好东西都会驱使消费者自愿为其进行宣传，这就必然会出现"好酒不怕巷子深"的现象；再者，在自然经济条件下，"独此一家，别无分店"是客观现实，故"独香不怕巷子深"。但是，随着商品经济的高度发展，产品和生产者的垄断现象已不易存在，若不借助其他的工具，人际间的传播已很难使好酒飘香万里，故"酒香也怕巷子深"。此外，伴随着市场竞争的激烈化，生产者已认识到了"质量是后盾，信誉是保证"的重要性，故产品的质量差距已大大缩小。因此，"酒香遍地"的局面，使消费者很难选择。利用展览会的机会,可以使生产者找到真正的我,让消费者认识并辨别出真正的我。

(二) 宣传自我

展览会通过实物、文字、图片、图表等客观手段来展现成果、风貌和特征。与其他形式的宣传效果相比较,其说服力大大提高,这就使社会公众对组织及其产品的信任度大大提高。优质的产品、精美的图片、动人的解说、艺术的陈设,加上轻松的音乐,使参观者有赏心悦目之感,极大地强化了组织宣传自我的感染力。我国曾在澳大利亚悉尼"假日与旅游展览会"上获最佳展台金奖的"中国一条街",就是以具体,翔实的图片、实物和现场演示,介绍了中国的旅游资源(长城、泰山、布达拉宫等),民俗及民族手工艺品,美食烹饪等,使参观展览会的观众对到中国旅游的兴趣大增。这足以说明展览会在宣传自我方面的积极作用。

(三) 增进效益

公共关系的基本原则是:真诚合作、互利互惠。作为一个组织,找到自我、宣传自我是十分必要的。但是,要想最终得利,就必须以真诚的态度,为社会、为公众服务。展览会在宣传自我、告诉别人"庭院深处有好酒"的同时,又服务于社会,为消费者提供了购物指导。这里需要强调的是:组织在举办展览会时,必须要考虑社会效益,要让消费者受益,要树立为广大公众服务的良好形象,要谋求社会公众的好感与合作,要争取社会效益与经济效益双丰收。正如每年两次的广州"中国出口商品交易会",既展示了我国的改革成果,成为开放的窗口,又推动了经济的发展,带来巨大的经济效益,是增进效益的典范。

二、展览会的类型

展览会的种类很多,从不同的角度可以划分为不同的类型。

(一) 按展览会的性质划分,有贸易展览会和宣传展览会

1. 贸易展览会

举办贸易展览会的目的是为了促进商品交易,展出的也是一些实物商品和新技术等。其最大的特点是将商品展览与订货融为一体。如我国每年春秋两季在广州举办的"中国出口商品交易会",以及近年来在新疆、哈尔滨等地举办的边贸商品交易会等。

2. 宣传展览会

宣传展览会主要通过展出有关组织的照片资料、图表和实物来宣传组织的成就、价值观念,以扩大影响,或让观众了解某一史实。其特点是重在宣传,没有商业色彩。如"反邪教展览"、"中华人民共和国成立五十周年纪念展"等。

(二) 按举办的地点划分,有室内展览会和露天展览会

1. 室内展览会

大多数的展览会都在室内举行,显得较为隆重,且不受天气影响,举办期间也可以延长,不受时间限制,可以展出较为精致、价值很高的展品,如"中国著名丝绸服饰展"、"景德镇名瓷艺术展"等,但室内展览布置较为复杂,所需费用也较大。

2. 露天展览会

在室外举行,其最大的特点是规模可以很大,布置工作可以较为简单,所花费用较少,但易受天气影响,时间不宜过长。通常农产品、花卉等宜在露天展览,如"全国农副产品展"、"洛阳

牡丹展"等。

（三）按展览的项目划分，有综合性展览会和专项展览会

1. 综合性展览会

综合性展览会旨在展示一个国家、一个地区、一个行业、一个组织的全面成就，既有整体概括，又有具体形象，观众参观后有一个比较完整的印象。如"中国教育改革二十年成就展"、"世界博览会中国馆"等。

2. 专项展览会

专项展览会是围绕一个专业或专题举办的，虽不要求全面系统，但也要内容集中，主题鲜明，有一定深度，如汽车展览会、电冰箱展览会、防火安全展览会等。

（四）按展览的规模划分，有大型展览会和小型展览会

1. 大型展览会

大型展览会一般由专门的单位举办，需要将产品送展的组织通过报名参加。这种展览会规模较大，参展项目较多，涉及面较广，展览技术要求也高，需要有较高的专业技术水平才能办好，如"中国出口商品交易会"、"世界园艺博览会"等就属于这种类型。

2. 小型展览会

小型展览会一般由组织自己展出自己的产品，展出的项目比较单一，展览地点多选在车站候车室、机场进出口等地方，其规模较小，如"某公司领带展"、"某某绘画作品展"等。

此外，展览会还有国内展览会和国际展览会、固定地点展览会和流动展览会、长期展览会和短期展览会等。组织要根据自己的情况和目标，恰当地选择展览会的类型，以收到更好的效果。

三、准备工作

展览会为组织开展公共关系活动提供了一个良好的机会，组织应该充分利用这个机会展示自己的产品，传递必要的信息，加强与社会公众的直接沟通。为使展览会办得卓有成效，应认真做好以下工作：

（一）参展的必要性和可行性

在举办展览会之前，首先要分析其必要性和可行性。展览会需要投入较多的人力、物力和财力，如果不进行科学的分析论证，就有可能造成两个不良后果：一是费用开支过大而得不偿失；二是盲目举办而起不到应有的作用。特别是大型展览会，人力投入多、费用开支大，就更应谨慎从事，要论证其可行性和必要性。展览会的发起单位是如此，参展单位同样如此。

（二）明确主题

每次展览会都应有一个明确的主题，并将主题以各种形式反映出来，如主题性口号、主题歌曲、徽标、纪念品等。必须弄清楚是要宣传产品的质量、品种，还是要宣传组织形象；是要提高组织的知名度，还是要消除公众的误解。只有主题明确，才能使展览会的实物、图片及文字说明等有机地结合起来，收到较好的效果。如果主题不明确，就会造成展品、实物及文字资料的结构混乱，给人一种茫无头绪的感觉。

（三）工作构思参展结构

组织经营生产的产品，其组合的深度、广度、密度各不相同，项目和品牌差别也很大。哪些产品参展，其深度、广度、密度如何确定，参展产品项目和品牌怎样搭配，都需要认真构思。要尽量选择质量较好，具有独特风格和在市场上具有竞争能力的产品参展，且产品的品种和档次应力求齐全，并有针对性。

（四）选择地点和时机

地点的选择要考虑三个因素：第一，交通是否便利？第二，周围环境是否有利？第三，辅助系统如灯光系统、音响系统、安全系统、卫生系统等是否健全？如果是自己组织的展览会，宜选在交通方便、环境适宜、设施齐全的地方。若是参展，尽量争取到入口处附近的位置。展览时间一般来说应选择在适合该项产品销售的季节，且每次展览时间不宜过长，以免拖延时日、耗费钱财、影响效果。

（五）准备资料，制定预算

准备资料是指准备宣传资料，如设计与制作展览会的会徽、会标及纪念品、说明书、宣传小册子、幻灯片、录像带，撰写展览会的背景资料、前言及结束语，制作参展品名目录、参展单位目录以及展览会平面图等。举办展览会要花费一定的资金，如场地和设备租金、运输费、设计布置费、材料费、传播媒介费、劳务费、宣传资料制作费、通讯费等。在做这些经费预算时，一般应留出 5％～10％作为准备金，以作调剂之用。

（六）培训工作人员

展览会工作人员素质的好坏，是否掌握参展的技能，对整个展览效果起着关键作用。因此，必须对展览会的工作人员，如讲解员、接待员、服务员、业务洽谈人员等进行培训，培训内容包括公共关系技能、展览专业知识和专门技能、营销技能、社交礼仪等。

此外，为使展览会办得生动活泼、别具一格，可邀请知名人士出席，并为参观者签名留念，或安排开幕剪彩仪式，或参观本地风景名胜，或组织参展人员大联欢，或准备适当的纪念品，以联络感情，加深印象。

【案例分析】

香港新展厅开业典礼

香港美时集团是在我国最早代理进口名牌办公家具的公司之一，业务范围包括全线办公家具系列、建材及家具生产。美时集团目前拥有近 50 个经销商遍布全国，在广东东莞还投资近三个亿建立了全国最大的占地十万平方米的大型生产基地。随着中国入世，美时以新展厅的开幕为契机，不断推出新产品，全面推进美时在全球的发展战略，为积极拓展中国及亚太区市场，创造了有利条件。

20××年 9 月 20 日，香港美时集团在招商局大厦举行了美时新展厅开幕仪式。开幕式在友好、祥和的气氛中进行。此次活动邀请了（北京电视台新闻节目）著名主持人时雨作为此次活动的主持,前中国足协主席年维泗等领导为开幕式作了简短致辞。美时集团的代表同嘉宾进行了现场剪彩、香槟祝酒。

为了营造现场热烈的气氛,美时集团施放礼花以庆祝此次开幕式举办成功。TAC-TICS现场组装屏风演示让来宾耳目一新,体积庞大却轻松流畅的组装让与会人员从传统的观念中解放出来,流行与时尚是此次开幕式传达的一道别样风景。

与会的各界嘉宾同美时集团的代表进行了沟通,就现代办公家具的发展方向及前景进行了深入的探讨。

问题与思考

1. 开业典礼如何策划才能达到聚焦的作用?

2. 香港美时集团开业典礼的可取之处在哪里?

【本章小结】

公共关系专题活动每次都必须有一个明确的主题和围绕着主题的特殊活动形式。其形式有新闻发布会、赞助、典礼、展览会等。这些活动的成败直接影响着组织的公共关系状态。本章主要阐述了新闻发布会、赞助、典礼、展览会、对外开放参观等专题活动的组织、程序、原则及公关人员应注意的问题。

【思考与练习】

1. 如何开展赞助活动?

2. 要办好一次庆典活动,应做好哪些工作?

3. 新闻发布会的准备工作应从哪些方面考虑?

4. 如何做好展览会的组织工作?

第十二章 公共关系语言艺术

【学习目标】
    1. 了解公共关系语言的重要性与基本要求
    2. 理解公共关系语言表达各环节,掌握公共关系语言表达技巧
    3. 把握商务谈判语言和演讲语言的应用条件及技巧

【引导案例】

被拒绝的生日蛋糕

    有位先生为一位外国朋友订做生日蛋糕。他来到一家酒店的餐厅,对服务小姐说:"小姐,您好,我要为我的一为外国朋友订一份生日蛋糕,同时打一份贺卡,你看,可以吗?"小姐接过订单一看,忙说:"对不起,请问先生,您的朋友是小姐还是太太?"这位先生也不清楚这位外国朋友结婚没有,从来没有打听过,他为难地抓了抓后脑勺想想说:"小姐? 太太? 一大把岁数了,太太。"生日蛋糕做好后,服务员小姐按地址到酒店客房送生日蛋糕,敲门,一女子开门,服务员小姐有礼貌地说:"请问,您是怀特太太吗?"女子愣了愣,不高兴地说:"错了!"服务员小姐丈二和尚摸不着头脑,抬头看看门牌号,再回去打个电话问那位先生,没错,房间号码没错。再敲一遍,开门,"没错,怀特太太,这是您的蛋糕"。那女子大声说:"告诉你错了,这里只有怀特小姐,没有怀特太太。"啪一声,门被用力关上,蛋糕掉地。

    分析提示
    这个故事,就是因为错误的称呼而弄巧成拙。在西方,特别是女子,很重视正确的称呼。如果搞错了,引起对方的不快,往往好事就变成坏事。

第一节 公共关系语言的重要性与基本要求

一、公共关系语言与公共关系语言艺术

(一) 公共关系语言

公关语言是语言在公关实务领域的具体运用及其表达活动所形成的语言成品——话语和

文章。

首先,公关语言是语言在公关实务领域的具体运用。公关实务工作的目的是使组织与公众相互了解、理解,进而使组织获得公众的信任、合作和支持,使组织在良好的社会环境中生存和发展。可见,这是公关组织与公众之间的沟通与传播过程,这个过程离不开语言的运用。

其次,公关语言也指公关实务领域运用语言的结果、成品。公关语言活动包括表达和领会,表达的结果、成品是公关主体自己所说出来的话和所写出来的文章;领会的结果是公关主体对公众的话语、文章的听解、读解,并不形成语言成品,因此,公关语言活动的结果、成品,实际上只指公关语言表达活动的结果、成品,即公关主体为特定的公关目的所说出的话语和所写出的文章。

公关语言是公关主体的言语活动及其结果。因为,公共关系是特定组织的公共关系,公关实务也是由特定组织所进行的公关实务,所以,公关语言活动只指公关主体的言语活动,公关语言成品也仅指公关主体语言活动(表达活动)所产生的成品。虽然公众也参与了公关语言交际过程,但我们并不专门研究公众的语言表达和领会,公关语言不包括公众的语言活动和语言成品。

(二) 公共关系语言艺术

公关语言艺术是指在公共关系实践活动中,公关主体在公共关系基本原则和语言理论的指导下,创造性地使用语言而表现出来的给人的美好感受,并能取得良好效果的各种方法和技巧。

二、公共关系语言的重要性

人们进行公关的目的是协调相关组织之间、组织与公众之间的关系,使组织与公众相互了解、理解,进而使组织获得公众的信任、合作和支持,使组织在良好的社会环境中生存和发展。公关语言作为公共关系实践中一个必不可少的因素,其重要性体现在以下几个方面:

首先,公共关系语言作为公关主体传播、表现其意图的重要媒介具有不可替代的作用。尽管图画、行动、文字等都可表现其意图,但在谈判、演讲、新闻发布等公共关系实践活动中公共关系语言始终是最重要的表现手段,其他手段只是辅助手段。由于语言运用贯穿于公关实践活动的始终,语言交际就成为公关实务的基本手段。

其次,准确、客观的公共关系语言能真实、完整地表达公共关系的意图,实现其目标。

最后,在使用公共关系语言时善于体现语言技巧或艺术可以使公关活动收到事半功倍的效果。如何准确灵活地运用语言媒介向公共关系对象传播信息,改变公关对象的态度,从而达到公共关系工作的目的,就成为每一个从事公关活动的人最基本、最重要的技能之一。

三、公共关系语言的特点

语言表达的特点在不同领域各自不同:如日常生活语言、行业工作语言、演讲论辩语言、课堂教学语言、文艺创作语言等,各有各的特点。公关语言是为实现特定的公关实务目的而进行的语言活动及其结果,它具有以下几个特点:

（一）公共关系语言的客观真实性

公共关系是一种客观状态,它是与社会组织相伴随的一种客观现象。只有当一个组织及其成员有意识地、自觉地去改善自己的公共关系状态,使组织与公众发生联系,才有真正意义上的公共关系活动。因此,在公共关系活动中,公关人员的语言内容也必须与之相适应,以实事求是为前提,采取客观的、真实的表述或转述。无论是收集信息,还是传播信息;无论是提建议,还是当参谋,语言都应客观实在、真实确凿,不能任凭自己个人喜怒好恶的情感左右,也不能依照自己的主观臆断随意说话,不说假话、大话、空话,一切都从实际出发。对于组织的成绩的分析应看到社会因素的作用,对支持过自己的有关单位与人士应表示真诚的谢意,同时还要看到组织自身的不足,承认自己的弱点,坦率地承认因水平或能力不够而造成的失误,须知"瑕不掩瑜",这样做反而会产生更好的语言交际效果,更能够得到广大公众的谅解和好感。

（二）公共关系语言的文明礼貌性

公关语言的文明礼貌性广泛存在于公关语言行为及其成品之中,不管是双向交流的交谈、对话、磋商、电话往来,还是单向交流的发言、讲话、致辞、演讲,或是进行问卷调查、编写简报、新闻广告、致发信函、填写请柬、拍发电报,都具有突出的文明礼貌性。

公关语言的文明礼貌性是公共关系的需要。公共关系学认为,一个组织的任何言行都必须考虑到公众的愿望和利益,都必须考虑到社会影响,因此,公关主体首先应该从自身做起,必须依照法律、道德、习俗等社会通行的准则来行事;公关言语的文明礼貌性也是公众的自我需要。根据马斯洛的需要层次原理:人人都有获得尊重的需要,为了争取公众的了解和理解,为了获得公众的同情与支持,为了赢得公众的信任与合作,必须尊重公众、善待公众。在公关活动中要尽可能地了解公众的需要和愿望,尤其是满足公众自尊、自爱、自我实现的需要。

公关语言的文明礼貌性是通过语言行为、语言内容、语言形式三方面表现出来的。语言行为的文明礼貌性包括积极交往、举止文雅、谈吐谦和得体,对自己的话语认真负责,不强辞夺理,不横蛮无礼。语言内容的文明礼貌性包括真诚友善,不欺不诈,不粗俗不低级,不散布有悖于法律、道德、社会习俗,尤其是特定公众的特定习俗的言论。语言形式的文明礼貌性包括语言规范、表达科学,便于听、读、记忆。

《礼记》说:"言语之美,穆穆皇皇。"意思是言谈的优美,在于谦恭、和气、文雅。这就是公关言语文明礼貌性的三大要素。谦恭指谦逊诚恳,恭敬虚心。能真诚待人、胸怀坦荡,能尊重公众的人格、尊严和隐私、权利;能坦诚地谈出自己的看法,虚心接受别人的批评;不自以为是,不趾高气扬,不把自己的看法强加于人。和气指说话时态度温和,语气尽量婉转,使人感到和蔼可亲、平易近人,使别人愿意与你接近和交谈。在与人意见相左时,能克制自己的情感冲动,用温和的态度和语言去化解矛盾,消除磨擦。文雅指言语纯洁健康,高雅文明,不低级庸俗,不污秽粗野。文雅的语言能反映出公关主体的文化教养和高尚的道德情操。

（三）公共关系语言的情感认同性

语言在传播过程中不仅满载着具体的思想信息,而且充满了感情信息,伴随着对所交流的信息内容的理解和对象个体特征的认识,双方都会产生一定的情绪体验。它表现为两种情感状态:一种是情感共鸣,一种是情感排斥。当交往双方对所交流的信息有相同的情绪体验,交往对象的个性符合自己的社会定势时,就会产生情感共鸣。情感共鸣使双方互相吸引,导致良好的人际关系的建立和发展;反之,则产生情感排斥,导致人与人之间的疏远或敌视,造成人际关系的紧张,已经建立起来的关系也会因此而破裂。白居易说过:"动人心者,莫先乎情。"言语传播的目的,是使受众对所传播的信息产生认同感,从而改变原有的态度。作为传播者来说,要有丰富的感情、真诚的态度才能打动对方。

公关语言是融洽公众情感的重要手段。从内部公众看:一个组织事业上的成功,虽然有赖于管理水平的提高,但更有赖于员工对组织情感维系作用的增强。员工们不仅希望自己的工作有意义(价值观问题),自己在事业上有前途(人事环境问题),而且希望工作本身就是一种有人情味的生活(家庭情感问题)。如果员工工作的组织形成一种融洽的家庭式情感气氛,工作上的焦虑与压力才能以种种方式得到缓解,获得成功的喜悦也会有人分享。这种情感需求的满足,必然得到升华,形成持久的工作动力和巨大的献身精神。

从外部公众看:外部公众是组织的衣食父母,对组织的生存和发展起着重要的作用和影响,因为公众的行为决定于公众的态度,公众的态度由公众的理智和情感构成,并且情感因素居于举足轻重的地位,是形成态度的重要因素。组织的外部沟通要充分利用公共关系感情沟通的作用,经常进行以联络感情为主要内容的内外部公众亲善联谊活动,比如赠送生日蛋糕、派送贺年卡、登门慰问安抚、认真接待投诉等;比如节假日、庆典剪彩、互致信函、出席庆祝活动等;比如出资出力帮助社会发展福利事业、教育文化事业、公益慈善事业等,通过这些公共关系活动表达组织真诚的善意和美好的祝愿,表达对公众的尊重和关心,增强公众对组织的信任和好感,建立稳固的友谊。

(四) 公共关系语言的沟通交流性

公共关系的日常工作之一是收集信息、传播信息和反馈信息。无论是收集信息还是反馈信息,语言都是不可或缺的媒介,没有语言作为工具,就无法进行沟通交流。

比如收集信息,组织要发展要在竞争中保持优势,就要持续不断地、及时准确地收集和分析各种信息,像政策法规信息、新闻媒介的信息、外部公众的信息、竞争对手的信息、目标市场的信息等,公关人员只有通过与各类公众的交往与接触,才能获得准确可靠的信息,只有有效的信息才能提高公共关系工作的效率。公共关系活动又是一种具有民主性经营和管理的活动,组织要塑造能为公众所接受的良好形象,求得公众对组织的支持,就必须倾听内外部公众对组织的各种建议和批评,这样才能创造民主气氛,融洽人际关系,提高组织活力。

比如传播信息,组织要提高自己的知名度和美誉度,就必须运用交流的技巧,将组织自身的所作所为及时地宣传出去,如向公众宣传、说明和解释组织的有关观念、政策和行为等,争取公众的理解和信任,促使公众的认同和接受,为组织的发展制造有利的社会舆论。如果公关人员缺乏积极主动的沟通交流意识则可能使组织丧失发展良机,造成工作上的失误。

又如反馈信息,一方面公关人员要通过对全部信息的分析和研究,掌握对公众的动向,及时反馈给有关部门作为决策的依据;还要把通过各种渠道收集来的信息,结合已在档的信息进行整理,去粗取精、去伪存真并及时归类,供组织内各部门参考查阅。另一方面,在接受公众正确意见、合理建议的前提下,公关人员要把组织经过调整修改的新思路、新做法及时反馈给公众,让公众来检验组织的意念、意图、决策是否正确,是否符合公众的实际及代表公众的利益。

(五) 公共关系言语的协调激发性

在正常情况下,一个社会组织需要协调内部的员工关系、股东关系,需要协调与政府的关系、同行的关系、顾客的关系、媒介关系、社区关系。在出现公关危机的情况下,需要妥善处理危机事件,协调与事件当事人的关系、新闻媒介的关系、司法行政部门的关系。为了预防和处理纠纷,需要协调与包括意见领袖、竞争对手在内的各类特殊公众的关系。出于协调关系的目的,需要经常开展各种类型的专题活动,如新闻发布、提供资助、宴请公众、纪念庆典等。在开展各种活动、协调各种关系的过程中,无论是运用人际传播方式还是大众传播方式,其传播效果都与语言的应用息息相关。恰当准确的表达可以避免产生误解;委婉含蓄的叙述可以消除尴尬场面;风趣幽默的说明可以化解矛盾冲突;热情真诚的解释可以平息激愤风波——随机应变的公共关系语言艺术,在促进关系协调方面具有特殊的功效。

符合组织意愿的公众行为是建立在交流信息、联络感情、改变态度基础之上的公共关系传播的最高层次,也是开展公共关系工作所期望实现的最终目标。为了优化社会环境、营造良好的公共关系状态,既需要开展专门性的公关活动,也需要把公共关系目的渗透到交际、服务、广告、谈判、营销、演讲等各种活动之中。在各种专门性和相关性的公共关系活动中,公共关系语言艺术的方法和技巧,如彬彬有礼的称呼、恰到好处的寒暄、因势利导的提问、潜移默化的说服、认真耐心的倾听、随机应变的回答、触景生情的解说、不厌其烦的介绍、热情周到的接待、举止端庄的姿态、悦耳动听的声音、亲切感人的语调等,都能有效地满足公众欲望,强化公众动机从而激发公众行为。

四、公共关系活动中运用语言的基本要求

由于公关语言在公关实践中的重要性,从某种意义上讲能否正确运用公关语言关系到公关活动的成败。所以在公关实务中运用语言要遵循一定的原则,符合基本的要求。具体有以下六个方面的基本要求:

(一) 目的性要求

即公关语言必须为准确传递组织信息、实现公关实务目的服务,一切公关语言都要体现公关活动的目的。不同的组织在不同的时期,面对不同的公众,会有不同的公关实务目的,有时需要建立或维系与公众的联系,有时需要强化或改善与公众的公关状态,公关语言表达手段的运用都必须以准确完美地包装思想内容为前提。无论是语言要素的选择、语言表达手段的运用还是交际方式、传播媒介的选择运用,都必须为准确传递组织信息、实现待定的公关实务目的服务,不能偏离目的、不顾内容片面追求语言形式美。

(二) 适用对象要求

即公关语言必须适应不同公众的不同特点。由于公众有内部外部之分、重要次要之分、顺意逆意之分、现在将来之分,公关语言表达应当根据不同的公众区别对待。由于公众的年龄特点、性别特点、职业特点、职务身份、性格心理、兴趣爱好、处境心情、知识水平、情绪情感、风俗习惯、利益要求等的不同,公关言语表达要适应不同的公众的不同特点有的放矢,对语言形式进行最佳选择。

(三) 环境适应性要求

即公关语言必须适应特定的语言环境。公关语言表达一定要兼顾言外语境,即公关活动的时间、地点、场合与环境、气氛,因为一定的语言环境需要相应的话语。固定的时间、地点也会因人因事的变化而出现不同的场合,变化的场合需要灵活的话语。公关语言的表达一定要

注意特定的内在逻辑,即前言后语、上下文,要顺理成章地表达自己的观点、阐述自己的理由、抒发自己的情感,不能前言不搭后语,自相矛盾,缺乏内在的逻辑性。

(四)真情实感的要求

即公关语言必须传递表达者的真情实感。公关语言表达中的真情实感,即语言表达和情态表露的真诚实在,尊重、同情与理解是否发自内心,是否表里如一,是否推心置腹。只有诚心诚意、推心置腹的语言表达,才能收到以情感人的良好效果。"言为心声"、"文生于情"、"情动于衷而形于言",口头语言表达和书面语言表达都是如此。每一项成功的公共关系活动,都得益于成功的语言表达。成功的语言表达总是渗透着诚挚的感情,或传递信息,或交流思想,与公众达到心灵的沟通。

(五)语言规范化要求

即公关语言必须遵守公认的语言规范。即国际国内公认或法定的语言及其具体语音、文字、词汇、语法标准,公关主体口语表达时应当尽量使用纯正普通话,以求取得良好的表达效果;书面表达时应当遵守词汇、语法规范,不写错别字,不出现语病。语言问题本身也是一种组织形象、工作作风。

(六)语言风格、公关语体和公关形象的要求

公关语言的风格是指在公关实务领域里,由于公关人员运用语言表达手段和表现方法不同而形成的种种风貌、格调。根据表达手段和表现方法的异同,一般语言风格有平实与藻丽、简约与复杂、明快与含蓄、庄重与幽默、通俗与文雅、豪放与柔婉等,它们既受公关目的、任务和交际环境制约,又由表达主体的个性和审美趣味决定,在公关实践中,各种表现风格都有体现。

公关语体是指围绕着公关目的、任务的实现而运用语言所形成的一系列言语特点的综合体。公文语体要求有明确性、简要性和规格性,科技语体要求有精确性和严密性,政论语体要求有宣传鼓动性和严密的逻辑性,文艺语体要求有形象性和情感性等。公关语言活动中的语言表达手段和表现方法都必须与语体的语言特点和要求相适应,规范的公关语言运用无不是这样的。

公关形象是指公关人员代表组织与公众进行信息交流时所体现出来的个人修养、学识水平、思想境界、精神风貌。公关人员是组织的"门面",又是对外联络中组织的代表。在信息的上承下达、组织的内外联系、公众的来信来访、业务的洽谈商办、对外的宣传沟通、单位的迎来送往等公关活动中,公关人员的仪表风度、言语风格都会受到公众的严格审视和评判。

在公关活动中,语言运用如果不注意各种不同的语言环境所需要的各种不同的语言风格,或者语言表达手段与语言风格类型的要求不协调,就会影响言语表达的效果,有损于公关形象;语言风格又要与语体总体要求相一致,大体说来,在口头语体的各类分体中,各类言语风格都有存在。在书面语体的公关文书体、新闻体中,以明快、朴实、简洁和庄严等风格为主,公关广告语体中以通俗、平实、幽默和藻丽等风格为主,外事公关文书中以含蓄、委婉、典雅和恭谦等风格为主,语言风格色彩与语体要求相悖,也会损害公关形象。

第二节　公共关系语言的表达艺术

公关语言的表达艺术是表达者在了解和认识语言表达规律的基础上,对语言传播的特点加以艺术性的运用。在语言表达中,公关者根据各自实践活动的效果,把一些符合传播规律和言语传播特点的成功做法总结出来,加以提高,它们就成了具有普遍意义的公关语言的表达艺术或技巧。这些技巧在公关语言的表达或传播过程的每一个环节上都有所表现。

一、语言传播的表达者环节

表达者是传播活动的主角,由于语言传播通常采用面对面的方式,因此,在语言传播中,表达者对传播技巧的运用就最能体现他的能力和水平。从一般的情况看,传播技巧在这个环节上有这样几个要点。

(一) 确定将开始的语言传播性质

语言传播的性质是由言语传播的目的所决定的。如语言传播的目的是建立双方的感情,那么语言传播就有感情交流的性质;如语言传播的目的是推销产品,那么语言传播就具有介绍产品情况的信息传递性质。只有在明了语言传播性质的前提下,传播者才有可能在传播开始时找到最佳的"进入点",为取得传播效果开个好头。

首先,要认定自己的社会角色和传播角色,最通俗地说来就是要知道"我是谁"。每个人都有他自己担当的社会角色,一般说来,一个人的社会角色与其在传播中所担任的角色是一致的,如公司的经理是法人代表,他在传播中的言谈举止也要符合法人代表的身份;如你是一个社会组织公共关系部门的一般工作人员,那么你在语言传播中就没有法人代表的地位。但在特殊情况下,语言传播的传播者角色与其社会角色地位并不完全一致,如有的出租汽车公司经理亲自为顾客开出租汽车的车门,以示尊重顾客。在这种情况下,社会上的法人代表就成了语言传播中的一般服务人员。所以在语言传播中,传播者既要明确自己的社会角色,又要明确自己的传播角色,如此才能掌握传播中的主动权。

其次,在传播中不仅要用口,而且要投入自己的全部身心。在语言传播中,语言占有主要的地位,因此,口的作用也是最重要的,传播者要具备较好的口才,较强的遣词造句能力,甚至雄辩的能力。但是除此之外,传播者还应以全部身心进行语言传播,要热情、亲切、诚恳,努力做到"声情并茂"。如果只借重于良好的口才而忽视情感的运用,那么,口才越好,越易给人一种哗众取宠或花言巧语的印象,其传播效果将大打折扣,甚至适得其反。传播者只有声情并重,才能给受传者良好的感受。

(二) 要小心慎重,随时留心一些细节问题

有些问题,看似细小,但在语言传播中常常会直接影响传播的效果。如有些传播者在传播中不自觉地采用一些不适当的语词或口吻,诸如"我认为……""我觉得……""你(们)应该……""你(们)不应该……"等。老练的传播者在言谈中总是尽量避免使用这种不礼貌的语词,以免给人留下以"我"为主、自吹自擂的感觉。

二、语言表达的内容环节

一般地说，公关语言的表达应当注意这样几点：

（一）确定表达的主题，并围绕主题形成自己的看法

表达主题是根据交谈的目的、性质来确定的，有时语言传播活动是事先约定的，在这种情况下，交谈的目的和性质比较明确，表达的主题也比较容易确定，对主题的看法亦比较容易形成。此外，还可以征求其他人的意见。但有时语言表达活动并不是事先安排好的，这就需要表达者随机应变，即兴开言。这里的第一步就是在可能的条件下，大致了解对方的意向，然后迅速确定在交流中做到始终围绕主题、紧扣主题。

主题确立后，在交谈中就要努力紧扣主题。当然紧扣主题并不意味着只谈主题，必要时也可以从主题生发开去，但所谈内容必须是围绕主题的，即有利于主题的表达。如你的交谈主题是介绍产品质量，但必要时也可介绍一下本企业的管理情况。不过需要注意的是：所发挥的内容要和主题有比较直接的联系，发挥出去后还得收回来。这有点像写散文，要具有好的散文那种"散得开，收得拢"的特点。总之，散出去并非要淡化主题，而是为了强化或烘托主题。任何会使主题走样的发挥都是不必要的，也是会破坏传播效果的。

（二）在表达中要重内容、重实质，力避华而不实

交谈要以内容为重，要尽量清楚明白地把内容表达出来。因此，语言通俗化是语言表达的一个重要的技巧，尤其是同时面对不同层次的受众时，语言通俗与否更可以显示出它的效果。有的表达者在交谈中喜欢卖弄学问，淡化了对主题的理解，而有些受众却对这些学问不感兴趣而产生厌烦；还有的表达者热衷于过分的形容描写，殊不知，这亦将使人把注意力分散到华丽的词藻和文采上去。所以，表达形式的选用，要以清楚明了地表达内容为根本，切忌只重形式的倾向。

三、语言表达的媒介环节

表达的媒介环节也可称"传播渠道"环节。语言表达的媒介主要是口语，口语的特点是稍纵即逝，不留痕迹。除口语外，还有一些非语言因素也是语言表达的媒介因素。因此，在这一环节上，表达者除了要把握口语技巧外，还要运用非言语交往的技巧。

（一）用语准确、简洁

美国哈佛大学语言学家齐夫根据他对语言的研究指出：在交谈中，说话者只用一个词来表达一个概念最省力，听话者也是对每一个概念用一个词来理解最为省力，因此在口语交谈中应遵循省力法则。这就是传播学中著名的"齐夫定律"。按照"齐夫定律"，在言语传播中，用语力求准确、简洁。少用意义比较模糊的语词和文学气太浓的语句，如无必要，就用"生日"不用"诞辰"，用"去世"不用"亡故"等等；不用令人费解的语词、绕口令式的长句；容易引起误解的或同音异义的词语也尽量避免使用。总之，所用词语，要使听者易于理解，听来轻松。如果听者在理解词语上要花大量的精力，那么这种言语传播的效果也就可想而知了。

（二）要注意口语的流畅和连贯

正因为口语在时间上的停留短暂，所以它的流畅性和连贯性就更显重要。有的表达者不注意这一点，他们往往在做文章时反复推敲每一个词句，而在口语交谈中则忽视了流畅和连贯。其实在口语中，过多的词语的重复、词语遗漏、句子结构不完整或杂糅别人不习惯的口头禅等等，同样都是影响口语表达效果的。在这方面，关键的问题是要表达者自己加以注意，如果表达者有意识地留意自己在这方面的缺陷，那么改进就较容易。

（三）要学会控制声音

口语的物质载体是声音，声音的音量、速度、语调、节奏等虽然并不是语言，但如有意识地加以控制和运用，也会产生语义效果，因此有人把它们称"副语言"。副语言在言语传播中能够起到制造、强化、改变气氛的作用，并且也更易于在感情传递上起作用。如人们常说的"嗲声嗲气"、"轻声细语"，即多少表示"多情"之意。这就不仅仅是语言的内容了，而更多的是通过语言的声调、语气这些副语言系统来传递自己的感情。所以，要使传播有感染力，就应学会控制声音。

（四）注意发挥非语言因素的作用

语言表达不能光靠有声语言起作用，它还要运用各种表现方式和辅助手段，以使传播媒介"立体化""全效能化"。美国心理学家阿尔培特说，"口语信息交流中，55％体语＋38％声音＋7％词语＝言语传播要素构成"。姑且不论他的这个公式是否有充分的科学依据，是否准确，事实上语言表达中的非言语因素或无声因素的确起了很大的作用。如时间和空间有时也会成为无声的语言；如约会迟到，除非有可原谅的原因，否则就是不尊重对方的表现；又如交谈中彼此靠得很近，意味着亲热。

（五）服饰、表情等非语言的表达效果

讲解员在博览会上介绍自己的产品时，总是衣冠楚楚，给人以良好的形象。至于表情，那更是一种独特的无声语言，抬头扬眉之间，无不表达一种情意。美国心理学家德惠斯特尔指出：人的脸能做出 25 000 种不同的表情。动作常能取得比语言更好的效果。再如眼神，人们常说，眼睛是心灵的窗户，人的喜怒哀乐都能通过眼神表达出来，善于运用自己的眼神，会大大地有助于言语传播的顺利开展。

四、语言表达的接收者环节

接收者是语言表达的对象角色，公关语言的成功与否，最后取决于接收者是否接受表达者所传播的信息，要想让接收者最终接受自己传播的信息，表达者应该在接收者这个环节上掌握如下几点：

（一）尽可能了解接收者

接收者可以是单个人，也可以是几个人，还可以是一群人。人与人之间是有差异的，对不同的对象要采用不同的表达方式，所以，无论是单个人也好，几个人也好，一群人也好，表达者都最好事先对对象有所了解，包括了解对象的现状和背景，甚至嗜好等生活细节。一般说来，单个人作为对象了解起来比较方便，对象人数的增加，一般会增加了解的难度。如果详细了解

对象有困难,那么至少对对象要有一般的了解。否则,在言语传播中就容易发生一些本来可以避免的麻烦。当然,有时交谈是在根本不可能事先了解对象的情况下开始的(如陌生人的突然来访),那么,表达者就应当在交谈时设法逐步了解对象,并在了解对象的过程中不断地调整交谈的内容,以适应对象的情况。当然要做到这一点,表达者本身要具有较广的知识面和对社会现象有较全面的把握,比如在新闻发布会上,当记者突然提问时,表达者最好立即发现或根据自己事先掌握的知识把握该记者及其所在报社的社会倾向,以便能针对性地回答问题。

(二) 在任何情况下都要尽量尊重接收者

无论接收者是什么人,无论他同你的社会地位相差如何悬殊,双方在人格上都是平等的,他在传播中也总归是接收者,因此你就必须尽量尊重他。尊重不仅要表现在礼貌用词上,如多用"请"、"对不起"、"谢谢"等词句,避免使用"你(们)应该"、"你(们)不应当"的口气,采用"您看如何?"、"这样做好吗?"等商量口气,等等;而且还表现在表情、服饰、动作,甚至时空上。表情要热情,服饰要整洁,动作要客气,时间上要准时,空间上不能离得太远。即使是在交谈前发生了矛盾或在交谈中产生了矛盾,也要做到尽量尊重对方,不能因为"交易"不成,就丢掉自己的形象,不能既丢了"买卖",又失掉"仁义"。

(三) 要注意运用聆听艺术

在公关语言表达中,听话者往往也是说话者,说话者也常常是听话者,因此,注意运用聆听艺术也是一个重要技巧。聆听在语言表达中至少有两方面的功能:一是表示对对方的尊重,因此,不要轻易打断对方的谈话或漫不经心地插话,而要尽可能地激发对方的谈话热情,使之对谈话本身感兴趣。有人说,如对方本身对谈话有热情,公关就成功了一半。二是通过对方的谈话内容,进一步了解对方,以便调整自己的谈话内容,因此在谈话中,要认真注意对方谈话的每一句话,捕捉每一个有关信息。

五、语言表达的效果环节

通常所说的表达效果是指用公关的目的为标准,来衡量公关结果达到这个标准的程度。这里所说的效果是现场效果,即语言表达的现场即时气氛和表达者的现场控制效果。这两者既有区别又有联系,但一般认为现场效果与一般效果是一致的,即现场效果好,一般效果也好,反之亦然。因此,如何制造现场气氛和控制现场效果,也是语言表达技巧的一个组成部分。

(一) 注意谈话的知识性和启迪性

语言作为一种信息交流,贵在信息量的博大。所谓信息量大,不仅指其面广,而且指其新和深。所以谈话内容应富有知识性,并须给对方有新鲜感和启迪性。

(二) 努力创造一种轻松、欢快的气氛

无论是新老朋友的说话,都说不准会引起紧张或戒备的状态,这种状态会影响交流效果。所以要尽可能地让谈话始终处于一种亲热的气氛中,这样,即使原来有紧张和戒备心理,也会在新的气氛中消弭。这就要注意适当运用富有幽默感的话语和风趣的表情等。

(三) 要不断地根据对方的即时反应进行"反馈调整"

当对方对谈话感兴趣时,要表示鼓励,并且自己要增加热情;在对方不感兴趣时,适当调整

话题,或谈话的形式、时间和环境。

(四) 要注意进行言谈的具体外部场景

谈话要有一个较理想的外部场景,这样谈话就能比较顺利地进行。一般来说,封闭式的安静环境、较小的空间适宜作较长时间的深谈;而开放的场所,则比较适合进行较大规模的宣传活动,在这种环境下,还须注意音量适度,既要使对方听清谈话内容,又不致干扰他人的活动。

以上所述,是言语传播的一般技巧,当他们运用到公共关系的活动中时,就成了公共关系实务的一种操作技术。

第三节 谈判的语言艺术

社会组织在其运行过程中,必然会与它的各类公众在追求合作与沟通的前提下,发生利益上的矛盾。为了解决这些矛盾,并在解决过程中既维护自身的合法或合理利益,又兼顾到对方的合法或合理的利益,故在社会组织的公共关系实务活动中就形成了专门的公务谈判领域。所谓公共关系的公务谈判,就是社会组织的代表与它的有利益关系的公众为协调利益关系而进行一种专门性的信息交流行为。

在具体公共关系谈判实践中,不同领域所涉及的具体谈判内容各不相同,但是在使用谈判语言时应考虑的基本原则大同小异,基本应遵循上节中所说的原则或要求。虽然使用谈判语言时展现的技巧或艺术遵循同样原则,但不同谈判环境和内容中具体语言艺术表现是存在差异的。人们在现实中遇到最多的公共关系谈判是公司商务活动中的商务谈判。下面就具体针对商务谈判中的语言艺术展开说明。

一、商务谈判中的叙述艺术

"叙"是基于己方的立场、观点、方案等,通过陈述来表达对各种问题的具体看法,或是对客观事物的具体阐述,以便让对方有所了解。在商务谈判中,"叙"是一种不受对方提出问题的方向、范围制约,带有主动性的阐述,是传递信息、沟通情感的方法之一。因此,谈判者能否正确、有效地运用叙述的功能,把握叙述的要领,会直接影响谈判的效果。

(一) 谈判语言的应用条件

在商务谈判中要根据谈判对象、话题、气氛、关系、时机的不同,谈判时使用的语言类型也应不同。

1. 谈判对象

谈判对象不同,所用语言不同。应该考虑谈判对手的职位、年龄、性别、性格、态度等。

2. 谈判话题

谈判不同阶段,谈判话题不同,针对不同话题,应用不同的语言,做到言辞切题。见面寒暄,相互介绍,场下交易、闲聊,一般使用礼节性语言,同时配以适当的幽默、诙谐性语言;谈判过程及合同条文,以专业性语言为主,以求准确、严谨地表达意见;遇到障碍,双方争执不下,可以运用威胁来迫使对方让步或用幽默语言来缓和谈判气氛。

3. 谈判气氛

谈判开始,多用礼节性语言;气氛紧张时,运用幽默语言;出现僵局时,用威胁劝诱语言。

4. 双方关系

双方经常接触、相互了解时,以必要的礼节性语言、专业性语言为主,配以幽默诙谐性语言,可以使双方关系更为密切;双方初次接触,不太了解时,应以礼节性语言贯穿始终,以提高对方谈判兴趣;注意弹性语言的应用,以专业语言为主,进行友好过渡。

5. 谈判时机

对于吃不准的问题,运用弹性语言;当本方占优势时,可以采取威胁、劝诱语言;需要打破僵局时,运用幽默语言;涉及合同条款问题,运用专业语言。

二、叙述技巧

谈判过程中的叙述大体包括"入题"、"阐述"两个部分。按照常理,谈判者在叙述问题、表达观点和意见时,应当态度诚恳、观点明朗、语言生动、流畅,层次清楚、紧凑。具体地讲,谈判中的叙述应把握以下技巧。

(一)入题技巧

谈判双方在刚进入谈判场所时,难免会感到拘谨,尤其是谈判新手,在重要谈判中,往往会产生忐忑不安的心理。采用适当的入题方法,将有助于消除这种尴尬心理,轻松地开始会谈。

1. 迂回入题

与熟人交谈,自然可以开门见山地直接引出各种话题。但参加一次商务谈判活动,则应考虑如何选择适当的开场白,使彼此双方顺利地进入一种有共同语言可以交流协商的谈判境界。开场白常是谈判顺利进行的先导,谈判伊始的"开场白"也备受谈判人员的重视。为避免谈判时单刀直入,过于直白,影响谈判的融洽气氛,谈判时可以采用迂回入题的方法。常用的迂回入题技巧有:第一,从题外话入题。通常新颖、巧妙,不落俗套。第二,从"自谦"入题。如果对方是在我方所在地谈判,可谦虚地表示各方面照顾不周,谦称自己才疏学浅、缺乏经验,希望对方多多关照等等。当然,自谦要适度,不要给对方以虚伪或缺乏诚意的感觉。第三,从介绍己方谈判人员入题。通常可简略介绍自己一方人员的职务、学历、经历等,这样既打开了话题,消除了对方的不安心理,又显示了己方的强大阵容,使对方不敢轻视或轻举妄动。从介绍己方的生产、经营、财务状况等入题。这样做可先声夺人,提供给对方一些必要的资料,充分显示己方雄厚的财力、良好的信誉和质优价廉的产品等基本情况,也给对方以充分的讨论空间。

2. 先谈一般原则,再谈细节问题

一些大型的对外商务谈判,由于需要洽谈的问题千头万绪,双方的高级人员不应该也不可能介入全部谈判,往往要分成若干等级进行多次谈判,这就需要采取先谈一般原则问题,再谈细节问题的方法。一般原则问题达成一致后,再谈细节就容易成功。

3. 从具体的议题入题

一般而言,大型的对外商务谈判总是由具体的一次次谈判组成,在每次具体的谈判会议上,双方可以首先确定本次会议的谈判议题,然后从这一具体的议题入手进行洽谈。这样做可以避免谈判时无从下手,提高效率。

（二）阐述技巧

谈判入题后，接下来便是双方阐述各自的观点，这也是谈判的一个重要环节。一般地讲，在阐述问题时，要论点突出，论据充分，逻辑层次清楚，简明扼要。

1. 开场阐述

己方开场阐述要做到以下几点：第一，开宗明义，明确本次会谈所要解决的主题，以集中双方注意力，统一双方的认识。第二，表明我方通过洽谈应当得到的利益，尤其是对我方至关重要的利益。第三，表明我方的基本立场，既可以回顾双方以前合作的成果，说明我方所享有的信誉；也可以展望或预测今后双方合作中可能出现的机遇或障碍；还可以表示我方将采取何种方式以便为双方共同获得利益做出贡献等。第四，开场阐述应是原则的，而不是具体的，应尽可能简明扼要。第五，开场阐述的目的是让对方明白我方的意图，以创造协调的洽谈气氛，因此，阐述应以诚挚和轻松的方式来表达。

对方阐述时，主要注意以下几点：第一，认真耐心地倾听对方的开场阐述，归纳弄懂对方开场阐述的内容，思考和理解对方阐述的关键问题，以免产生误会。第二，如果对方开场阐述的内容与己方的意见差距较大，切记不要打断对方的阐述，更不要立即与对方争执，而应当先让对方说完，认同对方之后再巧妙地转开话题，从侧面进行反驳。

2. 让对方先谈

在商务谈判中，当你对市场态势和产品定价的新情况不是很了解，或者当你尚未确定购买何种产品，或者你无权直接决定购买与否的时候，你一定要坚持让对方首先说明可提供何种产品、产品的性能如何、产品的价格如何等等，然后，再审慎地表达意见。有时即使你对市场和产品定价比较了解，心中有较为明确的购买意图，而且能够直接决定购买与否，也不妨先让对方阐述利益要求、报价和介绍产品，然后，你再在此基础上提出自己的要求。这种方式常能收到奇效。

3. 注意正确使用语言

在谈判过程中，所使用的语言要力求规范、通俗，具体要达到以下要求：叙述应简洁，通俗易懂；简明扼要，层次清楚；语言简明，紧扣主题；具体生动，客观真实；叙述观点要正确，不要拐弯抹角；重复叙述有时是必要的；第一次就要说对，切莫冲口而出；以肯定措辞表示不同意见；切莫以否定性语言来结束谈判，要给对手以正面评价。

4. 叙述时发现错误要及时纠正

谈判人员在商务谈判的叙述当中，常常会由于种种原因而出现叙述上的错误，谈判者应及时加以发现并及时纠正，以防造成不应有的损失。有些谈判人员，当叙述中有错误时，碍于面子，采取顺水推舟、将错就错的做法，这是坚决要予以反对的。因为这样做往往会使对方产生误解，从而影响谈判的顺利进行。还有些谈判人员，当发现自己叙述中有错误时，采取事后自圆其说、文过饰非的做法，结果不但没能"饰非"，反而愈描愈黑，对自己的信誉和形象实在是有损而无益，更严重的是可能会失去合作伙伴，后果不堪设想。

总之，商务谈判中的叙述，应从谈判的实际需要出发，灵活把握上述技巧，以达到预期效果。

三、商务谈判中的提问技巧

提问是一种十分流行的谈判技巧，在谈判中占有明显地位。商务谈判中的"问"可以用来摸清对方需要,掌握对方心理,表达自己感情。如何"问"是很有讲究的。重视和灵活运用发问的技巧,不仅可以引起双方的讨论,获取信息,而且还可以控制谈判的方向。

　　美国大财阀摩根想从洛克菲勒手中买一大块明尼苏达州的土地,洛克菲勒派了手下一个叫约翰的人出面与摩根交涉。见面后,摩根问:"你准备开什么价?"约翰答道:"摩根先生,我想你说的话恐怕有点不对,我来这儿并非卖什么,而是你要买什么才对。"几句话,说明了问题的实质,并掌握了谈判的主动权。

到底哪些问题可以问,哪些问题不可以问,为了达到某一个目的应该怎样问,以及问的时机、场合、环境等,有许多基本常识和技巧知识需要了解和掌握。我们从问的方式来加以说明。

(一) 提问的主要方式

1. 一般性提问

这种提问没有特定的界限,对方可以根据自己的理解作相应答复。由于没有特定的界限,双方可以畅所欲言,提问者可以了解对方对某问题的看法和见解。例如"你对自己当前工作表现有什么看法?"

2. 直接性提问

这种提问有特定的界限,并且要求有特定的答复。采取直接性提问,提问者对提问的结果能够得到一定控制。例如:"您认为售后服务应怎样改进?"

3. 澄清性提问

澄清性提问要求对方对问题做出进一步的说明或解释。澄清性提问的目的在于双方共同认定某一事实,它可以增进提问者对对方态度以及谈判事实的了解,使谈判能够取得明确可靠的效果。如"您刚才说对目前进行中的这一宗买卖你可以作取舍,这是不是说你拥有全权跟我们进行谈判?"

4. 探索性提问

探索性提问常常是针对某一具体问题或针对对方的答复要求引申的提问方式。探索性提问不但可以挖掘出更多的信息,而且表现了对谈判对手的重视,能够引起对方的好感,增加谈判的合作性。比如"这样行得通吗?""你说可以如期履约,有什么事实可以说明吗?""假设我们运用这种方案会怎样?""你谈到谈判上存在困难,你能不能告诉我主要存在哪些困难?"

5. 选择性提问

选择性提问是把自己的意见提供给对方,让对方在一定的范围内进行选择。选择性提问带有很强的主观色彩,往往要求对方做出非此即彼的抉择,因此,除非有特定的需要,谈判者要尽量避免采取用这种提问方式,否则,有可能导致谈判陷入僵局。如"贵方是采用一次性总付方式,还是提成支付方式?"

6. 引导性提问

引导性提问是要求对方按照自己的意愿进行回答的提问方式。引导性提问常常暗示对方做出什么样的回答,并且几乎使对方毫无选择余地的按提问者所设计的答案作答。谈判者采用引导性提问通常是为了增强自己观点的合理性。由于这种方式的答案具有可控性,可以收到预期的效果。比如"贵方如果违约是应该承担责任的,对不对?""谈到现在,我看给我方的折扣可以定为 5％,你一定会同意的,是吗?"

7. 多层次提问

多层次提问是含有多种主题的问句,即一个问句中包含有多种内容。这类问句因含有多个主题而导致对方难以周全把握。比如"贵国当地的水质、电力资源、运输状况以及自然资源情况怎样?"、"你是否就该协议产生的背景、履约情况、违约的责任以及双方的看法和态度谈一谈?"一般来说,一个问题最好只包含一个主题。

8. 证明性提问

证明性提问旨在通过自己的提问,使对方对问题做出证明或理解。比如"为什么要更改原已订好的计划? 请说明道理,好吗?"

9. 强调性提问

强调性提问旨在强调自己的观点,强调本方的立场。如"这个协议不是要经过公证之后才生效吗?""怎么能够忘记我们上次合作得十分愉快呢?""按照贵方要求,我们的观点不是已经阐述清楚了吗?"

10. 协商式提问

协商式提问指为使对方同意自己的观点,采用商量的口吻向对方提问。例如"你看给我方的折扣定得是否妥当?"这种提问,语气平和,对方容易接受。而且,即使对方没有接受你的条件,谈判的气氛也仍能保持融洽,双方仍有继续合作的可能。

(二) 提问技巧

1. 明确提问内容

提问人首先应该明白自己问的是什么。如果你要对方明确地回答你,那么你的问话也要明确具体。例如:"你的运费是怎么计算的? 是按每吨重计算的,还是按交易次数估算的?"提问一般只是一句话,因此,一定要用语准确、简练,以免使人含混不清,产生不必要的误解。

2. 注意提问措辞

问话的措辞也很重要,因为提问容易使对方陷入窘境,引起对方的焦虑与担心。因此,在措辞上一定要慎重,不能有刺伤对方、为难对方的表现。即使你是谈判中的决策人物、核心人物,也不要显示自己的特殊地位,表现出咄咄逼人的气势,否则,问话就会产生相反的效果。

3. 注意提问时机

把握提问时机表现为注意提问的时间,一定要等到谈判双方代表各自阐述自己的立场、观点后再提问。同时,在交谈时出现某一问题时,应该等对方充分表达之后再提问,过早或过晚提问会打断对方的思路,并且显得不礼貌。

4. 选择提问方式

提问的方式不同,提问的角度不同,引起对方的反应也就不同,得到的回答自然不同。例如:"你们的报价这么高,我们能接受吗?"如此提问就带有挑衅的意思,会给对方以压迫感和威胁感。如果这样问:"你们的开价远远超出我们的估计,有商量的余地吗?"显然效果比第一种强。

5. 提问之前充分准备

为了更好地发挥问话的作用,问话之前的思考、准备是十分必要的。思考的内容包括:我要问什么? 对方会有什么反应? 能否达到我的目的? 提问之前准备好问题,同时准备好预防对方反问。

6. 以正常速度提问

提问时既不要语速太快,也不要太慢,应该以自己说话的正常速度提问。太快,给人以匆忙之感,容易让对方听不清楚;太慢,给人以傲慢、拖沓之感,容易引起对方的反感。

7. 提问由一般提问开始,逐步深入提问

提问时最好先提出一般性问题,如"你对我们公司印象如何?""你认为我们的这款新产品如何?"然后再逐步深入提问"你认为我们这款新产品与其他同类产品相比,有什么特点?""市场前景如何?"

8. 尽量保持问题的连续性

提问时最好能够保持问题的连续性,不要东一榔头西一斧,让被提问的人晕头转向,无所适从,不知如何回答问题,这样就失去了提问的意义。

以上几点技巧,是基于谈判者之间的诚意与合作这一命题提出来的,旨在使谈判者更好地运用提问的艺术来发掘问题,获取信息,把握谈判的方向。切忌将这些变成限制谈判者之间为了自己的利益而进行必要竞争的教条。

(三) 提问时应该注意的问题

预先准备好问题,这样能取得意想不到的效果;对方发言时,不要制止对方讲话而仓促提问;在适当的时候,验证对方的诚实与处事态度;不要以法官的态度询问对方;提问后应闭口不言,听对方回答;有耐心地继续追问;转换角度,激发对方回答问题的兴趣;以诚恳的态度提出问题;避免采用威胁性、讽刺性语气提问;提出敏感性问题时,应该说明理由;提出问题后,给对方答复时间;征得对方同意后再提出提问。

(四) 谈判中不应该提出的问题

1. 不应该提出带有敌意的问题

不应该抱着敌对心理进行谈判,应尽量避免那些可能会刺激对方产生敌意的问题。因为一旦问题含有敌意,就会损害双方的关系,最终会影响交易的成功。

2. 不应该提出有关对方个人生活、工作方面的问题

对于大多数国家和地区的人来讲,回避询问个人生活和工作方面的问题已经成为一种习惯。比如,对方的收入、家庭情况、女士或太太的年龄等问题都是不应涉及的。另外,也不要涉及对方国家或地区的政党、宗教等方面的问题。

3. 不要直接指责对方品质和信誉方面的问题

禁忌直接指责对方在某个问题上不够诚实等等,这样做不仅会使对方感到不快,而且还会影响彼此之间的真诚合作。有时,这样做非但无法使对方变得更诚实,反而还会引起对方的不满,甚至是怨恨。事实上,商务谈判双方的真真假假、虚虚实实是很难用是否诚实这一标准来评价的。若真的需要审查对方是否诚实,可以通过其他途径来进行。如果我们发现对方在某些方面不够诚实时,我们可把我们已经了解到或掌握的真实情况陈述给对方,对方自然会明白我们的用意了。

4. 不要为了表现自己而故意提问

为了表现自己而故意提问会引起对方的反感,特别是不能提出与谈判内容无关的问题以显示自己的"好问"。要知道,故作卖弄的结果往往是弄巧成拙,被人蔑视。

四、商务谈判中的答复技巧

有问必有答,正像提问是交谈中所必需的一样,答复也是交谈中不可缺少的一部分。"问"

有艺术,"答"也有技巧。问得不当,不利于谈判;答得不好,同样也会使己方陷入被动。提问是主动的,回答是被动的。因此,一个谈判者水平的高低,在很大程度上取决于其答复问题的水平。

(一) 答复的主要类型

1. 按答复问题的方式分类

按答复问题的方式,可以将答复分为正面回答和侧面回答。所谓正面回答,就是问什么,答什么,有问必有答。一般比较直截了当,这样有利于谈判双方的互相沟通。所谓侧面回答,是指在谈判交往中有些问题一时难以答复,应当回答说"让我考虑考虑"或者"研究研究再说"。这种回答说是没有答复,又已经作了答复;说是作了答复,又等于没有答复。

2. 按答复问题的性质分类

按答复问题的性质,可以将答复分为肯定性回答、否定性回答和模棱两可的回答。所谓肯定性回答,就是肯定对方的意见。按肯定的程度可区分为几种不同的情况,如完全同意谈判对方的答复,加以补充的回答,附加条件的回答。所谓否定性回答,就是不同意对方的意见。否定性回答要讲究方式,要委婉曲折地把意思说清,说明难以同意的理由,使对方理解,不要生硬地推回去,使发问者不好下台。模棱两可的回答,是指既不表示同意,也不表示不同意,似乎是同意,又似乎是不同意。这种方式不宜多用,尤其是谈判在熟识的对手或朋友之间,不要闪烁其辞,令人不可捉摸。

总之,在不同的谈判场合,回答问题要讲究技巧,不宜太急太直,要尽量委婉曲折,动之以情,晓之以理,不伤彼此感情,以保持双方之间良好的合作关系。

(二) 答复技巧

如果对所有的问题都正面提供答案,并不一定是最好的答复,所以答复也必须运用一定的技巧。

1. 不要马上回答,要给自己留有思考时间

在谈判过程中,绝不是回答问题的速度越快越好,因为它与竞赛抢答是性质截然不同的两回事。有些人在谈判中对方提问的声音刚落,就急着回答问题。这些人认为,如果对方问话与我方回答之间所间隔的时间越长,就会让对方感觉我们对此问题欠缺准备,或以为我们几乎被问住了;如果回答得很迅速,就显示出我们已有充分的准备,也显示了我方的实力。其实不然,谈判经验告诉我们,在对方提出问题之后,你可通过点支香烟或喝一口水,或调整一下自己坐的姿势和椅子,或整理一下桌子上的资料,或翻一翻笔记本等动作来延缓时间,考虑一下对方的问题。这样做既显得自然、得体,又可以让对方看得见,从而减轻消除对方的上述那种感觉。

2. 针对提问者的真实心理答复

谈判者在谈判桌上提出问题的目的往往是多样的,动机也往往是复杂的,如果我们在没有深思熟虑、弄清对方的动机之前,就按照常规做出回答,结果往往是效果不佳。如果我们经过周密思考,准确判断对方的用意,便可做出一个高水准的回答。

3. 不要彻底地回答问题

不要彻底回答,就是指答话人将问话的范围缩小,或只回答问题的某一部分。有时对方问话,全部回答不利于我方。例如,对方问:"你们对这个方案怎么看,同意吗?"这时,如果马上回答同意,时机尚未成熟,你可以说"我们正在考虑、推敲,关于付款方式只讲两点,我看是否再加上……"这样,就避开了对方问话的主题,同时,也把对方的思路引到你讲的内容上来。

4. 逃避问题的方法是避正答偏,顾左右而言他

有时,对方提出的某个问题我方可能很难直接从正面回答,但又不能拒绝回答,逃避问题。这时,谈判高手往往用避正答偏的办法来回答,即在回答这类问题时,故意避开问题的实质,而将话题引向歧路,借以破解对方的进攻。比如,可跟对方讲一些与此问题既有关系又无关系的问题,东拉西扯,不着边际。说了一大堆话,看上去回答了问题,其实并没有回答,因为其中没有几句话是管用的。经验丰富的谈判人员往往在谈判中运用这一方法。此法看上去似乎头脑糊涂、思维有问题,其实这种人高明得很,对方也拿这类人毫无办法。

> 一位西方记者曾经问周恩来总理:"请问,中国人民银行有多少资金?"周总理深知对方是在讥笑中国的贫困,如果实话实讲,自然会使对方的计谋得逞,于是答道:"中国人民银行货币资金嘛,有十八元八角八分。中国银行发行面额为十元、五元、二元、一元、五角、二角、一角、五分、二分、一分的十种主辅人民币,合计为十八元八角八分。"周总理巧妙地避开了对方的话锋,使对方无机可乘,被传为佳话。

5. 对于不知道的问题不要回答

商务谈判人员都非全能全知。尽管我们准备得充分,也经常会遇到陌生难解的问题,这时,谈判者切不可为了维护自己的面子而强作答复。有这样一个实例,我国内某公司与美国外商谈判合资建厂事宜时,外商提出有关减免税收的请求。中方代表恰好对此不是很有研究,或者说是一知半解,可为了能够谈成,就盲目地答复了,结果使我方陷入十分被动的局面。经验和教训一再告诫我们:谈判者对不懂的问题,应坦率地告诉对方不能回答,或暂不回答,以避免付出不应付出的代价。

6. 答非所问也是一技

答非所问在知识考试或学术研究中是一大忌。然而从谈判技巧角度来研究,却是一种对不能不答的问题的一种行之有效的答复方法。有些问题可以通过答非所问来给自己解围。

> 古代有一个较为精明的骗子,他从别人那里借来一匹马,便牵去与一个财主进行交换,财主问:"你的马是从哪里来的?"他回答道:"我想卖马的念头有两年了。"财主又问:"为什么要换?"他回答道:"这马比你的马跑得快。"这两句话的回答全是答非所问,换马的骗子就是这样运用灵巧的方式,回避了一个事实,即马是他人的,换马是想要骗走财主的马,此人的计谋于是得逞了。

谈判中我们并不主张像这个骗子一样在谈判双方之间行骗,谈判必须是建立在相互信赖基础上的,但是在双方利益相冲突时,在如何巧妙地回答对方的有关利益分割方面的问题上,倒是可以从这一例中取得借鉴。

7. 以问代答又是一招

谈判中有时可以以问代答。此法如同把对方踢过来的球又踢了回去,请对方在自己的领域内反思后寻找答案。例如,在商务工作进展不是很顺利的情况下,其中一方问:"你对合作的前景怎样看?"这个问题在此时可谓十分难回答的问题,善于处理这类问题的对方可以采取以问代答的方式:"那么,你对双方合作的前景又是怎样看的呢?"这时双方自然会在各自的脑海中加以思考和重视,对于打破窘境起到良好的作用。商务谈判中运用以问代答的方法,对于应付一些不便回答的问题是非常有效的。

8. 使问话者失去问话的兴趣

在许多场合下,提问者会采取连珠炮的形式提问,这对回答者很不利。特别是当对方有准备时,会诱使答话者落入其圈套。因此,要尽量使问话者找不到继续追问的话题和借口。比较好的方法是,在回答时,可以说明许多客观理由,但却避开自己的原因。例如,"我们交货延期,是由于铁路运输……许可证办理……"但不说自己公司方面可能出现的问题。

9. "重申"和"打岔"有时也很有效

商务谈判中,要求对方再次阐明其所问的问题,实际上是为自己争取思考问题的时间的好办法。在对方再次阐述其问题时,我们可以根本不去听,而只是考虑如何做出回答,当然,这种心理不应让对手有所察觉,以防其加大进攻的力度。有人打岔那将是件好事,因为这可为我们赢得更多的时间来思考。有些富有谈判经验的谈判人员估计到谈判中会碰到某些自己一时难以回答而又必须回答的、出乎意料的棘手问题,于是,为了赢得更多的时间,就事先在本组内部安排好某个人,专门在关键时刻打岔。打岔的方式多种多样,比如借口外面有某某先生电话,有某某紧急的文件需要某某先生出来签个字等。有时,回答问题的人自己可以借口去洗手间方便一下,或去打个电话等来拖延时间,冲淡回答的气氛。

总之,在实际谈判中,回答问题的要领在于知道该说什么和不该说什么,而不必考虑回答的问题是否切题。谈判是双方在各自实力的基础上斗智斗勇的过程。在回答问题时要有艺术性和技巧,谈判人员必须熟练地加以掌握和运用。

第四节　演讲的公共关系语言技巧

公关演讲是公关人员运用有声语言,辅之体态语言宣传组织理念,表达思想观点,抒发情感感召公众的一种重要公关方式。公关演讲的语言技巧可分为有声语技巧、体态语技巧和时间语技巧等,在此只介绍有声语技巧。

一、制造悬念的语言技巧——有助于沟通传播

制造悬念,指先不把要谈的对象或正面意思告诉公众,而让公众去关心,去猜测,去推究,吸引他们急切想知道下面内容,聚精会神地听下去。

> 上海余德馨的《受骗的上帝》是这样开头的:我演讲的题目是《受骗的上帝》。这可是个离经叛道的题目,说它"离经"是因为在信教的人看来,圣经上明明白白地写着,一切都是上帝创造的,上帝又怎么能受骗呢? 说它"叛道"是因为唯物主义观点是:从来就没有什么救世主,又哪来的上帝,更哪来受骗的上帝呢?

此例先介绍自己的演讲题目,接着又别出心裁,否定题意的正确性,这种迂回的介绍就制造了悬念:到底有没有受骗的上帝? 公众就有兴趣听下去。

二、提问引发的言语技巧——有助于提高声望

善于用语言提问,启迪公众思索,是演讲成功的一个重要技巧,同时也能点明主题。依据

演讲中提问的作用,可归纳为这样几种形式:

(一) 新颖独特、激起猜测的提问

这种提问作用是引发猜测。

> 在"把青春献给内蒙古"的演讲比赛中,有一男生一上场就举着一张条子说:"在我即将登台演讲时,接到一张条子:你连这儿的姑娘都不爱,还谈什么热爱内蒙古?"场下一片哗然并响起一阵富有挑战意味的掌声,掌声过后便是沉默,听众亟待他的下文。待这沉默到了令人难以忍受的时候,他突然高声讲道:"好吧,现在我来回答这个问题。告诉你吧,我爱的是全自治区的姑娘,难道还有什么比这更能说明我对内蒙古的热爱吗?"顿时,掌声经久不息。

这个突如其来的、自设障碍的提问,就是能激起猜测、引发兴趣的提问,收到了很好的效果。

(二) 未讲先发、引起注意的提问

这种提问作用是引起公众对下面内容的重视。

> 周总理在"文艺工作座谈会和故事片创作会议"上的讲话中说:
>
> "什么叫'白'呢,一个人只要在社会主义土壤上专心致志为社会主义服务,虽然政治上学习得少,不能算'白'。只有打起白旗,反对社会主义,才是'白'。例如有个外科医生,开刀开得很好,治好了很多病人,只是政治上不大开展,因此就说他是'白专道路',岂不是荒谬?"
>
> 周总理在对问题做准确的定义性回答之前提出"什么叫'白'呢?"的问题,目的在于引起听众的注意。

(三) 激发反思、问中有答的提问

这种提问作用是加强语气,激起公众思考,共同判断问题的正误。

> 陶行知在《学做一个中国人》中说:
>
> "我要讲的题目是《学做一个小国人》。要做一个整个的人,别做一个不完全的人。中国虽然有四万万人,试问有几个是整个的人? 诸君,试想一想:我自己是不是一个整个的人?"
>
> 陶行知的两个问题都是为了引起听众的思索:我们要做"整个的人"。

这种提问在批驳性的、揭发性的、斥责性的演讲中用得很多,效果也很好。如闻一多的《最后一次讲演》中的"凭什么要杀死李先生?"就是这类提问。

(四) 有疑而设、可答可不答的提问

这种提问作用是让公众产生回忆、思考或想象,为演讲者下面演说内容的接收做好准备。

> 有一篇题为《为了我们的父亲》的演讲词:
>
> "同学们,你们见过青年画家罗中立的油画《我的父亲》吗? 如果见过,还记得那位动人的中国老年农民的形象吗? 让我们再看看这幅油画,再看一看我们的父亲吧!"
>
> 演讲者的提问对见过油画的人来说,是唤起回忆;对没有见过油画的人来说,是引起注意和想象,为下面的演讲打下坚实的基础。

三、幽默诙谐的言语技巧——有助于塑造形象

有人说:没有幽默的语言是一篇公文,没有幽默感的人是尊雕像,没有幽默感的家庭是一间旅店,没有幽默感的社会是不可想象的。幽默是语言交际的一种风格类型,是思想、学识、智慧和灵感在语言运用中的结晶,是一瞬间闪现的光彩夺目的火花。它寓庄于谐、寓教于乐,在郑重正经的演说中透出某种喜剧性气氛,叫人既感到轻松愉快,又觉得意味深长。

周总理为著名女记者斯特朗80寿辰祝寿致辞说:

"今天,我们为我们的朋友,美国女作家安娜·路易斯·斯特朗女士庆贺四十公岁诞辰——四十公岁这不是老年,而是中年。斯特朗女士为中国人民和世界人民作了大量的工作,写了大量的文章,但她的精神还很年轻。我们祝贺斯特朗女士继续为人民写大量的文章,祝贺她永远年轻。"

周总理这番贺词幽默诙谐,斯特朗听了眉开眼笑,听众席上也笑声一片,整个宴会洋溢着欢乐的气氛。

四、抒发感情的言语技巧——较强的劝服作用

演讲不同于背文章,也不同于宣读论文,它是一门将语言、感情、姿态等方面进行组合的艺术,有很强的感情成分,还能表现出临场效应。马克思对演讲艺术曾作过精彩的分析,指出一篇好的演讲必须包含理、情、形三个基本要素。

(一)寓理于事

即从事例入手,升华到一定的理论高度。发议论时,要善于抓住事物的本质.加以分析概括并达到一定深度。

英国久负盛名的演说家迪克·史密西斯在作关于通货膨胀的演讲时说:

"当我还是孩子时,学校食品店的馅饼质量很高,里面夹着实实在在的肉片,不像现在吃的馅饼,除了一些花生、胡萝卜和土豆外什么都没有。一个味道鲜美内容丰富的馅饼过去要我两分钱。过去的四十年我亲眼目睹了馅饼价格的稳步上升,从两分钱到今天的七角。对于我来说,这就是衡量通货膨胀的尺度;馅饼价格不断上涨而质量却不断下降。"

这段演讲没有空洞的言辞,没有矫揉造作的情感,也没有笼统的指责和激愤的抨击,只是把反对通货膨胀的事理通过馅饼一例用朴实的语言表达出来,令听众心悦诚服。

(二)叙事抒情

即在叙述人们的经历、言行和事物的发生、发展、变化的过程中,抒发自己的情感,以情感人,给人留下鲜明深刻的印象。

邱文远《拳拳父母心》的演讲中有这么一段:

"姐姐来信说妈妈因劳累过度患了肩周炎,一走路就疼得不能动,还得咬牙挺着喂猪、做饭、干农活,并让姐姐不要告诉我,免得我分心影响学习。读到这里,我的泪水已经把信纸打湿了。我的母亲没有文化.可是,她有一颗慈爱和善的心,这就是一切文化的根。她

用自己的勤劳与汗水写着世界上伟大女性共有的爱的巨著,她爱的是我这个儿子吗? 不,她爱的是属于我的新的生活和前景! 尽管现实生活仍然艰苦,可她以顽强的力量在拼搏,在争取,为了自己的下一代! 这是多么可贵的品质,多么高尚的精神啊!"

演讲者通过讲述自己的母亲来歌颂母爱,语言朴素平实,亲切自然,字里行间倾注着感情,听起来非常有感染力。

(三) 形随情生

公关演讲中要完成表情达意、传递信息的任务,应以自然有声语言为主,体态语只起强调、补充、修饰和渲染的作用。但在某种特殊情况下,体态语不但可以单独使用,甚至还可以表达出自然有声语言难以表达的思想感情,直接代替自然有声语言,关键是要准确得体、整体协调、形随情生、因事而异,切忌矫揉造作、动作繁多。

体态语具体表现在三方面:一是表情语言。古人云:"诚于衷而形于外。"人的喜、怒、哀、乐的情感总会外露在面部表情上。面部表情中最富有表现力的是眼神,最能倾诉情感,沟通心灵,又称目光语。运用眼神的方法有点视法、对视法、虚视法、环视法等。演讲者如果能恰当地运用眼神,可大大增强有声语言的表达效果。培根说:"含蓄的微笑往往比口若悬河更为可贵。"微笑是善意的标志、友好的使者、成功的桥梁。它可以以柔克刚、以静制动、沟通感情、融洽气氛、缓解矛盾、开启成功大门。切不可无笑装笑、皮笑肉不笑、虚情假意地笑。二是手势语言。手势语言有很强的表现力,不仅应用广泛、使用便捷,而且自由灵活、主体感强,于是有人将手势语言称为"口语表达的第二语言"。很多手势语的涵义都是约定俗成的,主体对手势动作所蕴涵的意义应有正确的理解,配合自然有声语言有选择地使用手势体姿语言。三是身体姿势。演讲时总离不开站立、坐下、移动等姿势动作,这些动作变化的样式,都有其特定的含义,对自然有声语言起着强化、补充和修饰的作用。由于身体姿势具有实体性和客观性的特点,能直接反映说话者的情感状态,因而也就更容易为交谈对象所注意。

五、临场适应的言语技巧——有效的信息交流

在维护或树立组织形象时,在遇到突发事件或危机公关时,常会碰到临时性演讲,或临时现场情况发生了变化,这都要求有较好的临场应变能力。

在万隆会议上,帝国主义极尽破坏之能事,干尽挑拨分裂之伎俩,致使一些不明真相的代表团歪曲会议宗旨把矛头直指中国,会议出现分裂的危险,中国声誉受到挑战。在此严峻时刻,周恩来毅然决定把准备的演讲稿作为"主要发言"印发给大家,而采取有针对性的即兴演讲形式,开宗明义地说"中国代表团是来求团结而不是来吵架的",接着指明了"各国团结的共同基础",然后提出了"会议应该求同存异"的方针,并陈述了我国代表团为此而付出的种种努力,争取了一些代表团的理解、支持和认同。

周恩来的即兴演讲获得了全场的热烈喝彩,扭转了会议的局势,"求同存异"成为各代表团接受的方针,粉碎了敌对势力中伤我国的谣言,捍卫了祖国的尊严,拓宽了我国的外交领域,为会议的圆满成功做出了贡献。就连美国记者都承认:"周恩来用经过仔细挑选的措辞简单地说明了中国共产党对这次会议通情达理、心平气和的态度,他那准确选择时机的外交才能几乎达到炉火纯青的地步。"

六、积极修辞的语言技巧——较强的表现力度

演讲的语言不仅要求准确、简明、严密，而且还要求形象、生动，有感染力。这就必须运用积极的修辞手段。这种修辞不同于文学创作，它必须符合演讲的特点，贴切恰当，通俗易懂。出色的演讲无不表现了修辞的重要性。

郭沫若《科学的春天》结尾一段：

"春分刚刚过去，清明即将到来。'日出江花红胜火，春来江水绿如蓝'。这是革命的春天，这是人民的春天，这是科学的春天，让我们张开双臂，热烈地拥抱这个春天吧！"

郭沫若这段演讲词，综合运用了多种修辞格：引用、对偶、排比、反复，最后还用了拟人，将抽象的科学表现得那么鲜明、形象、激动人心。

演讲语言中常用的修辞格有：设问、反问、双关、排比、反复、拟人、婉曲、对偶、比喻、对比等。演讲者可以根据不同的需要和不同的情境，恰当地使用，争取使演讲语言更有魅力。

【案例分析】

谈判中的提问技巧

阿里森是一家电器公司的推销员。有一次，他到一个老客户那里去推销电机，一进门便受到指责。原来，这个公司不久前从阿里森手里购买了电机，而他们认为电机发热超过了正常指标。那家公司的总工程师斯宾塞一见到阿里森就不客气地说："阿里森，你是纯心不想让我们再买你的电机了吧？"阿里森详细地了解了车间的情况后，知道电机本身并没有问题。但他不想与对方强行争辩，而决定以理服人，让对方自己改变态度。

阿里森对这位总工程师说："好吧，斯宾塞先生，我同意您的意见，如果那电机果真温度过高，别说让你们再买，就是过去买的也要退货，是吧？"

斯宾塞先生毫不迟疑地回答："是的。"

阿里森接着说："当然，电机是会发热的。但是，它的温度没超过全国电工协会规定的标准，是吗？"

对方又一次作了肯定的回答。

在得到对方的两个肯定回答之后，阿里森开始讨论实质性的问题了。他问："斯宾塞先生，按全国电工协会规定的标准，电机的温度可比室温高 72℃，是吗？"

斯宾塞说："是的。但是你们的电机却比这个指标高出许多，简直让人不敢用手摸。难道这不是事实吗？"

阿里森没有与他争辩，继续问道："那么，你们车间的温度是多少呢？"

斯宾塞稍微想了一下，回答说："大约 75℃。"

阿里森兴奋地拍拍对方的肩膀说："好极了，斯宾塞先生。车间温度是 75℃，加上规定的标准 72℃，一共是 147℃。请问，要是你把手放在 147℃ 的物体上，会不会把手烫伤呢？"

对方又不情愿地点了点头。

阿里森接着说:"请您放心,那电机的温度完全是正常的。为了不使电机烫破您的手,我劝您以后就不要用手去摸电机了。"

阿里森的连续提问,不但消除了对方的疑虑,而且使对方心服口服,于是又做成了一笔生意。

提问是发现问题、获取信息经常使用的一种手法。及时准确地发现问题,有针对性地采取有效措施,有利于问题的妥善解决。所以说,恰当巧妙的提问是驾驭谈判进程的必要条件。谈判中的提问具有收集信息、传递信息、探测动机、引起注意、倡导认同等作用。为了使提问能理想地发挥作用,达到应有的效果,应该根据谈判的具体情况选择使用不同形式的问句并要注意问话的技巧。

【本章小结】

本章主要提出了公共关系语言的概念、特点和重要性,指出公共关系活动中的语言运用有其基本要求,公共关系语言传播有一定的规律性,公共关系语言的艺术表达即注意这些规律性在语言表达及语言传播各环节的运用,同时也介绍了商务谈判语言和演讲语言的应用条件和表达技巧。

【思考与练习】

1. 如何理解公共关系语言的重要性?
2. 公共关系语言表达的艺术性体现在哪些环节?
3. 商务谈判的提问和回答技巧有哪些?
4. 演讲中的提问会有怎样的效果?

第十三章　公共关系礼仪

【学习目标】

1. 了解礼仪的一般概念、特征、作用和遵循的原则
2. 把握礼仪在公关活动中的作用与特征性
3. 了解并掌握涉外活动和求职活动中的一般礼仪规范

【引导案例】

维护好个人形象

郑伟是一家大型国有企业的总经理。有一次,他获悉有一家著名的德国企业的董事长正在本市进行访问,并有寻求合作伙伴的意向。他于是想尽办法,请有关部门为双方牵线搭桥。

让郑总经理欣喜若狂的是,对方也有兴趣同他的企业进行合作,而且希望尽快与他见面。到了双方会面的那一天,郑总经理对自己的形象刻意地进行一番修饰,他根据自己对时尚的理解,上穿茄克衫,下穿牛仔裤,头戴棒球帽,足蹬旅游鞋。无疑,他希望自己能给对方留下精明强干、时尚新潮的印象。

然而事与愿违,郑总经理自我感觉良好的这一身时髦的"行头",却偏偏坏了他的大事。郑总经理的错误在哪里? 他的德国同行对此有何评价?

分析提示

根据惯例,在涉外交往中,每个人都必须时时刻刻注意维护自己的形象,特别要注意在正式场合留给初次见面的外国友人的第一印象。郑总经理与德方同行的第一次见面属国际交往中的正式场合,应穿西服或传统中山服,以示对德方的尊敬。但他没有这样做,正如他的德方同行所认为的:此人着装随意,个人形象不合常规,给人的感觉是过于前卫,尚欠沉稳,与之合作之事需他日再议。

社会交往是一种社会文化现象,是人类社会文明的反映,又是社会文明进步的标志。随着我国社会主义市场经济体制的逐步建立,社会组织交往范围的扩大,组织与公众、组织与组织之间的社会联系得到了增强,需要组织运用公关礼仪规范来改善与公众的关系,沟通各种社会交往的联系渠道,完善组织形象,为社会组织的生存和发展创造良好的人际环境。

第一节　礼仪概述

一、礼仪的含义

自古以来,礼仪都是一个国家、一个民族文明程度的重要标志,是衡量社会公众教养和道德水准的尺度。在人类社会文明跨入新世纪的今天,礼仪已成为组织或个人的宝贵财富。讲求和注重礼仪的重要性不仅体现在它的文化价值、社会价值上,也越来越多地体现在它的经济价值上。

礼仪是"礼"与"仪"的合一。我国著名历史学家范文澜在《辞经概论》一书中谈到礼仪时说:"礼仪合言,皆名为礼,分言之则礼为体,仪为履。"意思是:礼是仪的根本,仪是礼的功用。因而要准确把握礼仪的概念,首先应对"礼"与"仪"各自的含义有所了解。

"礼"是中国文化的突出精神,也是中国古代伦理思想的基本概念之一。好礼、有礼、注重礼仪是中国人立身处世的重要美德。

中国文化认为,礼是人与动物相区别的标志。"凡人之所以为人者,礼仪也。"(《礼记·冠义》)礼是治国安邦的根本。"礼,经国家,定社稷,序民人,剩后嗣者也。"(《左传·隐公十五年》)礼同时又是立身之本和区分人格高低的标准。《诗经》言:"人而无礼,胡不遗死?"孔子说:"不学礼,无以立。"中国伦理文化从某种意义上可以说是"礼仪文化"。"礼"是中华民族的美德之一。作为道德规范,它的内容比较复杂;作为伦理制度和伦理秩序,谓"礼制"、"礼教";作为待人接物的形式,谓"礼节"、"礼仪";作为个体修养涵养,谓"礼貌";用于处理与他人的关系,谓"礼让"。

"礼"根源于人的恭敬之心、辞让之心,出于对长辈,对道德准则的恭敬和对兄弟朋友的辞让之情。作为一种伦理制度,"礼教"在历史上曾起过消极的作用,但作为道德修养和文明的象征,礼貌、礼让、礼节是中华民族传统美德的体现。

在当今社会,"礼"主要是指人与人之间、人与组织之间、组织与组织之间表示互相尊重、友善及情感的行为规范和精神意识等,可以说是一种交往行为的内在要求和伦理原则,是礼貌、礼节的综合体现。

一般而言,礼貌是指人们在交往时所表现出来的合乎礼仪的规范和要求的音容笑貌、言行举止以及所显示出来的气度、形象和风范,它是礼的重要表现。礼貌具有历史的继承性和发展性,因民族、性别、长幼差别而异。礼貌可以分为礼貌行动和礼貌语言两个部分。礼貌行动是一种无声的语言。如微笑、点头、握手、鼓掌等。礼貌语言是一种有声的行动,如使用"您""请""欢迎光临"等敬语。人们在交往中讲礼貌有助于建立相互尊重、友好合作的关系,有助于调节公共场所人际间的相互关系,也有助于缓解矛盾、避免冲突。

礼节,通常是指人们在交往过程中表现出来的符合礼的要求的各种行为规则及惯用形式,是对待他人态度的外在表现和行为规则的总和。它包括待人接物的方式、招呼和致意的形式、公共场合的举止风度、各种重大社交活动的规范程序等。礼节是礼貌的具体表现,礼貌是礼节的规范。从形式上看,礼节常常表现为约定俗成或严格规定的程序仪式,它具有严格的规范性,如待人接物的规则和方式,与人交往的言谈、举止、风度和衣着,上下老少之间的礼遇等;从内容上看,它反映着一定的道德原则和规范的要求,反映着人们对自己、对他人和社会共同的尊重、敬意和友善。

礼节是人的美好的心灵的外化,遵守它,可以增进人际关系的友爱与社会的和谐;违反它,会造成人际关系的冷漠与社会的失调。礼节具有历史性、地域性、民族性,不同时代,不同地区,不同民族,不同阶级,都存在礼节上的差异。

仪,本意指树立的木柱,引申为容貌、外表,亦指表率、标准、规则。这里的仪,表现为一种适应相互交往,并为交往所规定的行为方式及秩序。它包含了仪容、仪表、仪态和仪式等多种意思。

仪容、仪表均指人的外表,只不过仪容更侧重于姿容、外表,仪表更注重于服饰、装扮和风度,它们都表现了人们的精神风貌和文明程度。

仪态主要是指人的姿态,包括身体各部位特别是头、眼、脸、手、臂、足等的动作所表达的意义;仪式是礼的程序形式,即为表示敬意或表示隆重而在一定场合举行的具有专门程序的规范化的活动,如开业剪裁及合同的签字仪式等。

综上所述,礼仪是对"礼"和"仪"的统称,是指人们在交往中形成的为大家所认同和遵守的表达相互敬重、友善并以建立和谐关系为目的的行为准则、程序、形式的总和。礼是礼貌、礼节,仪是仪容、仪表、仪态和仪式,两者结合起来,即是礼仪。

礼仪是人类为维系社会正常生活而共同遵循的基本的道德行为规范。它属于道德体系中社会公德的内容,是人们在长期的共同生活和交往过程中逐渐形成的,并以风俗、习惯和传统等形式固定下来。它既是约定俗成的行为习惯,又是一种具有内在道德理性和道德情感的伦理精神和价值观念。谦恭的态度、文明礼貌的语言、优雅得体的举止等方面表现出来的,是人的内在文化修养、道德品质、精神气质和思想境界等。

二、礼仪的特征与原则

(一) 礼仪的特征

礼仪的特征主要表现在其规范性、程式性、限定性、可操作性、传承性、变动性等方面。

1. 规范性和程式性

礼仪指的就是人们在各种交际场合待人接物时必须遵守的行为规范,又是一种程序方式,是礼节的化身。这种规范性、程式性,不仅约束着人们在一切交际场合的言谈话语、行为举止,使之合乎礼仪,而且也是人们在一切交际场合必须采用的一种"通用语言",是衡量他人、判断自己是否自律、敬人的一种尺度。孔子强调"非礼勿视,非礼勿听,非礼勿言,非礼勿动"就是强调了礼仪的这一特性。因此,任何人要想在交际场合表现得合乎礼仪、彬彬有礼,都必须对礼仪无条件地加以遵守。

在外事活动中,周恩来总理十分注重礼仪。他病重期间,重要的外事活动都坚持参加。后来病得连脚板也肿起来,他原来的皮鞋、布鞋都不能穿,只能穿着拖鞋走路。参加外事活动时,工作人员关心总理,让他穿着拖鞋参加外事活动,认为外宾是能够理解的。周总理不同意,他慈祥又严肃地说:"不行,要讲礼仪嘛!"于是,他让工作人员为他特制了一双鞋。

2. 限定性

礼仪,适用于普通情况之下的、一般的人际交往与应酬。在这个特定范围之内,礼仪肯定行之有效。离开了这个特定的范围,礼仪则未必适用。这就是礼仪的限定性特点。理解了这一特点,就不会把礼仪当成放之四海而皆准的东西,就不会在非交际场合拿礼仪去以不变应万变。必须明确,当所处场合不同,所具有的身份不同时,所要应用的礼仪往往会因此而各有不同,有时甚至还会差异很大。对这一点,是不容忽略的。

3. 可操作性

切实有效,实用可行,规则简明,易学易会,便于操作,是礼仪的一大特征。它不是纸上谈兵、空洞无物、不着边际、故弄玄虚、夸夸其谈,而是既有总体上的礼仪原则、礼仪规范,又在具体的细节上以一系列的方式、方法,这种特性方便人们仔细周详地对礼仪原则、礼仪规范加以贯彻,把它们落到实处,使之"言之有物"、"行之有礼"。

4. 民族传承性和变动性

一方面,礼仪是在人类长期的交际活动实践之中形成、发展、完善起来的,绝不可能凭空杜撰,一蹴而就,完全脱离特定的历史背景,这决定了礼仪的历史传承性;另一方面,社会的发展,历史的进步,由此而引起的众多社交活动的新特点、新问题的出现,又要求礼仪有所变化,有所进步,推陈出新,与时代同步,以适应新形势下新的要求,这又决定了礼仪的形式与内容是在不断发展变化着的。

作为一种人类的文明积累,礼仪将人们在交际应酬之中的习惯做法固定下来,流传下去,并逐渐形成自己的民族特色。任何国家的礼仪都具有自己鲜明的民族特色,任何国家的当代礼仪都是在古代礼仪的基础上继承、发展起来的。没有对本国、本民族既往礼仪成果的传承、扬弃,就不可能形成当代礼仪。比如中国人重视春节,以放鞭炮、贴对联来辞旧迎新,而西方却看重圣诞节,也有自己的节庆礼仪。中国人含蓄,而西方人外露等等。我们既要认识到民族礼仪的差异,更要尊重这种差异,即所谓的入乡随俗。

礼仪不是一种短暂的社会现象,也不会因为社会制度的更替而消失。了解了礼仪的变动性特点,就不会把它当做一成不变的东西,而能够更好地以发展、变化的眼光去对待它。对于既往的礼仪遗产,正确的态度应当是有扬弃,有继承,更有发展。

（二）礼仪遵循的基本原则

学习、应用礼仪,有必要掌握一些具有普遍性、共同性、指导性的礼仪规律。这些礼仪规律,即礼仪的原则。掌握这些原则,将有助于更好地学习礼仪、运用礼仪。

1. 遵守的原则

在交际应酬之中,每一位参与者都必须自觉、自愿地遵守礼仪,以礼仪去规范自己在交际活动中的一言一行、一举一动。对于礼仪,不仅要学习、了解,更重要的是学了就要用,要将其付诸个人社交实践。任何人,不论身份高低、职位大小、财富多寡,都有自觉遵守、应用礼仪的义务,否则,就会受到公众的指责,交际就难以成功。

2. 自律的原则

对待个人的要求,是礼仪的基础和出发点。学习礼仪、应用礼仪,最重要的就是要自我要求、自我约束、自我控制、自我对照、自我反省、自我检点,这就是所谓自律的原则。古语云:"己所不欲,勿施于人。"若是没有对自己的首先要求,人前人后不一样,只要求别人,不要求自己,不讲慎独与克己,遵守礼仪就无从谈起,就是一种蒙骗他人的大话、假话、空话。

3. 敬人的原则

孔子曾经对礼仪的核心思想有过一次高度的概括,他说:"礼者,敬人也。"所谓敬人的原则,就是要求人们在交际活动中,与交往对象既要互谦互让、互尊互敬、友好相待、和睦共处,更要将对交往对象的重视、恭敬、友好放在第一位。敬人之心常存,处处不可失敬于人,不可伤害他人的个人尊严,更不能侮辱对方的人格。掌握了这一点,就等于掌握了礼仪的灵魂。

4. 宽容的原则

宽容原则的基本含义,是要求人们在交际活动中运用礼仪时,既要严于律己,更要宽以待人。要多容忍他人,多体谅他人,多理解他人,而千万不要求全责备,斤斤计较,过分苛求。在人际交往中,要容许他人有个人行动和进行自我判断的自由。对不同于己、不同于众的行为耐心容忍,不必要求其他人处处效法自身,与自己完全保持一致,实际上也是尊重对方的一个主要表现。

5. 平等的原则

平等是礼仪的核心,即尊重交往对象,以礼相待,对任何交往对象都必须一视同仁,给予同等程度的礼遇,其核心问题是尊重以及满足相互之间获得尊重的需求。在具体运用礼仪时,允许因人而宜,根据不同的交往对象,采取不同的具体方法。但是,必须强调指出:在尊重交往对象、以礼相待这一点上,对任何交往对象都必须一视同仁,给予同等程度的礼遇,不允许因为交往对彼此之间在年龄、性别、种族、文化、职业、身份、地位、财富以及与自己的关系亲疏远近等方面有所不同,就厚此薄彼,区别对待,给予不同待遇。

6. 从俗的原则

由于国情、民族、文化背景的不同,在人际交往中,实际上存在着"十里不同风,百里不同俗"的情况。从俗就是指交往各方都应尊重相互之间的风俗、习惯,了解并尊重各自的禁忌。与人交往时,不要自高自大,唯我独尊,简单否定其他人不同于己的做法。必要之时,必须坚持入乡随俗,与绝大多数人的习惯做法保持一致,切勿目中无人,自以为是,随意批评、否定其他人的习惯性做法。

7. 真诚的原则

礼仪上所讲的真诚的原则,就是要求在人际交往中运用礼仪时,务必待人以诚,言行一致,表里如一,不虚伪,不做作。交际活动作为人与人之间信息传递、情感交流、思想沟通的过程,如果缺乏真诚则不可能达到目的,更无法保证交际效果。只有诚实守信,自己在运用礼仪时所表达的对交往对象的尊敬与友好,才会更好地被对方所理解、所接受。与此相反,倘若仅把运用礼仪作为一种道具和伪装,对具体操作礼仪规范时口是心非、言行不一,或是当时一个样,事后一个样,有求于人时一个样,被人所求时另外一个样,则是有悖礼仪的基本宗旨的。

8. 适度的原则

适度的原则的含义,是要求应用礼仪时,为了保证取得成效,必须注意技巧,合乎规范,特别要注意做到把握分寸,认真得体。这是因为凡事过犹不及,运用礼仪时,假如做得过了头,或者做得不到位,都不能正确地表达自己的自律、敬人之意。当然,运用礼仪要真正做到恰到好处、恰如其分,只有勤学多练,积极实践,此外别无他途。

三、礼仪的作用

我国是一个文明古国,礼仪文化源远流长,素有"礼仪之邦"的美称。早在两千多年以前,先人们就对礼仪的作用作过许多重要的论述。孔子认为礼是治国安邦的基础,"不学礼,无以立"(《史记·孔子世家》),"能以礼让为国乎,何有? 不能以礼让为国,如礼何?"(《论语·里仁》)荀子把礼与法相提并论,"礼仪者,治之始也"(《荀子·王制》),"礼仪制而制法度"(《荀子·性恶》)。管子则把礼仪视为立国的精神之本,曾经指出:"礼仪廉耻,国之四维,四维不张,国乃灭亡。"(《管子》)这些精辟的论述把礼仪的重要作用揭示得淋漓尽致。

在现代社会,虽然一个国家、一个民族的综合国力所包含的内容十分广泛,但在评价一个国家、一个民族时,通常是从这个国家、这个民族人们的言行举止、文明习惯所体现的公民素质与精神面貌入手的。因为,从国家和民族的角度讲,礼仪是一个国家、一个民族,社会风貌、道德水准、文明程度、文化特色、公民素质的重要标志。从公民个体的角度说,礼仪是一个人思想觉悟、道德修养、精神面貌和文化教养的综合反映。通过一个人在社会生活中对礼仪运用的程度,可以察知其教养的高低、文明的程度和道德的水准。

礼仪的作用概括地说,是表示人们不同地位的相互关系和调整、处理人们相互关系的手段。礼仪的作用表现在以下几个方面:

(一) 促进沟通、相互尊重的作用

在人际交往中,自觉地执行礼仪规范,可以使交往双方的感情得到沟通,在向对方表示尊重、敬意的过程中,获得对方的理解和尊重,同时对方也还之以礼。礼尚往来,有礼仪的交往行为,蕴含着对彼此的尊敬。

(二) 规范、约束的作用

礼仪作为行为规范,对人们的社会行为具有很强的约束作用。礼仪一经制定和推行,久而久之,便形成为社会的习俗和社会行为规范。任何一个生活在某种礼仪习俗和规范环境中的人,都自觉或不自觉地受到该礼仪的约束。礼仪约束着人们的态度和动机,规范着人们的行为方式,协调着人与人之间的关系,维护着社会的正常秩序,在社会交往中发挥着巨大的作用。

(三) 教化的作用

礼仪以一种道德习俗的方式对全社会的每一个人发挥维护社会正常秩序的教育作用。人们通过对礼仪的学习和应用,建立新型的人际关系,从而在交往中严于律己、宽以待人、互尊互敬、互谦互让、讲文明、懂礼貌、和睦相处,形成良好的社会风尚。这种教化作用,主要表现在两个方面:一方面是礼仪的尊重和约束作用。礼仪作为一种道德习俗,它对全社会的每个人,都在施行教化。另一方面,礼仪的形成、礼仪的完备和凝固,会成为一定社会传统文化的重要组成部分,它以"传统"的力量不断地由老一辈传继给新一代,世代相传。

(四) 调节的作用

一方面,礼仪作为一种规范、程序,作为一种文化传统,对人们之间相互关系模式起着规范、约束和及时调整的作用。在现代生活中,人们的相互关系错综复杂,有时会突然发生冲突,甚至会采取极端行为。礼仪有利于促使冲突各方保持冷静,缓解已经激化的矛盾,使人际之间的感情得以沟通,建立相互尊重、彼此信任、友好合作的关系,进而有利于各项事业的发展。另一方面,某些礼仪形式、礼仪活动可以化解矛盾、建立新关系模式。

第二节　公共关系礼仪

一、公共关系礼仪的特征

公共关系礼仪是指在个人或组织为促进彼此间的相互了解和相互合作的公共关系活动中,在塑造个人和组织的良好形象上应当遵循的礼节和仪式。

公共关系礼仪的特征主要表现在:

(一) 公共关系礼仪以学识为基础

在公共关系活动中要想表现到位的礼仪举止、仪态,首先就应该了解人际交往中在衣、食、住、行、言等方面的礼仪,不仅要了解本地的、本国的礼仪知识,还要学习了解不同国家和地区的礼仪风俗,这样才可能在公共关系活动中时时处处做到彬彬有礼,展示优雅的个人魅力,并能在人际交往中左右逢源,得心应手。

(二) 公共关系礼仪以长远为方针

一方面,讲求礼仪的目的就是为了谋求长期的和谐发展关系,这是人们礼仪活动的主观目的;另一方面,讲求礼仪满足了人们对尊重、受重视需要的满足,一个尊重他人、礼貌待客的人必然会在对方心里留下美好的印象,让人久久回味,难忘于心。这就是说,讲求礼仪会促进形成个人与个人之间、个人与组织之间、组织与组织之间良好的长期发展合作关系,这是讲求礼仪的客观效果。

(三) 公共关系礼仪以美誉为目标

从大的方面来说,公共关系礼仪是人类社会文明和进步的表现,代表了一个国家、民族或地区的文明发展程度;从小的方面说,礼仪代表了一个组织或个人的良好形象和风度修养,有助于组织或个人美誉度的提高。

(四) 公共关系礼仪以自觉为桥梁

礼仪知识和规范有很多,但最终都需要通过人的活动把它表现出来。如果一个人只是学习了很多礼仪知识,却并不在实践活动中身体力行,这些知识对他来说就没有任何的意义。讲究礼仪应该是一个发自内心的主动的过程,只有真诚的礼貌和礼节才能够打动他人。

(五) 公共关系礼仪以灵活为原则

公共关系活动中的礼仪一定应结合不同的场合和环境下,在不同的场合和环境下,面对不同的公关对象,应注意运用相应的礼仪方式,这就表现为公共关系礼仪的灵活性。比如,同样是说话,打电话有打电话的礼仪,面谈有面谈的礼仪;再比如,同样是晚间聚会,同学间的聚会和商务谈判的聚会就有不一样的礼仪要求。

(六) 公共关系礼仪以真诚为信条

任何礼仪都以尊重、对等为原则,所以讲礼应是真诚的,决不能与虚伪拉扯在一起。"著诚去伪,礼之经也",真诚才是礼仪的真谛。

二、公共关系礼仪原则

在公共关系活动中,公关人员应遵循的基本礼仪原则是:

(一)自尊自爱,自我约束

自尊,就是要自我尊重。一个人只有自己尊重自己,才能得到别人的尊重。待人接物,不卑不亢,既热情又稳重;为人处事,不随波逐流、人云亦云;碰到挫折,不自暴自弃,遇事顺利,不忘乎所以。自爱,就是要接纳自己,包括自己的优点和缺点。接纳优点,是为了增添自信进一步发展自己。接纳缺点,是为了使自己有自知之明,能够扬长避短,完善自己。自我约束,就是一个人在应当努力的时候要学会坚持,在应当制止的时候要学会放弃,不任性苛求,不固执己见。

(二)遵守规范,礼貌待人

当我们用礼貌的态度对待他人时,对他人本身就是一种提示和示范,也同样会得到他人礼貌的回报。礼貌待人,就是要讲究礼貌,真诚待人。工作交往中要态度诚恳、语言亲切,避免冷漠和不耐烦的态度出现。只有尊重他人,才能赢得相互间的尊重。遵守规范,就是要凡事讲究适度。外出联系工作时,要注意个人形象和言谈举止,遵守公司有关涉外业务的规范;按公关礼仪规范去办事,协调好与各类公众的关系,使自律与他律统一。

(三)诚实守信,和谐相处

社际交往,贵在和谐,直爽无隐,赤诚相见,有责任感,守时间、讲信誉;说到做到,"言必信,行必果"。当个人的利益与群体的利益、局部的利益与全局的利益、暂时的利益与长远的利益发生冲突时,应以群体利益、全局利益、长远利益为重,顾全大局,和谐相处。这也是公关真谛之所在。

(四)学习礼仪,贵在实践

礼仪是一种行为准则,其中诸如礼貌、礼节、仪式等都有许多具体规范和约定俗成的做法,需要我们了解掌握,更有许多技巧技能需要我们从实践和训练中获得。

三、公共关系礼仪的重要作用

(一)公共关系礼仪是公共关系人员进入社交场所的通行证

礼仪在一定程度上反映着一个人的道德修养和文明程度。公共关系人员要在各种不同的社交场合接触各类不同的公众,他们除了应具备良好的身心素质、深厚的文化修养、多样的活动技能外,还要懂得与掌握礼仪常识,并能将其娴熟地运用到实际的公共关系活动中。以礼仪作为约束自己行动的外在标准,就能顺利地进入各种社交场所,并赢得公众的欢迎和尊重。

(二)公共关系礼仪是组织与公众之间的润滑剂

礼仪对于交际就像服装对于人体的美化,能在组织与公众之间架起友谊的桥梁,而公共关系人员是架设组织与公众之间桥梁的建筑大师。讲究礼仪,不但有助于组织与公众之间进行良好的沟通,而且有利于协调组织与公众之间的关系,巧妙、艺术地处理各种复杂的关系,减少交往中的冲突,避免摩擦,扫除彼此间的障碍,为组织创造一种宽松融洽的社会气氛。

(三) 公共关系礼仪是塑造组织形象的基础

从公共关系的角度来说,礼仪是一个组织形象的表现,是组织与公众沟通的纽带和团结合作的基本准则。讲究礼仪有助于树立组织良好形象并促进组织发展。影响组织形象的因素很多,其中,公共关系人员遵守社交礼仪,是塑造组织形象的基础。每个社会组织的公共关系人员往往代表组织同公众进行交往,因而在公共关系活动中,公关人员的服饰、仪表、言谈举止,不仅体现他个人的修养、风度与自身形象,更重要的是体现着组织的整体形象。

(四) 公共关系礼仪是保障良好社会秩序的推进器

良好的社会秩序与经济政治的稳定和道德规范、法律规范紧密联系。利益规范是道德规范的一部分,而且是显性部分。《礼记》写到:"为政以礼。"我国古代杰出的唯物论思想家荀子说:"礼之于正国家,如权衡之与轻重也,如绳墨之于曲直也。故人无礼不生,事无礼不成,国家无礼不宁。"如果一个人无视老少长幼,漠视父母师长,缺少国家观念,置政府法令、国家法律于不顾,他能很好地生存吗? 这样的人多了,国家能安宁吗? 礼仪意识和礼仪行为可以保证大家遵纪守法,履行法规条令,维护良好的社会秩序。假如应有的规范失灵,应有的约束乱了套,社会秩序就令人堪忧。

四、公共关系礼仪的类型

礼仪的类型丰富多彩。

(1) 从区域范围可区分为国内礼仪和涉外礼仪两大种,着重于礼仪服务的对象的内外区别。前者指本国范围内通行的一些礼仪规范和区域特征;后者指参与外事活动应遵循的礼仪规范。

(2) 从主体应酬的工作对象分:可分为内务礼仪、公务礼仪、商务礼仪、个人社交礼仪。

内务礼仪:在家庭中,亲朋好友之间应酬交往时应遵循的礼仪规范,包括家人间的问候、祝贺、庆贺、赠礼、宴请等。

公务礼仪:指公务活动中,应遵循的礼仪规范,包括公务行文礼仪、公务迎来送往的礼仪、公务会见会谈的礼仪、公务宴请招待的礼仪。

商务礼仪:在商务部门工作应酬中应遵循的礼仪规范,如商务接待、商务谈判、商务庆典等礼仪。

个人礼仪:个人参加社交活动时应遵循的礼仪规范,包括一些基本的礼节,如握手、介绍、交谈、馈赠等。

(3) 从一般情况看,礼仪可分为三大类型:一是人生礼仪,关于生、寿、婚、丧的礼仪;二是宗教礼仪,包括信仰礼仪,敬鬼神、信宗教的祭祀活动等;三是交际礼仪,即人与人之间、个人与社会组织之间的交际礼仪,或称公共关系活动的礼仪。

(4) 从表现形式、借助手段看,一是以有声语言及其副语言(表情、体态等)表现的礼仪,有声语言类礼仪又可分为语音类、口语类和书面类三种礼仪形式。语音类礼仪是通过不同的语音来表示礼仪的意思,即通过声音的高低、音色、语速、声调等来暗示不同的意义;口头类礼仪通过口头语言的方式表达的各种礼仪,即以谈话的方式表示礼节;书面类礼仪是通过书面语的方式表达的礼仪,用于非面对面人际交往时所运用的,通过感谢信、贺电、函电、唁电、请柬、祝辞等书信形式来传情达意;身体语言类礼仪分为表情语言和动作语言;表情语言类礼仪通过人的脸部各种各样的表情来传递的礼仪。二是以动作及其物化(礼仪标志和物品)表现的礼仪,动作语言类礼仪通过人的各种身体的动作传达礼仪;人的身体动作非常多,有手语、肩语、腿语、腰语、足语等。其中手语是语义中最丰富的动作语言,如用大拇指表示赞扬、了不起;伸出小拇指表示鄙视;在人背后指点表示不礼貌;拇指朝上表示好,朝下表示坏;向上同时伸出中指和食指成"V"字,表示胜利;用拇指和食指圈成"O"形表示 OK。

(5) 从社会应用范围看,礼仪可分为六种:一是人生世俗礼仪(含生、寿、婚、丧礼仪和家庭礼仪);二是行业部门礼仪(含各行业、军队部门、外事、机关团体、学校的礼仪);三是公关常规礼仪;四是公关实务礼仪(主要包括组织内部工作礼仪,如会议、汇报等礼仪;接待礼仪,包括见面形象礼仪、介绍交谈礼仪;礼宾礼仪,访问客户礼仪);五是公众典礼礼仪(如升旗、重大会议开幕闭幕等);六是宗教礼仪。

(6) 从物质媒介看,可分为 18 种,具体包括见面问候礼仪,交谈礼仪,访送礼仪,宴请礼仪,购物售物礼仪,观摩观光礼仪,饮食礼仪,馈赠礼仪,舞会、沙龙礼仪,典礼礼仪,贺吊礼仪,比赛、次序、界域礼仪,函电礼仪,文书礼仪,服饰礼仪,恋爱婚姻礼仪,宗教礼仪等。

第三节　涉外礼仪

礼仪是一门综合性较强的行为科学,由于地区和历史的原因,各地区、各民族对于礼仪的认识各有差异。在长期的国际往来中,逐步形成了外事礼仪规范,也叫涉外礼仪。涉外礼仪就是人们参与国际交往所要遵守的惯例,是约定俗成的做法。它强调交往中的规范性、对象性、技巧性。随着我国改革开放脚步的加快,人们在生活和工作中外事交往增多。了解涉外礼仪的内容和要求,掌握与外国人交往的原则和要点则显得尤为重要。

一、涉外礼仪的作用

礼仪在涉外交往中具有重要作用。

(1) 它可以沟通人们之间的感情,感受人格的尊严,增强人们的尊严感;

(2) 它有助于发展我国人民同世界各国、各地区人民的友谊。在涉外交往中,遵守国际惯例和一定的礼节,有利于我国的对外开放,有利于展现中国礼仪之邦的风貌;

(3) 健康、必要的礼仪可以赢得人们的尊敬和爱戴,广交世界各国的朋友,避免隔阂和怨恨。

　　　周恩来总理特别注意外交礼仪,在世界范围内有着极高的声誉和很多的外国朋友。有一次,在机场送外宾登机,总理站在飞机下面跟外宾挥手告别。正在这时,风雨大作,而总理坚持不走,迎着风雨站着,直到飞机滑向跑道才离开。

　　　周总理也一贯重视礼宾工作,他认为交际礼仪的基本要求就是彬彬有礼、不卑不亢。周总理每一次和外宾握手都是目光炯炯,注视着对方。据说,周总理和一个外宾握过手后,过了几年再次见面握手,总理还知道他是谁。

二、涉外礼仪的基本原则

(一) 不卑不亢原则

这是涉外礼仪的一项基本原则,每一个人都必须意识到,自己在外国人眼里是代表着国家,代表着民族,代表着所在的单位。因此,其言行应当从容得体,堂堂正正,既不应畏惧自卑,要以自尊、自重、自爱和自信为基础,表现得坦诚乐观,豁达开朗,从容不迫,落落大方;也不应高傲自大,盛气凌人,孤芳自赏,目空一切。

(二) 求同存异原则

世界各国的礼仪与习俗都存在着一定程度的差异性,重要的是要了解这种差异,要遵守"求同存异"原则。"求同"就是要遵守礼仪的"共性";"存异"则是不可忽略礼仪的"个性"。比如,世界各国人们往往用不同的见面礼节,其中较常见的有日本人的鞠躬礼,韩国人的跪拜礼,泰国人的合十礼,中国人的拱手礼,阿拉伯人的按胸礼,欧美人的吻面礼、吻手礼和拥抱礼等。他们各有讲究,都属于礼仪的"个性"。与此同时,握手作为见面礼节,则可以说是通行于世界各国,与任何国家的人士打交道,以握手这一"共性"礼仪作为见面礼节都是适用的。

(三) 入乡随俗原则

它的含意主要是在前往其他国家或地区工作、学习、参观、访问、旅游的时候,要对当地所特有的风俗习惯,加以认真地了解和尊重。古人早就要求人们要"入境问禁,入乡问俗,入门问讳"。其意就是要充分了解交往对象的相关习俗。比如,准备前往德国参观访问,就应当事前了解德国人在衣食住行、言谈举止、待人接物等方面所特有的讲究与禁忌。这样,在与德国人交往中就会胸有成竹、表现自如。至少也不大容易惹麻烦,或者出洋相。

(四) 信守约定原则

这是指在一切国际交往中,必须认真遵守自己的承诺,说话要算数,许诺要兑现,约会要如期而至。一般而言,须在下列三个方面身体力行:① 在人际交往中,许诺必须谨慎——无论是答应对方要求,还是自己主动提出建议,一定要深思熟虑,量力而行,切勿草率从事。② 对于已经做出的约定,务必认真遵守。承诺一经做出,必须兑现,唯有如此,才会赢得对方的信任。③ 不能守约,要主动说明原委。万一由于难以抗拒的因素使自己失约,应尽早向对方通报,如实说明原委,并要向对方致以歉意,必要时应主动承担给对方造成的物质损失。千万不能得过且过,一味推诿,或避而不谈。

(五) 热情适度原则

在与外国人打交道时,不仅要热情友好而且要把握好具体分寸,否则会事与愿违。

(1) 不宜对外国友人表现得过于关心。

(2) 在涉外交往中,人与人之间的正常距离应保持在社交距离或礼仪距离范围内。

社交距离——在大于 0.5 米、小于 1.5 米之内,它适用于一般性的交际应酬,故亦称"常规距离"。

礼仪距离——在大于 1.5 米、小于 3 米之内,它适用会议、庆典及接见等场合,意在向交往对象表示敬意,所以又称"敬人距离"。

（3）举止有度。在与外国人相处之际，不要随便采用某些显示热情的动作，比如拍拍肩膀，同性在街上牵手而行；不要采取不文明、不礼貌的动作，比如强行劝酒、猛吃猛喝、用中国话开玩笑等。

（六）谦虚适当原则

中国人大都自谦、自贬，很少自我肯定。在对外交往中，要敢于肯定自己，切勿随便否定自己。

遇到外国人赞扬自己的相貌、衣饰、手艺时，一定要落落大方道上一声"谢谢"。这样既表现了自信，也是为了接纳对方的夸奖。

当外国人称道自己的工作、技术或服务时，同样要大大方方予以认可。在涉外交往中需作自我介绍时，或推荐自己的工作、学习、服务、产品、技术和特长时，要敢于实话实说，不敢肯定自己，往往会坐失良机。

当自己设宴款待外国友人时，应当有意识地说"这是本地最有特色的菜"，这是这家菜馆烧得"最拿手的菜"等等，只有如此，才会令对方感到备受重视。

当向外国人赠送礼品时，不要说什么"这件礼品不像样子""实在拿不出手"等等。这些过谦的说法，无疑会大大降低礼品的分量。

（七）尊重隐私原则

在国际交往中，普遍讲究尊重个人隐私。涉外交往五不问：第一不问收入，第二不问年纪大小，第三不问婚姻家庭，第四不问健康状态，第五不问个人经历。

（八）爱护环境原则

在日常生活里，每个人都有义务对人类赖以生存的环境自觉地加以爱惜和保护。因此，爱护环境已被视为有没有教养、讲不讲社会公德的重要标志，应注意：不毁损自然环境；不损坏公物；不乱堆乱挂私人物品；不乱扔乱丢废弃物品；不随地吐痰；不到处吸烟；不任意制造噪声等。

（九）女士优先原则

女士优先的含意是在一切社交场合，每一名成年男子都有义务主动且自觉地以自己的行动去尊重妇女、照顾妇女、关心妇女、保护妇女，并想方设法为妇女排忧解难。倘若因男士的不慎而使妇女陷于尴尬、困难的处境便意味着男士的失职。

三、涉外礼仪要点

（一）着装礼仪

国际社交场合，服装大致分为礼服和便装。正式的、隆重的、严肃的场合穿深色礼服（燕尾服或西装），一般场合则可着便装。目前，除个别国家在某些场合另有规定（如典礼活动，禁止妇女穿长裤或超短裙）外，穿着趋于简化。

我国服装无礼服、便服的严格划分。一般地讲，在正式场合，男同志着上下同质同色的中山装，或着上下同质同色的深色西服并系领带，配穿同服装颜色相宜的皮鞋；非正式场合（如参观、游览等），可穿各式便装、民族服装、两用衫，配颜色相宜的皮鞋或布质鞋。

在涉外交往中，着装应注意下列事项：任何服装都应做到清洁、整齐、挺直。上衣应熨平整,下装熨出裤线。衣领、袖口要干净,皮鞋应上油擦亮。穿中山装要扣好领扣、领钩、裤扣。穿长袖衬衣要将前后摆塞在裤内,袖口不要卷起,长裤裤筒也不允许卷起。两扣西装上衣若系扣子,可系上边一个,若是一扣或多扣西装上衣,均应扣全。男同志在任何情况下均不应穿短裤参加涉外活动。女同志夏天可光脚穿凉鞋,穿袜子时,袜口不要露在衣、裙之外。

参加各种涉外活动时,进入室内场所均应摘去帽子和手套,脱掉大衣、风雨衣等送入存衣处。西方妇女的纱手套、纱面罩、帽子、披肩、短外套等,作为服装的一部分允许在室内穿戴。在室内外,一般不要戴黑色眼镜。有眼疾须戴有色眼镜时,应向客人或主人说明,并在握手、交谈时将眼镜摘下,离别时再戴上。在家中或旅馆房间内接待临时来访的外国客人时,如来不及更衣,应请客人稍坐,立即换上服装、穿上鞋袜,不得赤脚或只穿内衣、睡衣、短裤、拖鞋接待客人。

(二)见面礼仪

在交际场合中,一般是在相互介绍和会面时握手;遇见朋友先打招呼,然后相互握手,寒暄致意;关系亲切的则边握手边问候,甚至两人双手长时间握在一起;在一般情况下,握一下即可,不必用力。但年轻者对年长者、身份低者对身份高者时应稍稍欠身,双手握住对方的手,以示尊敬。男子与妇女握手时,应只轻轻握一下妇女的手指部分。

握手也有先后顺序,应由主人、年长者、身份高者、妇女先伸手,客人、年轻者、身份低者见面先问候,待对方伸出手后再握。多人同时握手,切忌交叉进行,应等别人握手完毕后再伸手。男子在握手前应先脱下手套,摘下帽子。握手时应双目注视对方,微笑致意。

此外,有些国家还有一些传统的见面礼节,如在东南亚信仰佛教的国家见面时双手合十致意;日本人行鞠躬礼;我国传统的拱手行礼。这些礼节在一些场合也可使用。公共场合远距离遇到相识的人,一般举起右手打招呼并点头致意,也可脱帽致意。与相识者在同一场合多次见面,只点头致意即可;对一面之交的朋友或不相识者,在社交场合均可点头或微笑致意。

(三)交谈礼仪

涉外交往中,在与外方谈话时表情要自然,语言和气亲切,表达得体。谈话时可适当做些手势,但动作不要过大,更不要手舞足蹈,用手指点人。谈话时的距离要适中,太远太近均不适合,不要拖拖拉拉、拍拍打打。

参加别人谈话要先打招呼,别人在个别谈话时,不要凑前旁听;有事需与某人谈话,可待别人谈完;有人主动与自己说话,应乐于交谈;发现有人欲与自己谈话,可主动询问;第三者参与谈话,应以握手、点头或微笑表示欢迎;若谈话中有急事需离开,应向对方打招呼,表示歉意。谈话时若超过三人,应不时与在场所有人攀谈几句,不要同个别人只谈双方知道的事情,而冷落其他人。如果所谈的问题不便让其他人知道,可另约机会。

在交际场合,自己讲话要给别人发表意见的机会,另一方面,在别人讲话时,也应适时发表个人的看法。对于对方谈到的不便谈论的问题,不应轻易表态,可转移话题。要善于聆听对方的讲话,不要轻易打断,不提与谈话内容无关的问题。在相互交谈时,应目光注视对方,以示专心。别人讲话不要左顾右盼、心不在焉,或注视别处、老看手表等做出不耐烦的样子,或做伸懒腰、玩东西等漫不经心的动作。

谈话中要使用礼貌语言,如"你好""请""对不起""打扰了""再见"等。见面时一般先问好,如"身体好吗?""最近如何?""一切顺利吗?"对新结识的人常问"你是第一次到中国(或本地)吗?""来中国多久了?""你喜欢我们的城市吗?"分别时讲"很高兴与你结识,希望今后再见面。"

"晚安,请代向朋友(夫人、丈夫等)致意。""请代问全家好"等。社交场合的谈话话题,还可涉及天气、新闻、工作业务等方面,但一定要注意内外有别,保守国家秘密。

(四) 结识朋友礼仪

在交际场合结识朋友,可由第三者介绍,也可自我介绍。为他人介绍,要先了解双方是否有结识的愿望,不要贸然行事。无论自我介绍或为他人介绍,都要做到自然。例如,正在交谈的人中,有你所熟知的,便可上前打招呼,这位熟人便将你介绍给其他客人。自我介绍时,要主动讲清自己的姓名、身份、单位(国家),对方则会随后自我介绍。为他人介绍时还应说明与自己的关系,以便于新结识的人相互了解与信任。介绍其他人时,要有礼貌地以手示意,而不要用手指指点别人。介绍也有先后之别。应先将身份低的、年纪轻的介绍给身份高的、年纪大的,把男子介绍给妇女。介绍时,除妇女和年纪长者外,一般应起立。但在宴会桌上、会谈桌上可不必起立,被介绍者只要微笑点头有所表示即可。交换名片也是相互介绍的一种形式。在送给别人名片时,应双手递出,面露微笑,眼睛看着对方,在接受对方名片时,也应双手接回,还应轻声将对方的姓名等读出,然后郑重地收存好。

(五) 宴请及参加宴请礼仪

外事宴请是一项重要的礼宾活动。按规定,我国国宴是四菜一汤。任意摆阔、铺张浪费有悖于勤俭办外事的原则,对外会产生不良影响。一般根据外事接待的礼遇和规格,确定宴会的标准;根据外宾的习俗和口味准备菜肴。正式宴请,特别是晚宴,可以丰盛一些;午餐,根据西方习惯可吃得简单一些;早餐,不少外宾还是喜欢西式。确定菜单,首要的是安全卫生、美味可口、富有中国特色,同时还要注意外方的饮食禁忌。

参加宴请时应适当掌握出席宴请的时间。根据活动的性质和当地的习惯掌握时间,迟到、早退、逗留时间过短则被视为失礼或有意冷落。身份高者可略晚到达;普通客人宜略为早些到达,待主宾退席后再陆续告辞。出席宴会,根据各地习惯,正点或晚一两分钟抵达;在我国则正点或提前两三分钟或按主人的要求到达。出席酒会,可按请柬上注明的时间到达。确实有事需提前退席,向主人说明后悄悄离去;也可事前打招呼,届时离席。

举止端庄、吃相文雅。嘴内有食物时,闭口咀嚼勿说话;喝汤忌啜,吃东西不发出声音;剔牙时,用手或餐巾遮口;嘴内的鱼刺、骨头不可直接外吐,用餐巾掩嘴取出,或轻轻吐在叉上,放在菜盘内;吃剩的菜,用过的餐具、牙签,都应放在盘内,勿放在桌面上。忌喝酒过量、失言失态。中外饮酒习俗有差异,对外宾可以敬酒,不宜劝酒,尤其是不能劝女宾干杯。

(六) 步行的礼仪

在涉外场合,涉外人员要遵守步行的礼仪,它涉及到了行走之时的各个环节。重点说来,涉外人员特别应当关注步行时的仪态。人们常言:"站有站相,坐有坐相。"在行走之时,每个人亦应注意自己的仪态与风度。一个人在行走时要做到仪态优雅,风度不凡,重要的是要做到稳健、自如、轻盈、敏捷。要保持的基本姿态是:脊背与腰部要伸展放松,脚跟要首先着地。具体而言,要做到正确而优美地行走,就应当注意下列几个步骤:其一,走动时应当是上体前驱,以腰动带动腿动与脚动。其二,行进时应当将腿伸直,而要做到这一点,就要使膝盖伸直。其三,行走时应当上身挺直,并且始终目视自己的正前方。其四,走路时应当将注意力集中于后脚,并且使脚跟首先触地。其五,步行时应当保持一定的、相对稳定的节奏,不论是步幅、步速还是双臂摆动的幅度,均须注意此点。其六,前进中应当保持一定的方向。从理论上讲,行走的最佳轨迹,应当是双脚后跟落地之后恰如一条直线。

第四节　求职与应聘礼仪

当前人才的流动越来越频繁、求职竞争的压力也越来越大,如何顺利地找到一份称心如意的工作,可以说是求职者最需要解决的问题。求职者除了要具备良好的专业素养外,掌握一些礼仪惯例和技巧是非常必要的,有时这些礼仪形式甚至会起到举足轻重的作用。毫无疑问的是,用人单位除了看你是否具备相当的专业知识和潜力外,还要看你在别人面前的言行举止如何,也就是你是否有修养。只有这样,才是积极、团队、开拓型现代企业所需要的人才。如果你是一个谦恭有礼、非常注意礼仪准则的人,就会给人留下积极而美好的印象;否则,应聘落选的可能性会更大。

一、求职礼仪的特征

(一)求职礼仪应讲求秩序,礼貌得体

公共礼仪来自人的需要。凡是人,都有友爱、合作的需要,以及对尊重、名望、创造等的需要。这样求职礼仪就有了基本的特征,即讲求秩序、尊重他人、礼貌得体、友善合作。这种态度一是对招聘管理人员的礼貌、尊重,二是其他求职者的友善与合作。

(二)求职礼仪应该展示求的心态

求职者不管自己条件多么好,人才市场的就业形式对自己多么有利,都不能摆出一种舍我其谁的架势,应争取给招聘者留下良好的印象,表现出一种渴望自己被用人单位录用的迫切心情,在心理上保持一种恭敬、平易、愿与人合作的状态。

(三)求职面试前要做好充分的准备

求职面试前要做好充分的准备,物质的、心理的、信息方面的等,尤其是应做好专业方面的准备,充分了解应聘单位的大致情况,这样在招聘人员面前就有更大的展示自己学识、能力的空间,你会表现得更自信,胜出的可能性也最大。

二、求职面试前的准备及礼仪

(一)求职信的用词礼仪

1. 称呼要准确,要有礼貌

一般来说,收信人应该是单位里有权力录用你的人。要特别注意这个人的姓名和职务,书写要准确,万万马虎不得。因为他们第一眼从信件中接触到的就是称呼。最初的印象如何,对于这份求职信件的最终效果有着直接影响,所以要慎重。因为求职信往往是首次交往,未必对用人单位有关人员的姓名熟悉,所以在求职信件中可以直接称职务头衔等。

称呼之后一般还要加提称语,即用来提高称谓的词语,如对尊长用"尊鉴"、"赐鉴"、"钧鉴"、"崇鉴";对平辈用"台鉴"、"大鉴"、"惠鉴";对女士用"芳鉴"、"淑鉴"、"懿鉴"(对年高者)等。

2. 问候要真诚

称呼之后的应酬语(承启语)起开场白的作用。信的开头要有问候语。向对方问候一声,是必不可少的礼仪。问候语可长可短,即使短到"您好"两字,也体现出写信人的一片真诚。问候以简洁、自然为宜。

3. 内容要清楚、准确

正文是书信的主体,即写信人要说的事。正文从信笺的第二行开始写,前面空两格。书信的内容尽管各不相同,写法也多种多样,但都要内容清楚、文辞通畅、字迹工整,另外还要谦恭有礼,即根据收信人的特点及写信人和收信人的特定关系进行措词。

4. 祝颂要热诚

正文后的问候祝颂语虽然只有几个字,但却表示写信人对受信人的祝愿、钦敬,不能忽视。祝颂语有格式上的规范要求,一般分两行写,上一行前空两格,下一行顶格。祝颂语可以套用约定俗成的句式,如"此致""敬礼""祝您健康"之类,也可以另辟蹊径,即景生情,以更能表示出对收信人的良好祝愿。如对尊长,可以写"敬请福安""敬请金安""敬请大安""恭请平安";给平辈的信,可以用"顺颂时祺",春天可以写"敬颂春安",过年的时候可以写"即请年安"、"此请岁安";按对方职业可选用不同的祝颂语,对学术界可以用"敬请学安""教安""编安""撰安";对政界可以用"恭请钧安""勋安";对企业界可选用"敬请筹安""筹绥""商安""财祺"等。

最后,要署上写信人的名字和写信日期,为示礼貌,在名字之前加上相应的"弟子""受业";给用人单位领导写信,可写"求职者"或"您未来的部下"。名字之下,还要选用适当的敬辞。对尊长,在署名后应加"叩上""拜上""敬启"等;对平辈在署名后加"敬启""谨启""拜启"等。

(二)面试前的心理准备

面试是事关前途命运的大事,很多求职者都不由自主地感到紧张、不安。这是很正常的现象,解决的最好办法是面试前做好心理准备,用积极的心态来消除负面心理的影响,满怀信心地在面试中一展自己的风采。

从心理上,求职者应给自己这样的暗示:

一是不必苛求完美。面试时不妄自菲薄,多想想自己的优点和长处,也不必恐惧暴露自己的缺点,因为世上根本就没有完人。

二是坚信自信是成功的一半。面试还没有开始,很多人的信心大厦就已经垮了,成功还何从谈起?所以,面试前给自己足够的信心非常关键。

三是尽力做到不卑不亢。自高自大令人讨厌;自轻自贱让人可怜。面试中,最好不要让主考官意识到你在有意讨好他,没有人愿意录用一个可怜的人。

四是充分认识适度的焦虑是很正常的。人在大部分情况下都有焦虑,只是表现得轻重不同而已。面试的时候要学会接纳自己正常的焦虑,以平常心去面对自己正常的焦虑,能带着自己正常的焦虑去坦然面试——这才是应对焦虑的最有效的方法。

(三)面试的仪表准备

1. 着装的整体要求

着装必须整洁。不整洁的打扮会让人对你的印象大打折扣。整洁并不要求过分的花费,但衣服一定要干净、平整。

其次是应当简朴大方。面试应尽可能抛弃各种装饰。如果工作的专业性强或职务较高,在色彩上也应慎重,太夺目的色彩和太花哨的纹样表明你不够郑重,会导致面试人对你专业水平的怀疑。

避免大胆的装束。男士切勿穿短裤、凉鞋、运动鞋,女性切忌浓妆艳抹、迷你裙、无袖上衣、高跟拖鞋。即使是炎热的夏天,也不要穿得太露太透,不要选择闪光的涂层面料,也要避免戴叮当作响的指环和手镯。别穿运动鞋和露趾凉鞋。

可以穿比面试的工作略高一个档次的着装,表明你的能力比主考官希望的更好。选购一套剪裁合体、做工精良的套装是一笔值得的开支,但是别过分提高自己的衣着档次。力求使自己的服装色彩、风格与应聘的职位相和谐、融洽。

2. 男性求职者着装

一般来说,男性求职者穿西装是最显正规和最被认可的着装。要想使自己所穿着的西装真正称心合意,就必须在西装的选择、穿法、搭配等方面严守相关的礼仪规范。

男生正规场合穿西装要遵守两个原则,第一是三色原则,就是全身颜色不能多于三种:一般西装是深色的,皮鞋和袜子是黑色的,衬衫是白色的,领带的颜色和服装一个颜色最佳。第二是三一定律,重要场合穿西装套装外出的时候,鞋子、腰带、公文包是一个颜色,而且首选黑色。

西装的穿着,要注意以下几步:

一是拆除商标。穿西装前,不要忘记把上衣左袖口处的商标或质地的标志一起拆掉。

二是熨烫平整。穿西装除了要定期对西装进行干洗,还要在每次穿之前,进行熨烫,以免西服又皱又脏。

三是扣好纽扣。不管穿什么衣服都要注意把扣子扣好。而穿西装时上衣纽扣的系法讲究最多。在大庭广众前起身站立后,上衣的纽扣应当系上。就座后,上衣的纽扣可以解开,以防"扭曲"走样。如果穿的是单排扣上衣,里面穿了背心或羊毛衫,站立的时候可以不系纽扣。

通常,系西装上衣的纽扣时,单排两粒纽扣的,只系上边那粒。单排三粒纽扣的可以只系中间的或是上中两粒扣子。但双排扣西装要求把所有能系的纽扣统统系上。

另外,西装上衣下面这两个口袋是不能放东西的,聪明的人这个西装买来之后那个口袋的线都不要拆开。

3. 女性求职者着装

在求职这样隆重的场合,对于女性求职者来说,套裙是首选。它是西装套裙的简称,上身为一件女式西装,下身是一条半截式的裙子。有时候,也可以见到三件套的套裙,即女式西装上衣、半截裙外加背心。

一套在正式场合穿的套裙,应该由高档面料缝制,上衣和裙子要采用同一质地、同一色彩的素色面料,手感要好,做工讲究,裙子要以窄裙为主,并且裙长要到膝或者过膝。色彩方面以冷色调为主,应当清新、雅气而凝重。以体现出求职者的典雅、端庄和稳重。在正式场合穿的套裙,可以不带有任何的图案,要讲究朴素而简洁。在套裙中,上衣和裙子的长短没有明确而具体的规定。传统的观点是:裙短不雅,裙长无神。最标准、最理想的裙长,应是裙子的下摆恰好抵达小腿肚子最丰满的地方。

着裙装时应注意"五不准":第一,在正式场合中不能穿黑色皮裙;第二,在正式的面试场合中不能光腿,要穿丝袜;第三,袜子作为腿部时装不能出现残破;第四,避免鞋袜不配套,穿套裙是不能穿便装鞋的,正装凉鞋是前不露脚趾后不露脚跟的;第五,袜子要高过裙子的长度,不能留个腿肚子。宁肯不穿袜子,也不能穿半截的,这个穿法术语叫畸形分割。

套裙最能够体现女性的柔美曲线,这就要求你举止优雅,注意个人的仪态。穿上套裙后,站要站得又稳又正,不可以双腿叉开,站得东倒西歪。就座以后,务必注意姿态,不要双腿分开过大,或是翘起一条腿来,抖动脚尖;更不可以脚尖挑鞋直晃。走路时不能大步地奔跑,而只能小碎步走,步子要轻而稳。

4. 包的选用

男士的包比较简单,一般都是公文包。公文包的面料应该是牛皮、羊皮制品,而且黑色、棕色最正统。如果从色彩搭配的角度来说,公文包的色彩和皮鞋的色彩一致,看上去就显得完美而和谐。除商标外,公文包在外表上不要带有任何图案、文字,包括真皮标志。手提式的长方形公文包是最标准的。

作为女性,可以用手袋,也可以用包,但色彩上不可以和着装反差过大,不要过于鲜艳。如果去申请比较高级的职务或是严谨的企业应聘,还是用包比较合适。

5. 信息准备——了解应聘单位的总体情况

在求职面试时不仅要给主考官他们想要的东西,还应该传达你想让主考官知道的信息。所以,如果能事先对想传达给对方的信息有所准备,面试的时候就容易主动掌握整个局面,传达你想传达的信息,无疑获得工作的机会自然增加。你有三个方面的信息必须传达出来:有能力胜任这项工作、很愿意做这个工作、必定适合贵公司和这份工作。这就要求,你必须对面试的企业的情况有所了解。

你必须研究和这家公司相关的各种资料,比如公司成立背景、创立的年代、总公司所在地、经营业绩、行业地位、经营理念、公司规模、发展趋势、公司产品、产品的市场定位和占有率、主要客户、近几年的成长概况,或是公司负责人和组织成员的名单,甚至包括最近有关新闻媒体对该机构的关注等。只有研究了这些情况,你才会对该企业有更全面的认识,才可以使面试的话题更深入,对方也会了解你的用心,当然也就对你刮目相看了。

三、面试中的礼仪

(一) 面试中的聆听礼仪

在面试过程中,主动的交谈传递出主考官需要的信息,展示出你的能力和风采。而“聆听”也是一种很重要的礼节。不会听,也就无法回答好主考官的问题。好的交谈是建立在“聆听”基础上的。聆听就是要对对方说的话表示出有兴趣。在面试过程中,主考官的每一句话都可以说是非常重要的。你要集中精力认真地去听。要记住说话人讲话的内容重点,并了解说话人的希望所在,而不要仅仅注重说话人的长相和语调。即使说话者谈话确实无聊、乏味,你也要转变自己的想法,认真听对方的谈话或多或少地可以使自己受益。在聆听对方谈话时,要自然地流露出敬意,这才是一个有教养、懂礼仪的人的表现。

一个好的聆听者会做到以下几点:① 记住说话者的名字;② 用目光注视说话者,保持微笑,恰当地频频点头;③ 身体微微倾向说话者,表示对说话者的重视;④ 了解说话者谈话的主要内容;⑤ 适当地做出一些反应,如点头、会意地微笑、提出相关的问题;⑥ 不离开对方所讲的话题,巧妙地通过应答,把对方讲话的内容引向所需的方向和层次。

（二）面试中的说话禁忌

面试的时候，恰当得体的语言能够展示自己知识、智慧、能力和气质，更能增强你的竞争力。而不得体的语言会损害你的形象，削弱你的竞争力，甚至导致求职面试的失败。面试的时候要注意不说那些影响自己成功的忌语。

一忌缺乏自信。最明显的就是问"你们要几个？"对用人单位来讲，招一个是招，招十个也是招。问题不在于招几个，而是你有没有实力和竞争力。"你们要不要女的？"这样询问的女性，首先给自己打了"折扣"。

二忌过于表现。有的求职者为了获取主考官的好感，总喜欢抢着表现自己，比如在谈话时往往喜欢试图控制对方。应该说爱插话的真正目的也许是出自好心，但人们往往非常讨厌这种现象。所以在面试的时候，求职者都必须竭力避免插嘴。只有这样，才能显示出你的沉着和稳重。

三忌急问待遇。"你们的待遇怎么样？""你们管吃住吗？电话费报销吗？"有些求职者一见面就急着问这些问题，不但让对方反感，而且会让对方产生"工作还没干就先提条件，这样的人没法用"等对你不利的想法。谈论报酬待遇关键要看准时机。一般在双方已有初步聘用意向时，再委婉地提出来。

四忌报有熟人。面试中急于套近乎，不顾场合地说"我认识你们单位的某某""我和某某是同学，关系很不错"等。这种话主考官听了会反感。

五忌拿腔拿调。在和主考官交谈的时候，不要用对方难以听懂的方言、行话或专业术语。否则让人觉得你是在有意卖弄或故弄玄虚。忌讳"你晓不晓得""你明白不明白"或"你懂不懂"之类的口头禅。

（三）面试中要避免的小动作

有些小动作实在是难登大雅之堂，在面试这样重要的场合，一定要避免。

当着人挖耳朵、擦眼屎、剔牙缝、擦鼻子、打喷嚏、用力清喉咙都是粗鲁和令人生厌的小动作。应试人在面试时应该努力避免这些令人难堪的小动作。只要你意识到这些小动作会误了自己的大事，想避免这些小毛病是完全可以做到的。你可以将双手交叠在膝上，用拇指指甲抚弄着另一只手的掌心，这样你的双手就会被服帖地管制住。

喷嚏难以抑制住，打过之后你也应该脱口说一声"对不起"。这样，被喷嚏所破坏了的谈话气氛又可以马上恢复过来。

还有一类小动作就是为了掩饰内心的紧张和不适而去抓头皮、弄头发、搔痒痒。克服这类毛病并不难，保持轻松自在的坐势，双手平稳地抱臂，如果带有公文包，用手抱着包或手握手也行。手里抓住了东西，不要嚼口香糖，也不要吸烟。

四、面试结束时的礼仪

面试结束时，不论是否如你所料，被顺利录取，得到梦寐以久的工作机会，或者只是得到一个模棱两可的答复："这样吧，××先生/小姐，我们还要进一步考虑你和其他候选人的情况，如果有进一步的消息，我们会及时通知你的。"我们都不能不注意礼貌相待，用平常心对待用人单位。如果得到这样的答复，我们应该对用人单位的人事主管抽出宝贵时间来与自己见面表示感谢,并且表示期待着有进一步与××先生/小姐面谈的机会。这样既保持了与相关单位主管的良好关系,又表现出自己杰出的人际关系能力。当用人单位最后考虑人选时,能增加自己的分数。

与人事经理最好以握手的方式道别,离开办公室时,应该把刚才坐的椅子扶正到刚进门时的位置,再次致谢后出门。经过前台时,要主动与前台工作人员点头致意或说"谢谢你,再见"之类的话。

面试之后,回到家里,应该仔细记录整个面试经过,每个面试提问,每个细节都要记载在面试记录手册里。面试成功与否不是最重要的,最重要的是从上一次面试中分析各种因素,学到经验,下次面试会表现得更好。

【案例分析】

国别习俗

国内某家专门接待外国游客的旅行社,有一次准备在接待来华的意大利游客时送每人一件小礼品。于是,该旅行社订购制作了一批纯丝手帕,产地杭州,还是名厂名产,每个手帕上绣着花草图案,十分美观大方。手帕装在特制的纸盒内,盒上又有旅行社社徽,显得是很像样的小礼品。中国丝织品闻名于世,料想会受到客人的喜欢。

旅游接待人员带着盒装的纯丝手帕,到机场迎接来自意大利的游客。欢迎词致得热情、得体。在车上他代表旅行社赠送给每位游客两盒包装甚好的手帕,作为礼品。

没想到车上一片哗然,议论纷纷,游客显出很不高兴的样子。特别是一位夫人,大声叫喊,样子极为气愤,还有些伤感。旅游接待人员心慌了,好心好意送人家礼物,不但得不到感谢,还出现这般景象。中国人总以为送礼人不怪,这些外国人为什么"怪"起来了?

分析提示

在意大利和西方一些国家有这样的习俗:亲朋好友相聚一段时间告别时才送手帕,寓意为"擦掉惜别的眼泪"。在本案例中,意大利游客兴冲冲地刚刚踏上盼望已久的中国大地,准备开始愉快的旅行,你就让人家"擦掉离别的眼泪",人家当然不高兴,难免议论纷纷。那位大声叫喊而又气愤的夫人,是因为她所得到的手帕上面还绣着菊花图案。菊花在中国是高雅的花卉,但在意大利则是祭奠亡灵的。人家怎不愤怒呢?本案例告诉我们:旅游接待与交际场合,要了解并尊重外国人的风俗习惯,这样做既对他们表示了尊重,也不失礼节。

【综合案例】

凡客诚品的公关策划案例

凡客诚品是一家根植于互联网的服装电子商务企业,成立以后迅速成为中国B2C商务市场的引领者。凡客诚品作为一个成功的公关策划案例,对我国公关活动与营销模式提供了经验借鉴。

2007 年,凡客诚品在一片质疑声中诞生。2009 年,这家成立仅 27 个月的公司销售额达到 10 亿元人民币。2009 年 12 月 10 日,由德勤会计师事务所评选的 2009 年度高科技、高成长亚太区 500 强在香港出炉,凡客以三年来高达 29 576.86％的惊人增长率名列榜首。三年间凡客诚品实现了 300％的增长,2010 年全年销售突破 20 亿人民币。根据第三方研究数据,2010 年上半年,公司在网络购物领域位居第四位,仅次于京东商城、当当网、卓越亚马逊,为前四名中唯一的自有品牌网购企业。

凡客诚品在 2009 年已经通过了国家级高新技术企业认证,多项软件制作权,所有的应用包括前台、仓储、后台运营环节全部都是自主开发的。凡客诚品带动了国内服装 B2C 产业的发展,有效推动国内服装纺织行业的转型与升级计划。凡客诚品从网购男装起步,2009 年 6 月 25 日正式上线女装产品,此后,品类拓展到男装、女装、鞋、童装、配饰、家居六大产品线,现已超过 3 万种。2010 年,凡客诚品推出的主打单品 29 元 VT、59 元帆布鞋、丝袜等产品,得到网民的追捧。2010 年秋天推出的运动服、卫衣、防寒服以及 99 元起的雪地靴,也得到了广大用户的欢迎。2010 年 11 月 16 日,中科三方发布第五次中国互联网络品牌认知、消费行为及满意度调查报告。报告中数据显示,凡客诚品的用户满意度在所有主流网络购物企业中以 6.09 分(7 分为满分)排名第一,受到了绝大多数用户的肯定。

公关策划背景

1. 针对不同的阶段,传播了以下信息

认知期——使目标受众了解产品基本信息,对凡客产生初步关注;

兴趣激发期——使目标受众了解凡客文化,将消费者对凡客体、明星的兴趣过渡到凡客产品上,并开始思考产品兴趣和利益关注点;

深度沟通诱导期——通过信息全面散播,使目标受众主动接受信息内容,并对凡客产品利益点进行主动搜集。

2. 公关人群定位:爱时尚、快时尚、爱创新、爱花样

作为互联网快时尚品牌,凡客诚品定位于 20～40 岁的消费群体,旨在打造"网上的三里屯 village、网上的西单大悦城"。与优衣库等国际大牌相比,凡客诚品坚持高性价比,平民价格、大众时尚的路线,并以此传达真实、健康、积极、平等的时尚观念,倡导健康的消费观。

3. 公共活动亮点:"凡客体"事件

2010 年 7 月份,凡客诚品官方微博客、官方博客等自媒体,在品牌代言人韩寒《独唱团》创刊号面世之机,开展了演绎"我是凡客"广告语赠送韩寒《独唱团》等活动,使得凡客诚品的线下广告开始线上化,并得到了无数网民的支持与参与。7 月末 8 月初,这则广告开始被网友自发演绎成 2010 年互联网的热点事件——凡客体,豆瓣的线上活动相册几天内参与人数过万。"凡客体"事件被国内外上百家主流报纸、网络、电视台大篇幅报道,凡客诚品在互联网内外的影响力大幅提升。

公关策略:与强势门户网站合作＋开创电商社区

1. 捆绑式地投放在各大门户网站

凡客的广告投放和营销策略一直在不断的创新及调整之中,在不同媒介、不同传播手段中的营销呈现出因时而异的特点。创立之初,凡客放弃与传统媒体的合作,将营销战场

定位在互联网。凡客大规模采取和网络媒体分账的模式——凡客不支付任何广告费用，将广告悬挂在国内大大小小的网站上，通过网络技术追踪订单来源，当发生实际交易时，凡客再按照约定的比例和网站分账。对于新浪等强势门户网站（它们一般不与广告商分账），凡客采取打包合作的方式。在门户的重要位置（例如首页）投放广告，在其他频道则采取分账方式。

2. 名人代言

2010 年 4 月，凡客诚品邀请韩寒、王珞丹为其品牌代言人。随后，凡客诚品开始启动大规模品牌线下"王珞丹'我是凡客'"视频广告片同步发布。本次凡客诚品广告较之前版本，做了一些形式上的调整，比如减少了文案字数，背景做了改变，但是基本与原版清新、简约的风格和品牌调性一致。

3. "凡客达人"——首创电商社区

2011 年 1 月底，凡客诚品旗下的社会化电子商务平台"凡客达人"（http://star.vancl.com/）正式上线。社交媒体化的电子商务在国外也是新生事物，用户可以在平台上以社交网站的方式结交朋友，彼此推荐中意的商品，对商品发表看法。凡客达人在国内也算先行者之一。

公关活动特色分析

1. 微博营销模式＝口碑＋赚钱

顾客可能直接通过好友的分享（share）就进入了购买环节（action），这就是微关系下的营销效率，也说明基于"社会关系"下的营销是更有效精准的。微博营销四大功能中包括了即时营销，如微商店、内容营销、优惠券营销、活动营销等，特别是在高质量的粉丝关系前提下，利用微口碑的传播可以产生明显的销售和品牌传播效应。这样正是微博电商化的方向之一。我们看到，凡客体、蓝精灵体、海底捞体，以及光棍节的温暖体，无不盛极一时。这仅仅是通过微博开展销售的方式之一，内容营销也是微博销售的重要渠道，甚至比微商店、活动营销更有价值。趣玩、京东、走秀、凡客、新蛋等企业已经通过内容营销，品牌与销售实际上是相互转化促进的，良好的品牌可以进一步促进销售，而每一次销售又是一次品牌的推广，所以微口碑也被誉为"曲线销售"。

2. 案例启示——做平台，更是做品牌

凡客诚品仍然在借助它强势的品牌力量不断发展产品与扩充市场平台。它的成功在于将品牌文化顺应互联网时尚消费的潮流，并通过有效的品牌传播在消费者心中树立了美誉度和忠诚度。凡客品牌竞争力是其显著优势，其实凡客平台本身很容易被其他企业复制，唯一不能复制的是其品牌。现代网络各类电子商务风起云涌，B2C 企业应该学习和借鉴凡客的经验，在迎合市场需求的同时注重对品牌的公关传播，在激烈的市场竞争中展现自己的性格与特色。

【本章小结】

本章从礼仪的概念、特征、遵循的原则和发挥的作用入手，分析了公共关系礼仪的特征、作用及应遵循的一般规律性；在不同的公关活动环境中对礼仪的要求也不一样，本章主要介绍了涉外交往活动和求职活动中应遵循的一般礼仪规范。

【思考与练习】

1. 什么是礼仪？讲求礼仪应遵循怎样的原则？

2. 礼仪在公共关系中发挥着怎样的作用？

3. 在涉外礼仪中应注意哪些方面？

4. 观察你周围的人，分析他们哪些言行举止符合礼仪的要求，哪些不符合礼仪的要求。

5. 你有过求职经历吗？有没有在求职前做相应的准备？效果怎样？

第三篇　公共关系理论创新

第十四章　新经济与公共关系创新

【学习目标】
　　1. 了解网络公关的特点和形式,增强网络公关意识
　　2. 了解客户关系管理的内容和方法
　　3. 了解营销公关理论的特征和策略
　　4. 了解绿色公关的内涵和策略、程序和标准

　　现代公共关系自 20 世纪初问世以来就与时俱进,不断发展创新。进入 21 世纪,随着全球经济一体化、信息网络国际化趋势的加强,许多经济发展的新问题、新因素、新动向不断展现出来,从而使国际范围内公共关系最新理论应运而生,如网络公关、客户关系管理、营销公关、绿色公关等。

第一节　网络公共关系

一、网络公关的含义

　　网络公关是社会组织通过网络传播与公众进行双向信息沟通,并借助网络技术来实现塑造组织形象目的的管理活动。

二、网络公关的特点

(一) 公众将更为广泛性和随意性

　　公众想浏览网络信息,只要通过电脑用"拨号上网"或者宽带两种途径就可以进入网络。互联网的传播则不受地域限制,受众遍及全世界。因此,任何一地的网站,世界各地的人都能看到。随着便携式电脑通过无线网卡和手机上网技术的日益完善,移动上网成为时尚,今后上网将更加方便、快捷。

(二) 网络传播的速度更迅捷

　　网络传播的速度是同步的、即时的。网上直播、滚动新闻、电子邮件等的出现,使传播的手段更加迅速。网络传播信息的时效性强,可做到实时传播。如在 2001 年的"9·11"美国遭受恐怖袭击的事件中,当国内的传统新闻媒体尤其是电视媒体受到制约无所作为时,网络媒体几乎在第一时间就开足马力运作。以新浪报道为例,第一架飞机于北京时间 9 月 11 日 20:45 分

撞击纽约世贸大楼,10 分钟后,新浪网就发布了第一条消息。

(三) 公关信息的超大容量和完整性

公众可以通过互联网检索到网络保留的任何时候、任何一方的历史纪录,并可进行下载和编辑。网络的容量几乎是无限的,而且存储成本越来越低,目前几十 G 的硬盘国内仅售 1 000 元左右,但它的容量却相当于一个小型图书馆,由此可以推算,由数字化存储介质如硬盘、光盘等联结成的网络其容量是多么巨大。

(四) 功能的多样化

公众通过网络不仅仅可以了解新闻,还可以进行电子商务,如网上采购、网上金融交易、网上教育、网络短信等,网络正在改变我们工作、生活、娱乐、学习和管理的方式。

(五) 网络公关互动性强,更趋个性化

网络对话、信息群发等技术的应用,使公众之间的相互沟通更为方便,没有了任何隔阂。与传统媒体的单向传输不同,网络的信息传输是双向的,具有互动性。用户不仅可以接收信息,而且可以发出信息,甚至可以要求信息源提供用户需要的信息。每个人的需要是不同的,公众可以根据自己的喜好,去点击不同的网站、不同的页面和不同的内容。但传统媒体信息传输的单向性使得受众很难享受个性化服务。而打开网络,你会有一种亲切的感觉,因为它的每一篇文章都是你所感兴趣的。对媒体而言,信息的利用做到了最大化,对于用户而言,充分享受了个性化服务的乐趣。

(六) 网络传播新形式层出不穷

带声音和动画的 Flash、网上视频和流动媒体广告的出现,给读者以前所未有的感觉。以往 Flash 仅仅用于电子贺卡、一般动态网页制作以及"闪客"们以此表现自我创意和显示技术能力的范围,而现在还将它与新闻,尤其是与重大、突发性时政新闻结合起来。

不同的媒体有不同的特色及功能,网络传播不能完全取代传统媒体传播。真正的公关传播活动,是善用网络媒体与传统媒体结合所产生的惊人效力。公关网络传播与传统媒体传播完全可以互补与合作,以进一步促进网络传播的发展,使更多的潜在消费者了解产品的信息。

三、网络公关的形式

(一) 在互联网上注册独立域名,建立公司主页向公众发布信息

在一些访问率高的热门站点(诸如知名搜索引擎、免费电子邮箱、个人主页、综合资讯娱乐服务网站等)上宣传产品信息与公司形象。如果社会组织本身有主页的还可以在热门站点上做横幅广告及作链接,当然,登录在各大搜索引擎上方便顾客搜求信息是必不可少的。在访客多的 BBS(电子公告板)上发布广告信息,或开设专门的信区研讨解决有关问题,传播新信息等。

(二) 通过电子邮件等形式交流信息

组织通过电子邮件(E-mail)以极低廉的成本、最具色彩的定向网络广告投放,在线或定期向目标公众传播信息,同时,借助消费者发送的电子邮件了解公众反馈的信息。

（三）在网上报纸或杂志上登广告

一些世界著名的报纸和杂志,如美国的《华尔街日报》《商业周刊》,国内的如《人民日报》《文汇报》《中国日报》等,纷纷将触角伸向了互联网,在互联网上建立自己的 Web 主页。更有一些新兴的报纸与杂志,干脆脱离了传统的"纸"媒体,完完全全地成为了一种"网上报纸或杂志",反响非常好,每天访问的人数不断上升。可以预计,随着计算机的普及与网络的发展,网上报纸与杂志将如同今天的报纸与杂志一般,成为人们必不可少的生活伴侣。对于注重公关宣传的公司,在这些网上杂志或报纸上做广告也是一个较好的传播渠道。

（四）通过新闻组传播广告

新闻组也是一种常见的互联网服务,它与公告牌相似。人人都可以订阅它,成为新闻组的一员。成员可以在其上阅读大量的公告,也可以发表自己的公告,或者回复他人的公告。新闻组是一种很好的讨论与分享信息的方式。对于一个公司来说,选择在与本公司产品相关的新闻组上发表自己的公告将是一种非常有效的、传播自己的广告信息的渠道。

四、搞好网络公关要求

网络社会的诞生不仅带来了人们交往和活动的巨大变化,而且以极强的震撼力、冲击力动摇着传统社会的伦理道德基础,使传统的物理空间中的人们的利益需求、思想观念、道德情感甚至价值取向都发生着系统性改变。

（一）明确了网络公关意识的指向

网络公关意识不完全等同于传统指称,它支配着网络消费者的交往和行为,并且是发生在电子空间中的。因而,正是因为这种时空转换,网络公关意识的适用范围和对象便明晰起来,亦即只对网络消费者具有道德约束力。

（二）突出了网络公关意识的规整目标

网络社会与现实社会有着诸多不同。这就使得人们在网络消费过程中形成的关系是一种信息关系。因而,网络公关意识和相关伦理观念的最终形成及运行机制都是围绕着怎样规整人们的这种信息关系而展开的,而人们之间的这种信息关系又是在网络消费过程中结成的。仅就网络消费过程而言,消费者之间的信息关系大致包括:一是消费者之间的信息需求关系;二是消费者之间的信息占有关系;三是消费者之间形成的信息处理关系。网络社会是一种特殊的社会,也可以说其是现实社会的一种独特延伸,这使得网络公关意识颇具特色,具体表现在:一是鲜明的自律性;二是显著的诚信性;三是强烈的公正性;四是明显的多样性。

（三）提高网络消费者的形象意识

必须在公共关系活动中引导公众树立网络消费者互相尊重的观念和行为。公共关系活动中必须注重引导公众树立合法合理的意识,这是网络公关意识和伦理观念建设不可或缺的部分。公共关系活动中必须引导公众树立优化意识,要引导公众与他人一道强化网络环境治理,优化、美化网络环境,并自觉地加以保护,使网络消费赏心悦目。

（四）树立网络安全意识

安全意识包括两个方面:一是确保个人信息资源的秘密性;二是自觉抵制网络中的文

化殖民。

强化网络公关意识,提高网络消费者的品位,网络公关正以多种形式全面地介入人们的生活,不论人们网络参与的程度或网络消费者愉悦状况怎样,新的网络公关伦理观念逐步地为更多的网络消费者所接受。

第二节　客户关系管理

CRM 是客户关系管理(customer relation management)的简称缩写。随着市场经济的深入发展,企业对市场和客户的依赖已经逐步提高到了企业生存的高度,谁能把握住市场的脉搏,满足客户对产品的需求,谁就能赢得市场、赢得客户,从而企业才能生存、发展、壮大。企业以客户为本。一个企业一旦丧失了客户,也就意味着它将丧失掉一切。更重要的是,企业必须拥有长期的客户。因为只有与客户保持长期良好的关系,才能够在市场竞争中不断提高市场份额并增强竞争力。因此,企业以客户为本,实乃以客户关系为本。客户关系的竞争实乃是市场竞争的焦点。公共关系实质上也就是市场客户关系的大博弈。如果企业不能认识到这一公共关系的本质,那它很可能无法长期有效地赢得客户并最终赢得市场。

伴随着建立在"客户准则"之上的公共关系理念应运而生的客户关系管理,不仅为企业提供了一个收集、分析、利用客户信息的系统,更为现代企业提供了一种全新的商务运作模式,它可以帮助企业充分利用其客户关系资源,扩展新的市场和业务渠道,提高客户的满意度和企业的赢利能力,帮助企业在空前激烈的竞争中立足和发展。

一、客户关系管理的内涵

客户关系管理是企业为赢得顾客的高度满意,建立起与客户的长期良好关系所开展的管理活动。作为公共关系活动体系一个子模块的客户关系管理,其主要内容包括以下几个方面。

(一) 顾客定位分析

主要分析谁是企业的顾客、顾客的基本类型、个人购买者·中间商、制造商客户的不同需求特征和购买行为,并在此基础上分析顾客差异对企业利润的影响等问题。

(二) 企业对顾客的承诺

承诺的目的在于明确企业为客户提供什么样的产品和服务。承诺的宗旨是使顾客满意。

(三) 客户的信息交流与沟通

这是一种双向的信息系统,其主要功能是实现双方的互相联系、互相了解、互相信任。

(四) 以良好的关系留住客户

以良好形象去赢得、取得顾客的信任;同时要区别不同类型的客户关系及其特征,坚持经常进行客户关系情况分析,评价关系的质量,采取有效措施;通过建立顾客组织等途径,保持企业与客户的长期稳定关系。

(五) 客户反馈管理

反馈管理的目的在于衡量企业承诺目标实现的程度,及时发现存在于为顾客服务过程中的问题等。

客户关系管理的思想可以通过客户关系管理软件客户关系管理来实现。客户关系管理的理念要求企业完整地认识整个客户生命日期，提供与客户沟通的统一平台，提高员工与客户接触的效率和客户反馈率。客户关系管理系统是一种解决方案，同时也是一套人—机交互系统。一个企业的客户关系管理系统通常包括市场管理、销售管理、客户服务和技术支持四部分。其功能主要有：① 企业的客户可通过电话、传真、网络等访问企业，进行业务往来。② 任何与客户打交道的员工都能全面了解客户关系，根据客户需求进行交易，了解如何对客户进行纵向和横向销售，记录自己获得的客户信息。③ 能对市场活动进行规划、评估，对整个活动进行全方位的透视。④ 能够对各种销售活动进行追踪。⑤ 系统用户可不受地域限制，随时访问企业的业务处理系统，获得客户所需信息。⑥ 拥有对市场活动、销售活动的分析能力。⑦ 能够从不同角度提供成本、利润、生产率、风险率等信息，并对客户、产品、职能部门、地理区域进行多维分析。客户关系管理通过管理与客户的互动，努力减少销售环节，降低销售成本，发现新市场和渠道，提高客户价值、客户满意度、客户利润贡献度、客户忠诚度，实现最终效益的提高。

二、做好客户关系管理的前期工作

（一）要做好客户信息的收集

为了控制资金回收，必须考核客户的信誉，对每个客户建立信用记录，规定销售限额。对新老客户、长期或临时客户的优惠条件应有所不同。因此应建立客户主文件。客户主文件一般应包括客户原始记录、统计分析资料、企业投入记录等内容。

（二）企业必须了解客户的需求

通过建立一种以客户信息进行商业活动的方式，将客户信息和服务融入到企业的运行中去，从而有效地在企业内部传递客户信息，尤其是在销售部门和生产部门之间。

（三）获知客户的喜好和需要并采取适当行动，建立并保持顾客的忠诚度

如果企业与顾客保持广泛、密切的联系，价格将不再是最主要的竞争手段，竞争者也很难破坏企业与客户间的关系。通过提供超过客户期望值的服务，可将企业极力争取的客户发展为忠实客户，大家都知道，争取新客户的成本要远远超过保留老客户。

三、客户关系管理的作业流程

（一）获得企业所有人员的认同

实施客户关系管理需要企业各方面专业人才的参与。由于客户关系管理涉及企业内多个不同的领域，因此获得公共关系、营销、客户支持、财务、制造及货运等各个部门的支持十分重要。通过相关部门成员的参与，企业在正式实施客户关系管理之前就能获得必要的资源支持，并推动相关部门的合作，帮助它们接受客户关系管理。即时将每一阶段的信息传递给有关部门，强调客户关系管理带来的好处，以最大限度地减少各方面的阻力，增加项目成功的机会。

（二）建立客户关系管理项目实施团队

项目在获得各相关部门认可后，即可着手挑选客户关系管理项目实施团队的成员。这个

团队是项目实施的核心,负责做出重要决策和建议,并将客户关系管理实施过程的细节和好处介绍给企业所有人员。客户关系管理项目实施团队应包括来自公共关系与营销、信息服务、技术部门、财务部门的相关人员和企业高层管理人员以及最终系统用户的代表。团队各成员代表企业内不同部门提出对客户关系管理的具体业务需求,客户关系管理的实施将充分考虑到这些需求。

另外,可寻求外部的客户关系管理专家、公共关系专家的加入。经验丰富的顾问能在客户关系管理开始实施前及实施过程中提供有价值的建议,协助企业分析实际商业需求以及建立项目工作组,并与项目实施团队一起审视、修改和确定客户关系管理实施计划中的各种细节,从而帮助企业降低项目实施风险及成本,提高项目实施的效率及质量。

(三)商业需求分析

项目实施团队成员应就一系列的问题向公共关系、营销和客户服务高级经理进行了解并进行认真研究,并使他们在什么是理想的客户关系管理系统这一问题上达成共识。同时,在每一部门内部确认客户关系管理的主要目标,然后向他们进一步说明客户关系管理将如何影响整个企业及相关部门。在计划目标的确定过程中,可吸收外部客户关系管理顾问的参与。外部顾问站在第三方立场参与调查并协助进行需求分析,从而帮助企业确定最佳的客户关系管理实施目标,并能提供客户关系管理解决方案所需要的技术支持。基于调查结果的商业需求分析将最终保证企业能更好制定实施客户关系管理的蓝图。

(四)客户关系管理实施计划

有了较完善的客户关系管理蓝图后,就可以着手制定具体的实施计划,该计划应包括将客户关系管理构想变成现实所需的具体程序,并充分考虑以下要素:

(1)从哪里开始寻求客户关系管理解决方案?客户关系管理解决方案的最佳来源是行业专家。客户关系管理行业内有许多资深顾问和专家,他们能帮助企业对当前市场上各种主流的客户关系管理产品及解决方案进行客观比较和分析。

(2)如何判断客户关系管理解决方案是否适合企业需求?考虑客户关系管理使这要素形成一个连贯的整体,互为补充。

(3)在可能适合的几个客户关系管理解决方案中,怎样进一步缩小选择范围?与供应商取得联系,并向他们提问。在调查每一潜在供应商和其产品服务时,要求供应商提供相应的案例。通过现场产品演示,进一步了解供应商所能提供的客户关系管理软件性能。此外,企业还要考虑如何同供应商进一步沟通。

(4)在最终选定客户关系管理解决方案之前,还应该考虑什么?首先要考虑的是成本。业内估计客户关系管理项目成本的标准是:软件占成本的1/3,咨询、实施和培训占2/3。另外,应注意有些客户关系管理软件系统在进行定制或客户化时需要相关供应商技术人员和顾问的参与。如果是高质量的客户关系管理软件系统,且相关的咨询、实施和培训也均能得到适当的保证,那么系统的定制及客户化应该简单易行,不需要总是支付额外的咨询费用。

(五)客户关系管理系统的实施与维护

客户关系管理的成功取决于实施客户关系管理战略的决心及认真实施好客户关系管理的七个关键环节。

(1)分析与规范。确定综合性的需求分析,确定项目范围和系统规范。

（2）项目计划和管理。项目管理者应是供应商同企业之间的沟通桥梁，这一角色可由专业咨询公司经验丰富的顾问人员担任。另外，还需任命一名来自企业的系统管理员，作为内部系统专家。除制定项目实施计划外，本阶段还包括组建和培训项目工作组。最后，必须将投资回报分析（ROI）量化，以有效衡量新系统的投资收益。

（3）系统配置与定制。重新配置和定制客户关系管理软件系统，以适应企业的具体商业需求。伴随必要的技术培训，使员工能尽量自己解决技术问题。同时，所有新的软、硬件都应在本阶段安装好。

（4）原型、兼容测试和系统重复运行。企业员工将在此阶段熟悉安装程序和所安装系统的方方面面，同时，对系统进行的所有必要修改也在此阶段完成。数据转换这一关键任务也属于这一阶段。供应商的实施专家和企业的 IT 人员之间将进行大量的沟通。

（5）主导系统和质量保证测试。此阶段包括大量的培训。有人说这是一个"培训培训者"的阶段。"培训者"应负责培训所有的终端用户和管理层如何使用新系统。不过，为了让这一方法有效，"培训者"必须接受由软件供应商或咨询顾问进行的培训，成为新系统专家。主导开始应同小型的用户全体合作，对新系统进行测试。这些质量保险测试应做成文档，提供给你的项目工作组管理人。

（6）最后实施和推广。准备好一份实施指南，简单列出实施前或实施过程中必须完成的每一项任务。本阶段还包括对所有用户的正规培训。在确定一系列的预期效果后，通常必须通过正规的培训来达到预期目的。用户必须认识到使用新系统的即时和明显的好处，否则你有可能面临诸多反对。培训必须以计划阶段确定的方案为基础。一个执行良好的培训计划决定着成败。

（7）持续支持。应配备全职的内部系统管理员，为积累专业技能，系统管理员应从计划阶段就开始接触客户关系管理系统。因为客户关系管理软件系统的技术支持是一项艰巨的工作，所以务必让供应商提供综合性的支持计划，以进一步支持内部工作组。

（六）客户关系管理系统的持续管理

客户关系管理系统基础设施一定要提供业绩衡量标准；该系统必须有效地获取适当的数据，并为接触的每个个体提供途径。为保证系统带来所希望的益处，在将其推广到所有用户之前一定要加以测试。如果没能达到预期效果，那么可对其进行修改，直到满意为止。最后，客户关系管理系统还应为监管指导委员会和项目工作组提供反馈信息。这样做能使人更好地理解什么有效、什么无效以及存在什么能提高技术投资成效的机遇。

客户关系管理是一项复杂的工程，规划一项成功的客户关系管理计划，必须同样重视整个客户关系管理项目的计划、实施和管理等所有阶段。充分地向客户关系管理项目每一阶段投入所需的时间和资源，企业很快能感受到客户关系管理成功所带来的种种好处。

四、建立客户关系管理体系应注意的几个问题

客户关系管理体系作为一种新的经营模式，目前，我国企业对其认识的狭隘性影响了它的有效建立。这些认识误区概括为以下几点。

（1）客户关系管理能取代一切。

这种观点认为，企业只要关注客户关系管理就行了，无需在研发、生产等其他环节花费力

气,将客户关系管理体系神化。其实客户关系管理体系的精神是企业供应链以客户关系为核心和出发点,并非其他环节不重要。

(2) 客户关系管理只是销售部门的事。

从以上分析看,只靠销售部门是难以建立企业的客户关系管理体系的。客户关系管理实质上是一种整合营销,它要求企业各部门的支持和配合。

(3) 将客户关系管理等同于"客户第一"、"服务第一"。

客户关系管理是企业新的经营理念、新的运营模式,它不同于"客户第一"和"服务第一":后者是"点"式经营,专注于销售的某个具体环节;前者是"体"式经营,专注于企业供应链的整个过程。企业引入客户关系管理将改造原有的流程:一切以客户需求为出发点,客户关系管理将拉动整个企业运营模式和流程的变革,规划、研发、生产、计财等所有部门必须变革原有的运作思维和模式——一切围绕客户作决策。

第三节　营销公关理论

进入 20 世纪 80 年代以来,国际公共关系实践的趋势之一是公共关系越发贴近参与环保活企业营销,公共关系与企业营销两大功能整合运作,形成"营销公关"新概念。过去人们习惯于将市场营销与公共关系作为两种不同的管理功能予以区分,实际上,公共关系在企业及其产品的市场营销方面有着十分重要的作用。营销公关既是对公共关系所提供的营销作用的进一步肯定,又是市场营销与公共关系的嫁接、合成的新生代。

市场竞争的日趋激烈,企业和广告商对媒体的不断开发,形成了现代社会商品信息的爆炸。传播渠道和信息的增多,极易稀释和淡化消费者对某一具体商品信息的注意力。为使消费者准确了解某商品的特性与功能,海外不少企业开始使用"营销公关"的概念和策略,认真分析市场,对商品进行准确定位,设计一系列旨在深入教育消费者的公共关系宣传活动,以使商品信息更明确、更有效地诉求至消费者的脑中。所以有人形容说:广告诉求至眼耳,公关诉求至人心,广告动之以情,公关晓之以理。现在海外越来越多的企业在调整对外宣传预算时,削减部分广告开支,以加大营销公关的投入。据有关统计分析,企业运用营销公关所取得的传播投资回报率,约为一般传统广告的三倍。营销公关能有效地帮助企业树立商品品牌的形象,直接或间接地影响和推动商品的销售。

一、营销公关的基本含义和特征

(一) 营销公关的基本含义

营销公关是将公共关系的基本原理运用于市场营销的全过程,从一个全新的角度来进行市场营销的策划和实施,树立良好的企业形象,创造适宜的营销环境,使产品借助于良好的企业形象进入市场,实现销售。

(二) 营销公关的基本原则

从营销战略的发展演变看,企业越来越重视以顾客为中心。营销公关的基本原则就是"公众利益至上"。从公共关系的角度讲,公众是组织赖以生存和发展的基础。因此,企业的一切营销活动都应以公众的利益为出发点。这里所说的公众既包括内部公众,又包括外部公众。公众利益至上的原则就是要求企业的营销既要考虑企业内部员工的利益,又要考虑顾客的利益,还要考虑社会其他公众的利益。有的企业只考虑自身的利益,以假代真,以次充好,滥做虚假广告,欺骗顾客,为了企业赚钱不惜损害顾客利益,这就违背了营销公关的基本原则;有的企业只考虑满足顾客要求,一些产品在生产和使用过程中,会破坏人类的自然环境和生态平衡,这也不符合营销公关的基本原则,当然,如果企业仍像计划经济时期那样只讲无私奉献,不顾赔本亏损、员工失业,这也不符合营销公关的基本原则。

日本松下电器公司一直奉行公关营销的原则。松下幸之助规定公司活动的原则是:认清实业家的责任、鼓励进步,促进全社会的福利,致力于世界文化的繁荣发展。因此,在松下电器公司,每个员工的利益和价值都得到充分的重视,"生活有保障、正大、友善一致、奋斗向上、礼节谦让、应顺同化、感激报恩"等七方面内容构成了"松下精神"。这一精神体现了营销公关的基本原则。公司在满足员工利益的同时,要求员工必须尽心尽力地去满足顾客和社会广大公众的利益,树立高度的社会责任感和公众至上的价值观。

二、营销公关的基本过程

公共关系的基本程序通常分为公共关系调研、公共关系策划、公共关系实施与公共关系评估;市场营销的基本程序也分为市场调查、市场预测、营销策划、营销实施和营销评估。两者基本程序大体相同,只是具体环节的内容有所区别,如公共关系调查的目的是准确了解企业公共关系状态和企业在社会公众心目中的形象,了解社会舆论和民意,以便于进一步扩大企业的知名度,提高美誉度。而市场调查的目的主要在于系统地收集有关营销活动的信息,掌握市场供求现状和发展趋势,以便于对市场进行正确的预演和对营销进行科学的决策,使企业在市场竞争中取得主动权。公共关系调查以社会环境、舆论环境和形象状态为主要内容,市场营销调查以市场环境、市场需求、市场供应、消费心理及消费水平为主要内容。

其实,公共关系调查和市场营销调查相同点还是多方面的:两者的调查对象都是相对应的公众;两者采用的调查形式基本一样,如普通调查、典型调查、抽样调查及重点调查;两者采用的调查方法基本一致,如问卷法、访问法、观察法、实验法等。

营销公关的基本程序与公共关系活动程序和营销活动程序是一致的,也可以分为调查、策划、实施和评估,具体如下。

(1)调查研究是营销公关的基处环节。

不进行科学的、细致的、系统的调查研究,营销公关就如同"盲人骑瞎马",只能跟着感觉走。

(2)营销公共关系策划是整个程序的核心环节。

它既包括了企业形象策划,又包括了市场营销战略策划和市场营销策略策划。企业形象策划主要有企业综合形象策划、企业人员形象策划、企业环境形象策划及企业服务形象策划。市场营销战略策划可分为市场细分战略策划、市场发展战略策划、市场竞争战略策划及营销组合战略策划。市场营销策略策划可分为产品策略策划、价格策略策划、分销渠道策略策划及促销策略策划。

（3）营销公共关系实施是整个营销公共关系程序的关键环节。

企业的形象能否树立起来，企业的产品能否销售出去，通过调查研究所发现的问题能否顺利解决，策划设计好的方案能否成功地实现，关键在于实施这一环节。营销公关实施决定着企业的命运，因此企业务必高度重视，全员投入，紧密协作。在中国的现阶段，营销公关实施一定要处理好与政府公众和媒介公众的关系，企业才能立于不败之地。

（4）营销公共关系评估是运用企业现有的内外各种资料，依据一定的标准，对营销公关的效益进行调查、分析和总结。

营销公共关系评估不仅是对已发生的营销公共关系活动的检测，而更重要的是对各种出现的问题进行认真分析、总结经验，为企业今后的营销公关活动的开展和成功找出方向，提出措施。

三、营销公关的基本策略

20世纪80年代中期，美国市场营销学的权威科特勒打破传统模式，将"4P"战略变成"6P"战略，增加了政治权利策略（political power）和公共关系策略（public relations）。如果从公共关系的角度出发，公共关系的地位还应上升，上升到统领其他"4P"或"5P"的地位。也就是说，其他几个策略都应以公共关系为主导。因为当今时代就是公共关系的时代，所以，营销公关的基本策略可以概括为以公共关系为主导的市场营销策略。

从产品策略看，由于社会的发展，人们对产品概念的认识也不断发生变化。传统的产品概念把产品看作生产者通过有目的的生产劳动所创造出来的物化成果，即指具有特定形态和一定用途的物品，如洗衣机、电视机、计算机等，而现代产品概念则指能够提供给市场，用于满足消费者某种欲望和需求的任何事物。它可以是有形的物品，也可以是无形的劳务，还可以是一个点子、一种感觉、一类观念及一些意识等。企业在制定产品策略时，首先要从公众利益出发，以消费者的需求为中心，提供适销对路的产品及良好的售前、售中和售后服务。通过一系列的公共关系活动，在消费者中树立良好的企业形象，与消费者建立良好的关系。

从促销策略方面看，传统的营业推广、广告宣传、人员推销，现在也都融入了公共关系。其各类行为都在公共关系的意识与观念指导下进行，并讲究公共关系艺术，追求最大化的公共关系效应。正如人们所言，"广告使人买，公关使人爱"，营销公关则使人"因爱去买，因买更爱，又爱又买"，成为企业忠实的公众。

第四节　绿色公共关系

人类社会正面临一系列日益严重的环境问题，如臭氧层损耗的加剧、大片水土流失、森林面积锐减、地球沙漠化扩大、物种迅速消逝及全球气候变暖等。1999年联合国环境规划署（UNEP）发表的一份题为《2000年全球环境展望》（*Global Environment Outlook*-2000）的报告，在综合了全世界850多位科学家和30所著名环境研究机构的意见后指出：环发会议召开七年后，在体制建设、国际共识的建立、有关公约的实施、公众参与和私营部门的行动方面已取得一些进展,一些国家成功地抑制了污染并使资源退化的速度放慢,然而总体情况是全球环境趋于恶化。在工业化国家许多污染物,特别是有毒物质、温室气体和废弃物的排放量仍在增加,这些国家的浪费型生产和消费方式基本上没有改变。21世纪,地球将越来越干旱、燥热、缺水;气候的反复无常也会越来越严重。人们终于开始清醒、开始认识到环境污染已成为一个威胁着人类生存的大问题。人类正处于一个历史的选择关头,必须从以牺牲环境为代价的发展模式中醒悟过来,选择可持续发展的道路。由此,绿色公关已成为事关子孙后代的头等大事。

一、绿色公关的内涵

绿色公关是指社会组织为树立在环境保护方面优秀的主人翁形象,运用信息传播手段,通过长期的有计划的公共关系活动,有针对性地开展传播、沟通和协调活动,从而赢得公众的理解、信任、支持与合作,提高社会组织整体形象的活动。

随着公众环保意识的觉醒,社会上出现了一系列环保组织,由这些组织和传播媒体推动的环保运动得到越来越多的人的支持,形成了一股很有影响的社会力量,促使各国政府和国际社会组织制定出一个又一个环境保护的法规和公约。面对如此的形式,不少社会责任感很强的企业意识到,环境和发展是互相制约、互为前提的。环境既是企业生存和发展的物质基础,又是企业生存发展的制约条件。企业的战略、行为、形象都会将受到环境保护运动的影响,唯有积极地采取行动去适应这一趋势,把保护环境当做自己的事业,主动承担起保护环境的社会责任,以积极的态度参与环保事业,才能做到与时俱进,使企业立于不败之地。

现在国外组织开展环境公关工作方面,基本做法有:在它们提供的信息、产品和服务中,重视和突出环保意识;加强与社会公众尤其是环保组织在环境问题上的气污染等问题,地球已呈现全面的生态环境危机。

现在国外组织开展环境公关工作方面,基本做法有:在它们提供的信息、产品和服务中,重视和突出环保意识;加强与社会公众尤其是环保组织在环境问题上的沟通与合作;主动承担保护环境的社会责任,以积极的态度参与环保工作;支持和遵守国际上关于环境保护的公约和条例;在组织和产品的宣传上广泛运用环保知识;力求在产品的设计、生产、包装、行销整个过程中都符合环保的条件和要求,大力提倡绿色消费等。据美国一项调查显示,如今有50%的顾客在购物时要考虑产品包装是否符合环保要求,一些企业的科技人员和公共关系人员,除了在开发"绿色消费"产品上下工夫外,还绞尽脑汁在产品包装上精心设计了三个箭头组成的一个圆形的"可循环"标志,来迎合公众的环保心理。

可口可乐公司已在全世界推行可以再循环使用的易拉罐。

法国的营诺公司用特种材料制造出"绿色汽车",其报废后的材料均可再利用等。

20世纪80年代末,麦当劳公司曾一度成为环保组织和新闻媒介的批评对象,环保人士指责其快餐店利用包装汉堡包的聚苯乙烯盒造成环境污染,这对其社会形象和经济效益产生了直接影响,对此,麦当劳公司提出了"减少废物、再利用、再循环"的三大原则,将发泡胶盒改为纸张包装汉堡包,加强了废物处理,重塑了企业良好形象。

在我国,环境问题日益被人们所关注和重视。党的十五大、十六大都把可持续发展作为一项基本国策确立下来。实施可持续发展战略,是指在现代化建设中,把控制人口、节约能源、保护环境放到重要位置,使人口增长和社会生产力的发展相适应,使经济建设与资源环境相协调,实现良性循环。为此,传统经济发展模式"先污染后治理、先发展后环保"的观点应当被摒弃,既要发展经济又要保护环境才是正确的建设之路。而实现人口、经济、社会、资源与环境协调发展的可持续发展战略,环境公关的运作与实施显得尤为重要。

二、绿色公关的目标

在绿色公关中,组织以生态与可持续发展的观念影响公众,选择具有"绿色"特性的媒体开展工作,以绿色为特色塑造组织形象,它不仅为社会提供物质财富,而且必须履行所承担的各种社会责任,在对公众负责,有利于环境保护的前提下,谋求企业的经济利益,从而保证企业的社会性和经济性的统一,在公众心目中树立绿色企业形象,这是绿色公关的根本性目标。

以人类可持续发展为目标,注重环境保护,注重社会公益的绿色企业形象的树立,是企业注重社会效益、社会责任、注重企业与社会环境长远发展的公共关系意识的体现。追求绿色形象的企业,其理念和行为符合现代社会发展的根本利益,符合可持续发展的战略。保护人类赖以生存的生态环境为子孙后代造福,已成为全世界的共识,企业的绿色形象可以使企业的非公众、潜在公众发展成为知晓公众、行动公众,吸引更多的目标公众,开拓更大的目标市场,适应更快的发展节奏,并永远立于不败之地。

绿色公关是一项需要长期坚持和不断投入的活动,有些从眼前看效果不甚明显,或者付出远远大于收获,但其强烈的环保意识和行为,可以让公众看到组织奉献社会、服务社会的宽阔胸怀和责任意识,能激发公众对组织的好感和信赖,最终促进社会组织形象的提升。日本西武集团的营业大厅中间有一条绿色通道,两旁摆满了绿色植物,柜台之间有草坪、花卉、喷泉,让来客宛如进入花园一般。该环境设计虽然使营业面积减少,但营业成绩却不断上升,口碑也越来越好,实现了经济效益和社会效益双赢。

> 日本本田公司考虑到自己生产了大量汽车,必然会排放大量废气污染环境,于是决定,每生产一辆汽车就在公路旁种植一棵树绿化环境,并将利润的一部分转化为植树专款,向公众展示了鲜明的环保意识,提高了公司的社会影响,促进了产品的推广。目前,本田公司正在设计和生产所谓的环保汽车,这种汽车无论在外型或结构上都充分考虑用安全的材料代替有污染的材料,用清洁燃料代替冒烟能源。

因此,汽车的绿色设计就成为绿色汽车形象竞争的重要内容。这种立足长远的绿色公关活动,其基本特征是层次水准高、传播力强,是新时代最佳企业形象的再现。如果企业经营以绿色为主调,从战略的角度审视自己的行为,从可持续发展角度建立公关策划思路,那么这个企业必将被社会公众喜爱,被环境接纳,这就是企业的巨大无形资产。

在我国,人们的环保意识也越来越强。北京市政府全力治理环境、太湖和渤海治理零点行动、滇池清污行动、垃圾源头削减计划等,使人们感到欣慰和鼓舞。这些活动不仅给人以感官的舒服享受,而且刺激旅游收入和吸引投资额的上升。但让人遗憾的是,这种环境治理行动无一例外地发生在被污染之后。尽管政府已站在相当高的高度来看环境,《中国环境与发展十大对策》《中国21世纪议程——中国21世纪人口、环境与发展白皮书》《国家环境保护"九五"计划和2010年远景目标》等先后出台,江泽民同志在全国的第四次环境保护会议上提出:"决不能走浪费资源、先污染后治理的路子,更不能吃祖宗饭、断子孙路。"但我们仍然忧虑,许多企业对环境公关的理解仅停留在口头上,仅停留在改变产品包装的"雕虫小技"上,对环境公关的认识不足,重视不够,行动乏力。因此,必须呼吁——环境公关必须尽快行动起来。

总之,创意绿色公关,树立企业绿色形象,是可持续发展目标的重要方面,是 21 世纪公共关系的新主流。

【本章小结】

本章介绍了公共关系理论的发展趋势,并就网络公关、客户关系、营销公关理论和绿色公关的内涵和外延进行了分析,突出了公共关系理论的发展对社会经济发展的作用。

【思考与练习】

1. 何谓客户关系管理?
2. 营销公关的基本策略有哪些?
3. 绿色公关的基本策略有哪些?

参考文献

1. 邓丽明,李望,陈建.公共关系学.北京:科学出版社,2006
2. 朱权.公共关系基础与实务.北京:机械工业出版社,2008
3. 周安华,苗晋平.公共关系——理论、实务与技巧.北京:中国人民大学出版社,2004
4. 张景云,于涛.100个成功的公关策划.北京:机械工业出版社,2002
5. 黎泽潮.公共关系总论.合肥:合肥工业大学出版社,2006
6. 龙志鹤,张岩松.现代公共关系学.北京:经济管理出版社,2006
7. 肖北婴,胡春香,杨帆.现代公共关系学新编.北京:北京工业大学出版社,2005
8. 李占才.公共关系学概论.上海:上海交通大学出版社,2005
9. 吴勤堂.公共关系学.武汉:武汉大学出版社,2005
10. 刘用卿,段开军.公共关系学.重庆:重庆大学出版社,2004
11. 温孝卿,吴晓云.公共关系学.天津:天津大学出版社,2004
12. 谢俊贵.公共关系学.北京:工商出版社,2002
13. 游经国,钟定华.创造性思维与方法.北京:北京人民出版社,1996
14. 彭诗杰.实用公关策划学.武汉:湖北科学技术出版社,1994
15. 陈静和.礼仪与服务艺术.厦门:厦门大学出版社,2004
16. 李熙宗,等.公关语言学.上海:中国出版集团东方出版中心,2004
17. 李元授.公关与交际.武汉:华中科技大学出版社,2006
18. 周裕新,等.求职上岗礼仪.上海:同济大学出版社,2006
19. 李元授.谈判艺术品评.武汉:华中理工大学出版社,1997
20. 刘小清.现代营销礼仪.大连:东北财经大学出版社,2006
21. 蒋春堂,等.谈判学.武汉:武汉大学出版社,2004
22. 龙志鹤,张岩松.现代公共关系学.北京:经济管理出版社,2006
23. 肖北婴,胡春香,杨帆.现代公共关系学新编.北京:北京工业大学出版社,2005
24. 李占才.公共关系学概论.上海:上海交通大学出版社,2005
25. 吴勤堂.公共关系学.武汉:武汉大学出版社,2005
26. 刘用卿,段开军.公共关系学.重庆:重庆大学出版社,2004
27. 温孝卿,吴晓云.公共关系学.天津:天津大学出版社,2004
28. 余明阳.公共关系学.北京:北京师范大学出版社,2006
29. 周安华,苗晋平.公共关系.北京:中国人民大学出版社,2004
30. 冯兰.公关训练.武汉:武汉大学出版社,2004
31. http://www.sxtvu.cn
32. http://jpkc.ynavc.net

后　　记

从事公共关系教学工作多年，一直想按照新的设想编写"公共关系学"教材，在南京大学出版社的帮助下，我终于实现了这个愿望。但心中并未感觉到轻松，觉得还有很多遗憾。

作为一名公关教师，深感教学工作的不易：一是它是一门应用性很强的学科，"术"多而"学"少，但"术"靠课堂讲授很难让学生掌握；二是它涉及面广，牵涉到多门学科知识，综合性很强。因此，在写作过程中，我力图从"无形资产"的角度去认识公共关系的性质和任务，从网络传播技术的发展来把握未来公共关系的走向，借鉴国外和国内众多师友的研究成果，吸收各相关学科的知识和理论，注意应用学科的实用性特点，旨在更加简洁、明快。为了便于学生学习和教师参考，本书每章内容前面设有"本章学习目标"，后面设有"案例分析"、"本章小结"和"思考与练习"，以帮助读者联系公关实际，提高应用能力。

本书主要是针对国内高等院校的学生学习公共关系理论和实务而编写的，也可作为组织普及公关知识的培训教材，以及学习相关专业知识的参考书籍。

本书在出版和发行过程中，得到了南京大学出版社的唐甜甜老师的大力支持，特别是责任编辑陆蕊含老师对本书提出了许多宝贵建议，在此表示衷心感谢！

李付庆

2017 年 1 月